品學兼優標竿學校
—— 成就卓越的品格教育

美國 24 所中學的推展經驗

Smart & Good High Schools:
Integrating Excellence and Ethics
for Success in School, Work, and Beyond

作　者　Thomas Lickona, Ph.D. & Matthew Davidson, Ph.D.

總校閱　劉慈惠

譯　者　劉慈惠、林麗卿、陳文玲、王莉玲、
　　　　謝明芳、林育瑋、蘇育令

Smart & Good High Schools

*Integrating Excellence and
Ethics for Success in School, Work,
and Beyond*

Thomas Lickona, Ph.D. & Matthew Davidson, Ph.D.

目錄 CONTENTS

附 錄

國內精彩好評【依姓氏筆畫排列】

擁抱品格，才能真正擁抱成功與卓越

品格教育是一個看不見的工程，欣見本書提供了一個推動品格教育的藍圖與指南，讓我們能有清楚的目標及前進的方向，為品格教育指出一盞明燈。

我們這一代孩子的價值觀非常容易受到電視、媒體及網路的影響，因此學校及家庭的教育比以前任何世代更為重要。

品格教育需要同時重視成就品格及道德品格。成就品格也就是做事的道理及態度，凡事盡力而為，不斷的追求卓越。道德品格也就是做人的道理，不斷的努力成為一個更善良、更仁慈的人。

很多人關心台灣品格教育的落實與品格文化的建立，深信沒有品格，競爭將淪於惡性競爭；惟有擁抱品格，才能真正擁抱成功與卓越。誠如本書所言，教育最重要的使命就是幫助孩子同時兼具成就與道德品格，透過正確的帶領，可以指引他們發揮潛力，追求卓越與德行，邁向成功的人生之路，更重要是成為有品格的公民！

——**卓火土** 宏達基金會董事長

將品格視為教育的核心任務，才能讓學校擁有更強大的能量

當台灣社會對教育傾全力在學制與考試方式中尋找出路時，《品學兼優標竿學校》一書的出版，讓人振奮！

作者以「成就品格」、「道德品格」在24所成就卓越的中學推展經驗發現：將品格視為教育的核心任務，才能讓學校擁有更強大的能量，去面對來自學業成績及學生行為的巨大挑戰！

這本書提供教職員、學生、家長具體的「德行學習社群」的建立、協作與有效策略及實務運作，讓推動課室外探索體驗教育十多年的我更加深信「品格就是力量」！

——**林茂成** 國中候用校長、成立新竹市光武國民
中學「法拉第少年」單車車隊

打造屬於自己與下一代的生命美學

如果您想對學生有所影響與貢獻，可以閱讀本書，因為它會告訴您使學生變得更聰明並且更良善的好策略；如果您想一窺品格教育的完整面貌，那麼歡迎您閱讀本書，因為它主張「成就品格」與「道德品格」猶如錢幣的一體兩面、缺一不可，正如「知行要合一」、「言教身教應並重」才算完整。品格教育很重要，但通常重要的事務無法速成，需要長期耕耘。我們必須棄絕單向灌輸的方式，改以本書主張的，由校長、行政體系、教師德行學習社群、學生、家長和社區攜手合作模式，實踐「卓越與德行」融合的品格教育。大多數願意關心品格教育的人（包括正在閱讀本段文字的您 ^-^），不但已經身體力行，而且有一定的影響力；讓我們繼續樂在學習、看重本書所傳遞的智慧與

典範，打造屬於自己與下一代的生命美學！

——**黃麗花** 花蓮縣富源國民小學校長

激勵我們突破安逸與安全的現況

我曾是榮民總醫院的護理師，從護理人員到護理健康大學的老師，幾乎都深埋在「提供照顧」的醫院及「如何健康」的養成教育中。健康照顧，有不同的專業定義與服務內容，但是，我認為不可撼動的核心價值是「溫暖與誠信」。試想，沒有溫度，怎能傳遞希望與活力給病人或學生；沒有誠信，病人怎敢把生命難題交托給護理人員，而學生又怎會把生活浮動的兩難，尋求老師的協助或對話而突破呢？

上述簡易提問，就重要性而言，我想沒有任何人會有異議。但是，就落實面而言，卻沒有任何人不存疑慮：要怎麼辦呢？的確，品格的重要與影響人人都會說，若論執行卻又都不知所措，或心急於績效檢核而失措。特別是，當今的台灣學校與社會，所面臨最嚴重的道德挑戰，就是誠信互動的失落與人心失溫的冷漠。到處都有假學歷、假發票、假名牌、假資料、假見證。就在諸多假相以及本校重新尋找傳統「護理之美」時，我有幸先看過本書，感動深深，久久不能自持。因為，究竟要怎麼做？書中都有明確可行的回應！

我認為這不只是追求卓越的教戰守則，

它更是激勵我們突破安逸與安全的現況，在我們認為困難與不可能的歷程中，幫助我們以及孩子們堅持去做「正確」的事情，走上「穩妥」的路徑，同時，安裝上「健康」的核心。我全力推薦！

——**楊金寶** 國立台北護理健康大學教授

好讀、易讀且可供實務運用的手冊

「品格就是力量」；人人都能朗朗上口品格的重要性，卻不知如何全面的、有效的實施品格教育。拜讀《品學兼優標竿學校——成就卓越的品格教育》一書之後，令我茅塞頓開，躍躍欲試並勇於為文推薦。

書中將品格力分為成就品格與道德品格兩類，使學校在推動品格核心項目時，更加清晰與全面性。其次，八項品格優勢能力及其實施策略，具體可行，可作為學校推動品格教育時的參考。其三，提出德行學習社群的概念，強調全校性動員及學習社群需要兼顧追求卓越與德行兩大面向，是我們可以借鏡學習的。

最後，在閱讀本書的過程中不禁燃起對原文作者及譯者很深的敬意與謝意；學術巨作在他們生動的筆觸之下，化作好讀、易讀且可供實務運用的手冊，非有驚人的毅力、過人的智慧不可，他們是名符其實的 Smart and Good。

——**羅美娥** 台北市立西松高級中學校長

「品學兼優標竿學校」研究計畫精彩絕倫之處，在於它採用了以價值為核心的方式，去探討學校教育中兩項非常重要的任務：學生的學業知能與個人及公民美德的培養。這份研究報告像是指引我們前進的一盞明燈，它將獲得我們協會中所有教職員、學生、家長的共鳴與迴響。

——Patrick Bassett，全國獨立學校協會會長
（president, National Association of Independent Schools）

Tom Lickona 和 Matt Davidson「品學兼優標竿學校」的研究成果，令人興奮，就像是揮出了一記漂亮的全壘打一般。它將品格與學業成就，賦予了一份嶄新而令人興奮的連結。如此界定的「品學兼優標竿學校」的教育模式，全然適用於中學以外的其它教育階段。

——Marvin Berkowitz，《品格教育研究期刊》主編
（co-editor, *Journal of Research in Character Education*）

這是一項十分精彩的研究！它絕妙地把亞里斯多德及柏拉圖、東方及西方、傳統及開放、自由派及保守派、宗教學校及一般學校等連結在一起，而且保有它本身厚實的理論基礎。這份研究結果將對教育帶來無可限量的正向影響！

——Karen Bohlin，蒙特樓斯學校校長
（head of school, Montrose School）

真正的教育是能夠統整學生的品格與能力，這項研究計畫的成果，能幫助我們的孩子，不只是在做人上成功，同時也能在未來的職場上成功。

——Stephen Covey，
《第八個習慣：從成功到卓越》作者
（*The 8th Habit: From Effectiveness to Greatness*）

美好的品格不只是一項個人或家族的特質；它更是鞏固我們整體人際網絡的重要基調。一個人在性行為上的自制，和在其它面向上所需要的自制能力是相似的，都需要不斷的練習與堅持。青少年性行為所帶來的後果，不論是否懷孕、是否感染性病，都會在他們往後成人的生命中，不斷產生負向的迴盪。當社會上有些人不願意去指出，不當的性行為所帶來明顯的負向影響時，Lickona 和 Davidson 卻透過研究去證實，品格和身體健康及情緒健康等之間，具備了那般緊密相扣的重要關係。

——John Diggs，麻薩諸塞州醫師公會主席
（co-chair, Massachusetts Physicians Resource Council）

這是一份令人讚嘆的關鍵報告！書中所提的八項品格優勢能力、成就品格與道德品格的不同、德行學習社群等，都是非常重要的先驅概念。這是我所見過最能幫助學校達到真正轉化的有效途徑。

——Maurice Elias，
學業、社會與情緒協同學習中心
（Collaborative for Academic, Social, and Emotional Learning, CASEL）

這項突破性的品格研究，將永遠改變我們如何思考中學教育、學校的運作，以及讓我們瞭解：符應每一位學生需求的品學兼優標竿學校，是什麼樣的面貌。這個研究提供了這些標竿學校用來幫助學生培養成就品格與道德品格的許多有效策略和範例。這是一項聰明絕頂的開創性研究，對品格研究做了極為重要而嶄新的貢獻。

——Kristin Danielson Fink，關懷教育中心執行董事
（executive director, Community of Caring）（譯註 1）

我們學校已經使用成就品格與道德品格的概念，去評估學校中的諸多課程。本書中介紹的許多點子，都有如「魔鬼氈」一般，簡單易懂、易操作，而且令人深刻銘感於心。

——Malcolm Gauld，海帝學校系統董事長
（president, The Hyde Schools）（譯註 2）

這是一份由實證研究出發的傑出關鍵報告，整本書不但文筆流暢、面向周延，而且觀點十分令人信服。這項研究報告強調學生在民主社會中應有的重要學習，並且以新的視野，界定學校對社會中的公民所應擔負的責任，這樣的觀點對於所有關心學生應該參與公共事務的老師而言，委實做出了很重要的貢獻。

——Charles Haynes，憲法第一修正案中心資深學者
（senior scholar, First Amendment Center）

Tom Lickona 和 Matt Davidson 兩人連手貢獻了這份如此經典的重要資源，不但強化了品格教育的推動，而且提供了十分激勵人心的教育革新途徑，尤其對極需品格教育的中學教育實有極大的助益

——Michael Josephson，品格至上聯盟主席
（president, Character Counts! Coalition）

針對目前社會極需面對的重要議題來說，這是一份精彩無比的研究報告，它不但來得及時、完整，而且設想周到；在提供學校協助青少年品格培養上，它是一份強而有力的實用手冊。

——Rachael Kessler，
啟動內在生命教育機構執行長
（executive director, The PassageWays Institute）
（譯註 3）

譯註 1：Community of Caring 是一個強調品格教育、以特殊孩童為主的全人教育系統，含括從幼稚園到12 年級。它創設於 1982 年，在教育過程中重視五個普世核心價值的傳遞：關懷、尊重、責任、信任、家庭，此一教育理念已經被美國及加拿大超過 1,400 所學校採用。

譯註 2：Hyde Schools 是一個私立寄宿中學系統，第一所學校於 1966 年創設於緬因州，是推行品格教育的先驅者。學校核心理念強調透過勇敢、誠信、關懷等品格能力，期許學生追求卓越表現與領導能力。

我太喜歡「專業德行學習社群」(PELC)那一章了，作者在書中加入此一面向的探討，真的是絕頂聰明，我迫不及待想邀請同事一起來學習德行社群的建立。

——Lawrence Kohn，凱斯特學校校長
（principal, Quest School）

從成就品格與道德品格來界定品格，對中學教育十分實用。作者把靈性教育也納入其中，我要大大地給予掌聲與肯定，因為太多時候，靈性教育的重要性被嚴重地忽略了。作者將靈性教育訴諸文字，相信會贏得廣大家長及教育工作者的迴響。

——Meg Korpi，品格研究機構主席
（president, Character Research Institute）

作者對於品格教育的熱忱與執著，令我十分敬佩，對於個人如何邁向豐盛生活，八項品格優勢能力提供了非常明確的藍圖。這份研究報告將對教育產生長遠而正向的影響，而且將成為中學推展品格教育一個很重要的指標與參考。

——Dan Lapsley，《品格心理與品格教育》主編
（co-editor, Character Psychology and Character Education）

這是一份十分傑出的研究成果，它提供了中學推展品格教育的絕佳地圖，我已經將這樣的概念應用在我任教的大學課堂中。

——James Leming，塞基諾州立大學教育系系主任
（Carl A. Gerstacker Chair in Education, Saginaw Valley State University）

這份「品學兼優標竿學校」研究成果，對於學校的領導者、教師、教育工作者，在尋找推動全面而周延性的品格教育途徑上，具有無可言喻的參考價值。

——Bernice Lerner，德行與品格推展中心主任
（acting director, Center for the Advancement of Ethics and Character）

大約有 3/4 的大學生表示，在過去一年，他們在考試或作業中作弊。我們應該在學生進入大學前，就協助他們正視這個問題。這份關鍵報告讓我們瞭解，誠信與正直是教育的核心價值，以及我們可以如何幫助中學生加入學校品格文化營造的行列。

——Donald McCabe，學術誠信中心主席
（founding president, Center for Academic Integrity）
（譯註 4）

譯註 3：The PassageWays Institute 位於科羅拉多州，已有二十多年的歷史，其設立的使命，在於藉由看重及建造個體內在生命的品質及韌性，幫助與激發教育工作者及學童，培養強壯而健康的生命，進而將學校與教室文化，轉化成一個具高度關懷及品格特質的成長與學習環境。

譯註 4：這是設立於美國加州私立克來蒙森大學（Clemson University）的一個國際性研究中心，關注中等教育及高等教育過程中，與誠信相關議題的實務與實證之探究。

當你閱讀本書時，你會發現自己自始至終都在享受某個人以愛付出極大辛勞的一份傑作，它將帶給中學教育工作者很大的幫助。

——Kevin Ryan，《在學校裡培育品格》作者之一
（co-author, *Building Character in Schools*）

在我們的中學教育中，有一個很重要的元素已經銷聲匿跡許久，那就是品格的培養和學業成就兼備的訓練。Tom Lickona 和 Matt Davidson 兩人完成了這件令人驚嘆的傑作；它讓我們瞭解品格教育可以如何推動，以及如何讓每一個人都是贏家！我誠摯希望每位行政工作者和全國的老師都能閱讀這本書。

——Hal Urban，擔任中學教師 35 年，
《生命中最重要的功課》作者
（*Life's Greatest Lessons*）

這份研究報告對於品格教育與整體教改運動，做出了跨越里程碑的重要貢獻。它全然適用於從幼稚園到大學的每一教育階段。

——Sanford N. McDonnell，McDonnell Douglas 公司
前任執行長、品格教育聯盟董事
（former CEO, McDonnell Douglas; chairman of the board,
Character Education Partnership）（譯註 5）

對於這份研究成果，我只能說：它太棒了！我大力推薦這份實用的品格教育關鍵報告——雖然那樣的途徑十分不容易，在短時間內，效果也不是那麼顯而易見，但是作者用字遣詞如此清晰易懂！

——Ted Sizer，基本學校聯盟創辦人
（founder, Coalition of Essential Schools）（譯註 6）

譯註 5：CEP（Character Education Partnership）是美國著名的品格教育組織，於 1993 年成立，致力於品格教育之推動，本書作者 Lickona 博士是其中重要的發起人之一。這個組織每年舉辦一次國際性的年會，以學術研究的成果作為品格教育實務推動的基礎。

譯註 6：這是創立於 1984 年的一個非營利教育聯盟，包括兩百多個從托兒所、幼稚園到中學的學校、教育中心等成員。聯盟的使命強調真實而個人化的學習、緊密的師生關係、學生盡力而為的學習成就與卓越，看重信任、關愛等學校氛圍的形塑。

給讀者的一封信

「**你**是刺蝟或是狐狸」？這是管理學大師 Jim Collins 在他《從 A 到 A+》（*Good to Great*）（譯註 1）這本暢銷書中問的一個問題。這個問題源自英國思想家 Isaiah Berlin 在〈狐狸和刺蝟〉（The Hedgehog and the Fox）一文中所引用的一則希臘寓言。

在這個寓言中，狐狸被描述為具有佔盡優勢的諸多特質：例如，見多識廣、機伶、狡猾、行動敏捷、老謀深算、詭計多端、佔盡便宜、出盡風頭。反之，看似寒酸、不起眼的刺蝟，從頭到尾只知道一件事。狐狸老謀深算，會用許多不同方式攻擊刺蝟，但是刺蝟的回應總是如出一轍──把身體蜷曲成球狀，將刺朝外，就會讓狐狸知難而退。

Berlin 透過這個寓言，把世界的人分成兩大類：刺蝟和狐狸。狐狸缺乏專注焦點；總是同時追逐許多目標，以十分複雜的眼光來解讀外在的世界。反之，刺蝟總是以單純的原則，來組織複雜多變的世界，以同一基本的信念來統整及引導每一件事的進行。

這個「刺蝟和狐狸」的寓言和「從 A 到 A+」有什麼關係呢？

Collins 認為它們之間大有關係。他發現，那些可以「從 A 到 A+」的公司，都是刺蝟；他們在經營上所設立的目標，都立基於同樣一套獨特而具辨察力的洞見，使得內部組織能很有系統而一致地持續依循與運作。

這個刺蝟和狐狸的寓言，適用在學校教育上嗎？我們認為是可以的！當外在環境持續變遷，壓力不斷來自許多不同的面向時

譯註 1：中譯本《從 A 到 A+》，遠流出版社出版。

——諸如國家頒定的種種學力測驗、州政府訂定的各樣學習標準、財政與預算的緊縮、學生背景多元的變異性增加、家長諸多的抱怨聲、教育理念不斷推陳出新、人力市場結構改變等等現象，很多學校會因而認為：我們實在沒有當刺蝟的本錢。

但是，如果我們不是刺蝟，就會把努力的焦點模糊了，最終我們可能發展出很多的教育策略，但卻沒有一項能幫助我們達到教育的真正核心目標與使命。

雖然我們是需要很多策略，來幫助我們達到教育的目標——正如這本書中介紹了許多的策略——但在「刺蝟型」的學校，每一個策略都是與其教育使命緊緊相扣。

在此一針對美國 24 所中學所進行的研究結果中，我們發現，最優質而卓越的學校，都是反映刺蝟概念的絕佳例證。

「使命驅動策略的產生！」這些學校都能清楚認同這樣的信念，並且能具體描繪學校本身之所以特別、賴以為基石的有效金鑰策略（signature practices）。他們都十分篤定——學校的運作信念與刺蝟概念相契合；從使命到實踐理想的重要策略皆然！

☐ 品學兼優

這份研究報告提出了一個整體性的刺蝟概念；我們發現這些優質的學校，與刺蝟的特質有共同之處。換句話說，我們認為教育有兩個重要目標：其一，幫助學生變得更聰明（在多元面向的智能上）；其二，幫助學生變得更良善（在多元面向的道德成熟度上）。我們深信：卓越與德行是可以並存的，因此我們把致力於達成這雙重目標的學校稱為「品學兼優標竿學校」（Smart & Good High School）。

我們發覺，品格誠然是達到卓越與德行的重要路徑。年輕人需要成就品格——勤奮（很重要的工作倫理）、積極正向的態度、堅忍等的能力，以幫助他們發揮潛能，並獲取在學校、職場以及其後人生各階段的卓越成就。同時，他們也需要道德品格——誠信、尊重、合作、正義等能力，以幫助他們成為一個有德行的人，並且能建立各種美好的人際關係（譯註 2）。

教育有兩個重要目標：其一，幫助學生變得更聰明；其二，幫助學生變得更良善。

如果年輕人缺乏成就品格，他們就無法發揮其所擁有的才幹，也無法擁有一個豐盛的人生。在這樣的情況下，我們的國家也不可能擁有具自信與競爭性的勞動力。而如果年輕人缺乏道德品格，他們不會過一個有德行的生活，那麼這個社會將充滿了說謊、欺騙和行竊的人。

在品學兼優標竿學校中，所有面向——包括例行作息、各種儀式、規定、課程、合科活動，以及無法事先計畫的「學習時刻」——都被視為一次又一次用來刻意提升卓越

譯註 2：在中文譯本中，幾經考量作者所欲傳達的精髓，以及兼顧台灣社會對詞彙的理解，我們將「performance character」譯為成就品格，「moral character」譯為道德品格，「ethic」譯為德行。在原文中，作者常交替使用 moral 及 ethic 兩字。

與德行的機會。

需要思考的重要問題

以刺蝟原則為關注焦點的學校，不會像狐狸一樣，盲目地追逐許多毫不相干的事物；他們所做的每一件事都緊扣著卓越與德行。針對任何做法和策略，學校關切的重要問題永遠是：

◆ 這樣做對成就品格有什麼幫助（它提供了什麼指引朝向卓越）？
◆ 這樣做對道德品格有什麼幫助（它提供了什麼指引朝向反映德行的行為）？

品學兼優！卓越與德行兼備！這樣的概念其實很簡單，將之落實的原則也很簡單；就是在你所做的每一件事上，確認：

◆ 不要讓它對卓越與德行的養成有所虧損。
◆ 要竭盡所能地整合自己在卓越與德行上的努力。

品格是指向卓越與德行兼備的唯一路徑。

這本書為誰而寫？

我們誠摯地希望這份研究報告，至少可以對四類型的讀者有所幫助：(1)教育現場工作者——老師、諮商輔導者、學校的心理師、教練、學生領袖、家長，以及那些對學生（學校）品格養成扮演重要角色的人；(2)學校的行政領導者——對整體學校的改變具有影響力的人，例如校長、督學、主任、年級負責老師、具教改意識的教師工會；(3)領導者——其所在職位對教育政策及學校具有

影響力的人，例如教育部長、教育局長等；(4)師資培育機構——負責培育下一代教師及行政工作者的學術單位。

我們把這份研究報告命名為「品學兼優標竿學校」，是希望很清楚地表達我們的信念：身為領導者，如果希望學校裡的每一位教職員，都樂意帶著學生一起追求卓越與德行，那麼他必須先看重學校整體組織規劃的合理性（例如，去思考教師教學的負荷度、教學準備時間等相關議題），以及能營造一個足以激發和協助教職員，去落實這樣一個願景的學校正向文化。否則，就如同我們在一次專家小組對談中，一位老師發自內心深處的感嘆：「學校所擬訂的校訓、使命宣言，總是顯得那般崇高，但對我們來說，其實卻是十分殘酷的笑話。」

不過，即便如此，我們總要記得：老師在學生身上可以發揮的影響力是很大的；尤其關於「復原力」（resilience）的研究告訴我們，那些可以克服艱困環境、脫穎而出的年輕人，在他們生命中都曾出現一位老師、教練，或是其他相信他們、激勵他們向上的典範人物[1]。

一位資深學者特別強調：當我們盡全力尋求全校性改變的同時，不要忘記一個真實的可能性——每一位教職員所擁有的潛力及責任感，可以對學生品格的形塑，發揮莫大的影響力，他說道：

改變全校的氛圍是非常重要的，雖然它的速度很緩慢，也很困難，尤其在中學階段，但那是品格教育能在學生身上產生影響力的真正核心與關鍵所在。因此，學校裡的

每一位教育工作者，都需要問自己：「在我的工作與職責上，可以怎樣做得更好？我可以怎樣幫助學生培養品格？我怎樣能成為學生品格學習的榜樣？我可以怎樣評量學生在這些面向上的成長與效能？」

「謹記──最重要的事可以產生很大的影響力！」

這一切努力的最底線就是：克盡你所能，讓整個學校的環境都能支持卓越與德行的追求，但同時，你也可以去留意細節的層次──在你的工作和教學上、在你可以發揮影響力的地方，盡全力去貢獻你個人能對學生品格有所幫助之處。在研究中，我們發現，有些老師真的做到了；即便處於不是很理想的工作環境中，他們仍能全力以赴，成為學生的榜樣。

關於這本書寫作的風格，有一點要說明：在描述有效的品格策略時，除了是引用一些已經發表的文獻資料或書籍之外，我們不使用學校或學生真實的名字。我們十分感謝每一所參與此研究計畫的學校（如第 316 頁中所列名單）。書中在描述一些現象或狀況時，之所以會介紹某特定學校，為的是讓某特定策略能更聚焦，能更清楚地被理解。

在書中，我們避免去突顯某所學校或某位教師，避免讓讀者以為好像只有他們是「最佳典範」。雖然許多品格教育徵選方案的目的，

是給入圍者蓋上一個認可的戳記，但那並不是我們最終的目的。我們的目的並不是要去製造一長串的獲獎學校名單，然後讓大家蜂擁而至，群起效尤。相反地，我們研究的目的是聚焦在找出、發掘有效的品格教育推動策略。當我們將此目的存記於心，走遍全美各地，訪問這些品學兼優標竿學校時，對品格一個嶄新的理解與願景逐漸浮現，而且越來越清楚：這些品學兼優標竿學校都是卓越與德行兼備，學校中的每一個面向都是朝著這雙重的使命不斷地努力。

在此誠摯邀請每一位讀者，不論你是扮演什麼角色，都能認真去思考「刺蝟」的優點──以專注在卓越與德行品格教育，作為幫助我們的學校及年輕孩子邁向豐盛生命的途徑。

附註

1 J. Garbarino, *Raising children in a socially toxic environment*. (San Francisco: Jossey-Bass, 1955); see also B. Benard, "Fostering resiliency in kids," *Educational Leadership*, 1993, 51, 3, 44-48.

李寇納博士致華人讀者

首先，我要衷心感謝我的好朋友劉慈惠教授，以及她的六位同事，因著她們的心血，使得《品學兼優標竿學校》中文譯本，得以與華人讀者見面。

我與劉慈惠教授第一次相遇於 CEP（www.character.org）2010 年在舊金山舉行的品格教育年度研討會。這個品格教育研討會，多年來因著像她一樣致力於品格教育的國際學者、教育工作者的參與，而增添了許多的豐厚性。因著對於投入品格教育一份共同的感動，我們自此展開了持續的交流。在互動的對談中，我們深深發現，東西方社會雖然在文化上有所不同，但都面臨了一些相似的隱憂：家庭功能大幅式微、流行文化強力影響、物質主義及享樂主義盛行。這些現象在快速移動的現代化步調的催促下，人與人之間極為重要的用來傳遞美好價值的信任關係，越來越找不到時間去經營了。

全球性品格教育運動的崛起，正是對上述危機與挑戰的一個重要回應。這樣的行動是因體認到個體品格的培養，雖然起始於家庭，但是在營造一個具關懷、正義及生產力的社會上，學校亦扮演了十分關鍵的角色。

在「品學兼優標竿學校」這項研究中，我們對品格提出了一個嶄新的定義——它同時包括道德品格和成就品格。在這項針對美國 24 所獲得諸多不同獎項的中學的研究歷程中，我們看到了無數動人的成功案例——品格，不只是教學生做好人，它足以帶來卓越成就的動能。這些學校透過正式課程及潛在課程的每個面向，協助學生建立了道德品格及成就品格。我們發現，當學校把品格的建立視為學校教育的使命與核心時，不但學生的測驗成績及學習成效都大幅提升，而且諸多令學校頭痛的問題，如作弊、欺騙、霸凌、學習動機低落等，也都大幅地改善了。

我們在這份研究報告中所提出關於品格令人耳目一新的創見——成就品格、道德品格、德行學習社群、八大優勢能力等概念，發表後受到美國各級學校熱烈的迴響及應用，包括從小學、中學到高中等。其中所闡述的諸多核心信念及策略，針對學齡前及大學階段，亦都是適用的。

近年來，我有較多的機會受邀到亞洲地區舉行品格研討會或工作坊，令人激勵的是，這一品學兼優的品格教育模式，亦獲得不同文化中參與學校的校長、行政工作者、教師等十分正向的回應及肯定。

期盼本書所分享的品格教育信念及實用策略，透過中文譯本的發行，啟動我們在為 21 世紀培育品學兼優之世界公民的使命上，攜手搭起永續教育的夥伴關係，使未來社會的主人翁，不只是運用他們的才幹去為自己贏得更優渥的生活條件，而更能為我們所居住的地球村，建構一個更美善的世界。

李寇納

榮譽教授，「尊重與責任品格教育中心」主任
紐約州立大學寇特蘭校區
（www2.cortland.edu/centers/character）

□ **劉慈惠**（正文前、第一章、第二章、附錄及全書之總校閱）

美國威斯康辛州立大學麥迪遜校區課程與教學哲學博士。現任國立新竹教育大學幼兒教育學系教授，專長為品格教育、文化與教養、親子關係、家庭與學校合作關係。著有《親子溝通零距離》、《幼兒家庭與學校合作關係——理論與實務》。曾任高中教師、美國幼兒園教師、幼教中心主任、幼教系系主任。

□ **林麗卿**（第三章）

美國伊利諾大學香檳校區課程與教學博士。現任國立新竹教育大學幼兒教育學系副教授，專長為幼兒語文發展、幼兒教育思潮、質性研究。著有《全語文的新思維》。曾任高中教師、幼教中心主任、幼教系系主任。

□ **陳文玲**（第四章）

美國愛荷華州立大學人類發展與家庭哲學博士。現任國立新竹教育大學幼兒教育學系副教授，專長為兒童發展。曾任教於托兒所及國立台北教育大學。

□ **王莉玲**（第五章優勢 1、優勢 2）

美國威斯康辛州立大學麥迪遜校區課程與教學哲學博士。國立新竹教育大學幼兒教育學系退休教授，專長為教師專業發展及行

動研究。著有《幼兒園教學案例》。曾任國中教師、幼稚園教師、幼教系系主任。

□ **謝明芳**（第五章優勢 3、優勢 4）

美國印第安納大學課程與教學博士。現任國立新竹教育大學幼兒教育學系助理教授，專長為幼兒語文教育、發展適性教學、幼兒觀點探究。曾任教於南亞技術學院、輔仁大學兒童與家庭學系附設幼兒園。

□ **林育瑋**（第五章優勢 5、優勢 6）

美國伊利諾大學香檳校區課程與教學哲學博士。國立台灣師範大學人類發展與家庭學系退休副教授。專長為師資培育、專業發展及課程與教學。著有《看幼兒與大人在學校發生了什麼事？》曾任幼兒園教師、園長、幼教中心主任、人類發展與家庭學系系主任。

□ **蘇育令**（第五章優勢 7、優勢 8 及第六章）

美國維吉尼亞理工學院暨州立大學人類發展博士。現任輔仁大學兒童與家庭學系助理教授，專長為幼兒教保人員專業發展、幼兒社會情緒教育。曾任教於國立新竹教育大學、國立嘉義大學與幼兒園。

總校閱序 / 劉慈惠

認識 Dr. Lickona 是一個很奇妙的人生經驗，*Smart & Good High Schools* 中譯本的問世亦然。

2007 年，因著踏上品格教育探究之旅，在諸多相關文獻與書籍的蒐尋與學習中，Lickona 的名字不斷出現，逐漸得知，原來他在美國近代品格教育的推動上，是一位舉足輕重的學者。

與作者初識的感動

從沒想過，有一天能與 Dr. Lickona 有專業與友誼的相遇與交織。

2010 年 10 月，因著國科會國外半年短期進修的機會，第一次參加 CEP 在美國舊金山舉行的國際品格研討會。Dr. Lickona 是受邀進行專題演講的學者之一。與會者多達千人以上的研討會中，坐在偌大會場的一角，聆聽這位在紙上景仰感佩多年的學術巨人分享，心中十分激動。演講結束後，許多人圍著他問問題。他手上抱著一大疊的書，在會後與人群為時不算短的交流互動中，他總是帶著微笑，耐心地逐一回應。待人潮散去後，雖然為時已晚，我還是決定把握千載難逢的機會，驅前自我介紹。雖然素不相識，體力可能已經透支的他，回應我的方式就像朋友一樣，毫無倉促與倦容，自然流露的親切、平實、謙和與真摯，當下深感，他不是高高在上的學術巨人，而像極了鄰家慈祥的爺爺。臨走前，他送了我兩本他的著作，其中一本就是本書的原文。

純正一致的核心價值

當時接下這份禮物，並未想過要把它譯為中文，一來因為它並不薄；內容不可思議的豐富，二來手邊有許多尚待完成之事。翻譯本書似乎是一個心有餘而力不足的夢。然而，回國後當我三番兩次的讀它，就越被作者的用心及心血深深感動。因為在個體價值形塑及學業成就上，中學階段可謂是 12 年國教中承受的衝擊及壓力最大的時期，然而卻鮮少有人針對這個影響青少年發展甚為關鍵的階段，有系統地進行品格教育的探究。有感於此一重大斷層的存在，本書兩位作者以兩年的時間，走訪美國 24 所榮獲各種不同獎項的中學，進行了這項工程浩大且嚴謹的實證研究，從中發現了這些中學之所以卓越的重要共同點——這些優質挺立的學校都屬「刺蝟型」（以單純原則面對複雜的世界），而非「狐狸型」（以複雜眼光解讀多變的世界）。

淺顯易懂的品學兼優學校指南

在所蒐集到堆積如山的龐雜研究資料中，如何抽絲剝繭，將令人振奮的洞見，有條理而具體地化繁為簡、去蕪存菁，寫成現場教育工作者能理解、易操作的品學兼優學校指南，而非艱澀難懂的學術報告，真的是一大挑戰。而這項高難度的書寫工程，作者做到了，也因此，當這份難能可貴的關鍵報告出版後，在美國教育界及學術界引起了甚

大迴響，讀者可從書中美國諸多重量級學者、教育工作者的推薦短文略窺一二。綜觀這些推薦文所言，本書之所以令人感動，不只是因為它提出了品格教育卓越動能的嶄新定義，更重要的是它清楚描繪了時下學校，無論中西社會皆迫切需要的——感動師生，轉化校園的「整體性品格教育實作 How To 路徑」。

啟動卓越的品格八項優勢能力

此一品學兼優的教育模式，開啟品格教育的新定位，激發師生追求卓越的動能。然而，它不是一條立竿見影之路，它強調學校團隊協力形塑共同使命，在彼此鼓勵中，逐步啟動學校品格文化的長期鬆土和深耕。雖然它的推展歷程並不容易，但絕對值得！作者依其多年投入品格教育的實務經驗，誠摯呼籲——品學兼優的教育路徑，絕非不切實際，亦非奢侈，尤其當學校面臨的外在壓力與變動越是龐大，外在價值越是多元而混淆不清之際，我們更需要確立教育初始單純而一致的核心使命——其一，幫助學生變得更聰明，其二，幫助學生變得更良善。而且，願意定睛於長遠，選擇具挑戰之路，堅信：一個人最重要的，不是腦袋，而是引導腦袋的品格。唯有確立核心使命下所驅動的策略，才能讓學校在諸多不斷推陳出新的教育理念中，不至於模糊了努力的焦點，也不會在諸多教育策略的拉鋸中，只能忍痛停留在表相的堆砌與美化。

本書的內容相當豐富，值得投身教育的夥伴拿出耐心，細細咀嚼，尤其在讀到啟動卓越的八項優勢能力時，你會發覺——那些能力與策略的體會及培養還真不容易；十足挑戰孩子重要他人的決心。不過，當你拿出毅力堅持下去，你會明白：就長遠來說，品格教育是關係的經營，品學兼優品格教育模式透過「轉化心、起動心」的感動與行動，在愛與信任的關係中，學校得以幫助學生逐步踏上卓越而不犧牲道德的長遠之路；在學校、在職場、在更長遠的未來。再者，本書可貴之處在於它提供了許多感人的真實案例和具體策略；讀者從中可以瞭解——品格教育不是分科或單堂的教育，它跟每一專業科目都息息相關。在許多真實的案例中，你可以看到：原本不被看好的學生，其學習態度、學習動機、學習成就、對美好品格及意義的追尋，如何因著關懷與挑戰而啟動；甘心樂意走上不斷追求自我改進的歷程。

協力完成本書的翻譯

國內推行品格教育雖已有多年，但和美國一樣，我們也十分欠缺有系統的「How To」實作指南。中西方社會的教育體制及文化雖有差異，但是在成就品格與道德品格所面臨的挑戰，卻有諸多相似之處。他山之石，可以攻錯，為了將此好書推薦給國人，邀請了六位好友在忙碌中分擔這項無法獨自完成的任務。我們在各自嘗試領悟與咀嚼書中豐碩文本的過程中，體會與享受了書中所強調的——在品格教育路上，「專業德行學習社群」同儕之間彼此支持與提供建議的可貴。為了考量閱讀的順暢性，我們在中文譯本的編排上，做了有別於原文的處理，期能幫助讀者更容易掌握原文書的精義。譯書中未盡完善與疏漏之處，尚祈指正，因為，我

們也在此探究的歷程中學習。

　　此外，本書的研究對象雖是美國 24 所 9-12 年級的中學（跨台灣的 9 年級及高中），但難能可貴的是，其中所談的原則與精意，適用於所有的教育階段，亦即小學、中學、高中、大學及學前。耐心讀下去，你會發現，不同教育階段或學校之間的結構、特質、問題與挑戰或有不同，但都可以在書中找到開始上路的施力點。

　　本書能在 2013 年七月順利出版，要特別感謝心理出版社執行編輯文玲在往返校閱過程中，細心與耐心地構思與溝通版面的編排、閱讀的順暢性上所花的無數心力。

☐ 身教與榜樣

　　行筆最後，想表達的是：品格教育，大家對它其實並不陌生，近年來或許也是鎂光燈下的焦點，每個人根據自己對它的認識和期待，給予它不同的命名，也為它穿上不同的外衣，因而在看得見的檯面上，它的色彩是繽紛的，而此書提供了品格一個另類的名字與選擇。以平實生命活出真實品格的 Dr. Lickona，在書中不唱高調理論，不止於紙上談兵，不著眼於增添學校聲譽的表淺裝飾。回想近兩年與他面對面的互動——2012 年至他任教的大學及品格中心訪問、2013 年至新加坡觀摩他帶領的「品學兼優工作坊」、請教他本書中的一些疑問等，低調謙和的他總讓我一次又一次深刻明白書中所欲傳達關於品格最重要的精意——Walk the talk, talk the walk. Practice what you preach；知行合一的身教與榜樣！因為，品格是一種生活方式，它自然展現在生命中；是你所做的事，而不是你所說的話。

　　誠摯將本書推薦給關心深耕品格教育的夥伴！

於工作坊中捕捉的李寇納博士身影

閱讀此書，可以有兩個方式，其一，從最前面開始，按照本書編寫的次序逐章閱讀；其二，你可以直接跳到最感興趣的那幾章。在本書中，我們提供了周詳的目錄，列出了每一章的次標題。

在書中，不同的圖形是用來區隔我們在本研究中所提出的不同類型的有效策略。在第三章「德行學習社群」（Ethical Learning Community, ELC），我們使用了微型 ELC 的圖標，隱含著 ELC 的縮寫。在第四章「專業德行學習社群」（Professional Ethical Learning Community, PELC），我們使用大致相同的圖標，但是改為 PELC 的縮寫。

在第五章「培養品格的八項優勢能力」中，我們使用了一個分割的八角形，以突顯所討論的品格八項優勢能力。

為了幫助你決定，你會想要如何閱讀本書，以下簡單介紹本書的內容：

「品學兼優標竿學校」的原則，勾勒出一個致力於追求卓越與德行兼備的學校可供依循的基本藍圖。

第一章介紹「成就指標」（和表現有關）與「道德指標」（和德行有關），試圖勾勒今日青少年的圖像。接著我們描述今日許多美國中學生在成就與道德上，所面臨的挑戰，我們各列舉了兩個例子，最後回到如何堅守「刺蝟原則」，以培養卓越與德行的相關討論。

第二章介紹在本書中我們對品格的嶄新

定義——包含成就品格（凡事盡全力而為）與道德品格（活出最具德行的自我）。如此定義品格，可以說是本書最關鍵的理論基礎。

第三章介紹德行學習社群的六個原則——藉此，社群中的教職員、學生、家長及校外社群，攜手合作開創德行學習社群（ELC）。ELC 提供了成就品格與道德品格得以滋長的認知和道德文化氛圍。

第四章介紹第三章所描述的六個原則，如何展現在專業德行學習社群（PELC）。這樣的社群使全校的教職員願意接受追求「卓越與德行兼備」的挑戰，並且能彼此打氣，彼此給予支持。

第五章介紹成就品格與道德品格的八項優勢能力，以及描述與每一項品格優勢能力相關的有效策略。

第六章以「問與答」的形式呈現，提供「品學兼優標竿學校」這項研究對外分享的過程中，我們常被追問的一些問題，以及我們的回答。

附錄中，**研究方法**部分幫助你稍微瞭解這個研究的背景，以及我們是如何找出本書所介紹的有效品格策略。

最後，邀請你瀏覽我們的網站：**www2. cortland.edu/centers/character**，從該網站你可以看到介紹品學兼優標竿學校的一些相關資源。你也可以訂閱我們免費提供的電子刊物：「卓越與德行」（*excellence & ethics: the education letter of the Smart & Good Schools Initiative*），如果你有什麼問題或建議，歡迎你跟我們聯絡：**character@cortland. edu**。

綜觀歷史，對全世界每一個文化社會來說，教育一直被公認具有兩個重要的目的：幫助學生變得更聰明，以及幫助他們變得更良善。學生需要兩樣俱全的品格，他們需要一些特定的品格能力，來幫助他們在學校及生活中，得以做到最好，這些能力包括勤奮、強烈的工作倫理、正向積極的態度。同時，他們也需要和懂得如何與人相處，以及建立良好互動的一些品格能力，諸如誠實、尊重、公平。

在這項研究中，我們從兩個面向來定義品格：追求卓越與追求德行；我們認為這兩者是在學校與人生中，獲取成功的重要基石。所有品學兼優標竿學校，都致力於幫助學生，在一個支持德行發展的環境中，去培養成就品格與道德品格。

所謂**成就品格**，我們是指能幫助一個人在學校、職場及更遠的未來，發揮極致的潛能，以及邁向卓越所需要的特質與能力。

所謂**道德品格**，我們是指能幫助一個人與他人建立正直、良善與關愛的關係，在民主社會中負起公民責任等的特質與能力。

所謂**德行學習社群**，我們是指環境中的教職員、學生、家長及校外社群，可以攜手合作，一起活出成就品格與道德品格。

當我們換一個角度來看成就品格與道德品格時，嘗試以**八項優勢能力**來界定之；當這些優勢能力兼備時，可以提供個體一生追求豐盛生命的願景，成為具備以下特質的人：

1. 終身學習與思辨者
2. 勤奮又有能力的表現者
3. 處世圓融且具備情緒管理能力者
4. 德行的深思者
5. 尊重且負責任的道德實踐者
6. 自律且追求健全生活方式者
7. 對社區和民主發展有所貢獻者
8. 用心追尋人生崇高目的的靈性者。

這本書是依據許多資料來源才得以完成撰寫，其中包括學術理論、實證研究、實地訪問 24 所學校，以及實務參與中得來的洞見等。這本書介紹了在教室中、在學校裡，可以運用的品格有效策略，以及如何在一個德行學習社群中，去幫助學生培養八項品格優勢能力。在這本書中，我們也介紹如何營造**專業德行學習社群**，在那樣的環境中，學校的教職員一起努力，去擴大對學生產生正向影響力，幫助他們培養八項品格優勢能力，追求卓越與德行兼備。

「品學兼優標竿學校」的原則

「品學兼優標竿學校」的原則，是希望提供有心致力於朝著卓越與德行前進的學校，一個可依循的藍圖。我們期待這些原則是在努力的行動過程中逐步展現的。

1. 讓成就品格與道德品格——卓越與德行兼備——的培養，成為學校的基石與正字標記。從品格的八項優勢能力，去定義成就品格與道德品格——引領個體終其一生，追求豐盛生命的優勢能力。

把成就品格與道德品格的培養，視為學校的核心使命和特質。將卓越與德行兼備視為實現成功的目標，不論是在學期間，或是畢業後工作，甚至是更長遠的一生。透過培養這八項優勢能力，來提升定義成就品格與道德品格的卓越與德行：(1)終身學習與思辨者；(2)勤奮又有能力的表現者；(3)處世圓融且具備情緒管理能力者；(4)德行的深思者；(5)尊重且負責任的道德實踐者；(6)自律且追求健全生活方式者；(7)對社區和民主發展有所貢獻者；(8)用心追尋人生崇高目的的靈性者。

2. 致力於營造支持及落實品學兼優之學校願景的條件。

一步步去開創學校中可以支持及落實品學兼優標竿學校願景的條件，這樣的條件包括優質的領導、恰到好處的學生人數、老師能有備課及反思的時間、具支持性的教學安排、合理的教學負荷、安全而有序的環境、值得信任且相互尊重的人際關係、經費與資源。學校宜持續關注這些因素的狀況，以利開創能成功落實學校願景的最佳環境條件。

3. 每一位老師能極致化個人對學生成就品格與道德品格的影響與貢獻。

除了營造足以協助學生培養成就品格與道德品格的全校性條件外，老師在個人能力所及的範圍，能盡自己的力量去貢獻，對學生發揮最大的影響力。學術研究結果與學生的心聲都顯示，「關鍵個體（Power of One）的影響力」不可小覷——他（她），可以為年輕孩子帶來一生無法磨滅的影響力。不論是校長、主任、老師、教練、輔導者、家長或是職員等，都要檢視自己的做法與行為，對於學生在成就品格與道德品格的成長上，所帶來的正向影響力與榜樣。要擴大「關鍵個體的影響力」，可以尋找更多有志一同的人，一起努力。

4. 建立德行學習社群——包括教職員、學生、家長和校外社群。

透過教職員、學生、家長和校外社群間的連結與夥伴關係，建立德行學習社群（Ethical Learning Community, ELC），共同承擔提供學生學習成就品格與道德品格的責任，將ELC視為提供及支持全校師生追求卓越與德行兼備的學校文化。透過以下六個運作原則，營造那樣的學校文化：

▶ **(1) 發展共同的目標與認同**

針對想要達成的目標與認同,培養全校性的共識;透過共同承擔責任與承諾(commitment),逐步提升成就品格與道德品格。

▶ **(2) 以預期成效與相關研究導引教育實務**

把學校生活中發生的每一件事,包括課程、跨領域活動、對學生的要求、例行作息、各種儀式等,都視為培養成就品格與道德品格的機會。老師們不妨思考:某一特定策略如何幫助學生培養卓越與德行兼備?我如何證明該策略是有效的?

▶ **(3) 勇於發聲,表明立場**

在學校中營造民主化的環境,讓學生能充分投入對卓越與德行的追求;挑戰德行學習社群中的所有成員,能否針對環境中存在的問題,帶著勇敢與正直的心,勇於發聲,表明立場。

▶ **(4) 承擔自我持續發展的個人責任**

視自己為一件「施工中」的作品;持續追求做到最好的自己。

▶ **(5) 實踐卓越與德行的集體責任**

因為在乎,會期望他人也能表現最佳的自己;願意承諾去建立一個以關心為出發點的人際關係。

▶ **(6) 搏擊視而不見的棘手難題——客廳裡的大象**

對學生追求卓越與德行有所影響的棘手議題,能選擇去正視它,包括發生在學校內和學校外的,引導學生去進行思考與討論。

5. 建立含括各學科教職員、行政人員的專業德行學習社群。

建立能引導ELC發展的專業德行學習社群(Professional Ethical Learning Community,

PELC），PELC包括對於學生成就品格與道德品格，能提供正向示範、發揮影響力的成人，諸如學校中所有的老師、行政人員、輔導工作者等，他們可以提供社群重要的領導方向，能朝著甘地（Gandhi）的諫言努力前進——「將自己改變成為你希望在這個社會看到的那種人」。以建立ELC的運作原則去建立 PELC，帶動群體一起商議、協同合作，營造建設性批判的學校文化，使得其中的成人針對成就品格、道德品格，以及八項優勢能力的學習，能不斷進行持續性的反思。

「品學兼優標竿學校」的原則

1. 讓成就品格與道德品格——卓越與德行兼備——的培養，成為學校的基石與正字標記。從品格的八項優勢能力，去定義成就品格與道德品格——引領個體終其一生，追求豐盛生命的優勢能力。
2. 致力於營造支持及落實品學兼優之學校願景的條件。
3. 每一位老師能極致化個人對學生成就品格與道德品格的影響與貢獻。
4. 建立德行學習社群——包括教職員、學生、家長和校外社群。
5. 建立含括各學科教職員、行政人員的專業德行學習社群。

卓越與德行兼備……
在學校、職場，以及未來的生活中

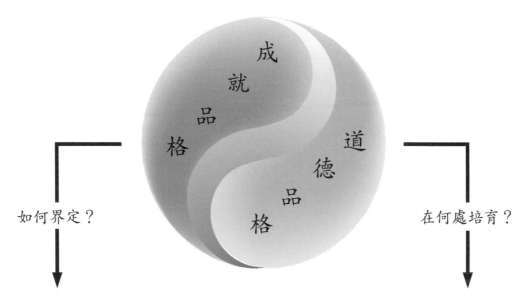

如何界定？　　　　　　　　　　　　　　　　在何處培育？

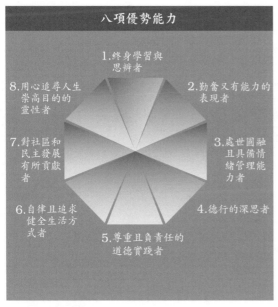

八項優勢能力

1. 終身學習與思辨者
2. 勤奮又有能力的表現者
3. 處世圓融且具備情緒管理能力者
4. 德行的深思者
5. 尊重且負責任的道德實踐者
6. 自律且追求健全生活方式者
7. 對社區和民主發展有所貢獻者
8. 用心追尋人生崇高目的的靈性者

德行學習社群（ELC）

學生
校外社群　　　家長

1. 發展共同的目標與認同。
2. 以預期成效與相關研究導引教育實務。
3. 勇於發聲，表明立場。
4. 承擔自我持續發展的個人責任。
5. 實踐卓越與德行的集體責任。
6. 搏擊視而不見的棘手難題——客廳裡的大象。

教職員
專業德行學習社群
（PELC）

每一個個體都具有責任及能力，對 ELC 的形塑有所貢獻；
幫助自己及他人培養品格八項優勢能力

關鍵個體

第一章 品格的呼聲
美國中學在培養學生成就品格與
道德品格所面臨的挑戰

吳老師是我 9 年級的公民課老師，她幫助我在還年少的時候，就瞭解了成就品格的重要性。剛上 9 年級時，我發現自己在國中階段的讀書習慣很不好（譯註 1）。但是在 9 年級那一年，我開始變得不一樣了，因為吳老師指派作業給學生時，會透過範例，帶著學生實際去理解這個作業可以如何完成。當有考試時，她會教我們如何製作能強化學習的提示卡。當我們必須要進行專題研究時，她會提供示範，告訴我們如何使用電腦的搜尋引擎去尋找所需要的資料。她也會引導我們，針對專題該完成的各個部分，去設定完成的截止日期。她還會鼓勵我們參與社區中與歷史有關的活動，而且她也會提供申請大學時我們可能會感興趣的資訊。對她來說，每一位學生都是她的孩子！

——一位 9 年級女生

今日的學生似乎活在一個「只要可以達到目的，作弊又何妨」的時代。當我發現班上有人作弊時，我對學生們說了以下一段話：「每一個人的生命都會面臨兩條路徑：具挑戰的路和容易走的路。具挑戰的路雖然很難走，但最終它會帶你到值得去的地方；容易走的路雖然輕鬆易行，但它是一條兜圈子的路，最終你會回到原點。如果你現在選擇欺騙，你將來也會欺騙。在這條容易走的路上，你的生活不但不會變得比較好，你這個人也一樣不會變得比較好。」

——一位高中老師

譯註 1：本研究計畫所指的 High School，是指美國 9-12 年級，跨台灣的 9 年級及高中；因台灣的學制與美國有所不同，本書將 High School 譯為中學。

羅馬政治家 Cicero 認為：「一個國家的福祉，來自於擁有品格的公民。」希臘哲學家 Heraclitus 說：「品格決定命運！」Martin Buber 說：「教育若要名副其實，品格必須是核心。」

「教育若要名副其實，品格必須是核心。」

品格很重要！我們的社會正在重新發掘這項古老的智慧。美國文化中的每一個面向，舉凡政治、軍事、商業、教育、運動、娛樂、家庭和社區等，都顯示我們的社會需要每一個公民——不論年齡大小——都可以過著有意義、具德行的生活，可以對營造出一個正義、溫馨及有效能的社會貢獻一份心力。

近年來，社會上出現了越來越多嘗試去回應以上需求的趨勢。本書所呈現的研究結果提供了一些證據，包括針對品格進行公開的對話、職場老闆看重的員工的品格、教育及社會科學研究關注的品格議題，而其中最明顯的現象，應該是學校及更廣泛的社會群體重新燃起對品格教育的關切。

隨著這股明顯轉變的趨勢，品格教育已經演變成一個國家性的運動。不過直至目前為止，即便這個運動在中學階段或有小幅度的成長，但幾乎全部集中在小學階段。然而，在個體發展過程中，學生在中學階段的品格教育需求，其實可以說是最大的，但是品格教育在這階段卻幾乎甚少獲得全校性的關注，或者很少被刻意推動。

在此研究中，我們對品格的定義包含成就品格與道德品格。

基於幾個極具說服力的理由，我們認為中學階段必須將品格視為教育的核心任務。這些理由包括我們需要培養具備正向智能、道德潛能的青少年，降低青少年傷害自己及他人等負向的行為，營造安全、關懷及有效能的校園等。然而，在這麼重要的環節之間，目前卻出現了斷層。大家對於在中學階段推展品格教育的資訊及做法都不太清楚，其中不但缺乏理論上的統整，而且對學生甚具影響力的老師及行政者也甚少有所瞭解。

在這份研究報告中，我們提供了在中學階段如何幫助學生培養品格的藍圖。「品格究竟是什麼？」針對這樣的問題，一位高中生是這樣回答的：「品格就是你這個人，它也是一種生活方式。」在文獻上，我們可以找到一長串關於品格的各種定義，在下一頁的方塊文章中，我們提供讀者一些品格的定義及比喻，以及能幫助大家瞭解及區辨這個重要概念的一些資訊。

在這份研究報告中，我們以全新的方式來定義品格：包括成就品格（追求卓越）和道德品格（追求德行）。本書中所描述對中學階段有效的品格策略及做法，是根據研究過程中來自全美各地，實際投入協助學生追求卓越，展現最佳「德行自我」的許多教師及學校所提供的寶貴經驗。

思考品格的七個方式

● 1. 品格是「顯著的標記」

品格的英文字 character 來自希臘文 charakter，意思是持久而不可磨滅的記號。我們所表現出的行為類型，標記了我們是一個怎樣的個體、怎樣的群體、怎樣的文化，那樣的行為類型就成為他人認得我們是誰的鮮明印記。例如，「明華是一個認真的人」、「利德中學是一所充滿關愛、令人敬重的學校」等。有的字典這樣定義品格：「它是個體或群體特質的聚合體」，如此界定品格的方式，突顯個體美德與惡習的所有特質，意即包括好的和不好的特質。

● 2. 美好品格的內涵是美德

有時品格被用來作為「美好品格」的簡稱。例如，有些品格學者認為培養學生具備品格是學校最首要的任務。而美好品格的內涵是美德；美德包括了適用於人類、個體、社會等客觀性的諸多美好特質，例如正義、誠實、關懷等。《品格優勢與美德》（*Character Strengths and Virtues*）一書中，列出六個普及性的美德——智慧、勇敢、謙遜、正義、節制、卓越 [1]。《人格培養白皮書》（*Character Matters*）（譯註 2）一書中提出十個幾乎被所有哲學家、文化及宗教界所公認的重要美德——智慧、正義、堅忍、自我控制、愛心、正向態度、勤奮、正直、感恩、謙遜 [2]。

● 3. 品格是習性，是行動中的正向價值

所謂「價值」，是指我們堅信認為重要的東西。價值和美德不同，它有好的，也有不好的。正如一位作家說道：「希特勒具有特定的價值，但他是一個沒有美德的人。」美好的價值可以變成一種美德、一種習性，不過只有當我們具有內在的動力和技能時，才可以把這樣的價值化為行動，例如「正義」就是一種美好價值。從這個觀點來看，品格是可以化為行動的正向價值。正如亞里斯多德所言：「美德不只是想法而已，而是可以展現美好行動的一種習性。」

● 4. 品格是「力量」

有的字典把品格定義為「道德活力或堅定力」，尤其是經由個體的自律所培養出來的力量。這樣的定義，將品格視為一種經由練習而獲得的內在能力或心理力量。當一個人面臨挑戰時，往往是展現品格的最佳時機。品格的力量可以透過不斷的運用而被強化，反之，如果被等閒視之，那麼品格的力量就會逐漸萎縮。因此，品格所具備的潛力，就像身體的肌肉一樣，需要透過訓練和學習的歷程被開發出來。

譯註 2：中譯本《人格培養白皮書》，高富出版社出版。

● 5. 成就品格與道德品格

成就品格主要是以追求卓越為導向，它包含了幫助個體無論是在學校、職場或任何情況中，得以發揮潛力，而達到卓越的幾個重要特質，例如勤奮、良好的工作倫理、正向積極的態度、堅毅、創新和自制等。而道德品格則是以關係為導向，它包含了幫助個體建立和諧的人際關係，以及合乎德行的舉止行為等特質，例如誠信、公義、關愛、尊重、責任感、合作等（見第二章）。

● 6. 品格與人格

人格可以視為特質或傾向的聚合體，例如一個人或害羞內向，或活潑外向，基本上是與生俱來的氣質。雖然透過後天的學習，人格可以有某種程度的改變，但再怎麼努力，人格都無法經由後天「生出來」。品格則不同，基本上它是經由我們所做的許多選擇而形成。品格可以調整人格，例如，如果我天生是比較缺乏耐性的人，一旦我願意鍛鍊自己更加有耐心，那麼隨著品格的發展，我與生俱來的人格特質就會受到影響或受到約束。

● 7. 品格與腦部的成熟度

有些研究腦部的學者認為，不成熟的腦部發展可以解釋為什麼青少年經常會行事衝動，絲毫不考慮可能引發的嚴重後果。但是這樣的理論並無法解釋，為什麼有些處於同樣年齡階段的青少年，具有相似的腦部成熟度，但他們卻可以表現出迥然不同的行為成熟度，例如，有些人能做對的決定、有好的自我控制能力、堅守誠實等。再者，生活在不同文化、次文化及不同時代的青少年，往往展現非常不同的行為類型，無論是利社會行為，或者是反社會行為。因此，同一年齡層的行為差異，讓我們清楚明白一件事實，那就是：不論腦部的成熟度為何，文化對青少年的品格與行為具有重大影響力，而文化是可以被形塑的。因此，即便有人認為腦部的不成熟是造成青少年衝動行為的一個因素，但是，我們身為家長或老師，並不是被動地等著孩子的腦部趨向成熟，而是應該幫助他們可以合宜地挑戰自己，幫助他們朝著更佳的品格成熟度邁進，以期孩子的腦部能達到更理想的運作功能。

☐ 重要的格言

我們所訪問的 24 所中學，不論規模大或小、公立或私立、一般性或宗教性，都有他們學校自己獨特的品格格言。在這些諸多不同的格言中，有一個令我們印象十分深刻：

認真工作。
活出最好的自己。
做對的事。

有一所位在郊區的學校，學生大多數是少數族裔的青少年，其中95%的學生會順利完成高中學業，90%的學生會繼續上大學。該校的校長告訴我們：「學校所定的格言幾

乎概括了我們希望這裡的學生能做到的事。」他接著說：

我們希望學生在每一件事上都能盡自己最大的力量，希望他們對每一年我們所探討的議題都能用心思考，例如：「當你面對不公正的事情時，你會如何選擇做對的事？」我們希望學生即便離開學校十年後，他們在這裡所接受的教育，會使得他們仍然在乎並持續思考諸如此類的重要問題：「我是一個具有德行的人嗎？」「我有參與及關懷所在的社群嗎？」「在某些情況下，我可以試著去扮演一位領導者嗎？」

▶ 認真工作！活出最好的自己！做對的事！

「認真工作」是成就品格，「做對的事」是道德品格，「活出最好的自己」最極致的意義是指能按著良心、良知行事，而不是盲目跟著人群走；能盡力而為，去發掘自己所擁有的全部潛力，不輕易浪費，能極力追求卓越與德行。

最好的老師，如同最好的學校，都是朝著上述這些目標努力。因為我們從事教育就是希望能改變生命；希望在「幫助學生將來可以成為有用的人」一事上，可以做些什麼。透過幫助學生找到方向、盡力追求卓越，並且在所做的一切事上都能合乎德行，能為這個世界帶來正向的影響。

> 品格是一個人的試金石，它無法惡補！
> ——一位大學校長

面對殘酷的事實

「幫助青少年學習認真工作、活出最好的自己、做對的事、過一個有目標並且具有效能的生活」，面對上述這些目標，我們做得如何呢？Jim Collins 在《從 A 到 A+》（*Good to Great*）（譯註 3）一書中說到，卓越的公司之所以卓越，其中一部分原因是因為他們都曾「面臨一些殘酷的事實」，但是，不論資料所顯示的狀況有多糟，他們都選擇坦然面對，根據狀況做出對的決定。

這樣的道理，也適用於學校以及整個社會。如果我們想要變得更好，如果我們想要邁向卓越，我們就必須面對殘酷的事實。

美國青少年的概況

殘酷的事實是些什麼呢？讓我們從美國青少年的概況談起，這些概況很真實地反映了當下社會及學校的情況。關於 1,300 萬美國中學生的概況，有好消息，也有壞消息。在第 7-8 頁的方塊文章中，我們把這些青少年的概況分成「成就指標」與「道德指標」兩個面向來呈現。這些趨勢有些是正向的（例如，青少年吸毒、性行為、暴力行為等比例有下降的趨勢），有些是負向的（例如，作弊比率攀升、高中生畢業比率下降等），另有些現象則保持相當穩定的狀態（例如，退學率、成就表現的落差、學科測驗在國際評比上不理想等）。從表相來看，好壞消息似乎各半，或許有人可以抱持樂觀，選擇只看其中一半的事實（只看好的部

譯註 3：中譯本《從 A 到 A+》，遠流出版社出版。

分），並且對一些研究報告所提及的教育改革成效抱持信心，例如由全國中學校長協會（National Association of Secondary School Principals）提出的一份教改報告[3]。

但是，即便我們接受「有好消息」是一個事實，應該沒有人會反對美國著名詩人 Robert Frost 所說的一句名言：「在我們可以躺下安然睡覺之前，前面還有許多哩路要走。」因此，關於青少年概況雖然有一些令人欣慰的好消息，或許也可以稍微掩飾真相的全貌，但別忘了，有些特定問題的比率和數值，高到令人寢食難安。舉例來說，雖然在 1990 年代初期，青少年自殺的比率似乎有下降的趨勢，但是在 1960 年到 1991 年間卻增加了三倍，平均每 5 個青少年當中，就有 1 個人表示，他們在過去的一年中，曾經很認真地想過自殺這件事。

同樣地，當 54% 的高中生表示他們沒有性行為（這個比率幾乎是 25 年來最高的），但是在 2002 年的一項調查中，卻有 55% 的人表示他們有口交的經驗[4]。

雖然暴力行為是下降了，但是，根據 2003 年的統計，每 3 位高中生中就有 1 個人有涉及打架的經驗，類似此類霸凌和捉弄人的行為，在許多校園快速擴散。即便我們的國家看重學生的學業成就，持續進行課程的改革與強化，然而從就業市場所傳回來對學生的評價並不好——高中畢業生進入職場後，連初階入門所需的數學、閱讀、寫作等能力都嚴重缺乏[5]。

在這裡，我們要提出一個嚴重呼籲：如果推動品格教育是因立基於「它具有降低社會及學業成就問題的功能」，那是一種功利的想法，而我們認為那是不對的。因為，品格的力量雖然可以改善許許多多的問題，但是，重視品格並不只是為了避免問題的產生，而是為了幫助一個人去實現他人生極致的潛能，預備他在未來可以擁有豐盛的生命。這其中所蘊涵的道理，正如一位心理學家所說的，「豐盛，從某個層面來說，是不去做具有傷害性的行為，但是生命中沒有問題，並不代表就足以進入生命的豐盛。」在本書中，我們從品格的八項優勢能力，來界定成就品格與道德品格，我們認為這八項優勢能力可以讓年輕孩子做好充分準備，在未來經營一個豐盛的生活。

因此，我們同時呈現關於青少年「好消息」與「壞消息」社會趨勢的目的，是想要提供一個均衡的圖像，以及青少年在今日所面臨的挑戰。對於我們所提出的這些正負向指標，一位校長如此說道：「這些正負向資料給了我們擔憂及樂觀的理由，太多品格教育的書籍及文章，只是關注『學校及家庭欠缺品格』的事實。當我們看到良善行為的證據，我們應記住，本書提醒我們：品格教育有一個更遠大的目的；它不只是消極地除弊，更是要積極地興利。」

關於美國青少年的好消息和壞消息

● 成就指標

成就表現的落差

好消息：2003 年一份教育測驗研究中心（Educational Testing Serice）的報告發現，所有學生不論來自哪一個種族背景，都選修較以往更為紮實的課程，而這態度可視為學生能擁有更佳成就表現的指標之一[6]。

壞消息：幾十年來，即便歷經各種不同教育改革的努力，不同種族之間、貧窮學生和非貧窮學生之間的學業成就表現，持續存在極大的落差[7]。

畢業率

好消息：美國公立高中學生的畢業率，自 20 世紀中期後有明顯升高的趨勢。

壞消息：大約仍有 30% 的美國 9 年級學生，未曾自高中畢業[8]；在很多學校甚至高達 50%[9]。

成績與讀書時間

好消息：進入大學的 1 年級新生中，在高中拿 A 的比率在 2003 年高達 47%，而在 1968 年，僅有 17%的學生拿到 A[10]。

壞消息：拿 A 的學生人數增加，一部分原因可能是因為分數膨脹了，或者是因為作弊增加了。因為，學生花在讀書上的時間持續下降，只有 1/3 的學生一個星期花 6 個小時或以上的時間讀書或做功課[11]。

與國際間的評比

好消息：2003 年美國 9 歲學生（3 年級）的分數在國際平均之上。

壞消息：13 歲年齡層的分數下滑至平均以下，17 歲年齡層的評比則幾乎墊底[12]。

上大學的準備度

好消息：高中生上大學的比率穩定上升。

壞消息：這些高中生上大學後，有 1/3 至 1/2 的學生在閱讀、寫作、數學上，需要進行補救教學[13]。然而學生接受補救教學課程，是輟學及拖欠助學貸款顯著的預測指標之一[14]。

● 道德指標

公民參與

好消息：計畫上大學的高中生參與志工服務的情形，連續十年有增加的趨勢。2003 年的大學新生中，1/3 的人認為「保持對政治時勢的關注」是重要的人生目標，這個比率逆轉了過去 30 年來參與比例下降的趨勢[15]。

壞消息：大部分有關青年參與志工服務提升的報導，都是零星與偶發性的，而非持續性[16]。自從 1972 年以後，18-24 歲人口投票的比率下降了 15%（雖然在 2004 年總統大選時有些改進）[17]。在最近一次全國教育成長評量（National Assessment of Educational Progress）的調查中顯示，只有 9% 的 12 年級學生可以舉出兩項有關「公民積極參與行動對民主社會的好處」。

課業上的誠實

好消息：當學校開始強調與標榜榮譽信念的重要性時，學生的作弊行為會降低[18]。

壞消息：根據趨勢資料顯示，整體而言，近幾十年來，作弊行為在每一教育層級都呈現穩定攀升的趨勢，其中包括中學[19]。

暴力行為

好消息：與高中學生有關的暴力行為，自1991 年到 2003 年，有下降的趨勢。

壞消息：根據 2003 年的調查，每 3 位高中生中就有 1 位，有過涉及打架相關的經驗[20]。15-19 歲的男性因凶殺案而身亡的比率，美國是加拿大的五倍之多[21]。參加社團的高中生之中，近半數有過被霸凌的經驗[22]。

自殺

好消息：15-19 歲青少年的自殺率，在1960 年到 1991 年激增三倍後，1990 年到2000 年的比率有下降的趨勢[23]。

壞消息：將近 20%的美國青少年表示，在過去一年中曾經有過自殺的念頭[24]。而根據美國疾病防治中心（U.S. Centers for Disease Control）的報導，針對 15-24 歲年輕人的死因來看，自殺高居第三位，僅次於車禍意外及凶殺案[25]。

毒品、抽菸及飲酒

好消息：根據 2003 年「監測未來」（Monitoring the Future Survey）對 8 年級、10 年級和 12 年級學生非法用藥的調查顯示，無論是過去 30 天、12 個月、或曾經使用過等，三個選項的比率都有下降的趨勢，這些普遍下降的非法用藥的項目包括大麻及搖頭丸[26]。

壞消息：大約 1/4 的 12 年級學生有抽菸的習慣，77% 的人在高中畢業之前會喝酒，58% 的 12 年級學生至少酒醉過一次，而每 3 個青少年中就有 1 個人有每個月至少狂飲一次的習慣（幾小時之內喝五瓶以上含酒精的飲料）[27]。

性行為

好消息：表示自己從來沒有過性行為的高中生佔多數（平均 54%；男生占 51%，女生佔 57%），從 1991 年到 2001 年，此一比率上升了 8%，這是過去 25 年來第一次出現的現象[28]。而曾經有過性經驗的學生中，有 1/3 表示目前保持禁慾狀態。

壞消息：美國青少年懷孕的比率，一直在已開發國家中居高位[29]。青少年及年輕人約占得性病人口的一半[30]。45％的青少年表示，在他們的朋友群當中，有人會定期從網路下載及觀看色情影片[31]。

中學所面臨的重大挑戰

除了上述所呈現有關這個年齡層的一些趨勢外,在幫助年輕人活出最好的自己一事上,學校還面臨許多其它的挑戰。例如,全校性的巨大挑戰——學校必須找到方法,建立全校性的特色,建構整合性的學校願景,以幫助學生實現邁向卓越、發揮潛能的機會。這些條件包括優秀的領導能力、理想的學校規模、教師能擁有進行教學計畫及反思的時間、具支持性的時間作息、合理的教學負荷、安全有序的環境、彼此信任與尊重的關係、足夠的經費預算等。在落實最佳策略上,學校還須找到方法,去思考如何面對日趨嚴重的測驗成績壓力。

學校必須營造支持整合性願景的條件。

對教師個人來說,即便學校的條件並不盡理想,他們必須保持個人的理想與體力,以及致力於擴大對學生發揮正向的影響力。許多認真的老師、教練及職員,雖然身處於不具支持性的學校環境中,依然能以其特有的方式去影響學生的生命。

在第 10-11 頁的方塊文章中,曾經參與教改的兩位資深老師提供了他們對於學校如何面對諸多挑戰的一些想法。在本書的後半部,尤其是第四章談到「建立專業德行學習社群」時,我們會再回到這些重要的問題,介紹如何營造樂意改變的優質學校環境。

請牢記:學校具有培養學生卓越與德行的雙重任務,為此,在本章以下的部分,我們將聚焦於討論學校在成就面向和道德面向所面臨的兩項重大挑戰。我們所呈現的次序,並沒有傳達其中的一個面向比另一個面向重要,所選擇討論的挑戰也不是意味其它挑戰的重要性比較低(在以下各章,我們會提出更廣泛的項目)。

中學在成就面向所面臨的重大挑戰

▶ 成就挑戰 1:
學校及教師沒有並肩作戰,去幫助學生畢業後可以順利進入社會工作。

James Rosenbaum 是美國西北大學社會學、教育學及社會政策的教授,在其《大學之後:被遺忘的一群》(*Beyond College for All: Career Paths for the Forgotten Half*)一書中指出,美國有一個越來越嚴重的問題:美國社會提供年輕人很少的工作機會;許多高中畢業生在勞動市場找不到合適的工作。而在此同時,許多業界老闆抱怨高中畢業生的工作習性不好、學業技能弱,連最入門的工作都無法勝任。Rosenbaum 說道:

美國的就業市場有一個逐漸浮現的危機——沒有取得大學文憑的年輕人,是「被遺忘的一群」,因為我們的社會沒有幫助他們學會如何扮演成人的角色。他們在就業上不是遇到極大困難,就是在窮途末路中只能做一份卑微、不需什麼訓練的工作,但是這樣的工資極低,根本無法養家。很高比例的高中畢業生,即便到了 30 歲,都只能繼續做低薪及流動率高的工作。

在研究歷程中，我們訪問了參與全國教改的兩位領導人物，請教他們對於當今中學所面臨之挑戰有什麼樣的看法。其中一位是全國性教育機構的領導者，參與中等教育的改革已有將近 30 年的經驗，他說道：

空口談「使命宣言」是很容易的，因為它們只不過是一連串的文字。但是，當要論及學校的規劃，以及持久性的做法，則是相當困難的。因為學校不會自然而然就變成一個更好的地方，除非有人願意針對學校的基本結構和運作方式，做出高難度的抉擇，例如針對師生比做出改變。

基本上來說，美國學校教育中有三個潛在的嚴重問題：(1) 師生互不相識；(2) 想要在極度有限的時空裡，填塞給學生太多的知識；(3) 抱持「事情就是這樣，不要想去改變現狀」的消極心態。

關於第一個潛在的嚴重問題：如果我們的師生比是 120：1，在每一學年中，120 個學生在選課過程中，不論如何反覆做不同的排列組合，學生心知肚明——沒有幾個老師是真正認識他們的。學生從這樣的師生比中會得到一個結論：「老師對學生要有足夠的認識」這件事的重要性，在學校優先順序的考量中，是排在非常後面的。而當老師對學生所知甚少，學生就很容易有作弊、偷斤減兩及作假的情形發生。從「師生互不相識」的事實中，學生學會了一件事：我最好不要對學校存有太多的指望，因為老師根本不認識我是誰，我必須自己學會生存之道。

學校在實際的運作上，是否將推動品格視為重要的核心價值呢？很可惜，很多學校並沒有那樣做！想想以下的現象所提供的一些蛛絲馬跡，你就可以瞭解：Denise Pope 曾經一針見血地將學校形容為「交差了事的地方」——學生不曾認真思考「求學」的重要性；念書只不過是為了成績，他們過著受上下課鈴聲制約的學校生活，來匆匆，去匆匆。而老師呢？遇到狀況，馬上切割責任——「這不干我的事，它不在我的責任範疇內」。而對學校運動員來說又是什麼景況呢？他們滿腦子所想的都是排名、在球賽中要有優異的表現，一如在《勝利之光》（*Friday Night Lights*）（譯註 4）中所描繪的，球員在浴室及更衣間中彼此惡言相向、在餐廳裡對

譯註 4：這是一本真人真事的暢銷書，曾開拍成同名電影，故事背景是美國德州的一個小鎮，主角是鎮上的高中美式足球隊。鎮上居民、家長、學校等對這支球隊都有很深的期待，壓力常使這些隊員喘不過氣來，讓他們覺得自己彷彿是等著犧牲的卒子，為了小鎮和學校的光榮必須奮勇克敵。教練在眾人殷切期盼和失敗的教訓下，決心把這支壓力重重的隊伍變成充滿自信的冠軍球隊，為鎮上追求勝利的榮耀。「足球」在美國社會是許多人生活中很重要的一部分，這部電影後來由美國 CBS 電視台改拍為電視影集，探討許多美國高中的學校文化，包括學校經費、種族、毒品、墮胎、失業率等社會問題。

服務生態度輕蔑等現象，基本上都充分反映今日的中學生十分欠缺社會公民應有的責任與態度。

如果我們要向全校的學生推銷「我們要成為具有品格的學校」的理想，最重要的是成人的社群要先以身作則，如此才能反映出學校品格的特質。正如 Deborah Meier 提醒我們的：「信任」的營造須從社群中的成人開始。

但是，很可惜，綜觀今日許多學校，幾乎把所有的心力都放在「考試」這件事上；對於學生的道德和為人處事禮節的教導，並不在老師教學的規劃中。

我們訪問的第二位教改人士是一位在公立學校任教三十多年的退休老師，如今，他行遍全國各地，積極幫助一些學校進行教育改革。他說：

我很驚訝我們的國家是如此沉迷於測驗評比及學業成就，要說服學校去看重「培育未來社會公民的特質」，是一件很困難的事。不論我去到哪裡，發現很多人早已被課業的重擔，壓得喘不過氣來；一開始時，他們幾乎很難聽得進我想要傳達的訊息。

不過，我發現，當我用說故事的方式去分享那些低收入家庭及被人認定毫無成功機會的孩子，如何脫胎換骨，轉變為積極、有禮貌、學業出色，而且通常都上了大學的真實故事時，學校的反應就開始不一樣了。在我身邊有數不清那樣真實的學校改變案例；雖然這些學校的學生多來自低收入家庭，可是當學校在校園中深入而全面性地重視品格相關議題時，如此的治校理念，最終使得有相當高比率的學生後來都繼續升學了。

當人們聽到這些學校在學業成就上有如此傑出的統計數字時，往往開始感到好奇：究竟這些學校使用了什麼法寶來扭轉局面？我發現，在諸多策略當中，「看重品格學習」之學校文化的經營，是其中不可少的一項，而這樣文化經營的背後，往往有著強而有力的專業德行學習社群。我們真的很需要大力宣揚類似這樣能激勵士氣的校園故事，讓更多人知道。

想要嘗試進行改變的學校，在踏出第一步時是很需要協助的，而究竟應從何處開始著手？從課程？從教學法？從教師文化？從辦公室的氛圍？從制定校訓？或是學校需要做組織結構性的改變，讓老師不會在一天之內，要教 140 位不同的學生（那是一個引致災難的規劃）？或許我們會認為，一個好的中學必須要能具備以上這些諸多條件，但事實上，沒有一個學校是可以一次就面面俱到的。

我在幫助學校進行改革的過程中發現，提供他們多元的切入點是很有用的。對許多學校來說，有一些面向是不可或缺的起點，例如，提供所有學生一個身、心與情緒安全的環境；建築和空間是乾淨、明亮、令人喜歡的；有可以展示學生學習成果的場所等；如果連這些都做不到，要談著手改變學校文化幾乎是不可能的事。

沒有上大學的年輕人是「被遺忘的一群」，因為我們的社會並沒有幫助他們學會如何扮演成人的角色。

在 Rosenbaum 的研究中，工廠老闆提供了無數的案例，感嘆這些高中畢業生如何欠缺數學、英文或閱讀的技能。有一個工廠位在郊區的老闆說道：「今日的高中畢業生理解力很弱，教他們一些事情要花上很多的時間，他們看不懂使用手冊，以前的學生不會這樣。」芝加哥一間金屬零件製造工廠的老闆抱怨道：即便一份僅需要 7 年級程度的數學以及閱讀能力的工作，在面談的申請者之中，「竟然只有 10% 的人」可以達到那樣的要求 **32**。

以上的狀況說明了什麼？

Rosenbaum 指出了幾個因素：

◆ 許多高中生在校時不認真讀書，沒有學會重要的學業知能，因為他們認為成績並不重要。

研究顯示，高中成績具有幾個指標作用：(1)預測個人未來的工作表現；(2)與個人後來的收入有重要的關聯性（雖然對初期的收入沒有影響）。不過 Rosenbaum 表示，這些高中生或雇主並不知道這其中的關聯，即便看重高中成績的學生自己也不知道。

這些雇主錯誤地認為在校成績並不能預測一個人的工作表現，不自覺地把問題歸因於這些高中生在校時缺乏學習動機，而忽略了去看他們的學業成績究竟如何。有一項研究發現，大部分的雇主從來不曾要求應徵者提供在校的成績單 **33**。

但是 Rosenbaum 指出，很諷刺的是，成績單是非常簡易、能反映青少年工作習性，以及其數學、寫作與閱讀技能如何的一項重要資訊，而這些技能正是雇主所需要的。

> 德行的獎賞是幸福。
>
> ——亞里斯多德

◆ 學校沒有教導學生出社會後雇主所需要的品格能力。

許多調查都顯示，許多雇主都極為看重品格能力，例如出勤狀況、儀態、可靠性、主動性、與別人合作的能力等，在我們的研究中，我們將這些能力稱之為「成就品格」。當雇主發現員工缺乏這些特質時，他們不會提供訓練，而會直接把這樣的人開除。

不過，在學校裡，老師通常不會把焦點放在訓練學生去擁有雇主所看重的品格能力。「許多雇主回應，一些新進員工在上班的第一週就常常曠職、遲到，工作品質很差，而且還會跟上司頂嘴。由於學生諸如此類的行為，在學校時可能被視為家常便飯，校方不會對他們怎麼樣，因此當他們被老闆開除時，還會覺得十分錯愕 **34**。」

當老闆發現新進員工欠缺品格能力時，他們會直接將之開除。

◆ 許多中學的教育工作者主張「每一個學生都要上大學」，但是他們並沒有去幫助那些低成就的學生瞭解成績的重要性，也沒有幫助他們去思考畢業後若不升學，可以

有什麼備案。

根據美國一項全國教育縱貫研究（National Educational Longitudinal Study, NELS）顯示，95%的12年級學生表示畢業後打算念大學。不過，在上大學的人數中，只有一半的人會順利取得大學文憑。Rosenbaum分析這項自1988年起，追蹤超過14,000位高中學生的全國教育縱貫研究，有以下幾點重要的發現：

1. 許多成績不好的高中畢業生認為自己可以順利取得大學文憑。

2. 成績不好但認為自己可以取得大學文憑的學生，在高中時並不會花額外的心力去讀書。

3. 對白人及黑人學生來說，高中成績是預測他們能否完成大學的最佳指標。不過，學生對於這樣的關聯性並不知情。

4. 高中成績不好的學生，大學畢業後的經濟報酬率較低（以薪資來說）。

Rosenbaum根據以上的發現，提出了兩個重要的政策建言：

1. 學校及社會應該讓高中生瞭解：高中的學習成就是預測未來大學成就的重要指標。

2. 如果無法順利上大學，學生應該要有就業的準備及規劃。

關於高中生的成就動機和就業預備度之間的問題，不少國家已經提出一些對策——想辦法強化高中和就業機構之間的連結。

> 所有冷靜認真探究真理的人，不論古今，都一致表示：身而為人的快樂與尊嚴，只有在德行中可以尋得。
>
> ——John Adams

□ 日本的因應之道

在1920年代，日本也曾經遇到像今日美國技術工人短缺，以及無一技之長的人遭逢高失業率的問題。面對這樣的問題，日本在往後的幾十年中提出了一連串的政策，試圖開創一個訓練更加完善的勞動市場。但是，其中許多的努力都失敗了。不過，今日日本年輕的一代，在學業成就及生產力的表現上都十分卓越。

日本是怎麼辦到的？原來他們採用了一種制度，讓學生於在校期間就能直接接觸及參與就業市場。日本的高中和固定的雇主之間建立了長期的合作關係，這些雇主要求學校提供他們具可靠特質的畢業生名單，而學校也照著雇主所提出的要求去訓練學生。這樣合作的結果讓這些雇主僱用了81%的畢業生應徵者，而那些在第一輪被拒絕的人，有84%的人會被第二間公司僱用。

在國際測驗的評比中，當美國學生的得分下降、排名落後時，日本學生的得分幾乎都遙遙領先。再者，在日本，最大的受益者是那些在班上墊底的學生，因為日本的教育系統，對打算就業的學生提供了強烈的誘因——學校讓學生很清楚地瞭解他們必須要做些什麼，才能得到較好的工作，而且也讓學生瞭解自己的表現狀況。學生每一年都可以檢視自己的成績，如果成績太低了，他們會調整自己對職業的期待，或者告訴自己要更加努力些才行。

不上大學的日本高中畢業生，99.5%在畢業後會馬上找到全職的工作，反觀美國，只有一半的學生於畢業後會找到工作。

在美國和日本，大約 40% 的高中畢業生會直接進入就業市場。在日本，99.5% 的畢業生會馬上開始全職的工作；不過，在美國卻僅有 50% 的人可以找到全職工作（大部分的學生畢業後，仍持續做著從高中在校時就在做的低薪打工工作）。

☐ 為孩子預備未來

在美國，有許多學校和業者之間也開始採取行動，進行雙邊合作，使學生從學校到職場之間可以建立更好的連結。在這樣的努力上，北卡羅來納州一個名為「為孩子預備未來」（Futures for Kids [F4K, www.f4k.org]）的組織[35]，其執行長 Geoff Cramer 是其中一個重要推手，他說：「我們正進入勞力嚴重短缺的年代，但同時也有許多高中生找不到方向。如果我們不開始採取行動來扭轉這個現象，有一天我們將必須依賴國外的人才，正如我們今日依賴國外的油料能源一樣。」

> 「我們正進入一個勞力嚴重短缺的年代，但同時也有許多高中生找不到方向。」

Cramer 幫助 F4K 為學生積極開拓未來，他發現在北卡羅來納州有將近 40% 的學生無法順利從高中畢業，因此該州面臨了嚴重的勞力短缺。有一個研究發現，高中的輔導中心有 85% 的人力，花在前 10% 及後 10% 的學生身上，至於處在兩個極端之間的學生，往往只能自求多福。

F4K 設計了一個高度互動性的電腦科技軟體，將學生、家長、輔導老師、學科教師、業者、工作機會、實習與見習機會、學徒制度、職業技術學校、大學等進行連結，其中提供了 16 種職業類別，讓學生、家長、輔導老師及相關者，能透過網路的查詢，在很短的時間內可以瞭解其所在地區，某特定工作的就業機會及資源。根據電腦化的職業性向與技能量表，學生可以瞭解適合自己的「前 20 項工作機會」。而且透過配有音樂背景的影片，學生可以瞭解該項工作的挑戰、報酬，以及所需的訓練等。例如，很喜歡玩引擎的男生，可能會以為成為汽車修理工人是他唯一的工作選擇，也不確定是否要念完高中。在這情況下，他透過 F4K 借了「線路維修技師」的影片來看，結果發現這項工作令他十分著迷，因此決定好好念書，以便畢業後可以從事這項喜歡的工作。

至目前為止，F4K 已經吸引了北卡羅來納州超過 200 個業者、25 所以上的高中、超過 13,000 名學生的參與。這些學生的類型包括從排名在前 5%、準備進大學的人，和高

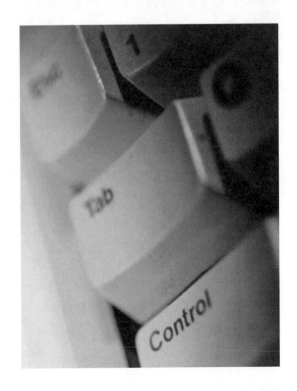

中畢業即準備就業的人，甚至也有就讀另類學校的非主流教育的學生（如少年受刑犯）。

▶ 成就挑戰 2：
因應經濟狀況的改變，學校必須以新的方式教育學生如何使用電腦。

在高中階段，學校需要幫助所有學生對於學習方向有所覺知，以利他們畢業後能順利就業；再者，學校也需要回應新的經濟型態對就業市場所引發的改變。由麻省理工學院經濟學教授 Frank Levy 和哈佛大學經濟學教授 Richard Murnane 合著的《新的勞動分工：電腦如何改變就業市場》（*The New Division of Labor: How Computers Are Changing the Next Job Market*）一書中指出，超過一半以上的美國勞動人口，在工作上需要用到電腦，而且這個比例持續快速增加中。作者在書中提出一個問題：在高中階段，學校是否能訓練學生足以進入電腦蓬勃發展的社會？

今日的數位科技把人與人之間就業的差異拉大了——較之那些不會使用電腦的人，會使用電腦的人將從事投資報酬率較高的工作。

Levy 和 Murnane 指出，五年前就業市場所定義的「具備流暢的資訊能力」——包括文書處理、上網找資料、透過電腦與人溝通等技能——這樣的定義現在早已過時了。15 年前「數位科技」帶來就業市場的鴻溝——區隔了會使用電腦和不會使用電腦的人。不過，當學校、家庭及圖書館開始普遍購置電腦後，這樣的鴻溝基本上就消弭了。作者說道：「今日的數位科技落差又推向了一個更高的層次——落差存在於人是否懂得使用電腦，去開創高價值的工作[36]？」

什麼是「高價值的工作」呢？它的定義是由不斷變遷的經濟型態來決定的。因著電腦化作業及外包（out-sourcing）工作型態的快速成長，一些原本需要人去執行的工作，都輕而易舉的被電腦取代了，例如簿記、機票訂位及登機證的列印、規律性的生產線作業等。

為了幫助年輕的一代可以勝任社會上快速增加的技術性、管理性，或是專業性的工作類型，這兩位經濟學教授建議學校必須幫助學生提升以下兩個面向的能力：(1)高層次的專業思考——持久性的推理能力、高複雜度的管理能力、測試與解決問題的能力、評估資訊的能力、與人合作的能力等；(2)以電腦為工具進行專業而具複雜度的思考及溝通能力。為了幫助學生具備這些能力，他們認為學校必須把這些能力的訓練，融入所有學科的教學中——不論是自然科學、人文社會、數學或寫作等。

以下討論今日中學教育在道德面向上所面臨的挑戰。

中學在道德面向所面臨的重大挑戰

▶ 道德挑戰 1：
學校和社會上作弊與欺騙的現象越來越多。

誠信的墮落，是今日學校及整體社會所面臨最嚴重的道德挑戰。根據「學術誠信中心」（Center for Academic Integrity）針對中學生所進行的一份問卷調查發現，在 61 所美國中學 18,000 名學生當中，填答的 6,000 位公立學校學生，有 76% 的人坦承考試曾作弊。該中心的創辦人，羅格斯大學的教授 Don McCabe 是美國國內研究「學術造假」議題首屈一指的權威，他發現這份研究資料顯示，在過去數十年中，作弊的比例呈現穩定上升的趨勢 [37]。在其一系列的研究中發現，承認自己在考試中夾帶小抄的學生數目，從 1969 年的 34% 上升至 1989 年的 68%。

隨著校園作弊現象的風行，McCabe 教授沉重的道出，學生之間普遍呈現一種心態——「大家都在作弊，沒什麼好大驚小怪的。那是世界運作的方式！」在研究過程中，我們訪問了一所曾獲得兩個全國性獎項的學校，這所學校剛完成校訓的修改。一位 12 年級的女生告訴我們：

最近我看到一則新聞報導，談到作弊風氣像傳染病一樣，蔓延到全國各地；新聞中談到當有學生接受訪問，被問到關於作弊這件事時，他們或者回答：「那沒有什麼大不了的。」要不然就是說：「如果連總統在宣誓下，都可以照樣說謊，為什麼我們不可以作弊？」隔天，我在歷史課中分享了這則新聞報導，班上同學的反應讓我感到十分錯愕：發表意見的同學都認為，說謊和欺騙等伎倆本來就是必要之惡，是一個人求生存及邁向成功的途徑。

在另外一所學校的學生代表座談會中，一位男同學說：「現在許多學生甚至會認為，當別人都在作弊，而你不作弊，那你就是在自我欺騙。」

「現在許多學生甚至會認為，當別人都在作弊，而你不作弊，那你就是在自我欺騙。」

「造假是世界運作的方式」這樣的思維究竟有多嚴重地滲透在我們的社會中？此一問題是 David Callahan 在《作弊的文化》（*The Cheating Culture: Why More Americans Are Doing Wrong to Get Ahead*）（譯註 5）一書中所探討的焦點。以下節錄該書中所談到的作弊文化：

◆ 求職時造假的履歷表，從總裁以下，在不同層級中皆然。估計有半數以上的履歷表是灌水、夾帶謊言的。

◆ 逃漏稅在近幾年越來越嚴重，造成美國財稅局每年至少 2,500 億美元的損失。有錢的美國人是最大的逃稅犯，但有越來越多的人爭相仿效，其中包括 200 萬的美國人為了逃稅，在海外銀行擁有非法的帳戶。

◆ 電腦科技造成大規模的盜版案例。美國人

譯註 5：中譯本《作弊的文化》，木馬文化出版社出版。

透過 Napster（譯註 6），非法取得盜版音樂的風氣，就像傳染病一樣，蔓延至有限電視、衛星電視等影像節目的非法下載，每年的金額高達 60 億美元。

◆ 近年來前所未有的抄襲和詐欺案例氾濫，震撼了出版界和新聞界，涉案者包括暢銷書的作者以及知名報紙的明星記者 [38]。

Callahan 說：「類似這樣的趨勢，代表了嚴重的道德危機，也反映了美國深層的社會及經濟問題。」他指出，針對誠信在公領域及私領域嚴重喪失的現象，我們需要去進行「價值體系」的思辨——「為什麼我們的社會充斥了謊言與欺騙？」

Callahan 挑戰我們不妨試著把欺騙的「點」，和美國文化中的一些「面」做連結，就可以瞭解作弊文化是如何形成的一些蛛絲馬跡。在早期年代，美國提供「行騙衝動」一個滋生茁壯的溫床，因為它展開「雙臂」，大大擁抱了最原汁原味的工業資本主義。例如，在 1800 年代末期，美國資本家巨頭之間，不但彼此相互矇騙，而且透過相似的手段，矇騙消費者，擊垮比他們弱小的競爭對手。財富之間的巨大落差，把美國社會中的業界菁英和平凡的工作族遠遠地區隔開來。至終，金錢遊戲主導政治」。

1970 年代經濟的動盪，例如通貨膨脹、石油衝擊、國際間的競爭加速等因素，「導致工商業界越趨偏差及冷血……1970 年代末期，更是進入一個極度資本主義的新紀元 [39]。因著新的經濟型態所產生新的高度壓力，使得欺騙文化更加猖狂。學生說，他們作弊是為了得到好成績，有好的成績才能進入頂尖的大學，進入頂尖大學才能保障將來事業成功。經濟上捉襟見肘的中產階級，認為他們只有自求多福，透過打破現行規範框架，以改寫遊戲規則等手段，來為自己開源及獲取財富，例如捏造報稅清單、謊報開支花費、偽造保險理賠等。

這些造假文化對老師、學生以及教育過程中所有涉及的人，會產生什麼效應呢？這個效應很顯然具有極大的殺傷力！造假文化使得那些不作弊的學生感到十分洩氣，一位高中女生說：

很多作弊、造假的學生在課業上名列前茅，一帆風順。看到那些人在學校裡得到各種最高的榮譽及獎項，對選擇不作弊的人來說，是很令人沮喪的一件事。例如，代表畢業生致答詞的學生、商人、政府官員中，不少人是透過欺騙而獲致成功。很多高高在上的企業家，是經由竊取別人的金錢而致富。我們的社會為青少年提供了很多很不好的範例。

約有半數的履歷表是灌水、夾帶謊言的。

不過，在一波又一波的欺騙浪潮中，我們看見了希望；一些學校透過榮譽制度及其

譯註 6：Napster 是一種線上音樂服務，是第一個被廣泛應用的點對點音樂共享服務，它極大地影響了人們，特別是大學生使用網際網路的方式。它的出現，使音樂愛好者共享 MP3 音樂變得容易，卻也因此招致影音界對其大規模侵權行為的非難。在法庭的責令下，該服務已經終止了（摘自維基百科）。

它策略的推展，成功地減少了學生在課業上諸多不誠實的行為（請參見第三章）。也有些老師找到一些方法，去營造能展現誠信的教室文化（請參見第五章）。在我們舉辦的學生代表座談會中，有一位男同學堅定地認為，對於學生不誠實的行為，學校應該要給予警惕及懲處：

> 這樣做之所以重要，是因「誠實」的價值，在社會中已逐漸銷聲匿跡。對於「誠實」的價值，學校一定要透過教育、鼓勵、肯定，以及樹立模範來引導學生學習。當學生做出欺騙的行為時，學校應該給予比現行規定更嚴正的處置，不應讓這樣的行為被輕易放過。

這位學生發人深思的看法，和《作弊的文化》一書在結論中所表達的互相呼應。該書作者說道：「如果美國希望下一代生活在一個更具德行的社會，那麼教育機構將須扮演時代性的關鍵角色；所有的學校，包括中學、大學，都不能再以現階段處理的方式，繼續姑息及容忍作弊的行為[40]。」

> 「如果美國希望下一代生活在一個更具德行的社會，那麼教育機構將須扮演時代性的關鍵角色；所有的學校，包括中學、大學，都不能再以現階段處理的方式，繼續姑息及容忍作弊的行為。」

► **道德挑戰2：**
今日的青少年活在一個受媒體驅使的流行文化中，它所推崇的價值觀，大體上是抗拒追求心智與道德的卓越。

自有人類歷史以來，家庭、學校及宗教信仰，是形塑未來公民良知和品格的三個重要社會制度。然而到了21世紀的今天，我們看到了對青少年的價值觀具強烈影響的第四個力量──電子媒體，正在快速竄升中。這樣一個強大影響力所帶出的挑戰，使這些年輕的孩子，從小浸泡在網路與媒體充斥的環境中，從許多面向來說，這些流行文化都在顛覆及解構智能及道德的發展。對於這樣嚴重的現象，學校才剛剛開始警覺與理解到它的存在。在我們的學生代表座談會中，不少人談到媒體的負面影響力，是如何重挫他們的自信心和自我認同。一位女同學如此說道：

> 媒體文化使我們成為潮流的跟隨者，而非潮流的規範者。媒體不斷地對青少年進行洗腦與轟炸，告訴他們該怎麼穿？舉止言行該怎麼做？怎麼去感覺？而當他們偏離流行所描繪的圖像時，很多時候就會開始懷疑自己的價值，不知道自己究竟是誰？很少的青少年可以很自在地做自己。

另外一個女孩子說：

> 女生總是要想盡辦法讓自己看起來「很美麗」，在這樣的事上，我們承受了很大的

壓力。因為許多廣告都灌輸我們什麼是「美」，但那樣的「美」其實一點都不美。有很多青少年活得很不快樂，因為他們不喜歡自己的長相，於是他們就用一些方法去紓解壓力，諸如吸毒、酗酒、厭食、自殘、性濫交等。

已逝的 Neil Postman 寫過幾本書，例如《童年的消逝》（*The Disappearance of Childhood*）（譯註 7）、《娛樂至死：追求表象、歡笑和激情的電視時代》（*Amusing Ourselves to Death*）（譯註 8）。他發現，由於電視的影響，才 5 歲的幼兒會知道從前要長大成人後才會知道的事。很可悲的是，電視之所以可以這樣影響孩子，竟然是在家長的容許下產生的。以前，孩子會接觸到什麼，家長都負有絕對監督的職責與權威，而今大約至少一半以上的家庭，對於孩子可以看些什麼電視節目，父母幾乎不做任何的規範[41]。根據凱瑟家庭基金會（Kaiser Family Foundation）所進行的一項調查研究——「新千禧年中的兒童及媒體」（*Kids and the Media at the New Millennium*），他們發現在美國社會中，年齡在 8-13 歲的孩童中，2/3 以上的人在自己的房間中有電視機，2-7 歲的孩子則有 1/3 的比例。

如果把各種不同形式的電子媒體通通計算在內，8-18 歲的孩子，平均一天耗在電子媒體上面的時間長達 6 小時 43 分，或者是一週有 45 小時的時間。

8-18 歲的年輕孩子平均每天花將近 7 個小時在電子媒體上。

一位傑出的研究者指出，至少「有十幾項設計嚴謹的研究」證實，「電視、電影及其它媒體，深深影響使用者如何思考及如何反應的行為模式[42]」。根據 2003 年「一出生就連線」（*Born to Be Wired*）的調查研究指出，整體來說，13-24 歲的年輕人看電視的頻率下降至一週 14 小時，然而掛在網路上遊蕩的頻率，則提高至一週 17 小時[43]（網路上散播色情及仇恨的網站，很明顯地都對道德提出挑戰）。

即便網路發達，有些青少年每天還是看很多電視，一項發表在《科學》（*Science*）雜誌 2002 年的調查研究顯示，在青少年階段每天看電視超過 3 小時的人，不論男女，當他們進入成人階段後，較之那些看電視在 3 小時以下的人，與人發生衝突或攻擊別人

面對這樣諸多的危機及挑戰，校長和老師已經不再有時間袖手旁觀，或者裝作沒事，或者繼續留在不知如何是好的唱嘆中。因為各種音樂與色情影帶的製片人、青少年雜誌的編輯，以及搖滾樂的歌手，可是信誓旦旦、大張旗鼓地，照其既定目標節節推進……相信生命有其意義及目的，也相信誠實、純真、尊重及對他人關懷是具有永恆及生命價值的人，必須回應良心，絕不能再保持緘默了。

——F. Washington Jarvis

譯註 7：中譯本《童年的消逝》，遠流出版社出版。

譯註 8：中譯本《娛樂至死：追求表象、歡笑和激情的電視時代》，貓頭鷹出版社出版。

的機率多出四倍。這樣的差異同時存在於中產階級家庭，或是低收入家庭，這些家庭中的孩子通常有著被長期冷落的童年[44]。

「沒有感覺」是另一個嚴重的問題。一般的孩子到了青春期中期，大概都會在現實生活中，目睹許多發生在電視中的暴力行為。不過研究發現，當我們長期暴露在某一項刺激中，將使我們原本對該刺激會有的反應，逐漸變得麻木，至終失去感覺。例如，有好幾項研究探討大學男生觀看男生對女生施暴的影片時會有什麼反應，而這些鏡頭通常都是與性有關的場景。研究發現，當反覆觀賞這樣的影片後，受試者表示，他們通常會以純欣賞電影的角度看待這樣的事件，而較少對被強暴的女性感到同情[45]。

《美國教育者》（American Educator）曾報導一則令人震撼的新聞，這則新聞幾乎是 1999 年公共電視「前線」（Frontline）節目所製作的「洛克得郡失落的孩子」（The Lost Children of Rockdale County）專題的翻版。在亞特蘭大郊區一個富裕的城鎮中，爆發了 200 個青少年感染梅毒的病例。進行該案調查的衛生官員發現，這些感染梅毒的青少年已有一段時間，於每天放學後聚集，一起看花花公子的電視頻道，並且模仿在螢幕上所看到的性交遊戲，而這些孩子中年紀最小的竟然只有 13 歲。「他們幾乎嘗試了每一種可以想得到的性交方式——陰交、肛交、口交、女對女、男對男、數個男生對一個女生、數個女生對一個男生等。在飲酒作樂的派對中，他們甚至會玩這樣的遊戲：把某個女生或男生作為尋樂的對象，在派對中大玩性交接力賽[46]」。

> 唯有善良而有道德的人，可以享受真正的自由。
> ——富蘭克林

這些青少年的行徑實在駭人聽聞，大家或許會想：他們是來自於什麼破碎的家庭嗎？不是！當我們進行家庭訪問時，很驚訝地發現，這些孩子都是住在經濟條件很好的郊區，父母都是會陪著孩子踢足球、當孩子的足球隊教練、帶著孩子一起度假的典型標準父母。但是，父母在投入如此心力，關心孩子的教養過程中，似乎欠缺了些什麼。在這過程中，我們發現有些東西被遺失了——父母沒有把美好而重要的價值信念傳遞給孩子。當他們在與我們對談時，竟然是抱持著淡然處之的態度，全然不覺得父母需要給孩子任何指引。有一位媽媽如此說：「是不是要吸毒、嗑藥、跟別人發生性關係？孩子要自己做決定啊，我會告訴他們我的意見，但至於如何決定，是他們自己的選擇。」在這起性醜聞事件中，有一位女孩談到自己的母親時，這樣說：「我不認為她是媽媽，沒錯，她是照顧我，但是我比較把她當朋友來看待[47]。」

根據我們的判斷，有些父母在教養上做了角色的替換；他們不再扮演教導者和權威者，而變為兒女的「朋友」。這樣的現象也反映了媒體對於教養已然產生深厚影響。如果說，孩子可以不顧父母的想法，愛看什麼就看什麼，想掛在網路遊戲上多久就掛多久，在生活所有實際層面的運作上，媒體已經遠遠取代了父母的地位，成為孩子學習何為道德的教師，而父母已然成了旁觀者。

除此之外，美國小兒科學會（American Academy of Pediatrics）指出，美國孩子每年平均收看 4 萬份的媒體廣告，到他們高中畢業時，觀看的數量高達 75 萬份。電視儼然已經成為「消費文化的指揮中心」。美國《新聞週刊》（Newsweek）2004 年 9 月 13 日的封面故事，報導了一則消息——許多父母覺得自己好像是在養育「索求無度的機器[48]」。在 1997 年，青少年花在自己身上的費用大約 1,220 億美元，到了 2003 年，這個數字上升到 1,750 億美元。在學生代表座談會中，有一位學生認為「個人信用及負債問題」，是今日青少年所面臨的品格重大挑戰之一。

當媒體被過度使用時，也會殘害民主的運作，因為它大大降低了公民的社會參與。在《獨自打保齡》（Bowling Alone）（譯註 9）一書中，哈佛大學政治學者 Robert Putnam 指出，雖然收看電視及閱讀報紙與投票率的高低相關，但是，他發現「對電視或娛樂的依賴」，成為缺乏公民社會參與（例如投票、連署活動、投入社區組織等）恆常不變的指標[49]。

《媒體無遠弗屆：被影像及聲音淹沒的生活》（Media Unlimited: How the Torrent of Images and Sounds Overwhelms Our Lives）一書的作者、紐約大學的 Todd Gitlin 教授指出，媒體已經深刻地改變了許多人的生活及經驗方式，「螢幕上的媒體如洪流巨浪般衝擊我們的生活——螢幕上快速轉換的影像、各種媒體聲音」等，儼然開創了一個「快速的文化」[50]。

媒體洪流對人持久性的思考及表達思想能力的培養並無助益。

蘇格拉底說：「渾渾噩噩的人生是不值得活的人生。」媒體文化，成為講求速度的文化，已經被推往極致，它催促著人們不斷快速前進，但並不會幫助人們去檢視自己的生活。更進一步來說，影像的洪流既不允許人們去做深度及持久性的思考，也不會幫助一個人去培養表達思想的能力。當大學老師抱怨今天多數的學生不如上一代的學生，不但無法進行複雜的思考，寫作能力也不行，這其實是反映了這一代的孩子在閃爍不定之網路影像下長大的一種特質。

這些林林總總的現象，對中學教育發出什麼樣的警訊呢？我們認為學校至少可以做兩件事：第一，學校需要鼓勵家長，不要只是單純、被動地順應文化潮流，而應對自己所相信的價值，採取堅定的立場。學校須與家長溝通，讓家長知道——停下腳步、坐下來花時間和孩子對話，能帶給孩子很大的幫助，這是許多人親身的體會。而父母這樣的用心，需要從孩子小的時候就開始，例如父母可以跟孩子說：

在我們的家庭中，媒體的使用是一種權利，而不是人權。當你行使權利時，必須思考它是否吻合我們家庭所堅信的價值和規範。因此，當你想要接觸任何特定的電視節目、電影、網路遊戲、音樂，或是進入任何的網站時，有一個重要的問題你需要存記在心：這個媒體所傳達的內容與我們家庭的價值觀一致嗎？

譯註 9：中譯本《獨自打保齡》，北京大學出版社出版。

第二，學校要教育所有學生「媒體素養」，想想：當媒體在我們的生活中幾乎無所不在、無孔不入，而其所造成的影響又是如此令人震撼時，我們怎麼可能不從嚴肅的角度，去檢視媒體所造成的流行文化？如果我們不把訓練學生具備媒體素養，當成是學校教育中很重要的一件事，我們又怎麼可能去教導學生，在媒體的使用上，要具有分辨與取捨的能力？《荷瑞斯的妥協：美國中學的困境》（*Horace's Compromise: The Dilemma of American High School*）是一本談美國教改的暢銷書，作者 Ted Sizer 長期投入美國中學教育改革運動，也是我們全國性專家小組的一員，他說：

關於媒體對我們的文化所造成的巨大衝擊，我發現許多人都還不曾真正去面對這個議題的嚴重性。從某個程度上來看，我覺得媒體素養有必要變成語文課程的一部分。在過去，我們花了相當長的一段時間，才成功地讓語文課老師把社會寫實影片納入課程教材中。而今，面對媒體這個強大的侵入性影響力，我們理當要把它囊括在課程中討論；不論是從正面或是負面的角度來檢視它。然而很遺憾的是，直到今日，學校教育仍然嚴重地輕忽媒體的影響力。

media 媒體素養須成為語文課程的一部分，正如把影片納入課程中來討論一樣。

要提醒讀者的是，以上所談的狀況只是中學所面臨重大挑戰的一部分，關切青少年教育的人，可以閱讀不少有關中等教育改革的研究報告及書籍。第 24 頁的方塊內容中提供過去 20 年來 16 份重要的參考資料，這些資料呈現一些中學如何透過改變，讓學校轉變成一個更好的學習環境。

☐ 品格決定命運

古希臘哲學家 Heraclitus 曾說：「品格決定命運！」因此，中學所面臨的所有挑戰，都可以視為對品格的一種挑戰——以

「成就品格」來說，要求每一個人，不分老少，願意對自己承諾，付出更多的心力，在每一件事上盡己所能，做到最好。而就「道德品格」來說，則是願承諾付出更多的心力，關注自己德行的養成，選擇去做對的事。

正如在本章一開始所談到的，品格的重要性這些年來在學校教育中重新被重視了。在最近一項對公共議題的民意調查中顯示，美國社會的成年人認為，今日年輕人所面臨最嚴重的問題是「缺乏價值觀的學習」。可喜的是，在過去十年來，陸續有不少關於品格教育的書籍和材料出版、《品格教育研究期刊》（*Journal of Research in Character Education*）發行、聯邦政府及州政府編列品格教育預算、各地品格教育機構成立、由基層發動的品格教育，如雨後春筍般湧現。

品格教育的目的，正如我們前面所提到的有兩個面向。其一，希望減少我們孩子所受到的傷害及社會的負面行為。品格教育學者認為，普遍在年輕孩子身上所看到令人不安的行為，以及許多成人呈現在年輕孩子面前的樣貌，顯示了一個共同的核心問題，意即，這些問題都反映了「欠缺良好品格」的現象。培養孩子具備良好的品格，是無法以頭痛醫頭、腳痛醫腳的方式來進行，而必須針對最根源的問題所呈現的現象對症下藥，如此才能帶來全面改善問題的契機與希望。事實上，近來針對青少年發展所進行的研究也證實，規劃完善的品格介入方案，能成功降低青少年諸多負向的行為[51]。

至終來說，品格教育的第二個目的比第一個目的來得更重要——預備青少年將來擁有一個實現人生理想的豐盛生活。近些年來，新興的正向心理學運動，強調「經營人生資產」的重要性——能辨識及發展自己的優勢能力，使自己的潛力發揮到最極致。品格教育可以達到的這個更為長遠的目的，也正是我們在這個研究案中，最希望傳達的核心價值。

我們認為學校需要提供孩子一個足以引領他們一生的教育。我們可以幫助學生培養品格的優勢能力，使他們可以追求積極而具建設性的未來，也為所有人營造一個更美好的社會。目前提倡「具公民意識的學校之運動」（Campaign for the Civil Mission of Schools）[52]，主要是依據「學校的公民使命」（*The Civic Mission of Schools*）的研究報告[53]來進行；這項教育改革運動不僅提醒學校要傳承歷史的使命，培養學生具備公民意識，同時也展現品格教育一項重要任務的正向範例；意即，在民主社會中，我們必須培養具有責任感的公民。

品格教育幫助學生培養得以在未來擁有豐盛生命的人生資產。

接下來一章，我們要再深入思考究竟該如何定義品格。如何定義品格影響我們如何透過教育去形塑品格。而我們如何透過教育去形塑品格，又進而決定品格對學生、學校，最終對整個社會的影響程度。

ASCD. (April, 2005). Special issue: The adolescent learner. *Educational Leadership, 62* (7).

Boyer, E.L. (1983). *High school: A report on secondary education in America.* New York: Harper & Row.

Breaking ranks II: Strategies for leading high school reform. (2004). Reston, VA: NASSP.

Burkett, E. (2002). *Another planet: A year in the life of a suburban high school.* New York: Harper Trade.

Cotton, K. (2004). *New small learning communities: Findings from recent literature.* Reston, VA: ASCD.

Cushman, K. (2003). *Fires in the bathroom: Advice for teachers from high school students.* New York: The New Press.

Daniels, H., Bizar, M., & Zemelman, S. (2001). *Rethinking high school: Best practice in teaching, learning, and leadership.* Portsmouth, NH: Heinemann.

DiMartino, J., Clarke, J., & Wolk, D. (Eds.). (2003). *Personalized learning.* Lanham, MD: Scarecrow Press.

Holland, H. & Mazzoli, K. (2001). *The heart of a high school: One community's effort to transform urban education.* Portsmouth, NH: Heinemann.

Lee, V.E., (2001). *Restructuring high schools for equity and excellence: What works.* NY: Teachers College.

National Research Council and the Institute of Medicine (2004). *Engaging schools: Fostering high school students' motivation to learn.* Washington, DC: The National Academies Press.

Osofsky, D., Sinner, G., & Wolk, D. (2003). *Changing systems to personalize learning: The power of advisories.* Providence, RI: Education Alliance at Brown University.

Pope, D.C. (2001). "*Doing school.*" New Haven: Yale University Press.

Powell, A.G., Farrar, E. & Cohen, D.K. (1985). *The shopping mall high school.* Boston: Houghton Mifflin.

Sizer, T. (1984). *Horace's compromise: The dilemma of the American high school.* Boston: Houghton Mifflin. (See also other references in the Horace series).

Smink, J. & Schargel, F. (2004). *Helping students graduate: A strategic approach to dropout prevention.* Larchmont, NY: Eye on Education.

附註

1 C. Peterson & M. P. Seligman, *Character strengths and virtues*. (New York: Oxford University Press, 2004).

2 T. Lickona, *Character matters: How to help our children develop good judgment, integrity, and other essential virtues*. (New York: Touchstone, 2004).

3 *Breaking ranks II: Strategies for leading high school reform*. (Reston, VA: National Association of Secondary School Principals, 2004).

4 Kaiser Family Foundation survey, **http://www.kff.org** (2002).

5 J. Rosenbaum, *Beyond college for all: Career paths for the forgotten half*. (New York: Russell Sage Foundation, 2001).

6 P. E. Barton, *Parsing the achievement gap*. (Princeton, NJ: Educational Testing Service, 2003).

7 Barton.

8 P. Ewell, D. Jones, & P. Kelly, *Conceptualizing and researching the educational pipeline*. (Boulder, CO: National Center for Higher Education Management Systems, 2003).

9 R. Balfanz & N. Legters, *Locating the dropout crisis*. (Baltimore, MD: Center for Social Organization of Schools, 2004).

10 American Freshman, 2003. (UCLA annual survey)

11 American Freshman, 2004.

12 F.M. Hess, "Status quo vs. common sense," *Education Week* (April 14, 2004).

13 R. Kazis et al., "Shoring up the academic pipeline," *Education Week* (March 24, 2004).

14 Based on the research of Kenneth Gray, cited in Adria Steinberg, *Real learning, real work*. (New York: Routledge, 1998).

15 American Freshman, 2003.

16 Center for Information and Research on Civic Learning and Engagement, *The civic mission of schools* (2003).

17 *The civic mission of schools*.

18 D. McCabe, Center for Academic Integrity, **www.academic integrity.org**

19 D. McCabe, "Cheating: Why students do it and how we can help them stop," *American Educator* (Winter 2001).

20 "Violence-related behaviors among high school students—United States, 1991-2003," in CDC's *Morbidity and Mortality Weekly Report*, **http://www.cdc.gov/mmwr/preview/mmwrhtml/mm5329a1.htm** (August 8, 2004).

21 K. A. Moore, "The state of America's children 2003: The good news and the bad," **http://www.childtrends.org/files/CommunitarianTalk.pdf**

22 Alfred University, Initiation rites in American high schools: A national survey, **http://www.alfred.edu/news/html/hazing_study.html** (2000).

23 The sourcebook of criminal justice statistics 2001, **www.albany.edu/sourcebook**

24 Institute for American Values, *Hardwired to connect*, **www.americanvalues.org/html/hardwired.html** (2003).

25 Adolescent Health Chartbook, **http://www.cdc.gov/nchs/hus.htm**

26 **www.monitoringthefuture.org/pubs/monographs/overview2003.pdf**

27 **www.monitoringthefuture.org**

28 Centers for Disease Control and Prevention, *Youth Risk Behavior Survey* (2001).

29 "Preventing teenage pregnancy, childbearing, and sexually transmitted diseases: What the research shows," *Child Trends Research Brief* (May 2002).

30 Centers for Disease Control, 2003.

31 National Center on Addiction and Substance Abuse at Columbia University, *2004 CASA national survey of American attitudes on substance abuse IX: Teen dating and sexual activity* (2004).

32 Rosenbaum, 116.

33 Rosenbaum, 112.

34 Rosenbaum, 270.

35 Futures for Kids, **www.f4k.org**

36 F. Levy & R. Murnane, "Preparing students for work in a computer-filled economy," *Education Week* (September 1, 2004).

37 McCabe.

38 D. Callahan, *The cheating culture.* (New York: Harcourt, 2004), 8-12.

39 Callahan, 17.

40 Callahan, 286.

41 Kids & media at the new millennium, a 1999 Kaiser Family Foundation report, **www.kff.org**, found that 49% of parents "had no rules about TV"; *a Newsweek* survey in the 1990s had put the figure at 60%.

42 D. Zuckerman, "What is to blame for youth violence?", **www.center4policy.org/violencej.html** (March 2001).

43 Harris Interactive and Teenage Research Unlimited, *Born to be wired: Understanding the first wired generation,* **http://us.yimg.com/i/promo/ btbw_2003/btbw_execsum.pdf** (July 2003).

44 *Science* (March 2002).

45 For one review of this literature, see Daniel Linz et al., "Effects of long-term exposure to violent and sexually degrading depictions of women," *Journal of Personality and Social Psychology*, 1988, 55, 5, 758-768.

46 K. S. Hymowitz, "Parenting: The lost art," *American Educator* (Spring 2001).

47 Hymowitz, 8.

48 P. Tyre et al., "The power of no," *Newsweek* (September 13, 2004), 44.

49 R. Putnam, *Bowling alone: The collapse and revival of American community.* (New York: Simon & Schuster, 2000).

50 T. Gitlin, *Media unlimited: How the torrent of images and sounds overwhelms our lives.* (New York: Owl Books, 2003).

51 See, for example, the articles by V. Battistich and J. Benninga in the fall, 2003 issue of the *Journal of Research in Character Education* (**www.infoagepub.com**).

52 **http://www.civicmissionofschools.org/**

53 **http://www.civicmissionofschools.org/site/campaign/cms_report.html**

第二章 成就品格和道德品格
卓越與德行的整合

每一個人都必須去發掘自己存在的目的，並且在自己想要獲得成就的領域中，努力不懈，追求卓越。如果一個人的使命是做一個掃街的清道夫，他就應該好好清掃街道，就像米開朗基羅作畫、貝多芬作曲及莎士比亞寫詩一樣地用心。他應該盡心竭力地打掃到一個地步，使得天上的神從上往下觀看時，會說：「這裡住著一位偉大的清道夫，他把工作做得如此盡善盡美。」

——馬丁・路德・金恩

我9年級的歷史老師，對我的成就品格有著非常深刻的影響；何老師激發我在學習上，要抱持為學習而學習的渴望。在這門課裡，何老師對教學的熱忱相當具有感染力，他讓我不會把學習的焦點擺在成績或者考試分數，而是專注在知識的追求上。因為我想要掌握的是，能充分吸收老師在課堂上所傳授的知識，而非只是學會怎樣去應付考試。我很用功，因為我希望瞭解所有的枝微末節，包括歷史事件的前因後果，以及這些事件的重要性。我記得，我曾經為了寫一份份的報告，忙到很晚，即便我知道目前完成的狀態已經可以得到不錯的成績了，但是我還是很努力去做更進一步的修改，目的只是為了讓自己對所探討的主題，可以有真正的瞭解。

——一位高中男生

學校必須擁有更強大的能量，去面對來自學業成績及學生行為的巨大挑戰。學校要如何才能得到所需的強大能量呢？美國著名的教育家 Booker T. Washington 說：「品格就是力量！」我們必須去思考：品格所產生的力量是什麼？學校要如何有效地運

用品格的力量，去營造學校的品格文化？以及如何激發校園中每個人，都成為勤奮的學生、努力不懈的個體，以及負責任的社會公民？

📖 品格與卓越

關於品格力，下面幾個名言告訴我們什麼呢？

卓越並不是一項表演，而是一種習慣；我們是怎樣的一個人，乃展現在我們每天反覆練習的事情上。

—— 亞里斯多德

在工作中快樂的秘訣在於追求卓越。

—— 賽珍珠

迎接明天最好的方式，是把今天的工作做到盡善盡美。

—— William Osler

我保證，你絕不可能找到一個人，不經血汗，卻可以獲得登峰造極的成就。

—— John Wooden

世界上沒有所謂「失敗」的人，只有「太快選擇放棄」的人。

—— Jonas Salk

以上這些名人名言告訴我們，擁有卓越經驗，是人類追求自我實現的核心要素；而勤奮及堅忍的品格，則是獲取卓越的重要因素。卓越，很重要！然而追求卓越的過程中，品格更重要！它意味著品格的培育，應

該是卓越及德行並重的一個過程。

如果我們要為全國品格教育運動找出一句話作為座右銘，那麼羅斯福總統曾經說過的著名格言可以是個代表：「教育，如果只著重在心智，而忽略了道德，那麼只會給社會製造威脅及問題。」美國社會評論家，也是著名的電影明星 Will Rogers，呼應羅斯福對教育精闢的看法，很幽默地說：「一個人在窮困時，可能會去偷火車的一節車廂。而如果讓他接受了大學教育，他可能就會去偷鐵軌。」

品格含括了卓越與德行的追求。

羅斯福總統這句話，如果反過來看，應該也是對的，而且通常並未被大家正視。亦即，教育，如果只看重道德，而忽略了心智，雖然不會給社會帶來威脅，但是對社會也是不利的。想想：為人誠實，但專業能力卻不足的醫生、律師、工程師，絕不會是社會所需要的。Samuel 和 John Phillips 於 1778 年創辦了美國歷史最悠久而著名的私立寄宿學校 —— 素有小常春藤之稱的菲立普高中（Phillips Academy）。於設立之初，他們就對品格的定義做了正確的定調 —— 它是包括心智及道德的教育：

沒有知識的善良，是脆弱無力的；沒有善良的知識，是危險的。兩者若能緊密連結，則可形塑高貴的品格。

📖 卓越的德行

品格，正確的認知應該是含括卓越及德行的追求，因此，對於以品格為教育改革核

心的學校來說，瞭解與卓越相關的文獻就變得很重要了 [1]。

Ron Berger 所寫的《卓越的德行》（*An Ethic of Excellence: Building a Culture of Craftsmanship With Students*）[2] 是近期一份重要的教育文獻。Berger 是一所公立學校的教師，這所學校位在麻薩諸塞州西邊的一個小城鎮。過去 25 年中，他與哈佛大學合作進行 Project Zero 研究計畫，以及參與卡內基基金會（Carnegie Foundation）的精進教學計畫（Advancement of Teaching）。他呼籲：「德行的卓越，必須是教育事業最關注的核心。」當教育是朝著德行的方向前進時，所有學生，不論年齡層，都會有令人驚艷的表現。

他指出，綜觀全國，我們可以發現有些學校在某些方面有非常傑出的表現。他以位於威斯康辛州古巴市的古巴市中學（Cuba City High School）為例，以每年畢業生僅約 75 人的小學校來說，它在體育方面有著令人難以置信的輝煌成果：過去 30 年，在男子與女子各類運動比賽中，贏得了 14 項州冠軍。另外，有一些公立學校在交響樂、圍棋、摔角、視覺藝術、辯論、寫作等比賽中，多年來一直保持著州紀錄，有些還歷經好幾個世代，屹立不搖。

每一年，這些學校不做任何條件的篩選，接受任何來就讀的學生，然後學校會把這些學生變成閃亮的明星。Berger 發現，這樣的現象並不只是侷限於特定的領域，「位於紐約哈林區的中央公園東區中學（Central Park East High School），以及波士頓的芬威中學（Fenway School），這兩所學校的學生幾乎都是來自非白人的低收入戶家庭。這樣背景的學生，其畢業率在一般的統計預測中，都是低得可憐，但是，出乎意料的是，這兩所學校的學生畢業率卻是高達 95%，而且 90%的學生繼續進入大學就讀 [3]」。

當學生進入一個要求且支持追求卓越的學校文化中，他們會盡最大努力去表現，以使自己能融入其中。

在「品學兼優標竿學校」的研究中，我們也在一些學校中目睹以上所談的相似現象：辯論隊日以繼夜狂熱地找資料，持續地準備，務求讓辯論技巧不斷精進，結果該校年復一年，贏得全國辯論賽冠軍；努力不懈追求卓越的合唱團，在州內和全國比賽中持續名列前茅；一個用來幫助青少年的課業補救方案，其對學生在閱讀及寫作上所設定的要求，讓許多大學生都瞠目結舌，自嘆不如。諸如此類的卓越表現，不勝枚舉。

這些學校及方案成功的秘訣究竟是什麼？

Berger 及我們的研究都顯示：卓越源自

環境氛圍所形塑的文化。幫助個體培養道德品格及成就品格的不二法門，乃在於營造學校本身能展現品格特質的文化。反映品格的學校文化具有強大的影響力，因為那樣的文化界定了每一個學生被期待如何學習及如何行事為人。所有的學生，尤其是青少年，都很在乎能融入所在的環境，因此當他們處在一個要求及支持卓越的文化中，他們就會全力以赴，使自己能成為其中的一份子。

學校必須營造一個同儕文化，讓學生感受到追求卓越是一件很酷的事。

Berger 認為，每一位學生都具有不同的潛能，但是一般來說，他們的學習態度及成就，取決於其所處的文化特質。因此，學校必須竭盡所能去營造一個這樣的文化：「投資並看重學校中的同儕文化」，視「在乎卓越」是一件很酷的事。並且，學校也要與學生的家庭及所在的社區有所連結，邀請他們加入及支持「在乎卓越」之文化的形塑[4]。

> 學習並非來自偶然的機會，它必須是以熱情去極力爭取，以勤奮去積極投入。
>
> ── Abigail Adams

品格的兩大重要基礎：成就品格與道德品格

要解開「品格為何具有強大力量」之謎，就要從兩個面向來界定品格。如此界定品格的概念，使我們有機會去轉化學校的文化，去提升學生的學習態度及行為。當品格的界定從「卓越與德行的追求」思考時，它

具有兩個重要的面向：(1)追求卓越的成就品格；(2)追求德行的道德品格。

▶ 1. 成就品格以精進及熟練為導向

它包含以下這些特質：努力、勤奮、堅韌、良好的工作倫理、正向積極的態度、創新、自制等。它是個體在學業上、相關學習活動上、職場上，或者其它面向上，要開發潛能、追求卓越，以及實現自我所必須擁有的要件[5]。

「成就品格」與「成就」不一樣；成就是「結果」（如成績、獲獎、榮譽、功成名就等），而成就品格則含括品格能力，例如，展現自制、竭盡心力，不論結果是否盡如人意，仍朝著最佳境界邁進。因此，一個人可能展現了成就品格，但仍然失敗，正如一個人可能成功，但卻缺乏成就品格（例如，一個資優生可能不費吹灰之力，輕而易舉就拿到A的成績，但並未去挑戰自己的潛力。或者一個球隊與旗鼓不相當的對手比賽，因而輕鬆取勝等）。從長遠來說，成就品格一定有助於成就的提升，因為那樣的品格帶著力量，能激發各種謀略，使個體勇於挑戰極限，將與生俱來的潛能發揮到極致。

個體卓越潛能的展現需透過成就品格的培養。

更進一步來說，成就品格具有成就動機相關研究所稱的「任務導向」特質，透過這樣的特質，個體會努力追求超越自我過去的成就（正如研究顯示，這樣的特質引導一個人去追尋更高的滿足與忠誠度，而非侷限在誓死要超越別人的「自我導向」中；那樣的特質容易導致成就焦慮的加深，以及極高傾

向會作假及欺騙 **6**）。「任務導向特質可以反映成就品格」，這樣的事實，一位學生在我們學生代表座談會中做了很棒的闡述：

我是一個很在乎競爭力的人，我總是要求自己每一次都要比上一次做得更好。即使我們在球場上贏了，我也會挑出比賽中某些部分來檢討，思考我們可以如何表現得更好。

這樣的精神也適用在考試上，我並不是一個完美主義者，我只是在乎要不斷和自己比賽。

▶ 2. 道德品格是關係導向

它含括以下這些特質：誠信、公義、關愛、尊重等，是個體營造成功的人際關係，以及反映德行行為不可或缺的特質。尊重包括自重，例如，每一個人對自己及他人都有一份責任，需要學習去尊重自己及他人的權利、價值及尊嚴。

道德品格使我們懂得以尊重及關懷去對待自己和別人，以誠信及正直活出我們的生命。道德品格在我們追求成就的路上，也具有調節的重要功能，幫助我們在追求頂尖表現的路上，能尊重他人的權利，提醒自己不違背道德的價值，例如公平、誠實及關愛等。道德品格確保我們運用合乎德行的方法，去獲取我們想要達到的成就目標。一個人如果沒有堅定的道德品格，成就品格會很容易走樣及扭曲，例如學生會為了拿到好的成績而作弊，或者球隊會為了贏得比賽而動手腳。

> 道德品格使我們能以尊重及關懷去對待自己及他人，並且確保我們會運用合乎德行的方式去達到成就目標。

關於成就品格及道德品格，我們提出以下六點很重要的提醒：

1. 一個人很可能擁有成就品格，但卻沒有道德品格，反之亦然。

我們可能都認識一些高成就的人，他們透過勤奮、自制和其它面向的成就品格，達成所欲追求的目標，但是在他們身上卻全然找不到誠實、善良、禮貌和其它面向的道德品格。同樣地，我們也很可能認識一些擁有堅定道德品格的人，但卻全然缺乏追求成就的精熟能力，例如組織力、主動性、認真和毅力等。

2. 一個有品格的人同時具備成就品格及道德品格，而這兩種品格都背負著不可漠視的責任。

成就品格，就像道德品格一樣，是具有德行的面向，例如，一個做事偷斤減兩及隨隨便便的人，是道德上的失敗者。因為每個人在承擔人生任務的路上，都有責任盡最大的努力，去發揮自己所擁有的才幹，去挖掘卓越的潛能（成就品格）。有兩個理由可以說明為什麼我們具有那樣的義務：(1)一個尊重自己的人，必然不會浪費所擁有的才幹，

> 一個人最重要的，不是腦袋，而是引導腦袋的品格。
>
> ——杜斯妥也夫斯基

乍聽之下，很多人會覺得「競賽」這件事，在本質上似乎是「非德行」的；我們應該無法用此概念來幫助學生培養成就品格與道德品格。尤其現在有許許多多的事實擺在眼前——學生靠作弊讓成績超前；運動員透過類固醇來破紀錄；商場靠玩弄手段打敗對手。

因著這些「不足為奇、眾所皆知」割喉式競賽案例，許多人把競賽視為必然的戰場關係：不是你死，就是我活；只有對手輸了，我才有可能贏！當「贏」是唯一的終極目標時，所有的手段都會被合理化，因為外在的獎賞何其有限（等第、比賽時間、升遷、冠軍），所以周遭的同學及隊友都是打擊的目標。

然而，以「惡性競爭」的觀念去思考卓越，是大大錯解了競賽一詞字源的本意。在拉丁文中，"com-petere" 是代表奮力而為，在這最原始的意思中，是指人們互相競賽，而非互相對抗 [7]。意即，每一個人都經由面對挑戰，以及他人的支持和鼓勵，去達到自己最佳的境界。個人最佳狀態的自我（不代表一定贏），是因著群體中的他人也同時和我一樣盡力而為，因而使得我可以超越原本孤立一人時，無法達到的成就。在這樣的心態下，競賽成為形塑具支持性與挑戰性群體文化的一部分。

在每一個不同挑戰難度的競賽中，當人們棋逢對手，遇到優秀的競爭者，新的卓越層次就自然產生。很顯然地，我們在任何的競賽中都應克盡全力，去超越個人的極限，並且試著去突破別人為我們所設定的標的。不過，要留意，我們不能把目標設定在「贏得比賽」，反之，要著眼於個人對卓越的追求。如果學校希望在校園中的每一個面向都可以提倡卓越，那

麼學校就必須營造一個正向的競賽文化，使生活在其中的每一個人都樂意追求卓越，而且願意去避免惡性競爭所產生的殺傷力。要達到這樣的境界，學校必須開創支持性的行政組織（同時廢除負向的體制），並且努力培養學生對競賽抱持正向觀點。

以下提供五個思維，幫助學生瞭解競賽是提供個人發揮最大潛能的機會，進而得以幫助自己成就品格與道德品格的培育：

1. 競賽給予我獨特的機會，去發展我的成就品格與道德品格。

2. 作為一個優秀的競爭者，我必須擁有一些自主性的知能；學習去管理具強大影響力的情緒，以及競賽過程中可能不小心掉落其中的陷阱（例如，壓力、挫折、對他人的怨懟、對不公平的憤怒等）。

3. 競賽是一種夥伴關係，存在於參賽者之間，在過程中，我展現對他人的尊重及關懷，經由認同以公平之心去進行比賽，不但在乎自己能表現最佳的一面，而且對他人也有相同的祝福。

4. 尋找優質的競賽機會，能幫助我有機會去達到自己在閉門造車時，不可能達到的卓越境界；輸或贏並不是最重要的，最重要的是我是否全力以赴，去克服追求卓越過程中的困難。

5. 任何競賽的結果都可以作為追求卓越的基準；能於比賽後自我反思，分析自己什麼地方表現得不錯，什麼地方需要改進，以及下一步該做些什麼。

請參看第五章（第 163-166 頁）所列舉的課程中，關於透過競賽形塑品格的一些思維。

而能在任何所做的事上盡最大努力，好好發揮才幹；(2)一個關愛別人的人，必然會把自己的事做好，因為我們生命品質的好壞會對他人的生命有所影響。當我們把自己分內的工作做好時，一般來說，別人會因而受惠；反之，如果我們沒有把事情做好，會有人因而受苦。

同樣地，我們有責任在德行自我部分做到最好（道德品格）——不論是基於自重，或是因為我們的德行會影響生活周遭的人。如果我們以尊重及關愛對待他人，我們就祝福了他們，同時也帶給他們快樂；反之，如果我們背道而馳，就會貶損及影響別人生命的品質。

一個有品格的人，同時具備了成就品格及道德品格。

---

3. 道德動力在本質上是良善的，而成就動力則很可能被錯用在不好的意圖上。

像是恐怖份子可能運用追求成就的動力，例如創造力、全力投入等特質，炸死無辜的人；一個公司的總裁可能為了個人的利益，運用追求成就的動力，不惜犧牲員工、股東及消費者等的權益。相形之下，道德動力，諸如正義、誠實、關懷等，在本質上是良善的，不但本身是好的，含括其內的事物也是好的；絕不可能被用來完成邪惡的任務。

4. 成就品格與道德品格都具有三個心理要素（3A）：覺知（awareness）、態度（attitude）和行動（action）。

長期以來，大家公認品格教育含括三個重要的心理層面：認知（腦）、情感（心）及行為（手）。同樣地，道德品格與成就品格也可以從三個心理面向來瞭解，如下頁圖所示。

成就品格與道德品格含括三個心理要素：覺知、態度、行動。

具備成就品格者，知道卓越要求什麼（覺知），會在乎要達到卓越（態度），並且會竭力去追求卓越（行動）。同樣地，具備道德品格者，知道德行的行為要求什麼，會看重德行的行為，並且會竭力去展現德行的行為。

最後，有品格的人不只是在乎自己能成為有品格的人，而且也會在乎別人可以有品格——會透過責任感的覺知及努力，去幫助他人達到他可以達到的最佳狀態（在第三章第80-83頁，我們會更進一步說明集體責任的原則）。

為了說明道德品格與成就品格中3A的特質，在第35頁的方塊文章中，我們將分享美國「長頸鹿英雄方案」（Giraffe Heroes Project, www.giraffe.org）中所推舉的三位年輕人的故事。他們展現不同的品格德行：蘿珊的同理及憐憫之心、恩多的正直與勇氣，及克雷的俠義之情。他們的故事雖不相同，但都有一個共同之處：其特質都反映了道德品格與成就品格的3A要素。針對道德品格，三個年輕人都看到了一個道德的問題或需求（德行的覺知），三個人都覺得有責任去做出反應（德行的態度），三個人都將判斷及情感轉化為有效的行動，去回應及解決所看

Awareness
覺知
（認知）

成就品格：
✓ 在許多面向的努力中，可以辨認何為卓越。
✓ 瞭解成就美德必然要求追求卓越。

道德品格：
✓ 能辨認處境中關乎道德的議題。
✓ 能掌握重要的道德問題（例如，「這樣的決定會如何影響他人？」「我如果在這樣的處境中，會希望別人怎麼對待我？」）。

Attitude
態度
（情感／價值）

成就品格：
✓ 我有強烈的動機全力以赴。
✓ 我承諾要把工作做到最高品質。

道德品格：
✓ 強烈在乎自己要做對的事；把「道德我」視為個人核心特質的重要部分。
✓ 在面對社會壓力時，有發揮良知的勇氣。

Action
行動
（行為／習慣）

成就品格：
✓ 能展現追求卓越所必備的技能和習慣。
✓ 不斷練習，以幫助自己改進追求卓越所需具備的技能和習慣。

道德品格：
✓ 行動的背後能反映德行的信念。
✓ 對於「對的事」，勇於表達立場，挑起帶領者的角色，去影響他人做對的事。

成就品格與道德品格的 3A

到的問題（德行的行動）。而成就品格也是這三個年輕人故事中很重要的一部分，他們都各自展現了與成就美德相關的一些能力——例如為了達到德行的目標，能主動出擊、建立網絡、規劃及組織、面對抗拒、堅定不移及長時間努力不懈。

5. 對於一個有品格的人來說，成就品格與道德品格是相輔相成的，兩者之間是以整合及互依的方式相輝映。

蘿珊、恩多和克雷的故事，反映了成就品格與道德品格在功能上必然是整合的事實。第一，他們優秀的成就品格幫助他們達

成就品格與道德品格的展現：三位年輕人的故事

● 蘿珊的故事——憐憫之心

蘿珊在 15 歲時被診斷出得了紅斑性狼瘡，這是一種很嚴重的慢性免疫系統疾病。她很快地發現，其實有不少人和她一樣，因著這個病症而忍受許多的痛苦與孤單。於是她成立了一個「健康之友」網路社群（Friends' Health Connection, www.friendshealthconnection.org），此一社群至今已成為一個支持成千上萬患有各種病痛、殘障等人士的全國性組織。蘿珊到了大學時深受腎功能衰竭之苦，後來因為妹妹的捐贈，成功完成腎臟移植手術，她進而發起鼓勵人們簽署器官捐贈卡的運動。這個組織至今已進入許許多多的醫院，幫助了無數被診斷出重症的人，能很快地與原本互不相識的新朋友接上線。

● 恩多的故事——正直與勇氣

在愛達荷州馬欣市這個小鎮上，許多的星期五晚上，會有數以百計的市民聚集在鎮上的體育場，觀賞高中校隊的足球比賽。每當有隊員不小心失誤，球迷的反應通常會變得很惡劣，例如，如果球員是拉丁裔人——就像四分衛恩多——球迷就會不斷地咆哮叫罵「有夠笨的墨西哥人」。恩多個人一向表現優異，有很好的機會拿到進入大學足球隊的獎學金，但他不顧個人可能承擔的後果，挺身而出，帶著他同為拉丁裔的隊友宣示：「除非觀眾停止對球員的羞辱，否則我們將停止繼續進行球賽！」教練勸他們不要這樣做，因為只會把事情弄得更糟，而校長也拒絕做出任何公平的處理。恩多決定自己去和學校的董事會對談。學生會會長受到恩多勇敢行為的感召，於是寫了一封信，要求看球賽的市民停止對球員的羞辱，並要求相關單位：「如果這些人不停止對球員的叫罵，要請這些人離開球場！」結果這封信在下一場球賽開始前，在體育場被大聲朗讀出來，不但獲得全場如雷的掌聲，觀眾叫罵一事也告終止。

● 克雷的故事——俠義之情

克雷 12 歲時聽到巴基斯坦有一個小男孩，從童工奴隸營逃出來後遭到謀殺，這樣的一則新聞令他感到十分震驚。這個小男孩是被他的父母以 12 美元賣到一個地毯生產工廠，他每天要紡紗 14 個小時，而且拿不到一分錢。克雷對這樣的事感到十分憤怒，於是發起了一個「讓孩子自由」（Free the Children, www.freethechildren.org）的少年組織，致力於終止對兒童剝削的使命。為了搜尋更多的事實，他到亞洲五個國家進行「發掘真相之旅」，此舉吸引了媒體大篇幅的報導。他說：「如果我們的國家和其它的國家都很清楚地表明立場——童工是違法的，是不能被接受的——那麼童工的現象便不可能存在！」他把研究發現帶到聯合國國際勞工組織（International Labor Organization）發表，敦促全球基督教協會正視此議題。「讓孩子自由」這個組織至目前已有來自 35 個國家、數以千計的年輕人，支持在 21 個非工業國家的兒童權利、兒童就學、乾淨飲水、健康診所及經濟組織等方案。

成了道德的目標。第二，道德品格提供了他們行事的動機和能量，激發他們朝著高難度的任務前進，並且確保所運用來達成目標的方法，在本質上是合乎德行的，例如，是為了對抗不公義及偏見，而去遏止對手的不道德行徑。

成就品格與道德品格是相互依存的。

右邊的圖試圖反映成就品格與道德品格在功能上是整合的；這兩個面向的品格不是分割的，而是像一個三度空間的球體，它的中心點代表道德品格與成就品格相互交織的重要特性。卓越與德行的水乳交融，使得合乎品格的行動及生命成為可能。

6. 成就品格與道德品格在運作上可以從八項優勢能力來界定。

品格的這兩大部分，可以細分為品格的八項優勢能力，或者說是品格的發展成果，正如下頁方塊文章中所呈現的。這些優勢能力提供了個人一生朝著豐盛生命前進的方向，同時也是品學兼優標竿學校致力的主要教育目標。我們認為這八項優勢能力是一個人在求學期間，以及步入社會後，得以邁向成功，擁有豐盛、德行與滿足的人生等重要資產。

我們如何建構這八項品格優勢能力呢？在過程中，我們參考及統整了好幾個資料來源，其中包括跨文化的人類智慧、美好生活的傳統信念、社會科學所反映的理論，以及正向心理學所強調的個體資產等。而這些諸多理論與實證文獻所顯示的重要能力，誠然與我們在這 24 所學校所發現的研究結果相呼應。

在我們所提出的八項優勢能力中，有些優勢能力比較偏向反映成就品格，諸如「終身學習與思辨者」、「勤奮又有能力的表現者」。有些能力比較偏向反映道德品格，例如「處世圓融且具備情緒管理能力者」、「德行的深思者」、「尊重且負責任的道德實踐者」等。而有些則同時反映兩種品格所需的能力，例如「自律且追求健全生活方式者」及「對社區和民主發展有所貢獻者」。最後，「用心追尋人生崇高目的的靈性者」可說是立基於兩種品格之上，卻又超越其上的一種能力；它指引一個人生命前進的方向，帶領人追尋人生的意義及世界觀，也驅動其它七項優勢能力的發展。

當我們將這八項優勢能力視為不可切割的重要資產時，我們才有可能邁向整全發展的豐盛人生。正如我們前面曾經談過的，成就品格必須受道德品格的規範，才能確保一個人不會為了追求一個特定的目標，而去做不應該做的事。而道德品格需要成就品格的幫助，使我們在落實美好意圖及行動時，可以展現效能。

同樣地，這八項優勢能力也是如此，它們是相互支援及相互成全的。例如，批判性

品格八項優勢能力

優勢 1　終身學習與思辨者

努力充實知識，成為有教養的人

養成終身學習的習慣

展現批判分析的能力

認真看待他人的觀點

尋求專家的意見及可信的證據

連結並統整知識

能找出不同的解決方法

願意承認錯誤，並修正想法。

優勢 2　勤奮又有能力的表現者

追求卓越，全力以赴

有進取心，能自律

知道品質的指標，因此有高品質的
工作成果，也以此成果為榮

◆ 設定個人目標，並評估進步情形

◆ 面對困境能堅持不懈。

優勢 3　處世圓融且具備情緒管理能力者

◆ 擁有健康的自信以及正向的態度

◆ 在社交場合中展現基本的禮儀

◆ 發展正向的人際關係，包括對他人
情緒的敏感度，及以關愛解決衝突
的能力

◆ 能有效地溝通

◆ 和諧地與他人共事

◆ 公正地解決衝突

◆ 具備情緒智商，包括對自我的認識
與情緒管理能力。

優勢 4　德行的深思者

◆ 具備道德的洞察力，包括良好的判
斷力、道德推理和德行智慧

◆ 具備高度的良知，擁有做正確事的
責任感

◆ 藉由個人的道德承諾，擁有強烈的
道德認同

◆ 擁有道德能力及「知道如何做」的
能力，並將道德洞察力、良知與認
同，轉化為有效的道德行為。

優勢 5　尊重且負責任的道德實踐者

◆ 尊重所有人的權利及尊嚴

◆ 瞭解尊重是包括：雖然不認同他人
的信念或行為，但依據良知仍予以
尊重

◆ 擁有強烈的個人效能及責任意識去
做正確的事情

◆ 為錯誤的事情負起責任

◆ 承擔責任並樹立好榜樣，發揮正向
的影響力

◆ 發展及實踐道德領導的能力。

優勢 6　自律且追求健全生活方式者

◆ 在不同的處境中，能展現自律

◆ 追求生理、情緒和心理的健康

◆ 能做出負責任的選擇，以利自我的
持續發展，並擁有健康的生活方式
和積極正向的未來。

● 優勢 7　對社區和民主發展有所貢獻
者

◆對家庭、班級、學校和社區有所貢
獻

◆展現身為公民應有的美德，和參與
民主活動的能力

◆珍惜國家的民主傳承和精神

◆展現對人類彼此相互依存和具有責
任的覺知。

● 優勢 8　用心追尋人生崇高目的的
靈性者

◆追尋崇高的人生目的

◆釐清並努力追尋人生中重要的使命

◆反思生存與生命的問題（例如，
「什麼是快樂？」「什麼是生命的
意義？」「什麼是我生命的目
的？」）

◆培養對真、善、美等卓越價值的鑑
別力

◆追求真正的幸福

◆擁有豐富的內在生命

◆追求與天、人、環境間深刻而有意
義的連結。

思考必須立基於德行的思考下；勤奮的表現
必須在尊重及負責的前提下，以此類推。在
人生遠大目標的追尋上，這八項優勢能力必
然是齊肩並進的，當然，它們無法立竿見
影，必然是隨著生活經驗的累積，以及生命
成熟度的提升而逐步萌生。

　　在第五章中，我們會根據研究發現，介
紹培養這八項優勢能力的有效策略。

**我們所抱持的人生目的和世界觀，可以激發其
它七項品格優勢能力。**

☐ 支持成就品格與道德品格概念的
五個來源

　　我們所提出：品格乃包含成就品格與道
德品格兩個重要部分之立論，主要根據五個
資料來源：(1)動機及資優教育的研究；(2)遠
古流傳的智慧；(3)品格人物的生命故事；(4)
傑出教育工作者的行事為人，以及(5)中學老

師和學生的心聲。

▶ 1.動機及資優教育的研究

　　根據資優相關研究指出，成就品格是發
展內在能力不可或缺的要素，包括自制以及
良好的生活習慣等。在《資優的青少年》
（*Talented Teenagers*）一書中，Mihaly Csiksz-
entmihalyi、Kevin Rathunde 和 Samuel Whalen
等三位作者，進行了一項針對 200 位資優青
少年、為期五年的縱貫研究。他們發現在許
多不同的領域中，「身為資優生，卻低成
就」的現象普遍存在，不論是在運動、藝
術、科學、數學和音樂等方面。因此，他們
提出以下的問題，並進行研究：同為資優
生，為什麼有些人致力於發揮才幹？有些人
則半途而廢？

　　三位學者經由這個研究，發現那些心志
堅定、發揮才幹的人，具有以下幾個共同特
質：(1)有較強烈的「成就感及堅忍力」；(2)

養成有助於才幹發展的良好習慣；(3)對於「性」這件事，較之同儕來說，抱持比較保守的態度；(4)有較為和諧及具支持性的家庭；(5)有較為積極正向的學校經驗，包括遇到具備以下特質的教師——提供學生正向刺激、關心學生的興趣、熱愛教學工作、展現身教；(6)比較容易擁有「神馳」（flow；或譯「心流」）的高峰經驗；那是當一個人盡心竭力發揮才幹，全力投入後所達到一種身、心、靈俱感流暢的極致經驗[8]（有興趣者可參考Csikszentmihalyi的著作《神馳：極致經驗的心理學》[Flow: The Psychology of Optimal Experience] 中，關於「神馳」概念的闡述[9]）。

藉由成就品格，青少年得以發揮他們的才幹。

總之，有堅定的成就品格、具支持度和提供挑戰的重要他人、能盡心盡力發揮才幹，並能享受其中的人，有比較高的機率去發掘及實現個人的潛能。

▶ 2. 遠古流傳的智慧

華盛頓大學的歷史學家 Richard Hooker 發現，在希臘文化中最常被闡述的價值是 arête，這個字通常被翻譯為「美德」（virtue），不過 Hooker 認為這個字最好的翻譯應該是「活出最好的自己」，或者是「發揮你最極致的潛能[10]」。美德的概念指出一個重要事實——品格的觀點是立基於卓越與德行之上。正如我們在下頁所列出的一些至理名言，遠古流傳的智慧幫助我們進一步確認，成就品格與道德品格同時存在的必要性及影響力。

▶ 3. 品格人物的生命故事

當我們去檢視那些具有品格的人物時，發現他們的生命總是同時擁有成就品格與道德品格。例如，由心理學家 Anne Colby 和 William Damon 所著的《有人在乎：對道德做出非凡承諾的當代人物》（Some Do Care: Contemporary Lives of Moral Commitment）一書中，研究了 23 位品格典範人物，這些人是來自不同領域與宗教信仰的領袖、企業家、醫生、教師、非營利組織領導者、社會運動領袖等，男女皆有[11]。他們對人類社會的貢獻包括人權、貧窮、醫療照護、慈善、環境、和平及宗教自由等不同範疇。

當你閱讀這些品格典範人物的故事時，你會一而再、再而三地看到成就品格與道德品格，如何交織呈現在他們身上：在追求高超的德行歷程中，他們如何透過勤奮與決心達到目標。這本書可以進一步精確命名為——《有人在乎：越是在乎，表現越好》（Some Do Care—And Those Who Care Most Effectively Are Very Good At What They Do）。從這些事蹟卓越的品格典範人物身上，我們看到了成就品格與道德品格是如何相輔相成，沒有一個例外。因此，我們認為這樣的特質，可以反映在每一個追求品格的人身上。

▶ 4. 傑出教育工作者的行事為人

當我們檢視那些傑出的教師或教練是如何在他們的領域力求精進時，發現他們總是致力於協助其學生建立成就品格與道德品格。在此介紹其中一個例子——美國加州大學洛杉磯分校（UCLA）籃球隊教練 John

品格能力的至理名言

● 成就品格

努力的重要性
師父領進門，修行在個人。
——中國諺語

認真的重要性
除了認真工作而獲取的，沒有什麼是真正值得擁有的。
——Booker T. Washington

勤奮的重要性
迎接明天最好的方式，是把今天的工作做到盡善盡美。
——William Osler

堅毅的重要性
不經過掙扎，勝利之號不可能吹起。
——Wilma Rudolph

自信的重要性
你必須去做你認為自己做不到的事。
——Eleanor Roosevelt

勇氣的重要性
勇氣是身而為人第一個首要的素質，因為其它的素質必須經由它才可能衍生。
——邱吉爾

態度的重要性
我們有可能被剝奪任何所擁有的事物，唯獨一件例外，那就是在任何境遇中選擇如何面對的自由與態度。
——Viktor Frankl

自律的重要性
好好訓練自己，因為別人不會幫你做。
——John Wooden

● 道德品格

良知的重要性
不要抹殺自己的良知去符應當下的潮流。
——Catherine Cookson

正義的重要性
你們願意人怎樣待你們，你們也要怎樣待人。
——聖經

尊重的重要性
什麼是文明？就是給予所有人全然一致的尊重。
——Jane Addams

愛的重要性
重點不在於我們做了多少，而是我們放了多少的愛在所做的事情中。
——德蕾莎修女

公民的重要性
唯有當好人袖手旁觀時，惡人才可能得逞。
——Edmund Burke

真理的重要性
真理是唯一可以安心立命的基石。
——Elizabeth Cady Stanton

自我控制的重要性
忍一時之氣，免百日之憂。
——諺語

謙遜的重要性
過而不改，是謂過矣。
——孔子

Wooden 的傳奇故事。他在 1964-1975 年 12 個球季中，率領著加州大學洛杉磯分校熊隊獲得十次美國大學籃球聯賽（NCAA）的全國冠軍，其中包括一次七連冠。不論是哪一種球賽，從來沒有一個教練可以創下如此卓越的紀錄，然而 John Wooden 從來不跟球員談「志在必贏」；反之，他跟他們談「品格」！UCLA 籃球隊之所以卓越，可從 Wooden 所建構的著名「成功金字塔」藍圖

得知一、二（如下圖），該圖包含 25 個核心價值，他明確地教導隊上球員這些價值，而球員也瞭解他領導的方向，並在團隊中持續落實及展現這些價值（www.coachjohn wooden.com/index.html）。

你會發現這 25 個核心價值，包括道德性的價值，比如友誼、忠誠、合作、誠實、可靠，以及成就性的價值，比如勤奮、熱忱、技能、團隊精神、良性的競爭。當他們把這些核心價值付諸行動，並不是要去招募到好球員，或是去賺進大把鈔票，而是去展現 UCLA 團隊強調品格的金字招牌，以及持續保持令人驚嘆的成功紀錄。

Wooden 在他的回憶錄中寫道：

人生的目標和在籃球場上的目標是一樣的，就是要盡最大力量，去做到自己可能做到的最好境界，在婚姻中、在職場上、在社

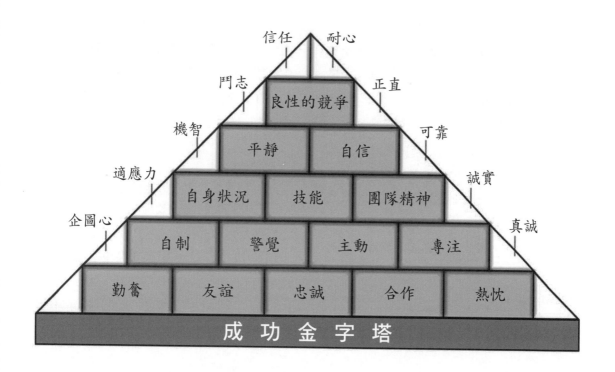

成 功 金 字 塔

會裡，或為了你的國家，都是如此。你要盡最大力量去貢獻自己所能，可以是貢獻物力，或是時間，或是創意，或是工作。盡力去付出就對了！在一切事上，唯一需要在乎的是「努力[12]」！

Wooden 是如何把這樣的態度傳遞給他的球員呢？前 NBA 球星 Bill Walton 如此解釋：

Wooden 教練教導我們如何專注在一個最主要的目標上，也就是在所有的事上盡己所能做到最好，而不要去擔憂比賽的分數，不要去擔憂別人如何看你，也不要去擔憂對手比你強。這些事聽起來好像很容易，但是實際上做起來是非常困難的。對我們來說，這些價值的內化，都從在 UCLA 不間斷地付諸行動的練習開始。他的要求絕對是非常嚴格的，他總是在球場的邊線上，大聲喊著他要球員知道的各種指示，也不斷地給予我們正增強，以及提醒我們一些他的至理名言：例如，「要快，但不要急」、「不好好準備，就要準備失敗」、「好好訓練自己，因為別人不會幫你做」等。

平常練習時，教練對於我們速度的要求很嚴格，他會讓我們在混戰中不斷地跑，他會在一旁說：「好，現在重新開始，從頭來過。再做一次，速度要更快！」然後，我們會一次又一次地反覆練習，更快又再一次，再一次又更快。因此到了真正比賽時，我們就好像是穿上有輪子的鞋子一樣，速度完全不是問題了。

Wooden 教練在他的書中如此說道：

「不要從自己已成就的事上去評斷自己，而要從自己的能力所應成就的事上去評斷自己。」在他所帶過的球員中，包括後來去打職業籃球隊的，他認為最為成功的 UCLA 球員是 Conrad Burke 和 Doug McIntosh。

這兩個人剛到球隊試球時，Wooden 本來以為他們打不了什麼好成績。他說：「當初我看不到他們的內心，可是我發現他們總是克盡所能，全力以赴，最後，他們兩人都變成了 UCLA 的先發球員。」Wooden 說：「或許你沒聽過這兩個人的名字，但是，他們兩人影響了我後來如何界定一個人的成功——因為他們的努力是如此接近上帝所賦予他們的才幹。」

> 「不要從自己已成就的事上去評斷自己，而要從自己的能力所應成就的事上去評斷自己。」

我們認為 Wooden 所展現的特質，反映了所有當老師和教練的人，所應具備的特質——期許學生盡自己最大能力去做每一件事；以尊重、公平和關懷去對待他人；在學生的學習和行為表現上，以高標準去期許他們。簡要來說，一個好老師會期許學生培養成就品格與道德品格，同時展現卓越與德行。

▶ 5. 中學老師和學生的心聲

在我們的研究中發現，許多老師並不認為自己是「教品格的人」，至少一開始時，他們並不如此認為。我們會發現這個現象是因為有些老師認為「品格教育」就是「討論道德」；這跟他們的專業一點關係都沒有。例如，有一位教自然科學的老師說：「我是

教化學的，我不教品格！雖然偶爾在課堂上，我可能會談及道德議題，不過我實在沒有多餘的時間去管那個。」

「成就品格」提供中學老師一個去思考及談論他們日常教學的新詞彙。

不過，有趣的是，當這些老師開始談到學生需要些什麼能力才能達到成功時，他們都談到了反映品格的特質——尤其是成就品格的部分。他們都希望學生在課堂中可以展現以下這些能力：

◆ 勤奮——下定決心，力求把事情或報告做到盡善盡美
◆ 面對困難時能夠堅忍
◆ 值得信賴，包括在團體作業中能做好自己該做的部分
◆ 對於老師要求帶到課堂的資源或材料，能克盡責任做好準備
◆ 能井然有序、按部就班地完成自己分內的事
◆ 能設定目標，並在過程中自我監督實現目標的進度。

當我們訪談一位化學老師時，她在言談之間非常強調學生在課業上要為自己負責任的諸多面向：

我告訴我的學生：「如果你上課能好好做筆記，你這門課會修得比較好，但這是你的責任，我不會去檢查你是不是有做到。還有，如果老師指派的作業，你能好好完成，你考試會考得比較好，不過這也是你的責任。」我告訴他們，萬一有事無法來上課，

一個有責任感的學生一定會主動打電話給同組的同學，去瞭解老師那天指派了什麼作業。

當我們跟現場老師的對話，聊到類似以上的觀點時，我們發現老師們好像突然頓悟了——「哦，如果這些期待和要求，就是你們所說的品格教育，那麼，是的，我應該是一個教導品格的老師。事實上，我在教學過程中花了不少的時間和心力，幫助學生達到那樣的能力。因為如果沒有那些品格的特質，學生就不可能真正學習，也不可能在學業上有所成就。哇，原來那就是品格，原來我們所看重的是一樣的能力。」

因此，從「成就品格」去定義品格的概念，可以給予現場老師一個新的詞彙，去思考及談論他們每天教學過程中，對學生的學習與態度的種種期許。當然，一位好的老師除了關注學生成就品格的培養外，也會關注他們的道德品格，例如，學生會留心如何與老師互動、同儕之間如何相處、要愛惜教室中的器材與物品、面對考試及作業時能誠實及反映榮譽心等等。上面那位化學老師說：「尊重是我經營班級的重要基石，這包括我們在集會中唱國歌時，也要展現對國家的尊重。」在這裡我們要強調的是，當我們在品格教育中賦予成就品格與道德品格一個重要的位置時，它改變了中學老師如何再思什麼是品格教育。它讓中學老師在專業上找到了「適切」的定位；品格的培養包含在學習上要追求卓越，而不只是在提升一個人的道德行為。

相同的狀況也適用在學生身上。當成就

品格在品格的培養上有其重要性時，它給予了中學生一個新的理由——「要看重品格」，這在競爭如此激烈的時代中尤其重要。在芝加哥一所以中上階層為主及擁有高成就表現的學校裡，一位12年級的學生說：「有些同學會說，如果品格真的管用，那就看它如何幫助我提升學業總成績。」在這裡，我們希望學生明白品格是重要的，即便它對你的學業總成績沒有明顯的影響，你還是有責任去做一個具有道德的人，正如你會選擇去做對的事，即便你不會因此得到獎賞。反之，有時候在某些情況下，你甚至會因選擇做對的事而付出一些代價。不過話說回來，老師還是應該讓學生明白，品格對他們的學業表現的確是有幫助的。

成就品格能幫助所有學生達到他們能力所及的卓越。

　　成就品格與道德品格有所不同，兩者加在一起之所以可以幫助學生達到卓越，是因為在人類追求卓越及實現最高理想的事上，品格具有它非常重要的地位。一個人不論其天生資質與能力如何，只要能勤奮、自制、抱持正向態度、在困難中不輕言放棄，那麼總有一天，可以看到這些特質對成就指標的正向影響力（要注意，學業總成績只是諸多成就指標中的一項，而且保證沒有比其它面向的學習品質評量來得重要）。成就品格不會讓競爭環境變得公平，也不能保證所有學生都達到同一水準的卓越。不過，激發每一個人盡心竭力去發掘自己的潛能，可以幫助所有的學生去達到他們能力所及的卓越。

阻礙成就品格與道德品格培養的因素

　　身為教育工作者，如果我們希望學生的成就品格與道德品格可以得到極致的發展，就必須留心在過程中，什麼因素對這兩者是有所助益的，而又有哪些因素是有所阻礙的。我想，我們應該要問問青少年，瞭解他們的觀點及體會是些什麼。

我們應該問問青少年，什麼因素對他們的成就品格與道德品格的培養有所助益？而哪些又是有所阻礙？

　　當我們在學生代表座談會，請學生代表談談他們認為今日青少年所面臨的挑戰時，有一些人談到學校生活的現況，以及被社會認同的價值觀。他們在觀察中發現，有些被認為可以達到目的的社會價值，其實是與成就品格及道德品格背道而馳的。例如，一位學生如此說道：

　　我們活在這樣的一個社會——如果你在球隊中不是閃亮的明星，在學生團體中不是學生會會長，你會覺得自己是一個失敗者。這樣的壓力造成同儕的競爭，導致有人會作弊，有人會服用類固醇，為的是讓自己得到多一些勝算的機會。許多青少年覺得他們必須那樣做才有辦法「成功」，以及得到家人、朋友及社會的認可。

> 單憑精湛的技術和卓越的智能，並無法讓我們所存在的世界成為值得安居之處。
> ——Mose Durst

今日的學校如何回應許多學生所提出來那些排山倒海的壓力呢？學校是否有提供一些管道，例如同儕諮商團體，讓學生瞭解在面對課業壓力的同時，也能保持誠實、正直、良善觀點，以及內心的平安？

另外有一個學生說道：

我發現，即便是最優秀、最具學習動力的學生，當他們遇到待完成的工作太多，但可以用的時間太少時，也會失去學習的意志力，而無法持續投入課業的努力。面對學校課業的要求，學生遇到的困境是「想要把老師所有的要求做好，但卻又苦於沒有足夠的時間去好好完成，以至於最後只能草率為之，有做有算」。然後，你發現自己開始「虛張聲勢，裝模作樣」。雖然我喜歡學習，不過當我發現「要做的事太多，時間太少」時，我就會開始偷斤減兩。

我想「虛張聲勢，裝模作樣」的危險在於它好像是一個陷阱；面對作業，你只想趕快把它做完，卻完全無法享受學習的樂趣，這樣的心態對於成就品格與道德品格都是很大的傷害。因為當你對學習不再抱持渴望與熱忱時，你就停止了成長，不論是從學生或是個人的角度來看，都是如此。

「當你遇到待完成的工作太多，可用的時間太少，你會開始『虛張聲勢，裝模作樣』。」

當我們問學生代表座談會的成員，影響他們成就品格與道德品格的因素有些什麼，以及今日年輕人在品格上所面臨的重大挑戰時，我們得到許多像以上這樣真心吐露的答案。我們認為，如果學校也可以去問學生相同的問題，對學校應該是很有幫助的。學校可以進一步提供論壇的管道，讓學生有機會去抒發及反思成就品格與道德品格所面臨的危害與挑戰，以及可以獲得扭轉情勢的建議、策略與步驟。例如，他們可能很容易就列出一長串學生作弊的原因，老師可以問學生：「學校可以做些什麼，好去消弭那些原因？」

提升成就品格與道德品格的發展

在本章之後，這份品格兼優標竿學校實現的關鍵報告，都在探究學校所面臨的狀況，以及根據我們的研究結果，所提出能促進成就品格與道德品格的有效教育方法。在這裡，我們先列出四個一般性的策略，它們在促進成就品格與道德品格的發展上，具有廣泛的實用性：

1. 具支持性與挑戰性的學習環境

試著去營造這樣的學習社群：其中的成員不只是追求自己的卓越與德行，而且也會去幫助社群中的每一個人展現最好的自己。

2. 個人的自我檢測

幫助學生自我督促，透過自我評量更瞭解自己在成就品格與道德品格的優勢，以及待成長的面向是些什麼？幫助他們設定目標，並設定改善的進程。

3. 他人的榜樣

引導學生去探究在成就品格與道德品格上卓越的典範人物，試著去學習這些人品格養成所走過的路徑。

4. 公開的發表

透過各種公開的機會，例如展覽、競賽、演說、音樂會、表演、真實世界的任務等，讓學生發表，以提升他們內在的學習動機；讓學生自己在乎要把每一件事做到最好，並堅守最理想的道德自我。

46-48 頁的方塊文章提供了在教室和學校中，如何落實這四個策略的一些方法。

學校究竟應如何運作，以幫助學生的成就品格與道德品格可以獲得極致的發展？亦即，如何使學生在追求卓越的同時，也能兼顧德行的培養？在下一章中，我們將探討這樣的挑戰。

建立成就品格與道德品格的四個關鍵*

● **關鍵 1：具支持性與挑戰性的學習環境**

(1) 營造一個教室環境，使它不但具支持性，而且也深具要求性。讓教室對各種具差異性的智能教學活動來說，都是一個安全的地方，包括表達政治不正確（politically incorrect）及不迎合群眾的觀點等。善用一些教學策略，例如精心設計的團隊學習方案，讓全班同學都可以積極而高度的參與並承擔責任。在討論任何具爭議性的議題時，要求所有學生都能用心搜尋正、反兩方觀點的資料，並使用可以被公平呈現的多元觀點。讓學生不只是釐清自己的價值觀，更能挑戰他們去建立經得起考驗及有原則的思考模式。

(2) 身為學習環境中的教育工作者、教師、教練、輔導者及校長，在學校生活中的每一個面向上，都能反映堅定的誠信立場。在每一門課程和課程相關的活動中，透過討論讓學生瞭解，任何形式的欺騙或作弊，對他們個人的教育、誠信、自尊以及學校的名譽等，都是一種折損與傷害。

(3) 為新生提供規劃良好的新生訓練方案。讓舊生歡迎新生，跟他們介紹：學校良好的傳統、老師對課業的要求、課程相關活動，以及學生之間如何互動與交流等，幫助他們瞭解這些型態，並願意遵循學校所訂的各種規定。

(4) 設立諮詢小組，使成員之間能相互支持，彼此挑戰，設定成就品格（如何幫助彼此盡力達到最佳的學習品質？）、道德品格（如何幫助彼此對生活的每一個面向，都抱持積極及正向的態度？），以及八項品格優勢能力的目標。

● **關鍵 2：個人的自我檢測**

(1) 提供學生常態性的機會，做自我檢測及評量，並設定個人成長的目標。在課程中，透過一些策略讓學生在整個

---

* 這些策略有很多會在接續的章節中進一步介紹，並提供案例。

學期中，能試著去展現把該門課學好的品格優勢能力（例如，注意細節、正向積極的態度、合作、堅忍、勇氣等）。請學生針對這些優勢能力進行自我評估，並設定如何改進的目標。

(2) 幫助學生運用自我督促的工具，去評估達到目標的進度。讓學生寫下達成某特定學科或某特定品格能力目標所要採取的步驟，幫助他們去分析進步的情形，以及後續的必要修正。

(3) 要求所有的學生，最好從 8 年級就開始寫下一份個人的願景宣言。幫助他們去思考，自己將來想要成為什麼樣的人，以及想要追求什麼樣的人生目標。請他們把成就品格（想要達到的卓越目標）與道德品格（包括如何做合乎德行的決定、如何對待他人等）納入考量的清單之中。鼓勵他們在中學及往後的人生中，持續修正自己的願景宣言。

(4) 找出一些時間，讓學生可以動腦，定期去思考一些現存的問題。這可以是在上課前，或是上課快結束時，可以是一星期開始之際，或是一星期快要結束時，運用寫手札、寫短文、公告或其它方式來進行。簡單的問題，比如說：「對我來說，快樂是什麼？」「生命的意義是什麼？」「什麼能帶給我生命的目的？」及「我如何培養我特有的潛能？」

● 關鍵 3：他人的榜樣

(1) 在歷史課和文學課中，跟學生討論歷史和文學中的著名人物。請學生思考：「他們做了什麼，使得他們如此卓越（或者身敗名裂）？」「他們的成就品格與道德品格之間是否存在落差？」在數學和自然課程中，可以去突顯課程中所介紹的科學家及數學家，其所反映的成就品格與道德品格為何？例如：「是什麼品格特質幫助他們有了今日的成就？」「有什麼品格上的瑕疵，侷限了他們可能有的貢獻？」

(2) 邀請不同職場的品格典範人物（如藝術家、工程師、律師、商人等），到課堂跟學生分享他們的工作。可以問這些典範人物一些問題，諸如：「你在工作中如何獲得滿足感？」「當困難的挑戰來臨時，你是如何面對？」及「你在職場上曾遇到哪些道德的議題？」

(3) 提供學生機會跟隨及訪問一些人物。請學生把他們的學習心得寫成報告，帶回課堂的小組分享，分析他們所研究的對象，在其工作領域中達到成功所需的成就品格與道德品格。然後把這些優勢能力與自己的品格能力進行對照（想想：「我目前擁有哪些品格優勢能力，可以幫助我成功？」及「有哪些品格優勢能力是我必須去培養的？」）。

(4) **邀請畢業生返校。**請他們在課堂或是集會中分享經驗，談談成就品格與道德品格在他們生活中所扮演的角色，幫助學生覺知學校所擁有的這些寶貴人才資源。

● **關鍵 4：公開的發表**

(1) **讓學生的學習成果有公開發表的機會，定期展現給同儕、學校，甚至校外社群瞭解。**在課堂中，老師可以培養學生接受及給予建設性批判的雅量和風度。訓練學生知道如何做口頭報告，使他們能把諸多狀況表達清楚，比如說意圖達到的成果（例如，「我在這篇報告中想要表達的是什麼？」）、過程（例如，「我做了什麼去達成想要的結果？」）、我運用了哪些成就品格、哪些仍待改進？（例如，「我有很好的組織能力，但後來發現自己真正需要努力克服的，是遇到困難時仍要保持正向而積極的態度」）。

(2) **提供各種不同的機會，讓學生可以參與社區服務，以及從服務中學習。**請學生討論並著手進行一些服務方案，那不只是可以培養服務他人時所需的道德品格（同理心、同情心、正義之心、利他主義等），也可以促進學生要把服務做到最好的成就品格（如組織能力、勤勉、創造力、堅忍等）。如果可能的話，可以把服務方案與課

程中的一些議題進行結合，這樣可以使學生在比較大的社會政治脈絡下，理解服務的意義。例如，如果學生是在遊民收容所進行服務，他們就可以探討，若要搭建一般百姓負擔得起的住屋，會遇到哪些政治與經濟面向上的問題？

(3) **透過各種公開的競賽，幫助學生強化成就品格與道德品格所需的知識、動機及技能。**引導學生把競賽（例如，合唱、美術、運動等）視為對手及活動本身所提供的挑戰機會，讓自己可以盡力去展現最好的一面。並且定期引導學生反思競賽可能引發的危機（如為了贏得比賽而作弊、對對手失去尊重的態度，以及輸掉時會失去自信心等）；和學生討論品格的優勢能力（如謙遜、堅忍、勤奮、專注於把工作做到最好，而不是只想要把它做完）。

(4) **提供定期的機會，讓學生可以從事具有挑戰性的工作，或者讓學生實際接觸真實社會的職業。**幫助學生有參與不同職業的第一手經驗，並能從專家的指導中學習。邀請專家擔任評審，讓學生舉辦「發表說明會」（如針對原創性的研究或作品），或者邀請律師列席，讓學生進行模擬開庭，或者到修車廠去練習動手修車等等。

附註

1 See, for example, B. Bloom, *Developing talent in young people.* (New York: Ballatine Books, 1985). Also, H. Gardner, M. Csikszentmihalyi, & W. Damon, *Good work: When excellence and ethics meet.* (New York: Basic Books, 2001). Also, M. Csikszentmihalyi, K. Ratunde, & S. Whalen, *Talented teenagers: The roots of success and failure.* (New York: Cambridge University Press, 1993).

2 R. Berger, *An ethic of excellence.* (Portsmouth, NH: Heinemann, 2003).

3 Berger, 5.

4 Berger, 35.

5 The concept of performance character presented in this report extends thinking originally emerging from the study of sport and character by Matt Davidson and Kelli Moran-Miller: "Performance and moral character: A blueprint for developing character in competitive contexts." SUNY Cortland: unpublishedmanuscript, **MDavidson@ExcellenceandEthics.com**.

6 See, for example, J.G. Nicholls, "Conceptions of ability and achievement motivation: A theory and its implications for education," in S.G. Paris, G.M. Olson, & H.W. Stevenson (Eds.), *Learning and motivation in the classroom.* (Hillsdale, NJ: Erlbaum, 1983). Also, D. Molden & C. Dweck, "Meaning and motivation," in C. Sansone & J. M. Harackiewicz (Eds.), *Intrinsic and extrinsic motivation: The search for optimal motivation and performance.* (New York: Academic Press, 2000).

7 Our thinking on competition builds on David Shields's conference paper "Opponents or enemies: Rethinking the nature of competition." University of Notre Dame (May 12, 2001).

8 Csikszentmihalyi, et al, *Talented teenagers: The roots of success and failure.* (New York: Cambridge University Press, 1993).

9 M. Csikszentmihalyi, *Flow: The psychology of optimal experience.* (New York: Harper Collins Publishers, 1990).

10 From Richard Hooker's World Civilizations Glossary, at **http://www.wsu.edu:8080/~dee/WORLD.HTM**

11 A. Colby & W. Damon, *Some do care.* (New York: Free Press, 1992).

12 J. Wooden, *Wooden: A Lifetime of observations and reflections on and off the court.* (Lincolnwood, IL: Contemporary Books, 1997).

品學兼優標竿學校:成就卓越的品格教育

第三章 德行學習社群
教職員、學生、家長和校外社群
攜手合作融合卓越與德行

我的老師、同儕都督促我要盡力而為。在生活的各個面向，他們教導我很棒的工作倫理。當遇到困難時，老師要我別放棄——他們教我以不同方式來解決難題。「探索小組」幫助我深入檢視自己的內在，發現那些阻礙我進步的事物，進而增進我的成就品格。我認為所有的中學都應該要求學生互相督促，盡力而為。

——一位中學男生

學校中所有的經驗，從同儕諮詢系統到宗教課程，都影響學生的道德品格。入學第一天，學校就教我們抄襲和作弊是錯的，傷害其他同學，是不被容許的。學校也教我們必須積極進取和負責任。我們常開會討論如何促進社會的和平，以及哪些議題會阻礙和平。學生須做滿 100 小時的社區服務才能畢業，不過學校鼓勵我們多多益善。校園中有個不成文的默契，就是要做對的事，要力挺正義的事。

——一位中學女生

卓越與德行不會無中生有，它們是在一個德行學習社群（Ethical Learning Community, ELC）中慢慢培養的。

在學校生活的不同階段，德行學習社群（ELC）致力於將卓越與德行結合起來。在德行學習社群中，無論是成就品格的議題（例如：老師挑戰學生發揮潛能到什麼程度）或道德品格的議題（例如：學業上作弊或同儕欺凌），在所有成員的良知中都扮演舉足輕重的角色。任何有損卓越或德行的事都不會被視而不見。

德行學習社群致力於結合卓越與德行。

德行學習社群包括四個族群：(1)教職員；(2)學生；(3)家長；及(4)校外社群。這四個利害關係族群對於幫助學校達到最佳表現都有所貢獻。

德行學習社群賴以創建、維持和持續改進的原則是什麼呢？根據我們的文獻探討，以及到不同的中學實地訪查的結果，我們發現下列六大原則：

▶ **1. 發展共同的目標與認同**

以卓越與德行作為學校使命、認同及社群意識的基石。

▶ **2. 以預期成效與相關研究導引教育實務**

思索某項教學實務如何有助於整合卓越與德行——亦即成就品格和道德品格？證明其效能的證據為何？

▶ **3. 勇於發聲，表明立場**

營造一個民主社群，鼓勵眾人參與追求卓越與德行；挑戰教職員、學生和家長能夠基於正直和勇氣來發聲。

▶ **4. 承擔自我持續發展的個人責任**

將自己視為「施工中」的作品；追求個人最佳的表現。

▶ **5. 實踐卓越與德行的集體責任**

因為在乎，期望他人也能做出最佳的表現；實踐「關懷直諫」的人際互動[1]。

▶ **6. 搏擊視而不見的辣手難題——客廳裡的大象**

勇於處理那些在校內外常被忽視，卻會影響卓越與德行的問題。

以下我們來檢視上述六項原則，以及這些原則如何在學校生活的所有階段裡，創造出能提升卓越與德行的德行學習社群。在下一頁的方塊文章中，摘要呈現這六項原則的有效策略。

無論做什麼，務必盡力而為。

——林肯總統

ELC 原則 1
發展共同的目標與認同
以卓越與德行作為學校使命、認同及社群意識的基石。

發展共同目標的五項有效策略

1. 透過提升對學習和行為的高期望，打造以卓越與德行為核心的學校文化。
2. 開創足以表達學校追求卓越與德行之決心的校訓。
3. 發展榮譽守則。
4. 發展良好學校傳統，以宣示及強化追求卓越與德行的決心。
5. 與家長簽訂品格協定。

一個學校基本上可由其教育目的來加以定義。William Damon 指出，目的是通往自我認同的通道[2]——對於一個組織或是個人而言，這一點都同樣真切。尤有甚者，一個高尚的目的是自我實現的通道；正如海倫·凱勒所言：「快樂並非來自自我需求的滿

德行學習社群（ELC）六大原則的有效策略

● 原則 1：發展共同的目標與認同

有效策略

1. 透過提升對學習和行為的高期望，打造以卓越與德行為核心的學校文化。
2. 開創足以表達學校追求卓越與德行之決心的校訓。
3. 發展榮譽守則。
4. 發展良好學校傳統，以宣示及強化追求卓越與德行的決心。
5. 與家長簽訂品格協定。

● 原則 2：以預期成效與相關研究導引教育實務

有效策略

1. 品格教育人人有責——全體教職員共同參與。
2. 鼓勵家長參考相關研究，思考合宜的教養策略。

● 原則 3：勇於發聲，表明立場

有效策略

1. 支持學生在教室中發聲。
2. 支持學生在學校中發聲。
3. 增進教職員的發言權。
4. 增進家長的發言權。
5. 鼓勵社區民眾發聲。

● 原則 4：承擔自我持續發展的個人責任

有效策略

1. 倡導力求卓越與德行，做為實現在校及未來生涯的核心價值。

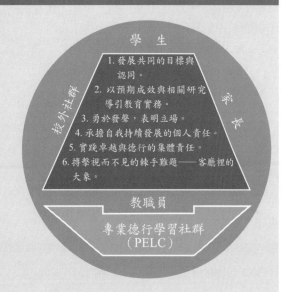

2. 倡導針對追求卓越與德行，持續自我省思。
3. 挑戰學生跨出自己的舒適區。
4. 營造教室中的卓越文化，以及監督和支持成就表現的學校系統。
5. 促進教職員、家長和校外社群在追求卓越與德行上的個人責任。

● 原則 5：實踐卓越與德行的集體責任

有效策略

1. 成人示範「關懷直諫」的身教。
2. 塑造集體責任的學校典範，並建立適當體系使之能具體運作。

● 原則 6：搏擊視而不見的棘手難題——客廳裡的大象

有效策略

1. 辨認那頭大象——找到問題癥結。
2. 設立研究小組，處理緊急的議題。
3. 協助家庭勇敢面對他們的問題。

足，而是因為效忠於一個有意義的目的。」因此，成為一個德行學習社群的第一步，是培養對於卓越與德行──成就品格以及道德品格──的共同使命感。

一個具有共同使命的社群會更強而有力。

本書反覆強調培養學校共同社群意識的重要性。我們之所以認為應該將大型的中學轉變為「小型學習社群」（SLC），主要是希望創造一個能夠促進學生同儕之間，以及學生與老師之間人際關係的社群。有關小型學習社群以及「家庭與學校連結」的研究（請見右邊的方塊文章），提醒我們正向關係對青少年的重要性──無論是保護他們遠離冒險行為或提升他們的學業成就。但我們要強調，當社群不單單以社交連結為基礎，而是基於一個有意義的共同使命感時，社群會更有影響力，例如共同致力於卓越與德行的培養。

ELC 原則 1：發展共同的目標與認同

▶ 有效策略 1：
透過提升對學習和行為的高期望，打造以卓越與德行為核心的學校文化。

Richard Elmore 在他的專題論文〈建造學校領導的新結構〉（Building a New Structure for School Leadership）中，指出許多學校因為「鬆散的組織」而受害[5]。當教職員間連結薄弱時，人人自掃門前雪。如果你跟著一位中學生一整天，你會發現老師們對於學生的成就品格和道德品格的期望相差甚

遠。例如，有位老師強調正直的重要性；另一位老師則從未提到它；還有一位老師甚至明目張膽的違反正直的品格（例如跟學生吹噓他將打電話跟學校請病假，以便去度個週末的滑雪長假）。類似這樣成人行為的不一致性，造成學校軟弱的「官方文化」。當學校官方文化軟弱無力，學生就會創造他們自

己的「非官方文化 **6**」。以作弊為例，許多中學的非官方文化會說：「大家都作弊；你要競爭，就得作弊。」

學校要開創以卓越與德行為基礎的共同目標和認同，第一步就是要透過緊密組合，營造一個統一的學校文化。緊密組合指的是全校共同倡導對學習和行為的高度期望。當教師期望一致，學生將見證其強大影響力。一位就讀一所屢屢得獎的中學女學生告訴我們：

在我們學校，我們被要求要達到超乎一般學校正常期望的水準。我們老師說：「你們要省思你的思考。」我們必須達到精熟學習——這代表 B 的等第是我們須達到的最低標準——這已經要花好幾小時的計畫、研究和不只一次的修正才能達到。一旦你做到了，感覺真棒！

同樣的，一致的行為期望形塑了學校的道德文化。目前，粗鄙的語言充斥校園，破壞許多中學的道德文化。1999 年一項針對紐約公立學校教師的佐格比意見調查（Zogby Poll）指出，大多數人將學生罵髒話視為是嚴重的紀律問題。

一般而言，對於適當言語的期望會寫在學校校規中，但是規範往往未被徹底執行——因為教職員並未致力於採取同樣的方式來回應不當的言語。在某個學校裡，學生說粗話的問題嚴重，後來老師們達成共識，每當聽到學生說出令人無法接受的話語時，他們就會直接上前跟學生說：「在本校，我們

不這樣說話。」然後就走開。實施這樣的做法之後，學生說粗話的情況大大改善了。

> 成就偉大的潛力存在我們每個人身上。
> ——Wilma Rudolph

ELC 原則 1：發展共同的目標與認同

▶ **有效策略 2：**
開創足以表達學校追求卓越與德行之決心的校訓。

有關商業及非營利事業的研究指出，提升共同使命和認同的組織標竿非常具有影響力。《從 A 到 A+》（*Good to Great*）（譯註 1）一書中，Jim Collins 指出，能夠從好表現躍升到傑出表現的公司，通常都會形塑某種企業文化，並透過組織標竿來表達某種「信念」或「風格」（例如，「TOYOTA 模式」或「IBM 作風」）。這些「風格」表達了組織的核心價值，幫助其成員透過核心價值彼此連結；同時這些「風格」也是組織的黏合劑，凝聚組織共識，使組織在面對風暴時更能同仇敵愾。

在《丹佛公立學校的品格教育》（*Educating for Character in the Denver Public Schools*）一書中，Charles Elbot、David Fulton 和 Barbara Evans 這些教育者觀察到，許多開創出深刻又持續的品格教育措施之學校，通常都得力於全校性的校訓。為了確保全校都擁抱校訓，所有的利害關係人——教師、學生、家長、校外社群——都有機會對

譯註 1：中譯本《從 A 到 A+》，遠流出版社出版。

於校訓的宣言草案提出看法，修訂工作往往要歷時幾個月才能拍板定案。

以下是科羅拉多州普萊司學校（Place School）[7]的例子；請注意他們如何在課程中融合成就品格的價值，諸如「卓越」和「竭盡所能」，以及道德品格的價值，諸如「尊重、誠實、仁慈和公平」。

普萊司風格

在普萊司學校，我們追求
領導和品格的卓越。
透過尊重、誠實、仁慈和公平
我們肯定和尊崇他人。
在我們的所言所行中
我們展現對彼此文化的欣賞。
無論在教室內外，我們竭盡所能
而且為自己的行為負責。
這就是我們的風格，獨處時也不馬虎。

校訓也可以用來幫助學生發展批判性思考和道德判斷。何謂在任何情境下，要「竭盡所能」或「尊崇他人」？

☐ 羅斯福守則

我們訪問了一所大約有 3,000 名學生的大型中學（56% 非裔美人，30% 白人，10% 亞洲人，4% 拉丁美洲人），他們深思熟慮地運用校訓「羅斯福守則」（Roosevelt Way）來促進卓越與德行的文化（此校訓乃是學校整體品格教育工作的一環，而該校採用「關懷的社群」這套課程，www.community ofcaring.org）。學校年鑑中有關品格教育這一頁寫道：「羅斯福守則」的核心價值包括

尊重、負責、正直、誠實和仁慈。但是，除此之外就沒在別處訴諸文字了。學生會長告訴我們：「我認為將校訓寫成死板的文字會比較沒效，因為我相信它對於每個學生而言都有一些個人化的涵義。」

羅斯福守則：「做對的事，因為這才是對的事情。」

一位校內的輔導老師解釋：「我們對於本校的學生該做什麼、不該做什麼，都有某種期望。」副校長對「羅斯福守則」所下的定義是：「做對的事，因為這才是對的事情。」

新生訓練時，1 年級新生會聽到一場有關「羅斯福守則」的演講，學校行政人員也常請學生示範，在學校生活中的某個特定情境裡，如何實踐「羅斯福守則」。在學生手冊、學生刊物和給家長的通知中也都會提到它。1 年級的英文課老師會請學生寫出「羅斯福守則」對他們個人有何意義。在所有的運動中──這所學校的體育和學業一樣出類拔萃──教練期望他們的運動團隊也要遵行「羅斯福守則」。當我們去拜訪時，這所學校在州內的足球冠軍賽中，剛剛輸給了他們的夙敵，然而，儘管贏球的那一方淨說些幸災樂禍的話，羅斯福的球員和教練卻寫了一封道賀信給對方。體育主任告訴我們：「我們教導我們的孩子──『要贏得有格調很容易，要輸得有格調卻很難。你們兩者都要學會。』」

高年級和中年級生，尤其是學生代表，要幫助低年級的學生學習「羅斯福守則」。這有助於將此精神滲透到同儕文化中。當我

們進行教師焦點小組訪談時，有位老師說：「在班上，學生有時會互相監督。本週我們班上有個男生對我說話無禮，我還來不及回應，隔壁排的另一位學生馬上靠過來靜靜的說：『這可不是羅斯福風格喔。』危機馬上解除了。」

校訓具有建立同儕文化的力量

我們把1年級新生當作是學校裡的嬰兒一般。我們有責任教他們如何行動，如何保持正軌。如果他們做錯事——例如在走廊上講粗話——我們會跟他們說：「這可不是羅斯福風格。」

——一位高年級女生

一位學生代表估算：「只有少數學生，也許7%-10%，曾經因為沒遵行『羅斯福守則』而被糾正。擔心被拒絕以及顧慮形象，會防止大部分學生違反它。」一位資深老師提到：「有些學生是有意識的遵行它，有些則是無意識的。有些一開始是無意識的遵行，但是後來卻變得更有意識了。不過，我相信大部分的學生都已經身體力行，無論他們自己知不知道。」

「學生都已經內化了這個校訓，無論他們自己知不知道。」

每年校內都有一場「羅斯福守則」的作文比賽，學生寫的內容反映出學校所強調的成就品格和道德品格。有位男生寫道：

對許多學生而言，「羅斯福守則」似乎只是一個模糊的概念，是行政人員用來讓我們守規矩的東西。不過，我想我們都知道「羅斯福守則」，以及其它的名字，包括正直和勤勉。我們努力追求成功的動機，使我們學校與眾不同。我們所學到的勤勉和正直的習慣，會跟著我們一輩子。這就是真正的「羅斯福守則」！

教師們特別指出：「我們並非是一個完美的學校——我們也有很糟糕的日子。」我們研究團隊去的那一天，就有兩位學生因為打架被停學。不過，透過日復一日的強調他們的校訓，這所龐大又種族多元的學校，展現高度的企圖心，努力防範問題於未然，並且開創以卓越與德行為核心價值的強烈自我認同意識。

學校信念。有些學校會用一個信念來補充，或甚至當作學校的校訓。有時信念是從長篇的校訓宣言中選取一行（例如：「我們選擇挑戰」）。有一年暑期研習會時，某個學校的老師共同討論：「哪些品格是我們希望學生經過教導之後體現出來的？」經過討論，他們選擇了「目標、自尊和成就」作為學校的信念。現在在學校通訊、學生和教職員的手冊，以及給學生和教師的期望清單中，這些信念佔了舉足輕重的分量。在課堂上，老師常提到 3 P——即目標（purpose）、自尊（pride）和成就（performance）。學生被要求以目標、自尊和成就作為標準來自我評量；他們一年要填幾次問卷，記錄自己每天如何使用時間，並且自我檢視：「我花的時間是否對達成目標、自尊和成就有益？」

ELC 原則 1：發展共同的目標與認同

▶ **有效策略 3：**
發展榮譽守則。

　　榮譽守則是透過正式的宣誓過程，要求學生決心奉行學校的核心價值——例如正直，此過程促使學校的共同目標更上一層樓。在大學階段，傳統的榮譽守則會要求學生簽下誓約，如此一來他們可以進行榮譽考試（沒有監考人員監督），而且在評判學生作弊行為的審理過程中，榮譽守則扮演重要的角色。許多大學和中學已經開始採用比較寬鬆的「修正過的榮譽守則」（其內容概述請見右邊方塊文章和下列網址：www.student honorcouncil.umd.edu/code.html）。傳統版和修正版的榮譽守則在降低學生作弊行為方面，都頗有成效。

　　我們訪問了一所私立學校，他們有一個由行政系統任命的「榮譽守則委員會」，由八位學生和三位教師組成。此委員會花了一整年修訂過去存在已久，但是學生並未參與制定過程的榮譽守則。這個舊的守則，套句學生的話：「我們假裝在乎它。」在新的守則修訂完成時，我們訪問一位擔任榮譽守則委員會成員的學生代表——如果從頭來過，她會有什麼不同的做法？她回答道：

　　　我會要求委員會是經由選舉產生，而不是由行政來任命的。希望過程中有教師論壇，以便有更多教師的意見和投入。希望學校能找到更多方法，跟學生團體持續溝通，好讓大家看到這是由學生來驅動的。

榮譽守則必須與其它步驟結合，來營造正直的文化。

有關榮譽守則的研究

　　大學——在 1995 年一項針對 31 所學校四千多名學生的研究中，McCabe 和 Trevino 發現有傳統榮譽守則的學校中，有 54% 的學生承認曾涉及一次或多次嚴重的作弊，而沒有守則的學校則高達 71% [8]。修正版的榮譽守則並未授權學生可以進行榮譽考試，或要求學生要監督和報告同儕的行為。不過，它的確鼓勵學生參與提升學術誠信。學生透過擔任審查委員以及向同儕呈現正直的重要性，與教師合作以降低學生作弊行為。McCabe 和 Trevino 報導修正的榮譽守則也能降低作弊，雖然效果不如傳統的榮譽守則 [9]。

　　中學——私立學校一般都有榮譽守則。在一項針對私校的研究中，McCabe 比較 3,813 位來自 19 所沒有榮譽守則的學校學生所做的回答，與 1,864 位來自 11 所有榮譽守則的學校學生的答案。結果，前者有 52% 坦承去年曾經有嚴重的考試作弊，而後者只有 43%。此外，承認屢犯的學生比率，在有榮譽守則的學校中也比較低 [10]。

　　根據研究報導，有越來越多公立學校引進某種形式的榮譽守則，來處理學業上作弊的問題 [11]（針對學校所採用的各種不同方式，請參見 David Gould 的《建立與維繫榮譽守則手冊》（ *A Handbook for Developing and Sustaining Honor Codes*, Council for Spiritual and Ethical Education: www.csee.org）。

榮譽守則固然是一個正向的措施，但是單靠它卻不足以開創正直誠信的文化；即便已經有榮譽守則，大約半數的學生仍然會作弊。研究發現，它必須與其它有效的實務結合（例如，每位老師都強調學術誠實，見第五章，第 208-209 頁），來營造一個德行學習社群，其成員在全校致力於卓越與德行的決心中，都能實踐正直誠信。

ELC 原則 1：發展共同的目標與認同

▶ 有效策略 4：
發展良好學校傳統，以宣示及強化追求卓越與德行的決心。

學校的傳統、儀式和例行事務強烈地反映出學校的文化和認同。在經典名著《一校之長》（*The Headmaster*）中，John McPhee 描述有名的迪爾菲學院（Deerfield Academy）院長 Frank Boyden 的教育哲學和實務。Boyden 院長已經投身教育 70 年了，他有一個簡單的哲學和簡單的紀律規範，更具有核心關鍵的學校傳統。他篤信全校集會的重要性，他說：「全校學生每天至少要全體聚在一起一次，就像家庭成員團聚一樣 **12**。」

我們也觀察到有些學校每天早上會以全校集會開始，以便規律性地更新社群的歸屬感和目標。有些學校集會不到 10 分鐘：教師和學生分享好消息、公告當天特別的活動或大家感興趣或關切的其它事物、提出林林總總的需求和求助的訊息。

傳統和例行性活動是學校文化最有力的載具。

在艱困市區的一所男子學校，90% 的畢業生進入大學就讀，他們的信念是：「傷害我弟兄的事物，也會傷害我。」每天早上的全校集會進行整整 30 分鐘，包括學生小組長點名、一位教師帶領靈性的默想、由校長主講啟發性的品格演說，和一場由 "The Rev" 主領的踏腳頌唱（The Rev 是受人愛戴的非裔美籍鋼琴牧師）。學校的領導者將每天早上的集會，視為是他們獨樹一格的做法，用以幫助營造校園瀰漫整個欣欣向榮，那種強大的組織向心力、工作倫理以及充滿盼望的精神。

我們訪問的另一所學校介紹了他們的關鍵傳統：由高年級生主辦的年初迎新儀式。在下一頁的方塊文章中，校長描述了這個獨特的儀式，他相信這項儀式改造了學校的氛圍。

ELC 原則 1：發展共同的目標與認同

▶ 有效策略 5：
與家長簽訂品格協定。

學校的願景必須與學生的家庭分享，否則它對於學生的影響將大打折扣。今天許多老師和學校的領導者，覺得建立德行學習社群越來越困難，因為家長往往不支持學校的努力。一位英文老師回想起如下的經驗：

這學期有位女同學交來一份她網購（www.schoolsucks.com）來的「哈姆雷特」報告，我是透過另一個網站（www.turnitin.com）搜尋時發現的，只要輸入某個特定的

另類迎新會：某個學校的傳統

我們學校 12 年級的同學規劃並主辦新生的迎新活動。此活動也邀請 10 年級和 11 年級的學生參與，他們有些人的確來參加了，不過主要還是 12 年級同學。

在過去，9 年級新生在學校中總是被欺負——開學第一天就被丟尿布等等。五年前當我們請 12 年級同學規劃一個不一樣的迎新活動時，他們起初有些抗拒：「以前我們也是被欺負。」不過，我們一起看了一段有關科倫拜（Columbine）校園槍擊事件的影片（譯註 2），並進行討論：「造成此悲劇的起因為何？」「我們學到什麼教訓？」12 年級生大受感動。現在我們為每位新生買塊板子並漆上他們的姓名，我們請 10 年級以上的學生每人給三位新生寫封信，並請他們考量當自己初來乍到時，會希望高年級的學長姐告訴他們什麼？

每位新生也會收到一位教師寫給他們的信。我們將這些信釘在每位新生的板子上，並且將所有板子陳列在學校大禮堂中。禮堂中布置了早餐的餐桌，每位新生的名牌放在餐桌上。當新生魚貫走進大禮堂時，迎接他們的是兼具視覺和聽覺效果的歡迎陣仗。整個場地中老師和學生環繞在周圍，樂團賣力演奏、大家齊聲歡呼。

我不禁自我思索，當一個 14 歲的孩子走進禮堂，看到大家這樣歡迎他時會有何感受？雖然他們迫不及待想要坐下，免得成為眾人目光的焦點，但是心裡卻是很享受那一刻的。接著，整個禮堂響起一首我們特別為新生挑選的歌曲。

我們為他們服務，招待他們用餐。簡短的演說是少不了的，足球隊跳了一支舞蹈，而啦啦隊和舞蹈社則做例行的演出。

然後，我們開始唱名：每位新生都被點名起立。所有人都看到他們是誰，12 年級生將屬於每一位新生的海報和信函一個個交給他們。最後是新生大合照——每人拿著他們的海報和信件，所有人一起唱校歌。這一天為新生這一整年樹立了它該有的學校氛圍。

——一位校長

語詞（例如：莎士比亞喜劇的目的），就可以找到 schoolsucks 網站上所有有用到這個語詞的報告。第二天我找來這位女同學，請她坐在電腦前並且從網站上下載她的報告，我告訴她這份作業她得零分，並且與她約好隔天要再與她談一談。但是，第二天一早，她的母親打電話給校長，抱怨我羞辱她女兒。她聲稱她女兒誤以為這份作業是要他們做研究，所以才上網搜尋一篇合適的報告。

現在我們還欠缺的——對大部分學校而言還具有爭議性——是一份家長與學校之間

譯註 2：在 1999 年 4 月 20 日，美國科羅拉多州立德鎮科倫拜高中有兩位學生——Dylan Klebold 和 Eric Harris——帶槍和炸彈進校園瘋狂掃射，造成 12 位學生和一位老師死亡、多位師生受傷的慘劇。

「明確的協定」，以支持有關卓越與德行的共同期望。當家庭與學校之間的約定尚未建立起來，學校行政人員面對怒氣沖沖的家長時，很容易順從家長，而非力挺與學生產生衝突的老師。當老師冒險指出學生不誠實或不負責任的行為，卻得不到行政上的支持時，他們將來就不太可能再挑戰這些行為了，而受害的就是學校的品格。

因此學校應該採取積極的行動與家長簽訂品格協定。請見下方方塊文章中給家長的信件範本，這是開學之初一位校長寄給家長的信，針對學業上的誠實議題與家長尋求共識。

明確地與家長約定創造雙方共通的語言

給家長的品格協定

親愛的家長：

如您所知，林肯高中向來力圖促進學生智力和品格的卓越表現，並引以為豪。榮譽守則（請見附件）是本校致力於品格的核心作為之一。當學生簽訂榮譽守則時，他們誓言不說謊、作弊、偷竊，或姑息這些行為。他們鄭重地允諾要實踐，並支持以誠實正直作為他們的核心價值觀。

每年我們會與學生複習我們如此重視榮譽守則的原因，以及各種學業上不誠實的行為，包括：(1)考試抄襲答案；(2)考試帶小抄；(3)考試中讓他人抄答案；(4)抄襲作業；(5)剽竊文字（抄襲他人文章未引述來源）；以及(6)剽竊想法（抄襲他人點子未引述來源）。我們明確地對學生說明網路上找來的資源都要引述，並請老師發給家長一張本學期的作業清單，以便讓各位清楚瞭解我們對學生的期望。

對於初犯學業上不誠實行為的學生，他的處罰是考試或作業零分，並且要寫一份悔過報告給校長。再犯的處罰則較嚴重，但也視情節輕重而有不同的處理，可能是停學或退學。請與您的孩子討論榮譽守則，以及其中有關學業上不誠實行為的規範，確保他們都能瞭解，並請鼓勵他們恪遵校規。請幫助他們看到這是建立一個品格學校，以及他們能夠培養引以為傲的個人品格的方法。

如果學生被控違反榮譽守則，我們將依據學校手冊中規範的程序來執行（請詳閱這些程序）。若查證屬實，重要的是幫助學生對自己的行為負責。根據我們的經驗，學生是否願意負責——透過此經驗，品格是否更加成長——主要取決於家長的態度。如果您願意與學校和孩子合作來使榮譽守則發揮功效，請您在以下的回條上簽名。若您有任何疑慮希望與我討論，歡迎來電預約面談時間。感謝您！

校長 Maureen Wellman 敬上

-------家長回條：請簽名送回-------

本人已閱讀榮譽守則並與孩子討論。我支持學校致力於提升學生學業誠實表現，並且要求學生達到標準。

家長簽名：＿＿＿＿＿＿＿＿＿＿

——品格的語言。預防學生違反校規以及建立違規行為發生時的處理架構，是一條漫長的路。有位中學校長指出，如果家長不顧與學校的約定，在孩子違規時執意要坦護孩子，那麼詢問以下的問題通常很有幫助：「你希望學校如何處理此事？」「你希望你的孩子從此經驗學到什麼教訓？」這些問題迫使家長省思：他們到底希望學校如何處理此事？他們真的希望學校為他們的孩子破例嗎？他們真的希望自己的孩子相信「我的行為不會有任何後果」嗎？

> 誠實是智慧書的第一章。
> ——湯瑪士‧傑佛遜

ELC 原則 2
以預期成效與相關研究導引教育實務

思索某項教學實務如何有助於成就品格和道德品格的培養？

導引教育實務的兩項有效策略

1. 品格教育人人有責——全體教職員共同參與。
2. 鼓勵家長參考相關研究，思考合宜的教養策略。

ELC 原則 2：以預期成效與相關研究導引教育實務

▶ **有效策略 1：**
品格教育人人有責——全體教職員共同參與。

學校的領導者、教師，和其他行政人員，肩負著要以預期成效與相關研究導引教育實務的基本責任。因此，我們在第四章討論專業德行學習社群（PELC）時，會談到如何讓全體教職員共同參與此事。

ELC 原則 2：以預期成效與相關研究導引教育實務

▶ **有效策略 2：**
鼓勵家長參考相關研究，思考合宜的教養策略。

教育者應盡可能依據研究發現的有效實務來施教。同樣的道理，父母也應如此。研究如何幫助父母成為最棒的雙親？如何導引他們在特定的問題上做出最佳的決定，例如：如何面對青少年喝酒的難題？

舉例而言，父母為了讓青少年的孩子學會喝酒須節制且負責，不隨便亂喝，就容許他們在家少量飲酒（例如，在家庭派對時），這是不是個好主意呢？正如《華盛頓郵報》（*Washington Post*）刊載，有位母親對於有些家長抱持著「孩子終究是孩子」的態度允許青少年喝酒的做法，相當存疑。因此，她做了一些資料的蒐尋，結果發現國家健康局（National Institutes of Health）的一篇重要報告指出：有 40% 在 15 歲以前就喝酒

的人，後來在一生中某個階段會成為酗酒的人[13]。

受到此篇報告的刺激，這位母親及一小群高中生的父母，編印了一本 28 頁的小冊子《防範酗酒、抽菸，及濫用藥物之家長指南》（*A Parent's Guide for the Prevention of Alcohol, Tobacco, and Other Drug Use*），這本書已經銷售將近 100 萬本[14]。此書以下列強烈且以研究為基礎的忠告開場：

當青少年被允許在家喝酒時，他們在外面更可能喝酒吸毒，而且他們將會面臨與濫用藥物相關的嚴重行為或健康問題的風險[15]。

我們征服的不是山岳，而是我們自己。
——Sir Edmund Hillary

有些研究能提供父母有關青少年子女交友和約會模式相關的指引。例如，對青少年而言，有個較年長的男朋友或女朋友是否是個好主意？研究顯示這是相當危險的。根據一項探討青春期性行為的「全國青少年健康縱貫研究」（National Longitudinal Study of Adolescent Health）資料顯示，12-14 歲的青少年中，只有 13% 同年齡的關係會涉及性行為。但是如果有一方較另一方大 2 歲，就有 26% 會涉及性行為。如果有一方大 3 歲以上，就整整有 1/3 的人會發生性行為[16]。

當男朋友比女方大 2 歲以上時，女孩喝酒、抽菸、用禁藥或喝醉的可能性會提高。哥倫比亞大學全國毒癮及濫用藥物中心（National Center on Addiction and Substance Abuse）[17]指出，男朋友比女方大 2 歲以上的女孩，相較於男朋友比她年長少於 2 歲的女孩（包括沒有交男朋友者），有下列現象：

◆ 喝醉酒的可能性為六倍
◆ 吸食大麻的可能性為六倍
◆ 抽菸的可能性為四倍。

當父母以適合子女年齡的方式來督導子女的活動時，子女比較不可能涉入具危險性的行為。

有關長時間與男朋友或女朋友膩在一起又如何呢？研究顯示，穩定的約會會提高性行為發生的可能性[18]。

如果兒女的朋友會觀看色情影片呢（哥倫比亞大學的研究發現，45%的青少年說他們的朋友常常觀看或從網路下載色情影片）？那些說他們的朋友中有一半以上從網路下載色情影片的青少年，比起沒有這樣朋友的青少年，抽菸、喝酒和使用禁藥的可能性高達三倍。

研究者將這些互為關聯的行為——例如觀看色情影片、性行為、抽菸和喝酒——稱之為「群聚效應」。任何冒險的行為通常會結合其它具風險的行為。

青少年越常與父母一起吃晚餐，就越少抽菸、喝酒或嗑藥。

研究清楚指出，父母謹慎留意其兒女所結交的朋友，以及兒女如何運用他們的時間，是一件重要的事。一項根據數以百計的研究寫成的《2002 兒童趨勢報告》（*2002 Child Trends*）中，有關〈塑造更好的青少年〉這一章的結論，就是堅持上述對青少年的監督引導：**那些在學業上最具動機，而且在人際關係上最具責任感的青少年——也是最不可能涉入冒險行為的青少年——就是那些享受與父母之間溫暖親密關係，而且父母能以適合子女年齡的方式，來督導他們活動的青少年** [19]。

還有另一項學校絕對應該與家庭分享的研究發現：青少年越常與父母一起吃晚餐，就越少抽菸、喝酒或嗑藥 [20]。

ELC 原則 3
勇於發聲，表明立場
營造一個民主社群，鼓勵所有德行學習社群共同參與追求卓越和德行。

營造民主社群的五項有效策略

1. 支持學生在教室中發聲。
2. 支持學生在學校中發聲。
3. 增進教職員的發言權。
4. 增進家長的發言權。
5. 鼓勵社區民眾發聲。

一個常見的諷刺是：美國教育希望預備學生成為未來民主社會的公民，但是其培育過程卻是在強調威權體制的學校中進行。在 Peggy Silva 和 Robert A. Mackin 所著的《心智和心靈的標準》（*Standards of Mind and Heart*）一書中即指出：

高中是美國社會中僅次於監獄的最不民主的組織。他們被傳統的虛假所轄制——在教室中教導和提倡民主的教義，然而卻以高度威權控制的方式進行，這使得民主原則在實質上，幾乎不存在於校園中 [21]。

原則 3 強調德行學習社群必須是一個民主社群，才能完全發揮其潛力。此原則有兩個關鍵部分：(1)所有德行學習社群的成員——教職員、學生、家長和校外社群——都要能發聲；以及(2)德行學習社群的成員，必須以正直和勇氣來捍衛學校的卓越與德行。在學生代表座談會中，一位女學生談到學生擁有發言權的重要性：

學校系統中非常需要相互的尊重。對學生而言，他們的意見被聽見是非常重要的；這給予他們機會去告訴學校他們的想法。假如學生能有機會表達自己，對於學校的道德品格將會有顯著的不同。這讓學生看到學校的行政人員和老師尊重他們，而學生相對的也會更尊重師長。

另一位男同學則指出，學生對於運用他們的發言權負起責任是很重要的：

青少年必須瞭解他們應該堅持他們所相信的。負責任和可信賴是很重要的特質，不過，打造品格也意味著做你自己、放棄冷漠，並且誠實、自信和勇敢地堅持信念。青

少年面臨的最大問題大概是冷漠吧，這也是造成不公義的最大幫凶。冷漠使人對於不公義的事視若無睹；它毀損我們的社會。

當青少年無法發聲，或對於影響他們的事情不表達意見時，「個人化」這個形成自我認同的發展過程就會受到阻礙，或者是被逼向沒有建設性或甚至自我傷害的方向發展。這可能是一些具高度危險的行為，例如性交、嗑藥或酗酒；反抗成人的權威和價值觀；或是形成一個漫不在乎或偏激的、忽視成人規範和期望的同儕次文化。

但是，當青少年或德行學習社群的其他利害關係人能夠勇於發聲時：(1)大家會更投入學校追求的卓越與德行的使命；(2)問題更可能解決；而且(3)年輕人和師長們都建立了民主社群公民所需的積極參與技巧。

什麼是民主社群呢？杜威在其《民主與教育》（*Democracy and Education*）一書中強調，民主絕不僅只是一種政治程序。它是一種生活方式——一種使得有意義的公民參與機會最大化的方式。杜威相信民主是「對於集體智能的信心」。民主社會善用所有成員的聰明才智。這並不表示任何事都要透過投票來決定，它意味著引導大家去思考下列問題：如何提升大家參與和提供建議，以幫助決策的進行？如何能使學校運作得更好、使學生和其他德行學習社群成員更加成長？

ELC 原則 3：勇於發聲，表明立場

▶ 有效策略 1：
支持學生在教室中發聲。

幫助青少年發現和培養個人的看法，須從像班級這樣的小社群開始。如果學生在班上發言還是覺得不自在、沒信心，他們在大庭廣眾或不熟悉的團體中更不可能發聲。

民主意味著擴大有意義的公民參與機會。

大多數的老師都希望學生回答問題、參與討論等等，但是卻不一定用對方法，或將方法用得恰到好處。對於新手老師或面臨挑戰的老師而言，給予學生發言權可能一開始會顯得不切實際，甚至相當冒險。但是，經過周延的設計、按部就班慢慢延伸的策略，往往可以使得學生勇於發言、更加負責，而且更具建設性的投入。以下提供兩個例子。

◆ 增進學生參與課堂討論的責任。

即使在以其特定學科方案自豪的學校，我們也曾觀察到教室中只有少部分的學生發言。根據我們的經驗，這樣的模式相當普遍：老師點舉手的學生起來發言。通常這類學生是較有自信，也較善於表達，如此一來，他們決定了教室中的發言權。在學生參與較熱烈的班級，老師會盡量擴大學生的參與和責任感，他們並非要求學生舉手發言，而是以無法預期的方式點名學生發言。

譬如在市區的一間男校，有位英文老師透過提出深入、充滿熱忱、活潑生動，又能激發思考的問題，來讓幾乎全班學生都參與

給予學生更充分的發言權對品格的裨益

● 1. 增進學生的動機及投入

Eccles 和其同事的研究指出，從小學到中學，學生的參與行為和動機是呈現下滑的 [22]。這些研究者以「階段環境適配性」（stage environment fit）理論來解釋此趨勢：學生的行為、動機和情緒健康程度，受到其發展階段與所處的社會—教育環境間的適配性所影響。由於青少年在發展上需要更多的自主性機會（例如，表達自己的看法），學校必須滿足此需求，否則學生參與的動機就會下滑。

● 2. 提升學生道德推理的能力

青少年有幾種不同的道德推理層次；他們選擇哪個層次至少有部分取決於所處的環境。Power、Higgins 和 Kohlberg 三位學者發現，在民主的學校中，學生比較可能認為學校管理是依據較高層次的道德規範（例如，「關懷他人」），而且在遇到日常的道德兩難情境時，這些學生也比較可能採取他們最高層次的道德推理。相對的，那些沒有在學校中體驗到民主社群經驗的學生，比較可能運用較低層次的道德推理（例如，「自掃門前雪」）[23]。Grady 追蹤研究從一個民主的「正義社群」（"just community"）學校畢業的學生，發現畢業十年後其正向的效果仍然存在。相較於對照組，這些學生更可能：(1)對於政治和國家事務感興趣；(2)在地區性的選舉中投票；(3)關注地方政府的決策；以及(4)與他人合作解決社區的問題 [24]。

● 3. 改善班級的運作

Ralph Mosher 所著的《道德教育：研究和發展的初世代》（*Moral Education: A First Generation of Research and Development*）一書中，總結許多針對學校班級所做的研究。他指出，能夠有固定機會透過班會來討論和解決實際問題的學生，往往在道德推理和社會性觀點取替能力上會有較多的成長 [25]。McNeeley 等人則引述多項有關都會區中學的研究指出，當老師鼓勵學生自我管理，並讓學生參與決策時，須轉介處理的紀律問題降低了 40% [26]。

有關《哈姆雷特》（*Hamlet*）這部作品的探究和討論。例如，他請每位學生描述自己將如何導演這齣戲劇中的某一幕，以便能精準地傳達當時發生的事件。這樣的教學不但尊重，也激發了所有班級學生的想法。

◆ 舉行班會以尋求學生的回饋並採取行動。

無論是有需要才開會，或是規律性的定期開會（例如，每週最後一堂課至少 10-15 分鐘），班會可以培養學生共同分擔責任來為全班謀福利。不同教育階段的老師，都可以透過班會，來解決班級中大大小小的議題，例如遲到、考試作弊、作業問題、班級常規、如何進行下一個課程單元或合作學習方案等等。班會的精神是運用集體的道德輿論來面對挑戰：「大家如何合作來解決這個難題？」

從來沒有運用過這種集體決策機制的老師可能會質疑：「那我是否得放棄我的權威？」「我到底該怎麼做呢？」

能夠成功運用班會功能的老師表示，他們確實更能掌控班級，因為學生對於能夠尋求並且重視他們觀點的班級，會更願意參與。初次嘗試班會的老師，對於運用「建議箱」（「如何使我們班變得更好？」）來廣納學生的點子，會覺得很有幫助，或者以「建議單」（「至目前為止，本班對你而言，最有價值的是什麼？老師可以做些什麼，以使班會的運作更有價值？你們學生可以做些什麼？」）來徵詢學生的看法，也是不錯的方式。如此，老師可以分享同學的建議，作為討論的基準點，或統整大家的建議並做出回應。

一位初任 9 年級理化科的教師召開了第一次班會，因為他第一次出考題，學生雖然努力用功了，卻考得很差，因此他們覺得考試很不公平。班會中這位教師徵詢學生的意見——評量學生學習成效的考題要怎麼出才公平；師生如何共同合作，來幫助學生更有效地為未來的考試做準備。

一位教 10 年級的實習教師舉行第一次的班會，她跟學生分享自己感受到的挫折，因為學生在討論指定的閱讀作業時，經常沒有好好準備，她希望瞭解為何學生沒有按時閱讀，並與學生共同商討他們可以如何解決此問題。多數學生說他們本來打算要閱讀指定作業，但是最後終究沒有足夠的時間完成。在此次班會中，大家討論出更好的時間

管理策略，之後他們上課前的準備也大幅改善了。這位實習老師評論說：「召開班會是我在實習期間所學到最重要的教學技巧。」

ELC 原則 3：勇於發聲，表明立場

▶ **有效策略 2：**
支持學生在學校中發聲。

當學生在班級中有機會常常練習形成並表達自己的觀點，他們對於在教室以外的場合發言就能有備而來。為了擴大學生在全校性事務上的發言，學校應開創各式各樣發聲的管道，像是透過問卷調查到學生廣泛參與的學生自治會。

◆ 運用問卷調查，蒐集學生對於改善學校的意見。

有越來越多的學區使用正式的調查——像印第安那大學的「高中學生參與校務調查」（High School Survey of Student Engagement）[27]，徵詢學生對學校改進的建議。有些學區的中學必須向學校董事會說明，他們將如何處理學生所提出來的議題[28]。

「與學生結盟」（*Students as Allies*）方案跨出了我們認為非常重要的額外一步：讓學生表達如何建構學校改革調查問卷的意見，並且根據問卷資料設計行動步驟[29]。例如，在大聖路易區，六所參與「與學生結盟」方案的學校，每一所都組成一個八人小組，包括三位學校專任的教師和五位不同族群的學生代表。問卷調查完後，一位大學顧問與這六所學校的小組聚會，協助他們分析

和呈現資料，包括「值得慶祝的好消息」（某項特定題項有 66% 以上的正向回應）和「須處理的關注議題」（有 66% 以上的負面回應）。

其中有一所學校，大部分的學生都不認同問卷上的說法：「學校的管教方式很公平」、「本校的學生喜愛學習」或「學校教職員重視我所說的話」。經過討論這些資料之後，他們擬出了行動步驟，包括：(1)安排一個週末的研討會議，邀請 40 位學生、15 位教師和 15 位社區成員，共同來發展一個改善師生關係以及學業風氣的計畫；(2)讓學生參與未來徵聘教職員的工作；以及(3)強烈建議所有老師使用科目評量工具，來取得學生對於老師的教學和師生互動的回饋。以上這些都是可以增進學生發言權的有意義步驟。

其它學校會發一份離校的問卷給畢業班的高年級生，請他們評量學校是否滿足他們在下列領域的需求，例如：課程時段安排、與他人連結、參與機會，及規劃高中以後的生涯 [30]。

◆ 架構全校性議題的小組討論機制。

一位中學校長描述他的學校在過去兩年，如何使全部的學生群體參與針對學生所選擇的全校性議題以及由學生主導的小型討論。第一次的全校性對話焦點在於：「我們如何改善學校？」他們先訓練 110 位自願的學生來擔任討論的帶領人，用以促進小組的對話，並列出學生最關切的議題清單。這位校長指出：

其中一個學生選擇的議題是：來自其它國家的學生未能融入學校文化中。目前我們的學生有大約 15% 來自其它國家，例如巴西、葡萄牙、墨西哥和瓜地馬拉。有學生透過訪談製作了短片，來揭露學生在學校中被孤立的感受。針對此議題的討論結果之一，是產生了一項「有朋自遠方來」的方案，讓自願的本國學生主動去結交來自其它國家的學生，和他們做朋友 [31]。

> 勇於做你自己、表達你與眾不同的真實想法，因為那些會介意的人，對你並不重要；那些對你重要的人，不會介意你與他們不同。
>
> —— Dr. Seuss

◆ 建立一個校級的民主管理系統，讓學生在全校性決策上發言。

當學生在小型的群體，例如班級、顧問會議和問題解決討論中學習發言時，他們同時也在培養參與大型的全校性重要集會程序時所需的技巧、自信和動機：民主的學校管理讓大家有機會共同分擔責任，使學校邁向更完善的德行學習社群。

目前，在大多數中學裡，學生自治會並未真正治理任何事情。通常它是一個無任何實質選民的孤立團體。其成員除了自己不代表任何人；他們也不會系統性地尋求其他學生的建議或向任何人回報。這樣與學生毫無聯繫的學生自治團體，對於同儕文化的規範毫無影響力，也不可能解決任何問題，例如學業上的不誠實、結黨結派、同儕霸凌、欠

缺運動家精神、酗酒、性交等同儕文化中根深柢固的問題。

但是，有些學校已經規劃了真正能讓學生表達意見，以及對學校生活負責任的學生自治會。欲達此目的，有兩種方式：派代表出席的民主制度和直接參與的民主制度。這兩者都有可能實際解決學校面臨的問題，且透過影響同儕文化來影響學生行為。

▶ 1. 派代表出席的民主制度

在此種模式中，每班、每小組，或每科目時段所選出的代表：(1)將他們所代表的團體的意見，帶到全校所有代表的會議中來；(2)與學校師長共同合作，規劃出能夠整合不同群體觀念的行動計畫；(3)將前述計畫帶回自己的團體，讓全體選民提供進一步建議；(4)再將回饋意見帶到下一個全校性的會議當中；(5)修正行動計畫；而且(6)持續此程序，直到行動計畫真的被採用且付諸實行。Mosher、Kenney 和 Garrod 在他們的《培養社會公民：教導年輕人過民主生活》（*Preparing for Citizenship: Teaching Youth to Live Democratically*）一書中，以一所波士頓地區的大型中學為例，鉅細靡遺地呈現一個派代表出席的民主制度之個案研究[32]。

我們訪問了一所大約有 2,000 名學生的完全中學，其校長認為只是與班級幹部開會，徵詢他們對全校性議題的意見並不足夠，於是組織了一個派代表出席的民主管理機制，來開創更多學生參與改善學校的機會。而且，在實施派代表出席的第一年，他就鼓舞學生代表運用此機制，來發展一個涵蓋廣泛面向的學生榮譽守則。

派代表出席的民主制度和直接參與的民主制度是兩種正向影響學生同儕文化的方法。

- -

▶ 2. 直接參與的民主制度

採用直接參與的民主制度的理由，是透過盡量給予學生積極參與學校管理的機會，來擴大學生的公民參與和德行成長。直接參與的民主學校被稱為「正義社群學校」，當他們的做法是根據 Lawrence Kohlberg 的道德發展理論時[33]。一位正義社群學校的領導者省思了理論的觀點，說道：「發展理論告訴我們，認知衝突的經驗有助於道德推理的發展。因此，我們想要讓所有的學生，而非只是部分學生，經歷到來自於民主辯論過程所產生的認知衝突。」有建立正義社群的學校，清楚地規範所有成員的權限——包括學生、老師和行政人員——每一個人都可以投票、都有權力共同參與決策（例如，榮譽守則的制定；如何開創安全、關懷和建設性的學習環境）；同時也明確界定不在個人權限範圍可以決定的領域（例如，課程規範、毒品政策等）。

Clark Power 等人的研究發現，來自正義社群高中的學生，對於自己學校的評價高於來自傳統高中的學生，而且，他們擁有接受集體共同規範的價值觀，包括對於捍衛群體福祉所具有的責任感[34]。《品格教育如何奏效》（*What Works in Character Education*）這份報告中引述，正義社群是經過研究驗證的培養品格的中學課程之一[35]。

在中學裡，以直接民主模式運作的學生自治會，通常有三種形式：

「領導團隊」：派代表出席的學校民主

新的學生自治會（稱為「領導團隊」）是由九個小組，每組十位學生——從學校第二節課的每一個班級中選出兩位代表——組成。「領導團隊」的代表每月平均聚會兩次；開完會第二天會向其代表的班級報告開會的決議（校長告訴我們：「剛開始有些老師非常抗拒，不願意放棄上課時間讓學生進行後續討論」）；第一年我們花許多時間建立包含說謊、作弊、偷竊、帶禁藥和武器到校，以及各式各樣霸凌行為的榮譽守則。在 5 月的學生大會中，「領導團隊」的代表向全體學生說明新的榮譽守則的內容，並且討論建立新守則的理由：「任何違反守則的行為，都會損害個人對自我的尊重，進而會傷害到整個社群。」

【榮譽守則】

1. 我在所有的行動中保持誠實正直。
2. 我能做到己所不欲，勿施於人。
3. 我以禮貌、仁慈和尊重對待他人。
4. 我尊重並小心對待學校的設備和每個人的個人物品。
5. 我致力表現合作的精神，並以學校所有的課程為傲。
6. 我有勇氣檢舉各種霸凌，以及帶禁藥或武器來校園等的行為。

7. 當我在校外代表學校時，我會恪遵此榮譽守則並表現合宜的行為。

學生代表邀請所有學生在離開時，以簽訂榮譽守則來表達自己和學校的立場。在下個學期開學一個月時，「領導團隊」的代表又提出一個新挑戰：

今年，我們看到許多人勇敢檢舉禁藥，也有許多拾金不昧的案例。但是，我們發現仍有許多不尊重他人以及偷竊的行為發生。我們需要你的建議，來持續改善我們的學校。因此，這學期我們探討的議題是：我們如何在全校倡導榮譽守則的行為？我們如何在同學身上辨認出榮譽守則的行為？榮譽守則是否有任何需要重新修訂的地方？

校長說：「我堅信讓『領導團隊』感受到他們成就了一些事，而且在同儕眼中，認為他們為學校帶來正向的改變，這是非常重要的。因此，只要有機會，我一定上我們學校的閉路電視，大大宣傳：『同學們組成的領導團隊促成了學校以下的改善……』例如，在學生和教師的車子被可疑的校外不良份子侵入之後，領導團隊建議學校在停車場安裝保全攝影機。我們在下一週就馬上安裝攝影機。」

(1)「校內」模式

大約 100 位學生和少數教師共同組成一個校內的半自治學校，每週聚會，討論議決他們社群中與紀律、社會和學業生活相關的議題。

(2)全校性「大會堂」模式

全校所有學生和教師每週開會討論，並決定有關全校性的議題（學校需預備夠大的

會議場地，以便容納所有人）。

(3)群組模式

校內幾個不同的社群或學院，分別聚集討論自己群組內的事務，同時，也針對後續全校會議將要考量的事項提出計畫。

有關全校性「大會堂」會議的直接民主的個案研究，請見第五章「優勢 7：對社區和民主發展有所貢獻者」（第 267 頁）。

ELC 原則 3：勇於發聲，表明立場

▶ 有效策略 3：
增進教職員的發言權。

有效的德行學習社群的基本規則就是：「若要教職員為學生做任何改變——例如給予學生更多發言權和責任——那麼，就要確保行政單位也要以同等的原則對待老師和職員。」

....

研究發現，民主學校中的學生對於群體的福祉會更加關切。

....

第四章「專業德行學習社群」中，將描述如何將德行學習社群的原則，運用在教師和職員身上。此處要強調的是，學校的作法必須要有一致性——而且要提醒大家注意，在許多學校中，教職員往往覺得學校在制定對他們和學校生活有所影響的一些決策上，並未徵詢他們的意見。許多教師在規劃他們自己的專業成長活動，或影響全校的改革措施上，幾乎沒有表達意見的機會。

ELC 原則 3：勇於發聲，表明立場

▶ 有效策略 4：
增進家長的發言權。

增進家長的發言權及他們在德行學習社群中的分量，做法與增進學生和教職員發言權的方法大同小異（例如，意見調查、擔任決策群體的成員等）。在我們所訪問的一所完全中學中，校長每月為家長舉行一次公開的家長委員會論壇（請見下面的方塊內容），每一場會議幾乎都有 50-100 位家長參加。

關於家長委員會：一位校長的經驗

我寄發一封信和會議日程的通知單給每個家庭，鼓勵他們來參加任何他們有興趣的會議。我將希望他們回饋的議題列出來，並請教他們想討論些什麼。有時我們會請一位引言人，來探討家長感興趣的話題，例如請警察局裡熟悉毒品或幫派的專家。回應家長在會議中提出的要求，我們在標準化測驗之前，增加了一個模擬考時段；將暑期的運動課程從六週縮短為三週，因為家長覺得孩子們的課程排得太滿了；重新規劃停車場，以滿足家中有殘障孩子的家長需求。家長委員會也建置了一個電話網絡，以便學校和家長可以聯手，確保學生在派對上不會喝酒。

ELC 原則 3：勇於發聲，表明立場

▶ 有效策略 5：
鼓勵社區民眾發聲。

要培養社區民眾對於學校卓越與德行的關切，最好的方法就是建立一個社區的任務團隊，來監督學校生活的某個特定領域。我們所訪問的一所大型學校（4,300 位學生）提到，他們持續改善的哲學中有一個很重要的部分，就是去請教社區居民，如何強化學校的各項課程。一位 22 歲的學校董事會成員跟我們分享道：

今年我們的社區任務團隊進行下列問題的檢視：「學校運動課程的目標為何？」「學校對家長有何期望？」「家長對於球隊教練有何期望？」「運動項目如何配合學校整體的使命圖像？」我們一整年可能會有 3-4 個社區任務團隊。社區民眾也開始感受到學校與他們之間是有連結的；這也是他們的學校。幾年前當我們的預算必須經過公民投票時，曾經參與過社區任務團隊的居民會主動來問我們：「需要我們幫什麼忙嗎？」

感謝上帝讓我殘障，因著這些障礙，我找到了自我、我的使命和我的神。
——海倫・凱勒

ELC 原則 4
承擔自我持續發展的個人責任

將自己視為「施工中」的作品；追求個人最佳的表現。

承擔自我持續發展的個人責任的五項有效策略

1. 倡導力求卓越與德行，做為實現在校及未來生涯的核心價值。
2. 倡導針對追求卓越與德行，持續自我省思。
3. 挑戰學生跨出自己的舒適區。
4. 營造教室中的卓越文化，以及監督和支持成就表現的學校系統。
5. 促進教職員、家長和校外社群在追求卓越與德行上的個人責任。

原則4談到卓越與德行要從家裡做起，從自己開始。這裡所強調的是對於個人持續成長的責任，致力於盡己所能——兼顧工作（成就品格）和人際關係（道德品格）。這樣的期許適用於所有人，包括成人和學生。對於教育者、家長和社區居民而言，原則4意味著，我們不應該要求孩子去做任何我們自己不願意做的事情，因為榜樣就是最好的教導。

ELC原則4：承擔自我持續發展的個人責任

▶ 有效策略1：
倡導力求卓越與德行，做為實現在校及未來生涯的核心價值。

或許德行學習社群最大的挑戰就是傳達願景：力求達到自己的最佳表現；相信每個人都有他的天賦；相信個人真正的快樂來自於運用自己的天賦，去帶給世界正向的改變。

◆ 對即將入學的學生傳達學校的願景。

有一所學校在其「給未來學生的話」中，清楚明白地寫著，要成為本校的學生就必須全心投入追求卓越：

如果你對自己已經很滿意，那恐怕本校不適合你。你必須樂意改變和成長。作為本校的學生，你必須接受下列前提，並將之視為個人的責任：我要全心承諾，並努力追求卓越。

◆ 邀請畢業校友返校分享。

有些學校會邀請畢業校友返校，對在校生分享：成功、有德行又快樂的生活有哪些要素，而學校所強調的追求卓越和做對的事，又是如何幫助學生為此做準備。

ELC原則4：承擔自我持續發展的個人責任

▶ 有效策略2：
倡導針對追求卓越與德行，持續自我省思。

如果德行學習社群想要提升個人追求卓越與德行的責任，就必須促進持續性的自我省思，以達成自我評量、設定目標和持續成長。為達成此目的，有些學校要求學生寫日記或札記，以定期自我檢視（請見下列方塊提醒）。

對於卓越的省思

1. 檢視你修習的學科。你能做些什麼來改進每一科的表現？是什麼阻礙了你的進步？

2. 評估你的智能品格。你的好奇心程度有多高？有目標、有方向的覺知和行動力如何？自我探索、開放性、周延性和堅持度如何？針對這些品格，你可以做些什麼來達到更高的層次 **36**？

ELC原則4：承擔自我持續發展的個人責任

▶ **有效策略3：**
挑戰學生跨出自己的舒適區。

致力追求卓越，意味著願意跨出自己的舒適區，超越自己原本設定的範圍。有位母親告訴我們：

這所學校在很多方面推了孩子一把，要他們跨出自己原來覺知的限制，這對他們的成長很重要。我兒子是個很好的籃球選手，但他的教練卻進一步要他擔任球場上的領導者——更嚴格地去要求他的隊友。當他沒有這麼做時，教練就讓他坐冷板凳。那個球隊有9-15位球員——都是很有天分，卻不太練習的孩子。其他隊員投籃不中時會慌了手腳，我兒子還不太習慣對他們說些什麼——這是勇氣的問題——他原先只想以自己好好打球的方式做示範來領導隊友。但是教練要他不能只是獨善其身做個好球員，更要加上言語和建議。當他終於做到時，我簡直像是換了一個兒子一般。在家裡當我們遇到意見有所衝突時，他開始會挑戰我的想法。

> 人生的使命就是成為我們有潛力成為的自己。
>
> ——佛洛姆

ELC原則4：承擔自我持續發展的個人責任

▶ **有效策略4：**
營造教室中的卓越文化，以及監督和支持成就表現的學校系統。

當竭盡心力做到自己最佳表現的這種觀念，轉化成全校所有班級的實務時，它也能具體展現在教室文化中。那樣的理想要從老師的信念開始；老師要相信學生不只是能夠學習，而且只要有足夠的時間、努力和支持，他們可以完成高品質的學習成果。很多人可能認為這太不切實際。但是，在《卓越的德行》（*An Ethic of Excellence*）這本書中，身兼傑出教師以及一流木匠的 Ron Berger 指出，所有的學生無論其能力或背景，都有潛力完成優秀的作品：

我希望擁有一間充滿了技巧精良的工匠的教室。我想要我的學生做出堅固、精確又美麗的作品。在我的教室中，學生有的來自書香世家，也有人來自連一本書都沒有的家庭；有的學生生活非常優渥，有的卻因為殘障、身體健康因素或家庭的問題，必須掙扎求生。我希望他們都能學會一技之長。有的人可能得花較長的時間；有的人需要用到額外的策略和資源。最終，他們都必須要以自己的作品為傲，而他們的作品也要能配得上這樣的自豪[37]。

學生表現不好的學校所需要的，絕非是更多新的測驗和強制性的規定。

Berger 認為學生表現不好的學校所需要的，絕非是更多新的測驗和強制性的規定：「我們可以強制規定任何我們想要的測驗、標準和課程，但是如果我們無法啟發孩子的動機，使他們能在乎這些，那麼學校所做的一切就根本毫無意義。」最能啟迪孩子的是卓越的經驗。

「傑出的作品有一種轉變人心的魔力，」Berger 寫道。「當學生看到自己也能達到卓越時，整個人就再也不一樣了。他開始有了新的自我形象，對於可能性有了新的想法。一旦學生嘗到了卓越的滋味，他們就再也無法滿足於平庸的作品。」

到底哪些教學法可以把學生教得成就卓越？Berger 所任教的這所西麻薩諸塞州鄉間小學的老師，及全美其他傑出的老師們，在過去 25 年中，運用了五個教育方法來營造卓越的班級文化（請見下頁的方塊文章）。

Berger 描述了一個包含這五種教育方法的班級作業範例，這是他要求 6 年級生做的方案，他們訪談年長的市民，並為他們寫傳記。

學生無須別人告訴他們要做好這件事的理由。他們寫的傳記將成為送給這些老人的禮物，可能會是成為傳家寶的珍貴禮物。他們飢渴地要求每個人給他們批判和幫助。他們在全班面前，大聲朗讀所寫的草稿的開場白，請大家提供建議。他們不厭其煩地一次次修改封面的設計，因為他們希望自己的書能夠達到完美的地步。

有位訪客詢問 Berger 的學校裡一位 6 年級的女學生——這個學校跟她以前讀的學校有何不同？她回答道：

在這個學校，每個人都會看我的作品。大家都在乎它。在我以前的學校，只有我的老師知道我的作品。現在，我得更努力才行，因為我的作品更重要了。

Berger 的學校是小學。在中學階段的班級中，由於外在現實的限制，例如時間和課程的壓力，這五項教育方法會受到限制，無法經常實施。

然而，如果我們想要在中學教育中給予學生最佳的學習，就像 Berger 所做的那樣，我們面臨的挑戰如下：我們真的有可能讓學生達到卓越的表現嗎？除非作業對他們有意義、有卓越的模範可以觀摩、能從同學對他們作品的批判中，體驗正向的同儕壓力、能根據同學和老師的回饋來修改作品，而且因為要公開發表而有強烈的動機。除此之外，我們如何能營造真正的卓越文化呢？在這樣的文化中，每個人都力求達到個人最佳表現，認為那是天經地義的事；因為那是「融入」學校唯一的方式。

那些要求高年級生要做「展演」的高中，正是在中學教育階段，能夠實踐要求，並且運用及支持卓越表現的教育策略的例子。「展演」通常是持續長達一年的原創性研究，或曾經公開呈現在一群評審（包括老師、同儕，和至少一位社區專業人士）面前

如何營造卓越文化：五項教育方法

● 1. 指定有意義的作業

學生需要能挑戰和啟發他們的作業。在波士頓的拉斐爾埃爾南德斯中學（Raphael Hernandez School），學生有個作業是要探討他們所在的羅克斯伯里社區中的空地。

學生研究這些地點的歷史，訪談社區居民對於運用這些空地有何想法。他們與市政府的官員、學校老師，以及哈佛大學景觀設計系的學生共同合作。最後，他們畫出了藍圖，並做出可以蓋在這些空地上的建築物、花園和遊戲場的模型。他們的計畫在波士頓市長和他的幕僚面前正式呈現出來，而且其中一塊空地後來真的轉變為社區花園。像這樣的方案，不但幫助學生透過實際生活世界的標準達到卓越，而且還對於社區居民的福祉做出了實質的貢獻。

● 2. 觀摩卓越的模範

在開始進行方案之前，老師和學生一起檢視了一些卓越的範例——包括以前學生做的優秀作品，和專業人士的作品。這可以幫助學生思考：某個特定的科學方案、一篇文章，或一項建築藍圖為何很優秀？能夠成就這樣的高品質需要哪些歷程？歷程中可能犯過哪些錯誤？需經過哪些修改？

● 3. 營造一個批判的文化

正式的回饋時段，能營造一個對於改進學生作品不可或缺的批判文化。不過，進行團體批判有以下重要的規則：「要溫和；要具體；要具建設性。」當學生呈現作品時，首先要說明其理念或目標，而且必須指出他需要大家協助之處。同學們先提供正向的回饋，並將建議以問句的方式提出：「你有沒有考慮過……？」老師將此批判時段視為教導一些必要觀念和技巧的絕佳時機。透過批判過程，學生會體驗到如何藉由他人的回饋來改進作品的品質。

● 4. 要求多次修改

在大部分的學校，學生通常交出作業的初稿就了事，然而這樣的作品並不代表學生盡了最大努力，正因如此，通常老師打了分數發還之後，這份作業就被丟棄了。在現實生活中，當作品的品質很重要時，沒有人會交出初稿，因為卓越的德行會要求一個人將作品一改再改，以臻完美。

● 5. 提供公開發表的機會

學生最後完成的作品都會呈現給外部的觀眾欣賞——無論是一群幼稚園學生或社區居民。老師的角色並非學生作品唯一的評審，反而像是運動教練或戲劇導演一般——協助學生將作品達到最佳準備狀態，以呈現在觀眾眼前。

的創作集結而成的展出。我們曾在一個這樣的學校裡，聽一位高年級女同學的發表。她口齒清晰、自信滿滿，而且以認真鑽研所得的專業知識，報告她一年的研究成果。這是一篇關於以動物療法，去治療住在護理之家、因著沮喪和無溝通能力的病患的報告。由於這個研究和實地觀察的經驗，她打算將來要投入這個職涯領域。

◆ 發展全校性的支持系統，要求學生對學習負責。

在老師努力營造班級的卓越文化的同時，監督和支援學生成就的支持系統也要到位才行。這能確保那些為了某種原因在成就表現上退步的學生，也至少必須達到學業成就表現的最低門檻。舉例而言，有一所得獎無數的大型中學提到，他們學校的座右銘是「每位學生都可以成功」。當論及學生的學業學習時，校長說他們學校相信有三個問題十分關鍵：

1. 學生該知道些什麼？該會做些什麼？
2. 學校如何知道學生是否學會了這些知能？
3. 當發現學生未達到學習的標準時，學校有什麼介入的措施？

這位校長解釋道：

學校每三週會寄發一次學業進步報告給家長、教練和社團指導老師。成績單則每六週寄一次。成績未達理想的學生要另外上特別的課程。透過這些方式，我們能監督學生是否確實完成作業。在這裡，不會有任何孩子被遺漏。

ELC原則4：承擔自我持續發展的個人責任

▶ 有效策略5：
促進教職員、家長和校外社群在追求卓越與德行上的個人責任。

本書將在第四章描述專業德行學習社群時，詳細討論所有教職員發展個人持續專業成長計畫的責任。此處我們將聚焦於學校如何激勵家長和校外社群一起參與，成為追求品格的生力軍。

◆ 幫助家長做出最佳表現。

基於研究顯示，家庭中的親密連結，是防範青少年涉入冒險行為的重要因素，學校首要之務便是幫助家長建立與青少年之間良好連結的溝通技巧。許多家長抱怨，當他們嘗試與青春期的孩子談話時，往往得到的都是簡短的單字回應（例如，「今天在學校如何？」「不錯。」）。為了幫助家長，有一所中學特別為家長舉辦了一個「打開話匣子」工作坊（請見下一頁的方塊內容），教家長可以用來與孩子展開有意義的思想、情感和經驗交流的對話方式。學校還把這些對話絕招寄給所有家長參考。

我們訪問了一所小型中學，其教育哲學包括兩個核心的信念：(1)青少年實現他們獨特潛能的能力，取決於其品格成熟的程度；以及(2)家長對孩子的品格具強而有力的影響。因此，學校要求所有家庭參與一個非常重要的教養研討課程，其中要求家長認真的自我檢視，並且願意承諾試著去改變不健

與青少年子女打開話匣子的十大法門

1. 今天過得如何，請用 1 到 10 來計分
   （1 代表「糟透了」，10 代表「太棒
   了」）？為什麼？
2. 今天最棒的和最糟的部分是什麼？
3. 今天（這個禮拜）你完成了什麼讓你
   感到最開心？
4. 自從我們上次談話以來，有什麼好事
   情發生呢？
5. 最近你都在想些什麼？
6. 今天你覺得很有趣或令人很愉快的談
   話是什麼？
7. 你最期待的事情是什麼？
8. 你目前正在努力的目標是什麼？
9. 你目前正在試著解決的難題是什麼？
10. 與孩子一來一往地互相提問；輪流回
    答上述的問題；保持親子間有來有往
    的互動。

康、不具建設性的教養行為。學校指出，負向的家庭動力（例如，憤怒、貶抑、逃避面對問題等）會強化孩子深沉的情緒傾向，而這對於孩子現在和未來如何對待自己、他人和生命都有深遠的影響。

在給家長的一段話中，這所學校提醒家長，他們對於孩子的一生有巨大的正向影響：

家庭對於人類的成長具有強大的力量，家長手中握著開啟孩子成功的金鑰。芝加哥大學針對 120 位在各種不同領域出類拔萃的人物進行研究，包括科學、數學、藝術、音樂和運動。研究者發現，這些傑出人物有一個共通點：「擁有一段長期且密集的鼓勵、栽培、教育和訓練的過程[38]。」而父母親往往就是啟動這個有力的成長過程的推手。

針對120位傑出人士的研究發現，父母給予他們密集的鼓勵和教育。

不過，這所學校也對青春期孩子的家長常犯的通病，提出警訊：

美國家長常常很難放手，因為他們總是希望孩子成龍成鳳，因此會過度在乎孩子是否進步。如此一來，孩子反而變得不必為自己負該負的責任。家長比孩子本身還擔憂他們的未來。這樣導致一個惡性循環的模式：孩子越不負責，家長就承擔越多的責任。

有位媽媽告訴我們，學校在教養研討課程中提供給家長有關責任的教導，如何改變了她和女兒的關係。

我必須問自己：「為何我覺得我必須替女兒收拾所有事情？」我自己小時候經歷了許多掙扎。但是作為母親，有很大部分的我很想保護女兒不必吃這些苦頭。我現在瞭解這是錯的。生活本來就不簡單。她必須自己去經歷，而且自己去找出答案來。

大多數人可能都同意，引導孩子度過青春期實在是件艱難的任務。相較於中學老師所受的正式訓練和持續的專業成長，家長做

這項絕頂重要的工作，所接受的準備真是少得可憐。學校若不協助家長盡力做好這項準備，等於是使自己的工作加倍困難，而且也降低了學生達到最佳發展的可能性。

◆ 營造品格社區。

學校並非孤島；他們存在社區當中。在《美德的溫床》（Seedbeds of Virtue）這本書中，美國羅格斯大學社會學家 David Popenoe 指出，一旦年輕人走出校門進入外面的世界，過去父母師長所教的品格，就需要其他人來協助維持[39]。Francis Ianni 針對美國十個不同社群進行十年的長期研究，他發現，社群對於價值觀的共識程度，是青春期發展的關鍵預測指標，遠比生活富足與否和種族等變項還更具影響力。Ianni 寫道：

青少年正在尋找可依循的架構，一套來自其社群可信又可行的標準，以幫助他們從兒童過渡到成人階段。如果其社群中不同陣營所表達的價值觀互相衝突，青少年就會無所適從[40]。

針對十個社群進行的研究發現，社群對於價值觀的共識程度，比生活富裕及種族等變項，是青春期發展狀況更具關鍵預測的一個指標。

Popenoe 指出，在許多社區裡，欠缺共同的價值共識是相當常見的狀況。不過，至少在一些小鎮或城市裡，逐漸萌生了一個相反的趨勢，就是學校和其它群體開始採取行動，發展「品格社群」來重新創造一個較具

價值一致性的環境。這個社群通常涉及所有教育、關心和影響年輕人的團體——包括家庭、企業、青年組織、球隊、地方政府、當地媒體和宗教團體。大家攜手合作來示範和倡導美好的品格（請見《人格培養白皮書》[Character Matters] [譯註 3] 一書中所舉的例子，有各種不同大小的團體倡導品格的做法）[41]。

◆ 同心協力創造職涯機會。

社區幫助年輕人追求卓越與德行的另一個方式，是與學校合作，共同設計課程，以期培育當地社區所需的人才。例如，在我們所訪問的一個市區學校，「健康學程」是學生們趨之若鶩的職涯選擇。這個學程之所以產生，是因為當地的醫院告訴學校，雖然醫院所服務的群眾絕大部分是有色人種，但是其職員卻僅有少數有色人種。目前，健康學程的畢業生，任職於地區性醫院裡各式各樣的工作，而且人數相當可觀。

> 當我們嘗試發現別人最棒的優點時，也彰顯了自己最佳的表現。
> ——William Arthur Ward

譯註 3：中譯本《人格培養白皮書》，高富出版社出版。

ELC 原則 5

實踐卓越與德行的集體責任

因為在乎，期望他人也能做出最佳的表現；實踐「關懷直諫」的人際互動。

實踐集體責任的兩項有效策略

1. 成人示範「關懷直諫」的身教。
2. 塑造集體責任的學校典範，並建立適當體系使之能具體運作。

原則 4 的焦點在於個人的責任：「竭盡自己所能，做到最好。」而原則 5 則與之互補：「你的教育並非只與你自己有關。其中一部分的確是關於自己要盡心竭力做好，表現最佳的道德自我——但是這只說對了一半。另一半是關於幫助其他人也能充分發揮自我。」雖然，有些人可能會以「衝突對立」來形容此過程，但是我們卻稱之為「關懷直諫」——這意味著我們非常在乎，因此希望激發彼此最佳的表現 [42]。

集體責任雖然違反美國文化的常態，但是對於人類的最佳發展卻是不可或缺的。

深入來看，原則 5 是違反美國文化常態的。美國人傾向呈現以自我為中心的個人主義和具競爭性的取向；因此，在學校裡表現成功是個人出類拔萃的眾多方法之一。然而，集體責任——做弟兄姐妹的守護者，同心協力來幫助彼此成功和做對的事——雖然那似乎違反文化常態，卻是德行學習社群以

及人類最佳發展所不可或缺的。

在成人這個層次，學校已經認同集體責任的重要原則。過去，教學曾經是一個單打獨鬥的專業；老師們走進教室、關上門、各憑本事發揮。然而，過去 20 年，教學已然變成徹底協同的專業。老師們彼此互助以求最佳表現的「專業學習社群」，已經成為所有好學校嚮往的金科玉律。

這金科玉律也適用於學生、家長和德行學習社群中的所有人。在我們所訪問的一些學校中，學生提到，無論是他們的老師或是同儕，都會「督促」他們做到最好。然而，在有些學校則非如此。在那些學生彼此要求達到高標準的成就品格和道德品格的學校中，校方往往透過組織機制，力圖提升集體責任的倫理。

心理學家 John Gibbs 在《道德發展與現實》（*Moral Development and Reality*）一書中揭示，許多研究發現，「正向的同儕文化」對於青少年健全的行為，具有強而有力的影響，尤其若搭配觀點取替和溝通技巧的教導，效果則更加顯著。甚至對於那些有反社會行為歷史的年輕人，也同樣有效 [43]。

研究顯示，正向同儕文化具有強而有力的影響，甚至對於那些有反社會行為歷史的年輕人，也同樣有效。

在我們看來，透過集體責任的德行來營造正向的同儕文化，對於青少年而言相當符合其發展需求，其中原因至少有三：

首先，正如我們學生代表座談會中一位男同學說的：「大部分青少年心中所看重的是，能融入群體和受人喜愛。」成人的任務

是要幫助他們塑造一個正向的同儕文化，好讓年輕人可以融入。

青少年自己很清楚，同儕壓力可能是正向的，也可能是負向的。如同一位學生說的：

負向的團體心智可能帶出強烈的誘惑，包括毒品、抽菸、飲酒、性交，甚至是執迷於成績表現。但是，在具有高度動機和支持性的團體中，正向的團體意識會產生很棒的激勵作用，使人願意挑戰自己的極限、去成就更高的目標。

一所在艱困市區的學校，有位女學生談到——如果同儕文化並不是以道德為準則時，會發生什麼事：

為什麼青少年會做那些不對的事，原因是他們的朋友不敢面對面告訴他們不該如此。大部分的青少年都不敢去捍衛他們真正相信的理念。

第二，一個致力於支持「追求自我最佳表現」的正向同儕文化，能夠超越媒體文化所產生的影響。經過睿智的薰陶，集體責任感可以提供青少年鞏固的支持系統，幫助他們與媒體的訊息保持距離，並且建立以堅定、正向的價值觀為依據的自我認同。

最後，集體責任的德行，有助於抵抗扭曲和具破壞性之競爭取向的個人主義。少了集體責任的平衡，現今文化中普遍存在的激烈競爭，製造出高度壓力的環境，無形中促發了不道德行為的產生。而集體責任的德行，一方面增進正向的同儕壓力，幫助個人達到更高層次的表現，同時，又能提供相互

支持系統，以減輕壓力及為達目的不擇手段的誘惑。

ELC 原則 5：實踐卓越與德行的集體責任

▶ 有效策略 1：
成人示範「關懷直諫」的身教。

當具關懷的成人要求學生盡力而為時，學生會彼此督促做到最好。一位公立學校的女學生告訴我們：

那些影響我道德品格最深的老師，幫助我認清我的壞習慣，並且幫助我改變它們。柯老師幫助我瞭解，我容易發怒的毛病會使我無法專心學習，他跟我一起想辦法避免我將怒氣發洩到別人身上。而吳老師好像我的父親一般，他總是隨時盯我一下、嘮叨幾句，並且告誡我要表現得像淑女。他可能認為我對於他說的話，左耳進右耳出，但是，其實他告訴我要對別人友善、關懷的話，我都一一銘記在心。

另一所學校有位女學生提及，教師也需要訓練和同儕的支持，才會知道如何與學生面對面解決問題。

我想，如果老師們參加「面對衝突」的工作坊，而且每週聚在一起討論有關學生的事情，學校的情況應該會大不相同。教師將不會害怕去督促學生面對事實、去挑戰並支持學生。學生跟老師之間將可以有深刻的連結。

ELC 原則 5：實踐卓越與德行的集體責任

▶ **有效策略 2：**
塑造集體責任的學校典範，並建立適當體系使之能具體運作。

由於人性以及美國文化中根深柢固的個人主義，常阻礙我們實踐集體責任的精神，德行學習社群若要其成員遵循此原則，就必須刻意地採取一些策略，才能使之成為常態——須透過開創適當的組織結構，來確保集體責任能夠規律地執行。

▶ **批判的班級文化**

在「批判的文化」（見第 76 頁方塊文章）中，學生針對彼此的作品給予正向的改進建議，這就是集體責任結構的一個範例。

▶ **弟兄彼此守護**

我們訪問了一所少數民族及低收入學生就讀的市區公立特許學校（charter school）（譯註 4），他們建置了各式各樣的機制，來使成就品格及道德品格的集體責任變成常態。例如，「弟兄彼此守護」是學校五項指導原則之一（事實上，「弟兄彼此守護」，是該校對於「領導」的定義），而「刻意介入」則是弟兄彼此守護這條教義的基本運作方式。學校的手冊上寫著：

本校乍看之下似乎是一個彼此對抗的社群，但事實上，我們更像是一個緊密團結的大家庭。當學校盡全力運作時，我們可以完全開誠布公，我們清楚瞭解彼此的觀點和感受，我們對彼此的真實尊重和關愛，遠遠勝過互相的批評。當有任何人沒盡力去做到他的最好時，我們絕不會視而不見[44]。

「自我探索小組使同儕可以挑戰我去看重品格，並達成我個人所訂的卓越標準。」

▶ **自我探索小組**

「自我探索小組」是該校另一個用以確保集體責任能夠規律執行的機制。一位男同學說：「自我探索小組讓我有機會省思我的學習態度，以及那些害我裹足不前的事情。大家會問你問題，這需要勇氣。你必須願意探索自己的內心世界。」

一位女學生告訴我們：「書寫自我探索小組札記，挑戰我要向同儕敞開心胸。這同時也讓我的同儕可以挑戰我去看重品格，並且去達成我個人的卓越標準。」學生在自我探索小組中所寫的札記是針對下列項目（見下一頁的方塊提問）。

譯註 4：這一類的學校是政府立法，民間組織提出辦校申請案獲准後，取得特許學校執照，由民間自行籌款興辦、經營，政府並不參與。學校成立後，政府定期依照學校的在學學生人數，以及出席率，給予金額補助。

▶ 以關注為焦點的會談

「以關注為焦點的會談」是該校用以提升集體責任的另一個機制。我們曾觀察過一次以關注為焦點的會談，其中，一位11年級的女生，因為最近成績明顯的退步，而且對兩位老師說話不尊重，因此必須與教務主任、一位老師以及四位同學（兩男、兩女）開會。教務主任主持會議的過程中，她問道：「妳現在這樣的表現要如何畢業呢？這情況下妳要如何升上大學呢？」

這位女學生抱怨有位老師不公平。坐在她旁邊的男生很溫和地說：「我想妳是在把矛頭指向別人。我曾經也這樣做。不過，妳越早把問題回歸到自己身上，就能越早解決它。」過了一會兒，另一位男生說：「我也曾經像妳一樣。去年，我因為自己的態度，陷入跟妳類似的窘境。不過，我已經認識妳很久了，我知道妳的工作原則。妳絕對可以

做得比現在更好。」對我們這些觀察者而言，看到來自艱困市區的非裔美國男生，能夠如此紳士又敏銳、懷抱同理心來幫助這位女同學，真是令人印象深刻，因為，他們所處的都會文化，強調的是完全不同的男性本色。

在會談結束前，這位女學生的防衛心全然解除了，她眼中充滿了淚水。教務主任鼓勵她為自己的功課設定目標，也安排了必要的社區服務，並約好時間讓她來報告計畫的進度。會談尾聲時，無須任何提示，這四位學生自動自發地給了她一個擁抱。

緊接著上述的會談之後，我們與八位學生進行焦點團體的晤談。一位女生說：

我參加過幾次以關注為焦點的會談。有一次是因為我作弊，另外一次是因為我態度不好。當學校召開會議時，我表現得漠不關心，我很氣他們直接跟我挑戰。會談中有一個人說：「妳態度真的很不好，妳跟老師頂嘴，其實老師只是想教導妳。」後來，我有時間自己想一想：「如果這些人都這樣說我，那也許我真的是如此。」我必須寫一封信給我的關注小組，說明我從這整件事學到什麼。在這個學校裡，如果你不改變你的行為，你會一直面臨挑戰。這個學校真的很關心每一位學生。

另一個女生說：「起初當人們與你正面對抗時，你會變得防衛心很強，這感覺很奇怪。我想最難的是傾聽，你必須學會傾聽。」還有一位女生說：「當你的態度對了，你就能把學業掌握好。我並不是說一切就會變得很容易，但是，如果你能調整你的

態度，其它的事情自然而然會好轉。」

ELC 原則 6

搏擊視而不見的棘手難題——客廳裡的大象

勇於處理那些在校內外常被忽視，卻會影響卓越與德行的問題。

搏擊棘手難題的三項有效策略

1. 辨認那頭大象——找到問題癥結。
2. 設立研究小組，處理緊急的議題。
3. 協助家庭勇敢面對他們的問題。

原則 5 將集體責任運用在人際互動的層次：在我們與他人的關係中，如何激發彼此的最佳表現。而原則 6 處理的是組織層級，我們常忽視的實務或議題——那些如果我們希望共同發揮彼此的極致表現，我們就應該正面以對的問題。

ELC 原則 6：搏擊視而不見的棘手難題——客廳裡的大象

▶ **有效策略 1：**
辨認那頭大象——找到問題癥結。

有時那些棘手的難題，的確就像「客廳裡的大象」一樣，大家都心知肚明，但是都避而不談。像貧窮、種族、幫派、霸凌等都是常被視而不見的大問題。有時大家坐視這些問題的存在不管，是因為怕觸及政治不正確，或者覺得尷尬；這些議題在檯面上是隱

形的，將之揭發出來要付出代價。大部分像這樣的「客廳裡的大象」有其德行的面向，而且其中很多會顯著影響教與學。

◆ 進行「客廳裡的大象」的調查。

可以邀請全校教職員、學生、家長和社區人士，完成一份像下方方塊內容的調查。

我們有哪些視而不見的棘手難題？

1. 問題焦點。有哪些不可取的學生和成人行為，是學校忽略而未能適當處理的呢？（例如，學生欠缺對學業的責任感、教師未能挑戰學生竭盡所能、霸凌或其它同儕間的暴行、作弊、不當的性行為、種族歧視的態度等）？
2. 混淆不清的訊息。有哪些組織的做法，與學校追求卓越與德行的企圖心大相逕庭呢？（例如，成人的不良身教、機會不均等、服裝規定或其它紀律規範不一致、雖有明文禁止，卻未被發現的性騷擾、對學生或教師的差別待遇、只重成就品格卻忽略道德品格等）？

我們調查學生代表座談會成員的意見，青少年和學校面臨哪些品格的議題？如果他們是校長，會有哪些不同的做法？一位來自黑人、白人各半的學校的女學生指出，種族態度的議題是她的學校尚未正面處理的議題：

雖然種族隔離很久以前就不合法，但是種族主義至今依然存在。如果我跟一位黑人男同學一起走過教室，無論白人或黑人都會盯著我們看。我們全校集會時，種族會自行

隔離。學校應該有一些具體的課程，讓學生每天學習其它族群的背景。

一位就讀一所小型私立學校的男生指出，儘管學校一直強調品格，結黨結派的狀況仍然非常普遍：

如果我是校長，我會更努力嘗試開創一個沒有黨派的環境。品格學校中容不下這種小圈圈，因為他們往往破壞了學生的同儕關係。小圈圈把學生隔離了了，而且會助長優越感和菁英主義。我會增加小組方案的數量──例如帶狀課程和服務活動──使學生接觸更廣的學校社群，同時也擴大他們的交友圈。

◆ 採用特殊調查，蒐集有關那頭大象的資料。

如果調查結果反映，某一特定議題，例如霸凌，是大家嚴重關切的問題，那下一步就是要蒐集資料，進一步瞭解問題的性質和嚴重程度。

霸凌即使在大學也很普遍，而在中學也逐漸增加。

根據現存的研究，霸凌在全美大專院校非常普遍，在中學也逐漸增加。最近奧菲爾大學一項研究將霸凌定義為：「任何要求新加入的成員必須做出被羞辱、貶抑、虐待或危害行為的活動。」霸凌可能出現在運動、樂隊、軍事場所、宗教團體和許多其它的團體或社團中（請見 www.StopHazing.org）。

奧菲爾大學的研究發現，1998-1999 年

間，參與大專校際運動比賽的一千多個全美大學體育協會（NCAA）的學校中，325,000 位運動員中有超過 25 萬人曾經經歷過某種形式的霸凌。5 位中就有 1 位曾經被非法欺負（被綁架、毆打、綑綁拋棄、被迫犯罪）；半數被要求參與飲酒相關的霸凌。所有隸屬某個團體（參加隊伍或社團等）的中學生中，有整整一半的人提報曾經被霸凌。

任何學校都應該關切：在本校中霸凌有多普遍？有多少學生曾被霸凌？多常發生？以什麼方式？學生通常如何處理此問題？如果他們向學校提報，會發生什麼事？如果他們沒有提報，為何不提報？針對這些現象，學校宜採取積極的決策，防微杜漸，才是明智的做法。

無論是霸凌、作弊、吸毒、酗酒、性行為或其它任何問題，學校若能清楚掌握問題的範圍和性質，就更具優勢去採取行動。

沒有掙扎，就不可能有進步。
—— Frederick Douglass

ELC 原則 6：搏擊視而不見的棘手難題——客廳裡的大象

6.2 ELC

▶ **有效策略 2：**
設立研究小組，處理緊急的議題。

對德行學習社群很重要的問題，可以透過全體社群成員的審慎討論，而使大家獲益，研究小組是一個達成此目標的方法。

我們訪問了一所中學，它所在的社區致力於縮短貧窮及富裕學生之間長期存在的成

就落差。校長說：「我們推動本郡 12 個（補助低收入學生）計畫中的六項，遠遠多於其它中學。」甚至早在「沒有孩子落後」（No Child Left Behind）的政策施加聯邦政府壓力去縮減成就落差之前，這個社區就決定要積極行動。他們認為第一步就是讓大家瞭解，縮減成就落差的方法之一，是要求大家閱讀 Ruby Payne 的《解析貧窮》（*A Framework for Understanding Poverty*）。

「我們付出更多的心力去幫助每一位學生。」

當地的人力資源委員會組成了一個 8-12 人的研究小組，一起閱讀和討論 Payne 的書。每個研究小組由兩位訓練有素的好手——通常是老師——來領導。他們會刻意去邀請少數族群的家長來參與。一位擔任領導者的老師告訴我們：

我們在全市推動這樣的討論——在教會、高中、社區休閒中心、所有的地點，而且我們提供食物、托兒和交通等服務。我們對所有研究小組的要求都是「激盪縮短成就差距的點子」。我們所抱持的態度不是「我們希望縮短差距」，而是「我們一定要縮短差距」。

一旦以社區為基礎的研究小組啟動之後，學校也設立校內教師的研究小組。校長說道：

這幫助我們的教職員體認到貧窮所隱藏的影響。我們有許多學生來自單親、寄養或隔代教養的家庭，家長往往並不期待孩子有所學習或成就。而家中的互動模式也會影響孩子——當學生對父母的權力抗拒延伸至學校時，變成學生對老師的權威也不服從。在這些家庭中，家長教導孩子的行為和語言，與學校所期望的可能大相逕庭。

我們要求教師不要把孩子說髒話，視為是品格的缺陷，不要認為孩子是衝著他個人而來，而能抱持這樣的態度：「我不能期望學生表現出我尚未教導他的行為。」一旦瞭解這些，老師的情緒反應就會完全不同，也能以更多元的方式去回應學生的問題。

一位高中老師談到這樣的討論帶給她的改變。「我們對每一個走進教室那扇門的孩子有責任。過去，我並未付出努力去與每個孩子有所連結。現在，我會花更多心力去嘗試。」一位輔導老師說：

我們付出更多的心力去幫助每一位學生。我會問他們：「你的目標是什麼？你希望自己的生命有何成就？如果照你所想要的，你必須做這個、這個，和這個……」

有關如何設立研究小組的資訊，請見 Everyday Democracy，www.everyday-democracy.org。

> 有時候我們管閒事管得不夠多。
> ——Flannery O'Connor

ELC原則6：搏擊視而不見的棘手難題──客廳裡的大象

▶有效策略3：
協助家庭勇敢面對他們的問題。

在《最偉大的工作》（*The Biggest Job We'll Ever Have*）一書中，Laura 和 Malcolm Gauld 根據他們三十多年來幫助各類家庭的經驗，整理出十項原則。根據他們的判斷，其中首要的原則是「真理勝過和諧」。

在教養青少年時，牢記首要的原則──「真理勝過和諧」。

由於家庭的首要之務是幫助孩子為生活做好準備，因此，家庭必須願意面對面去解決問題，而非為了表面的和諧而避免衝突。Laura 和 Malcolm Gauld 寫道：「願意腳踏實地走在誠實的路上，那是一輩子的挑戰和旅程。」「當我們有勇氣去回應真理時，我們會學到寶貴的功課。」面對真理使我們成長。

一位母親說道：

在我們參加學校的家庭研討會之前，我先生常常發脾氣，而我也習慣盡量確保他不要發脾氣，因此，我總是讓步。我記得有一次，我兒子真的非常生氣，他對我說：「媽，妳太怕爸爸了！妳只會一味的附和他，卻不敢老實跟他說我們家到底發生了什麼事 **45** ？」

面對真理使我們成長。

Laura Gauld 依循「真理勝過和諧」的原則，帶領過無數的家庭研討會，她描述這些研討會對學生產生的影響：

我對於有那麼多的學生表示願意在將來做個好父親、好母親，印象非常深刻。那樣的人數甚至多過於希望將來在事業上功成名就的人。這變成他們相當堅定的價值觀。在來參加研討會的這段時間裡，學生親身見證了自己父母的改變，也體認到自己如何從研討會的過程中受益。

上述就是建造德行學習社群的六項指導原則：發展共同的目標與認同；以預期成效與相關研究導引教育實務；勇於發聲，表明立場；承擔自我持續發展的個人責任；實踐卓越與德行的集體責任；以及搏擊視而不見的棘手難題──客廳裡的大象。

在接下來的第四章裡，我們要將焦點轉至如何把這些原則運用到教職員身上，以建立專業德行學習社群。

> 當我們的品格成長時，我們的自我中心就消減了。
>
> ──Louis Tartaglia

附註

1 We are indebted to Dr. Harris B. Stratyner of Mt. Sinai Medical Center for the term "care-frontation."

2 W. Damon, J. Menon, & K.C. Bronk, "The development of purpose during adolescence," *Applied Developmental Science*, 2003, 7, 2, 119-128.

3 K. Cotton, *New small learning communities: Fin-*

dings from recent literature. (Reston, VA: National Association of Secondary School Principals, 2004); see also P. Walsey, "Small classes, small schools: The time is now," *Educational Leadership*, 2002, 55, 5, 6-10.

4 M.D. Resnick, P.S. Bearman, R.W. Blum et al., "Protecting adolescents from harm: Findings from the National Longitudinal Study on Adolescent Health," *JAMA*, 1997, 278, 823-832.

5 R. Elmore, "Building a new structure for school leadership," The Albert Shanker Institute (Winter, 2000).

6 We thank Charles Elbot for the concept of "official" and "unofficial school culture."

7 Cited in C. Elbot, D. Fulton, & B. Evans, *Educating for character in the Denver Public Schools.* (Denver, CO: Denver Public Schools, 2003).

8 Cited in D.L. McCabe & G. Pavela, "Some good news about academic integrity," *Change Magazine* (September/October 2000).

9 McCabe & Pavela.

10 McCabe, private communication, 2004.

11 McCabe.

12 J. McPhee, *The headmaster: Frank L. Boyden of Deerfield.* (New York: Farrar, Straus & Giroux, 1992).

13 Quoted in J. Mathews, "Why you shouldn't teach moderate drinking," **www.washingtonpost.com** (May 7, 2004).

14 The booklet, A Parent's Guide for the Prevention of Alcohol, Tobacco and Other Drug Use, is available at **http://www.thecommunityofconcern. org/book/default.asp**

15 Mathews.

16 National Longitudinal Study on Adolescent Health.

17 National Center on Addiction and Substance Abuse at Columbia University, 2004 CASA national survey of American attitudes on substance abuse IX: Teen dating practices and sexual activity (2004).

18 See also B.C. Miller et al., "Dating age and stage as correlates of adolescent sexual attitudes and behavior," *Journal of Adolescent Research*, 1986, 1, 3.

19 K.A. Moore & J. Zaff, "Building a better teenager: A summary of 'what works' in adolescent development," *Child Trends Research Brief*, **www.childtrends.org** (November 2002).

20 National Center on Addiction and Substance Abuse, 2004.

21 P. Silva & R.A. Mackin, *Standards of mind and heart:*

Creating the good high school. (New York: Teachers College Press, 2002).

22 J.S. Eccles et al., "Development during adolescence: The impact of stage-environment fit on young adolescents' experiences in schools and families," *American Psychologist*, 1993, 48, 90-101.

23 F.C. Power, A. Higgins, & L. Kohlberg, *Lawrence Kohlberg's approach to moral education.* (New York: Columbia University Press, 1989).

24 E.A. Grady, *After cluster school: A study of the impact in adulthood of a moral education intervention project.* Unpublished doctoral dissertation, Harvard University, 1994.

25 R. Mosher (Ed.), *Moral education: A first generation of research and development.* (New York: Praeger, 1980).

26 H.J. Freiberg, "Turning around at-risk schools through consistency management," *Journal of Negro Education*, 1989, 58, 372-382.

27 **http://www.indiana.edu/~nsse/hssse/**

28 R. Allen, "Making high schools better," *Education Update* (August, 2004).

29 R. Gamrath-Schauman & D. Stirling, *Students as allies: St. Louis* (St. Louis: CharacterPlus, 2004).

30 For an example of an exit survey, see R. Stein, R. Richin, R. Banyon, F. Banyon, & M. Stein, *Connecting character to conduct: Helping students do the right thing.* (Alexandria, VA: Association for Supervision and Curriculum Development, 2000).

31 S. Berman, "Practicing democracy in high school," *Educational Leadership* (September 2003), 38.

32 R. Mosher et al., *Preparing for citizenship.* (Westport, CT: Praeger, 1994).

33 Power, Higgins, & Kohlberg.

34 F.C. Power, "Democratic schools and the power of moral authority," in W.M. Kurtines & J.L. Gewirtz (Eds.), *Handbook of moral behavior and development*, vol. 3. (Hillsdale, NJ: L. Erlbaum Associates, 1991).

35 M. Berkowitz & M. Bier, **www.characterand citizenship.org**.

36 J. Gauld, *Hyde: Preparation for life.* (Bath, ME: The Hyde Foundation, 2003).

37 R. Berger, *An ethic of excellence.* (Portsmouth, NH: Heinemann, 2003).

38 B. Bloom (Ed.), *Developing talent in young people.* (New York: Ballatine Books, 1985).

39 D. Popenoe, "The roots of declining social virtue: Family, community, and the need for a 'natural communities' policy," in M.A. Glendon & D. Blankenhorn (Eds.), *Seedbeds of virtue.* (New York: Madison Books, 1995).

40 F.A. Ianni, *The search for structure: A report on American youth today.* (New York: Free Press, 1989).

41 T. Lickona, *Character matters.* (New York: Touchstone, 2004).

42 Stratyner.

43 J.C. Gibbs, *Moral development and reality* (Thousand Oaks, CA: Sage Publications, 2003).

44 Gauld.

45 L. Gauld & M. Gauld, *The biggest job we'll ever have: The Hyde School program for character-based education and parenting.* (New York: Scribner, 2002).

第四章 專業德行學習社群
教職員卓越與德行合一的協作

針對教室裡的各項運作，諸如，教學是否順利、遭遇什麼困難、誰表現得不錯、誰需要協助，以及學生如何相互合作等情形，老師需要機會進行對談。一旦老師願意投注心力在學校和教室運作的改進，學生自然會備受激勵，因為他們在老師的身上，見識了動機、投注心力以及設定目標等為何物。不過，這一切都要從教職員願意率先追求實現心中的願景開始。

——一位中學女生

所謂好的學校，不是指單單能有效提升學生考試成績的學校。對學校所有的教職員而言，學校除了要針對學生學業嚴謹把關外，也要關切學生在毅力、堅韌、責任、機智以及社會關懷等能力的培養，因為智力與道德品格是密不可分的[1]。

——Gerald Grant

所有的人，包括學校董事會、管理者、教師、職員和學生，都被要求成為模範。當我走在校園中，我常盡力尋找及撿拾散落的垃圾，但我總是找不到，因為校園裡的5,000個成員都隨手撿拾垃圾，可見群體的投入和參與是非常重要的。

——一位學校董事

所典範學校如何將培養學生品學兼優的使命化為可能？學校的領導力如何發揮，至終得以發展出一個德行學習社群，以鼓勵學校中的教職員、學生、家長，及校外社群彼此支持、相互挑戰，讓每個人盡其所能（成就品格）的同時，也能成就最佳的德行（道德品格）？

領導學生得以邁向品學兼優，源自於「專業德行學習社群」（Professional Ethical Learning Community, PELC）的努力。我們

將這個社群定義為：包括學校領導者和所有教職員——不僅是行政人員、教師、輔導人員、秘書、教練、清潔人員、廚工、司機，以及任何在工作和榜樣的樹立上，或多或少影響到學生卓越與德行的人，都是當然成員。雖然每一個成員各有不同，但是對於學校或是學生的品格都會產生正向或負向的影響。

我們對於「專業德行學習社群」的願景，是以 Richard Dufour 和 Robert Eaker 在《職場專業學習社群》（*Professional Learning Communities at Work*）[2] 一書中的創見為藍本。Dufour 和 Eaker 幫助我們，將原本被教職員視為一種遺世獨立、仰賴直覺去工作的教育專業，轉化成憑藉事實數據資料去共同合作的一個模式。

專業德行學習社群包括學校所有教職員。

然而，我們對於「專業德行學習社群」的概念，進一步延伸 Dufour 和 Eaker 的專業學習社群概念，涵括了明確、統整的核心價值——亦即卓越與德行。品學兼優標竿學校的使命不僅是要成為一個「學習社群」，更是對於卓越與德行的全心投入——致力於融合成就品格與道德品格的「德行學習社群」。同樣地，教職員共同的願景不單是組成一個專業學習社群；同時也是一個專業德行學習社群。所有「專業德行學習社群」的成員，肩負兩個重要的責任：(1)在工作與德行上，努力呈現傑出的行為；(2)在培養學生卓越與德行的任務上，相互協助，彼此砥礪。

> 學業的卓越必須以普世認同的道德價值為前提，亦即誠實、熱情、同理心、正直、全心投入以及勇氣。身為老師，誰會要學生欺騙；對於書中的角色缺乏同理心；做實驗馬馬虎虎，毫無責任感；為了奉承老師，不惜扭曲對事實的評論？我們應將追尋真理所需的道德本質，讓學生明白。
>
> ——Douglas Heath

卓越與德行相依共存

對於學校的任務而言，成就品格（邁向卓越的途徑）以及道德品格（邁向德行的途徑），是兩個截然不同的目標。在我們先前的討論中，二者的關聯性僅被簡要觸及。在本章，我們將詳述卓越與德行的相關性，我們相信，清楚瞭解這兩者的關聯性，是有效運作「專業德行學習社群」的重要因素。

德行如何影響卓越

「你得先接近他們，然後才有可能教導他們。」「學生不在乎你的學識是否淵博，直到他們感受到你真摯的關切。」凡此種種的格言告訴我們，對師生而言，尊重與關愛是教學關係的根本。

一位研究者詢問一群曾經處在失敗邊緣的非裔美國男孩：「如果可以重新來過，你會告訴老師什麼，好讓你能夠有所不同？」經過一番沉默，一個男孩終於說出他心裡的話——如果當時老師對我「表示關心甚或只是假裝關心，對我在學校的表現以及讀書的態度，應該都會有所幫助 [3]」。在多次訪視的學校中，當我們與一些學生談話，他們總

是提到——當他們感受到與老師之間有一份個別的連結關係時，他們就會更加用功。

同樣地，對於學校培養學生品學兼優的使命而言，沒有什麼比讓學生感受到有人遭受不公正、不受尊重以及不被關愛的對待，更具殺傷力。一旦老師對學生表現出無理、偏心、輕視，學校行政主管對教職員、學生或家長表示輕蔑，或是在面對運動明星學生或學校董事會子女的管教時，給予獨厚的差別待遇，這些行為對於學校的道德風氣——亦即激勵學生和教職員工盡他們最大的努力上——就會產生腐蝕性的影響。

對於「巨觀」德行議題的關注，也是同等重要，因為學校存在文化之中，受到廣泛的文化所影響。一些放諸四海皆準的原則，諸如，公正、關懷以及尊重，都是開創有效教學的必要條件。最有效能的教學不可能發生在容許非正義存在的社群中。種族、貧窮、健康與安全、經濟等，這些傳統以來存在已久的問題，都可能引發真實的不公平或是隱約被覺察不公平，進而破壞了學校的使命。在教育的過程中，學校和學生在某種程度上是可以克服這些不公平的，只是不可能不付出一些代價。

▢ 卓越如何影響德行

一如德行影響卓越，卓越同樣影響德行，這在Kathryn Wentzel針對學生學習投入情形的研究中獲得證實。研究者詢問中學生，教師的哪些行為會被他們視為「關懷」的舉動，針對問題，學生的回應如下：

問題1：你如何知道老師是愛你、關心你？

✓ 老師讓上課變得有趣。

✓ 老師願意與學生交談。

✓ 老師誠實、公正，且值得信賴。

✓ 老師不但對個別學生表達關心，並且會詢問學生是否需要協助。

✓ 老師確實掌握授課的內容，並且都能讓學生理解。

✓ 老師一旦發覺事情有些不尋常，會詢問學生。

問題2：你如何知道老師對你漠不關心？

✓ 老師讓人覺得無趣或是心不在焉。

✓ 即使學生早就注意力渙散，老師還持續進行教學。

✓ 老師忽視、打斷、羞辱、怒罵學生，或讓學生感到受窘。

✓ 老師對學生不感興趣，諸如，忘記學生的名字，或是當學生做錯事時，袖手旁觀。

✓ 針對學生不理解的內容，老師不會嘗試加以解釋[4]。

究竟學生的回應反映了什麼？我們認為其中有兩個重點：當老師以尊重相待，不會做出忽視或是羞辱他們的行為時，學生會覺得自己受到關愛；當老師的教學稱職，幫助他們學習時，學生也同樣會感受到被關愛。

當老師的教學表現稱職時，學生會感受到被關愛。

如此說來，卓越是德行的一種表現；藉由幫助學生達到極致的表現，我們得以展現對學生尊重與關愛的深切。反之，我們若不挑戰並幫助學生獲得最佳的表現水準，則是

對學生的不尊重。因此，在學校教職員中建立專業社群，示範並提升成就品格（工作倫理、勤勉、堅忍），是我們讓學生感受真正被關愛的主要途徑之一。同時，教職員對於卓越所投入的行動，也會進而激發學生對學習的投入以及對卓越的追求。

教學的勇氣

在《教學的勇氣》（*The Courage to Teach*）（譯註 1）一書中，Parker Palmer 指出，教學的德行與卓越面向是相輔相成的，他認為使得教學難為的理由至少有三個：(1)學科內容很複雜，在掌握和傳達教學內容複雜性的現實上，老師很辛苦；(2)學生很複雜，如何有智慧地與他們有良好的互動，困難度很高；(3)我們的教學反映我們是什麼樣的人。Parker Palmer 寫道：

每一堂課，都涉及這麼一回事：我的學生與我，面對面，一起參與這項古老而艱鉅的互動，它的名字叫教育。我雖擁有一些教學技巧，但卻不夠用。對於學生，身為教師的我，唯一可掌握的是：我的身分（identity）、我的自我（selfhood）以及我的「我」（"I"）感，沒有那些，我無法感受相對於「我」（教學者）的「你」（"Thou"）感[5]（學習者）。

如果真如 Parker Palmer 所言，自我是教學的核心，那麼教師的品格——教師是什麼樣的人——就扮演了十分重要的角色。另外，在 Alan Tom 的書《教學是一門道德工藝》（*Teaching as a Moral Craft*）中，陳述了相同的論點：教學是一種道德行為[6]。我們的教學反映了我們是否真正全心投入工作？或者是缺乏使命感？我們的態度影響了學生的學習與權益，或正向或負向。

教學是一種道德行為。

簡而言之，力求卓越的教學，不只是職業常態規範，也是我們應遵循的德行規準。一個人若不盡心盡力，會是道德的一種崩解，違反了師生之間「無聲的握手」（silent handshake）。所謂「無聲的握手」，是指一份盡在不言中的道德契約；能對學生與其家人保證——學生可以生活在一個身體及情感皆受安全保護的環境中。除此之外，教師都具有良好的專業訓練，對於教學能有充分的準備，同時能依據大家認同的卓越標準，協助學生達成教師用心備課的學習進程。

學生注視教師的一舉一動

在 Ted 和 Nancy Sizer 的《學生都在看》（*The Students are Watching*）一書中，作者提醒我們一些耳熟能詳，卻不時忘記的事：學生一直都在觀察成人的所做所為[7]，他們觀察我們對於卓越與德行的投入程度。青少年對於這些事的觀察尤其敏銳，在他們的心目中，沒有什麼事比「說一套做一套」的偽善更糟糕。

在學校裡，學生總是靜靜地觀察及檢視老師的諸多行為表現：他們如何準備和落實專業的責任？他們如何處理教室中和學校裡

譯註 1：中譯本《教學的勇氣：探索教師生命的內在視界》，心理出版社出版。

的道德問題？老師之間如何相待？是否持續投入在專業學習與成長中？

學校若僅僅被視為一個「教育」場所，則與 Gerald Grant 所謂「學校具銘印功能」[8]大相逕庭。「具銘印功能」（imprint）的教育工作者，對於學生的品格具有影響力，因為他們落實了「依所言所行而做」的哲學——因著自己先做到了，因此可以放心告訴學生：你們要像我一樣，喜愛歷史；像我一樣，將工作做好；像我一樣，在人際關係中展現正直誠信。這些教師活出了貴格箴言（Quaker maxim）所強調的：「讓你的生命發聲」。

我們的教學反映我們是什麼樣的人。

簡言之，老師必須要能通過「Holden Caulfield 測試」[9]（美國小說《麥田捕手》中的主人翁）的性格分析，讓學生明白，並非所有的成人都是假冒偽善；只會擁護一些他們自己都未能恪守的標準。誠如一位老師所言，「你無法教導學生連你自己都無法做到的事。」學生若願意關切和追求盡善盡美，是因為整個學校的社群成員，包括校長、老師，將之視為常態規範。

以下針對「專業德行學習社群」有效實施德行學習社群的六大原則加以說明。之所以稱為「專業德行學習社群」，是因為這個學習團體不僅根據德行學習社群的六大原則來運作——發展共同目標、整合成效與研究、德行學習社群成員勇於發聲、致力於個人持續的發展、實踐集體責任，和搏擊棘手的難題——並且將社群的功能實際發揮在學校教職員的身上。

依據上述原則建立一個正向的教職員文化是十分重要的，正如一位從事品格教育和諮商的重要領袖給學校的提醒——「教職員文化是關鍵，學校工作環境中的每個環節，和課堂中的教學法同等重要。」

PELC 原則 1
發展共同的目標與認同

在 PELC 的所有原則中，發展並認同共有的目標，無疑是最重要的。一所優質的學校必然是能同舟共濟；所有成員都清楚明白：大家是坐在同一條船上，和諧一致地朝相同的方向推進。我們訪問過的一些最好的學校，教職員在共同目標的認同和覺知上，往往是齊心合力的——他們都具有清楚的「我們是一體的」覺知。反之，處於掙扎的學校，面臨人心的崩解，感覺上大家雖然在同一所學校工作，但是卻沒有共同的目標。

好的學校能「同舟共濟」。

Roger Shouse 使用全國教育縱貫研究（NELS）的資料，探討學校的壓力指數，這樣的壓力大小與學校如何兼顧「社會凝聚」（social cohesion，透過共同的信念、全校性的活動、良好的關係等）和「學生學習成就」（academic press，學校依據成就目標辦學的程度）有關。結果發現，卓越成就的學校能妥善回應兩者需求的壓力。所謂「最有效能的學校，往往能發展學校社群的高度意識，進而帶來追求幫助學生達到學習目標的正向影響[10]」。在這樣的學校中，教師們具有共同的使命感——幫助所有學生成功，

專業德行學習社群（PELC）六大原則的有效策略

● 原則 1：發展共同的目標與認同

有效策略

1. 強調卓越與德行是學校任務發展的基石。
2. 網羅並培養願意投身於追求卓越與德行的學校領袖。
3. 慎選所有的教職員；知人善用，使每個人都適得其所。
4. 建立合議制度。
5. 講述學校的「故事／事蹟」，傳遞學校的歷史、目的和特性。
6. 讚揚學校的目標、成員及進步。

● 原則 2：以預期成效與相關研究導引教育實務

有效策略

1. 將教育實務與預期成效加以整合（成就品格、道德品格、品格的八項優勢能力）。
2. 瞭解與預期成效相關的一些研究。
3. 瞭解與有利於達成預期成效之教育實務相關的一些研究。

● 原則 3：勇於發聲，表明立場

有效策略

1. 開創讓教職員合作討論與做決定的規律性機制。
2. 願意暫時放下例行的事務，積極面對當下學校、社區和世界正在發生的重要議題和事件。

● 原則 4：承擔自我持續發展的個人責任

有效策略

1. 學校能提供支持教職員自我發展的時間、資源與機制。
2. 要求所有教職員——學校的主管、教師、教練、秘書、清潔員工等，規劃並落實年度性的自我成長計畫。
3. 對學生與學校其他成員分享個人自我成長計畫。

● 原則 5：實踐卓越與德行的集體責任

有效策略

1. 建立諍友團體，教職員共同設計和批判教學及學習方法。
2. 促進同儕督導。

● 原則 6：搏擊視而不見的棘手難題——客廳裡的大象

有效策略

1. 搏擊影響教學與學習的教育政策議題；開創最能支持學校改革的情境。

4. 投入以研究為基礎的行動與反思（Re-BAR）的不斷循環歷程，據以評估效能並規劃後續的步驟。

學 生

1. 發展共同的目標與認同。
2. 以預期成效與相關研究導引教育實務。
3. 勇於發聲，表明立場。
4. 承擔自我持續發展的個人責任。
5. 實踐卓越與德行的集體責任。
6. 搏擊視而不見的棘手難題——客廳裡的大象。

校外社群

家長

教職員

專業德行學習社群（PELC）

不但因此團結一致，對自己所扮演的角色也有清楚的定位。

發展共同目標的有效策略

1. 強調卓越與德行是學校任務發展的基石。
2. 網羅並培養願意投身於追求卓越與德行的學校領袖。
3. 慎選所有的教職員；知人善用，使每個人都適得其所。
4. 建立合議制度。
5. 講述學校的「故事／事蹟」，傳遞學校的歷史、目的和特性。
6. 讚揚學校的目標、成員及進步。

PELC 原則 1：發展共同的目標與認同

▶ 有效策略 1：
強調卓越與德行是學校任務發展的基石。

共同的目標與認同是強而有力的教育使命產物；而卓越與德行是這個使命重要的元素。

雖然所有學校都有它的使命，但僅有少數學校具有強烈的使命感，得以感召學校的領導者、教師、職員以及學生一起行動。我們訪問的學校裡，有兩所學校堪稱最具有激勵人心的使命，他們同樣都以品格為教育哲學基礎。其中一所是郊區的私立寄宿學校，另一所是艱困市區的特許學校。他們對於學校目標有以下共同的陳述：

我們每一個人與生具有不同的潛能，造就了我們的命運。培養品格的使命，讓我們得以達到個人的卓越和發現生命中的滿足。我們努力讓學校成為一個社群，當我們評斷所有的成員時，不是以他們天生的才能或能力，而是以他們品格的內涵為準則。

致力於以品格為教育使命的學校，其中的學生、家長、教師、職員和行政主管，對於學校的文化具有滲透力，它有效地涵養了各類的學生——年輕的男生與女生、富有或貧窮的學生、來自不同膚色種族和文化的學生。這個使命顯然對於所有學校社群的成員而言，都激勵了他們個人的投入和持續的發展。

每個學校都必須找到強而有力的方法，讓成員願意嘗試並完成使命。如果教職員不是使命的創始元老，他們必須找到可以投身在既定使命的一些方法，例如，在我們訪問的一所學校中，教職員每六年協力修訂學校的使命宣言；在那樣的過程中，強化了此群體對學校的投入和努力。

一個真正屬於教師、職員和行政主管共同擁有的使命，才是強而有力的，如此，可以減少學校對於具有魅力的「超級領袖」的依賴。超級領袖不但難求，而且難以留任，因為他們的任期有縮短的趨勢。長遠看來，最佳的領導是共同領導，況且，一個強大的專業德行學習社群，比任何一個個人來得強大且持久。

PELC 原則 1：發展共同的目標與認同

▶ 有效策略 2：
網羅並培養願意投身於追求卓越與德行的學校領袖。

發展專業德行學習社群時，使命和願景是首要的；其次，是一個強大的、願意全心投入的領導者（請見下一頁的方塊內容所提供之建議資源）。我們訪問的一些標竿學校的領導者，總是反映出追求卓越的強烈意圖，然而他們在以卓越表現為榮的同時，也展現誠摯的謙虛。一所多次得到卓越與德行獎項的學校的行政主管說：

> 你必須在成就上卓越，不過，你如果在做得好之後變得驕傲、自大而懶散，其實就會與成功擦肩而過。因此，你即便成功了，仍然要持續督促自己，這樣才算是在成就上卓越。

具有效能的學校領導者擁有明智的策略。

以下的狀況是不可能存在的：將卓越與德行視為基石的社群，行政主管在教職員之間積極建置一些標準，但教職員們卻感到不受尊重。能夠率先全心投入個人或是團體卓越與德行追求的主管，才是最佳的領導者；他們不僅是專業德行學習社群的推動者，自己也是當中的一員。他們擔任教練，幫助教職員培養領導的能力，並從中挖掘延續願景的領導人才。

最後，有效能的學校領導者對於勾勒開創與維持機構改變的藍圖，是具有明智策略的。一位將曾經面臨關閉命運的學校，轉變為全國品格典範學校的校長說道：

> 光擁有願景是不夠的，在現狀與理想之間，總是存在一道鴻溝。在導引和維持教育改變的過程中，你必須考量學校改革的助力與阻力。許多動機良善的學校領袖，陷於無語問蒼天的窘境中，因為他們未曾針對學校文化的力量加以規劃和深耕。我認為考量以下問題是重要的：

● 我們如何獲得包括校友等利害關係人的支持？

● 誰可能反對或是妨害改革的新方向？

● 我們如何與眾多的利害關係人溝通關於改革的新方向？必須讓誰瞭解些什麼？選擇在什麼時候溝通呢？

> 真正的領袖是採取僕人領導的人。
> ──Thomas Sergiovanni

PELC 原則 1：發展共同的目標與認同

1.3 PELC

▶ 有效策略 3：
慎選所有的教職員；知人善用，使每個人都適得其所。

因材適用是 Jim Collins 和他的同事在《從 A 到 A+》（*Good to Great*）（譯註 2）書中提出的關鍵性建議，在我們的研究中也證實，這是一個有效的策略。要克服不適任的教職員，不是一件容易的事。試想，學校

譯註 2：中譯本《從 A 到 A+》，遠流出版社出版。

Association for Supervision and Curriculum Development. (April, 2004). Special Issue: Leading in tough times. *Educational Leadership*, 61 (7).

Collins, J.C. (2001). *Good to great*. New York: Harper Business.

Deal, T.E. and Peterson, K.D. (1999). *Shaping school culture*. San Francisco: Jossey-Bass Publishers.

DeRoche, E.F. and Williams, M.M. (2001). *Character education: A guide for school administrators*. Lanham, MD: Scarecrow Press.

DuFour, R. and Eaker, R. (1998). *Professional Learning Communities at Work*. Bloomington, IN: National Education Service.

Fullan, M. (2001). *Leading in a culture of change*. San Francisco: Jossey-Bass.

Komives, S.R., Lucas, N., et al. (1998). *Exploring leadership: For college students who want to make a difference*. San Francisco: Jossey-Bass.

Kotter, J.P. and Cohen, D.S. (2002). *The heart of change: Real-life stories of how people change their organizations*. Boston, MA: Harvard Business School Press.

Kouzes, J.M. and Posner, B.Z. (2002). *The leadership challenge*. San Francisco: Jossey-Bass.

Kouzes, J.M. and Posner, B.Z. (2003). *Credibility: How leaders gain it and lose it, why people demand it*. San Francisco: Jossey-Bass.

National Association of Secondary School Principals (2004). *Breaking Ranks II: Strategies for leading high school reform*. Reston, VA: NASSP.

Patti, J. and Tobin, J. (2003). *Smart school leaders: Leading with emotional intelligence*. Dubuque, IA: Kendall/Hunt.

Sergiovanni, T.J. (2000). *Leadership for the schoolhouse*. San Francisco: John Wiley & Sons, Inc.

必須處理當下所有的問題,諸如,目前聘任的教職員品質,可能受限於低薪和微薄之福利、其他行政主管或學校董事會對雇用所設的限制等。不過,即便存在著一些實際的限制,建立高品質的教職員團隊,是所有學校必須設定的長程目標。

「改變需要時間——必須持續努力不懈。」

一個規模很大的公立學區的督學告訴我們:「改變需要時間,需要超乎預期的漫長時間,你必須有耐心,努力不懈。」他自己不但具有超乎常人的耐心,同時也致力於整合一個由教師和行政管理者形成的團隊;在

他的使命中，此團隊能看重幫助學生追求卓越的學業成就，看重服務學習，預備學生成為民主社會的公民。他採取「為聘用而聘用」的策略，在所管轄的學區內，致力於實踐品學兼優的願景。他說：

75%的教職員，都是在近八年聘用進來的，我們公告的每一個求才廣告，都明確地說明我們想要做的事。每一次我和這些中學教職員應徵者進行最後面談時，一定針對服務學習、品格教育和學校的民主化，以及應徵者對於這些領域的關注進行討論。

另外一位校長也道出學校在因材適用和朝一個對的方向前進時，所遇到的切身之痛：「第一年留下來的老師寥寥可數。在我的想法裡，有些人是因著錯誤的理由而留下來，因此在頭一、兩年，出現各行其是的情形是必然的。」

有一些具有效能的行政管理者陳述他們如何招聘關鍵性的教職員，諸如，優秀的球隊教練、才華洋溢的合唱團指揮、激勵人心的教師。一個專業德行學習社群，藉由陸續加入的教職員，隨著時間的推進，逐漸成為一個強壯的團隊。

PELC 原則 1：發展共同的目標與認同

▶ 有效策略 4：
建立合議制度。

在《道德領導》（*Moral Leadership*）一書中，Thomas Sergiovanni 論及合議制度對於學校文化的重要性：

每個人都具有期待從其他成員得到協助和支持的權利，同時，也對團體成員負有相同的義務；合議是相互的，誠如友誼一般。在學校中，這樣的美德建立得愈堅固，人與人之間的連結愈發自然，身在其中的人也因此更能自我管理與自我引導。如此一來，校長的直接領導就變得不那麼必要了 11。

Susan J. Rosenholtz 引用證據指出，合議是區分「學習豐富」與「學習貧乏」學校的一個重要指標 12。史丹佛大學針對學校效能的研究發現，能積極檢視自己教學實務與教學法的老師，必然是強而有力的合議社群成員 13。

合議區分了「學習豐富」學校與「學習貧乏」學校。

在許多我們所訪問的學校當中，我們觀察到這些教師、職員和管理者皆以開放、坦然的態度彼此相助，而且不怕相互挑戰；除了樂於承認個人的疏失，同時也能欣賞同事的優點。一位教師描述了他所任職學校合議的機制和規範：

我們相信品格是受到人與人之間協同互助效應的激勵，這同時要求我們自己在每個層面能盡力成為與人協同的榜樣——透由彼此砥礪，讓每一個同事都能展現最佳的自己。我們有一個教師「探索團體」，在其間我們分享個人的經驗，深入談論我們生活中的事件：我們面臨什麼挑戰？我們的掙扎？什麼阻礙我們活出最好的自己？

培養合議精神是專業德行學習社群的重

要標誌。

PELC 原則 1：發展共同的目標與認同

▶有效策略 5：
講述學校的「故事／事蹟」，
傳遞學校的歷史、目的和特
性。

Peter Senge 和他的同事主張，藉由持續
講述象徵組織使命與共同價值的故事，一個
組織的目標和自我認同才得以形塑與維持[14]。
同時藉由他們講述自己的故事，定義了這個
組織的文化。基於以上的觀點，DuFour 和
Eaker 主張以慎重、持續「溝通、詳述、證
實」的方式，精確地敘述所屬社群的故事。
不妨想想：你學校的故事是什麼呢？

在我們的研究中發現，學校成員透過學
校的會議、成長營、歷史文件或是每天的對
話中，去講述學校的故事，是形塑學校文化
和品格的一股強大力量。我們聽過許多學校
的故事，包括：曾經一度面臨關閉的學校如
何浴火重生、關於學校領導者如何改變、關
於學校所發生的關鍵事件，以及關於學校如
何歷經痛苦、掙扎與成長等。

教師、職員以及行政管理者是與學校目
標和認同有關的重要故事的主要傳承者。在
歷史長廊下，類似以上的故事，能使得學校
的靈魂得以持續發揚光大。

PELC 原則 1：發展共同的目標與認同

▶有效策略 6：
讚揚學校的目標、成員及進
步。

讚揚學校的目標、成員與進步，是培養
共同目標與認同的關鍵。在所訪問的最好的
學校裡，我們感受其中充滿了喜樂和歡笑
聲，也聽到因個人和學校整體所展現的謙遜
下的幽默感。同時，這些學校所舉行的儀
式、禮儀與慶典，都讓人感覺這個學習社群
充滿了大家庭的氛圍。而且，學校也有明確
的模式，去讚揚學校的目標、對學校有貢獻
的成員，以及他們在追求卓越與德行過程中
的進步。

我們訪問過的一個學區曾經設立了「職
場卓越獎」（請見下一頁的方塊內容），針
對這個計畫，他們發行手冊說明獎項的標
準：「全心投入，活出五個核心承諾：相互
的信賴與尊重、對他人的關注、看重個人效

能、建立與學生的關係，和以客為尊。」為了宣傳這個計畫，這個學區為獲得這個獎項的校車女司機製作了一段短片，在影片中，她說道：

我對於我的工作懷抱熱情，我喜愛我的工作，我總是和搭車的孩子們談論上下車的安全和負責任的行為。我相信自己是他們一天生活中很重要的一部分，在我的專業中，我必須展現這個專業該有的風範。校車司機是孩子一大早見到的工作人員，同時也是他們一天結束前，最後看到代表學校的人。一個親切的微笑和一句「你好嗎？」，對於學生一整天學習的起承轉合，都有很大的幫助。

職場卓越獎

1. 發放提名表格給學區內所有的雇員。
2. 所有的提名單交給職場卓越小組，這個小組是由所有員工群體（教師、管理者、職員、清潔人員）中的 20 名代表所組成。
3. 被提名者皆可獲獎。
4. 在全校性的典禮上，每位得獎者獲得勳章一枚、獎牌一座以及金蘋果一顆。每年發行得獎手冊，包括對每位得獎者的報導。

PELC 原則 2
以預期成效與相關研究導引教育實務

在本書中所指的刺蝟原則，是指學校以整合卓越與德行目標為聚焦的前提，亦即相信發生在學校生活中的所有事件與內容——課程、紀律、課外活動、禮儀以及傳統，都是發展成就品格和道德品格的機會。

然而，為了能充分運用這些諸多不同的機會，我們必須留意如 Stephen Covey 所提醒的，在心裡將目標視為努力的起點[15]。我們必須隨時將卓越與德行二者謹記在心，奉其為持續行動與反思過程的重要指引。這個過程包括將學校主要的課程和方法與使命進行整合。此外，一些看似微不足道的事件（作業規定、教室工作分配、公開場合的行為輔導、學生欺負同儕的處置），都對品格發展具有重要性，但這些狀況可能在不經意之間被輕忽了。

我們必須以終為始。

過去 20 年以來，美國各州所規範的學習標準，明定了學生每一學科必須達成的知能表現，因此學校從強調「投資」（強調師生比與每一學生的教育預算）的教育方針，轉為對教育結果的重視。不過儘管上有政策，現場老師是下有對策，或者抱持「有教有算」的態度，或者陷入諸多關於教學方法的爭論中，例如，什麼時候該讓學生學習某特定內容？究竟要使用什麼教學法比較好？直接教學和協同教學的利弊為何等。其實，

教育投資固然很重要，但唯有它能與我們所期盼的教育結果相連結時，才不會白費了心力[16]。在本書中，我們鼓勵學校老師試著去應用普遍被公認有效的學校改革原則；亦即以目標為導向，能讓自己的教學緊扣學生成就品格和道德品格的產出。

專業德行學習社群中的成員，是德行學習社群的基礎，在整合教育實務與預期成效的歷程中，具有最重要的責任（不過他們並非是擔負全部責任的人；其他德行學習社群亦可以協助，參見第三章第62頁的範例——一群家長發起了一個具研究基礎的運動；勸阻父母不要容許青少年喝酒，即便只是「適度」）。藉由徵詢在學校發展的歷程中，有些什麼機會可以幫助學生培養成就品格和道德品格，作為整合卓越與德行的起始點。

以預期成效與相關研究導引教育實務的有效策略

1. 將教育實務與預期成效加以整合（成就品格、道德品格、品格的八項優勢能力）。
2. 瞭解與預期成效相關的一些研究。
3. 瞭解與有利於達成預期成效之教育實務相關的一些研究。
4. 投入以研究為基礎的行動與反思（Re-BAR）的不斷循環歷程，據以評估效能並規劃後續的步驟。

PELC原則2：以預期成效與相關研究導引教育實務

▶有效策略1：
將教育實務與預期成效加以整合（成就品格、道德品格、品格的八項優勢能力）。

瞭解專業德行學習社群如何進行整合的第一步是，閱讀關於課程、輔導機制、管教、學生自治會、課外活動、家長參與、決策系統和專業德行學習社群本身（例如，教師會議的運作方式）等的相關研究。並且根據這些相關研究，探究這些教育實務對於：(1)卓越（成就品格的發展）；(2)德行（道德品格的發展）；和(3)品格的八項優勢能力（組成成就品格和道德品格的成分）的貢獻為何？

這項瞭解行動必須針對組成專業德行學習社群的四類利害關係人——教職員、學生、家長和校外社群，分別徵詢他們關於提升卓越、德行與品格八項優勢能力的有效教育實務。

最後，學校需思考，在執行上是否存在「教育實務的落差」——學校是否尚未發展出有效達成預期成效的方法？例如，在我們針對學生代表座談會成員的調查中發現，一般而言，學生都認為他們就讀的學校，對於部分的品格優勢（勤奮又有能力的表現者、尊重且負責任的道德實踐者）有顯著的貢獻，但是對於其它優勢（諸如，德行的深思者、自律且追求健全生活方式者、用心追尋人生崇高目的的靈性者）則貢獻不多。每一個學校都應自問，如果目前的教育實務對於

某些特定的預期成效顯得薄弱或是完全沒有成效，我們應該如何爭取社群中其他利害關係人團體（例如，學生、家長、校外社群、專家顧問）的協助，以有效發展出與預期成效連結的教育實務？

在執行上，是否存在教育實務的落差？

PELC原則2：以預期成效與相關研究導引教育實務

▶ **有效策略2：**
瞭解與預期成效相關的一些研究。

為了瞭解如何獲得預期的教育成效，首先我們必須明瞭成效的內容，例如，「盡力求好的努力」是「勤奮又有能力的表現者」（品格的八項優勢能力之一）的一個重要層面。如果我們要學生在學校展現最大的努力，就必須充分瞭解關於成就動機的相關研究[17]。例如，在《幫助學生全心投入：培養中學生學習的動機》（*Engaging Students: Fostering High School Students' Motivation to Learn*）一書中的研究結論告訴我們，當學生覺得和一位具關懷的老師建立良好的關係，並且能透過既具挑戰性又具支持性的教學，培養成功的自信時，學生便能具有較高的成就動機[18]。

又如「德行的思考者」——另一個品格的八項優勢能力之一。如果我們期望學生發展出德行思考的能力，就必須充分瞭解過去數十年來，有關道德推理和道德認同發展的心理與教育研究。道德推理的研究將有助我

們理解，道德思考的階段和影響道德發展的經驗因素，許多相關的研究收錄在《品格的優勢與美德：指南與綱目》（*Character Strengths and Virtues: A Handbook and Classification*）一書中（請見以下的方塊文章）。

關於品格成果的研究

對於許多人而言，品格發展的相關知識如此之多，是令他們驚訝的。除了有效品格教育實務的研究持續增加外——例如 Berkowitz 和 Bier[19] 的《品格教育如何奏效》（*What Works in Character Education*），還有一些關於品格基本果效的研究也持續增加中，相關的重要資源如 Christopher Peterson 和 Martin Seligman 所著的《品格的優勢與美德：指南與綱目》。與其它深受肯定的社會科學手冊一般，在書中，他們試圖以診斷和分類的方式編撰手冊內容，提供大家瞭解品格領域的相關研究。

在《品格的優勢與美德》一書中，作者提出一個具有六項普遍美德和 24 個具體品格優勢的綱目，羅列如下：

1. **智慧的美德**：創造力、好奇心、開放的胸襟、喜愛學習、具洞察力。
2. **勇氣的美德**：勇敢、堅持、正直。
3. **人道的美德**：愛、仁慈、具社會性的智慧。
4. **公正的美德**：具公民職責與權力、公平、領導能力。
5. **溫和的美德**：饒恕與憐憫、謙卑、審慎、自我規範。
6. **卓越的美德**：欣賞美與卓越、感激、希望、幽默、靈性。

針對以上 24 個品格優勢，手冊內提供：

- 定義和行為的標準
- 理論的解釋
- 既有的研究工具
- 與該優勢有關的因素
- 關於該優勢的發展，以及其在不同生命階段的呈現。

這些資源提供教育工作者重要的研究基礎知識，幫助他們瞭解如何整合品格教育實務。在期望的品格成果上，教育實務能越精準地與既有研究進行整合，學校就越能持續實現卓越與德行的雙重目標。

大多數的成人，包括許多老師，並不覺得道德成長這件事與自己有何關連。

——Rick Weissbourd

PELC 原則 2：以預期成效與相關研究導引教育實務

2.3 PELC

▶ 有效策略 3：
瞭解與有利於達成預期成效之教育實務相關的一些研究。

假設，某個學校基於將教育實務和卓越目標（輔導機制可激發輔導學生學業發展的成人，產生一種責任的歸屬）與德行目標進行整合（輔導機制有助於同儕間的尊重與支持的形成，以及成人與學生之間正向關係的建立），決定設置或強化輔導機制，那麼，該校需要思考的下一個問題是：有任何既存的研究顯示輔導機制對這些期望成效，確實

有所貢獻嗎？

這個答案是肯定的，許多研究發現，學生在學習階段的轉銜過程中（例如，由國中升高中）所產生的壓力，輔導機制具有舒緩的效果，並且能強化師生的關係、提升學生的學習成就、減少成績下滑及促進親子關係等[20]。

只要有可能，學校應盡量蒐集及閱讀有關教學實務效能的實徵研究文獻。

學校進步的評估，必須依據結果，而非意圖。

——Richard DuFour 和 Robert Eaker

PELC 原則 2：以預期成效與相關研究導引教育實務

2.4 PELC

▶ 有效策略 4：
投入以研究為基礎的行動與反思（Re-BAR）的不斷循環歷程，據以評估效能並規劃後續的步驟。

以研究為基礎的行動與反思（research-based action and reflection, Re-BAR），本質上就是教育工作者的一個行動研究，是針對某特定教育實務對學校某特定環境的影響，進行以研究資料為基礎的反思歷程。這樣的行動研究是為了回答教育工作者的問題，例如，學校某種措施的執行，對於預期成效可獲得何種程度的效能呢？

例如，研究顯示，輔導制度有其實務效能，但是在我們對於學校的觀察與訪談時卻發現，不同學校的輔導制度，在輔導重點、

頻率和效能上差異甚大。有一個學生告訴我們：「學校必須做些努力，以把校內一些不理想的輔導機制變得更好。」

因此，學校必須自問：輔導機制的效能如何？有沒有什麼特定的實施方式？增加輔導頻率是否能提升輔導機制的效能？如果頻率降低，但更聚焦在與成就品格、道德品格和品格的八項優勢能力相關的目標上，是否更為有效？

我們或許可以從正式的評鑑（例如，針對所有輔導者和學生的問卷調查和取樣的晤談）取得輔導機制效能的資料（何者奏效？何者需要改進？），依據回饋進行修正，在行動研究的循環當中，重複問卷的調查。當然你也可以進行一個行動研究，例如，比較接受輔導的學生和未接受者之間的表現；比較每天接受輔導和一週接受一次輔導之學生的表現；或是比較接受系統性且聚焦在成就品格和道德品格輔導之學生的表現和未接受這類具重點性輔導之學生的表現差異等。

在我們訪問的一所大型學校，教師開始採用「共同評量」（針對相同科目，經過不同教師間標準化的考試），我們視這種教學方法為：在課程議題中，採取以研究為基礎的行動與反思（Re-BAR）的最佳範例。這所學校的共同評量程序，是在相同科目下（例如，美國歷史、世界文明）的不同組別中，使用相同的測驗，以比較學生的表現。比較的目的是強化團隊成員運用這些成果，改善他們教學的策略，以提升學生的學習表現。歷史科的主任解釋這個歷程的運作如下：

我們歷史科同意一年使用四個共同的測驗——每學期舉行一次期中考和一次期末考。在科辦公室完成所有評分並提交資料後，舉行一個會議，檢查每個組別的學習表現，然後看看我們個人所教授組別的學生分數以及表現成果。換言之，強迫每個老師檢視自己的教學方法。例如，我可能會這樣想：「嗯……我的學生在希臘和羅馬的歷史表現相對較好，但是在印度和中國歷史的表現就差強人意。」因此，我會詢問同事：「誰的學生在印度和中國歷史的表現很不錯？你是如何教授這些主題的呢？」

如果我發現某個同事的學生在印度和中國歷史上得分較高，我會特別留意他或她所使用的教學策略，或許相較於我，他們使用較少的講授和較多的團體問題解決。我們藉由以上的運作方式，來提升教師彼此的教學。在一些科目中，自從團隊建立了信賴的關係後，每個成員都分享他們所教授組別學生的成績表現。自古以來，老師都是孤零零地面對教學，但是為了追求卓越，我們放棄了一些個人的教學自主權。

「為了追求卓越，我們放棄了一些個人的教學自主權。」

在使用共同評量的方法上，專業德行學習社群會持續評量哪些方法可行，而哪些方法可能更好。在過程中顯然需要老師具備一些成就品格的美德，諸如，勤奮、堅忍和靈活，以及一些與成就品格同等重要的道德品格美德，諸如，尊重、誠實和謙卑。

總括而言，上述所有為整合教學實務與

預期成效所付出的努力，可以藉由研究，去瞭解某些結果是如何發展的；藉由研究，我們得以明白某特定方法的效能；藉由從我們自己所實施以研究為基礎的行動和反思（Re-BAR）的學習等，可以幫助我們做出開始行動、結束行動、持續或規劃後續改進方法的決定。

當我們談到這裡，你可能對下列問題會感到好奇：

▶ **誰要為教育實務整合的努力負主要領導責任？**

由行政者與教師組成的領導團體，經常是推動整合歷程的重要靈魂人物。

▶ **在整合的歷程中，是所有的教職員參與？還是部分呢？**

整合可以從領導團體開始，但是隨著時間的進行，對於整合的關注，應該逐漸成為每個專業德行學習社群脈絡與對話（系務會議、教師會議、成長營、茶水間談話）的一部分；整合必須融入整個專業德行學習社群的文化裡。

▶ **在歷程中，學校需要邀請專家或顧問嗎？**

是，至少在整合的初期，大多數的學校都發現，專家的指導確實是有幫助的，甚至是必要的。

▶ **在學校既定的行事曆中，什麼時候進行學校教育實務的深入檢視呢？**

不妨重新審視學校的行事曆，為同事之間進行重要對話，騰出一些空間與時間。在先後順序上，專業德行學習社群的運作應是首要之務。

▶ **當學校嘗試整合教育實務時，是否有既有的研究工具，有利於整合的進行？可以提升整合的精確性和監督預期成效的實現？**

實際上，確實有這類的工具，例如，在品格教育聯盟（Character Education Partnership）網站就有許多評量和資源的資料庫（www.character.org）。雖然進行這類的評量需要時間、專長、資源，但針對高品質的評量進行少量的投資，具有長期顯著的成效潛力（參見以下的方塊文章）。

朝綜合性評量邁進

品學兼優標竿學校的長期計畫包括建立一個綜合性評量系統（Comprehensive Assessment System, CAS），它是圍繞著成就品格、道德品格、專業德行學習社群，和品格的八項優勢能力等基礎建置而成的。

綜合性評量系統的功能，就像學院或大學所採用的機構式研究模式──追蹤學生入學的表現、在中學就讀期間的表現，和畢業的後續表現等。綜合性評量系統是提供學校掌握學生在發展成就品格、道德品格以及品格的八項優勢能力等目標上，一個短期和長期達成程度精確性的系統。

在這個綜合性評量系統問世以前（研發的期程始於 2008 年春天），我們建議學校利用既有的工具和資源，進行資料蒐集，並從中改進學校在品格發展上的努力。

熱門的議題，諸如欺騙，經常有特定的評量工具，例如，Don McCabe 的學業誠信問卷（Academic Integrity Survey） （dmccabe@andromeda.rutgers.edu），它是一個免費工具，經常被用來評估大學和高中校規對學生的影響。其它相關的評量工具，請見我們「品學兼優標竿學校」的網站（www2.cortland.edu/centers/character/highschool），裡面所蒐集的其他專家學者編製的評量工具資源。

PELC 原則 3
勇於發聲，表明立場

身為專業德行學習社群的成員，與所有德行學習社群的成員一樣，不僅有發言權，同時為了卓越與德行之故，願意勇於發聲。身為學校機構，我們必須開創一個鼓勵成員無畏於任何反彈聲浪、積極運用發言權的機制。但是學校機構的責任，必須伴隨著等量齊觀的個人責任。在同事彼此的支持下，每個團體中的個人，必須對於影響卓越與德行的相關議題，培養表達意見的承諾與勇氣。

培養勇於發聲的有效策略

1. 開創讓教職員合作討論與做決定的規律性機制。
2. 願意暫時放下例行的事務，積極面對當下學校、社區和世界正在發生的重要議題和事件。

PELC 原則 3：勇於發聲，表明立場

▶ 有效策略 1：
開創讓教職員合作討論與做決定的規律性機制。

教職員需要一種經常而非偶發性的機會，將他們的觀點訴諸於眾，並且參與影響學校政策、方針與他們專業生活的決定。一旦他們的觀點在專業德行學習社群裡，受到肯定、重視與接納，他們受到鼓舞下，能對學生的觀點反映出相同的肯定與重視，也能對學生的觀點給予支持。教師能將這樣的策略，運用在教室、課外活動和其它與同事或學生互動的學校情境中。

▶ 教師會議

許多教師或者是絕大多數的教師，認為教師會議是學校諸多事情當中，最不愉快且沒效率的一件事。「我寧可死在教師會議裡。」一位高中教師語帶諷刺地說，「所謂生死之間，其實很微妙。」但實際上，教師會議並不盡然如此令人沮喪。許多學校已經採取簡單的步驟，將教師會議轉化成一種對於專業德行學習社群具有功能的參與式歷程，例如：(1)只要教師的人數允許，他們會以圓桌的方式進行會議。如此一來，教師能更有效率地進行會議，並改進溝通的品質；(2)允許教師協助議程的訂定（例如，藉由建議箱、議程委員會，以及在議程中保留彈性，加入臨時動議）；(3)運用會議作為分享有效教學方法、檢視學校卓越與德行各層面的發展、問題解決、計畫行動的機會，或是針對共同興趣，進行外聘講師的演講。

▶ 對於專業發展的意見

在許多學校中，對於專業發展活動的安排，很少徵詢教職員的意見，結果，教職員對於一些他們應該參與的活動，常顯得事不關己（例如，坐在講堂的最後面，做自己的事）。有些學校做法完全不同。他們透過有意義的問卷，瞭解教師們關於個人專業發展的優先排序。在一所我們訪問的學校中，除了提供所有教師相同的在職進修內容外，也針對不同教師所選擇的不同主題，提供並行的不同小型研習內容。

▶ 共同計畫的時間

許多學校已重新排定行事曆，以便提供教師們每週一個共同計畫課程的時間，這種措施在發展新的教學方法上，例如，方案學習，或是進行以研究資料為基礎的教學改善上，是不可或缺的重要措施。

PELC 原則 3：勇於發聲，表明立場

▶ 有效策略 2：
願意暫時放下例行的事務，積極面對當下學校、社區和世界正在發生的重要議題和事件。

如果在你鄰近的學區中，發生了霸凌的事件，你的學校會如何詮釋這樣的事件呢？如果在某次的體育活動中，發生了違反運動精神的事件，學校教職員間或是教職員與學生間，會找時間加以討論嗎？天然災害在世界各地帶來破壞力，學校的教職員和學生有機會表達他們的反應嗎？或是思考可以如何伸出援手呢？我們國家參與了某個戰事，這個議題會被提出來討論嗎？

有時為了對品格事件的重視，我們必須暫時停止一般例行的事務——無論是在成人的社群中，或是在成人與學生的互動中，而能針對德行的重要性進行一些討論，那樣做是很能激勵人心的。如果學校不停下腳步，慎重地反思這些事件，無形中就傳遞了品格並不重要或者不是那麼重要的訊息。

作為德行學習社群的領導者，專業德行學習社群肩負了暫停一般例行事務的主要責任，那可能代表：在科務會議或是上課途中，針對一個正發生在教室中或走廊上的事件、或是關於學校文化的議題等，進行必要的討論。或者運用輔導機制，強調這些相關事件的重要性；或是舉行一個全校性的特殊集會；或是針對特定議題舉辦論壇。無論誰做這件事，教師、職員或是行政者，都必須願意花時間，讓大家對於品格議題的意見可以被聽見，同時也能鼓勵學生提出問題、說出周延思考後的觀點，以及選擇價值立場的能力。

當美國攻打伊拉克之際，我們訪談的一個數學老師說：

許多學生都在談論進軍伊拉克的戰爭，這件事一直盤旋在他們心裡。今天在課堂中，我會利用一些時間來討論這件事，因為我不只是教數學，我教的是關乎學生全人的發展。

另一位老師描述他們學校對於一個霸凌事件的強烈態度：

我們學校的足球隊發生過一件霸凌事件，我覺得學生應該為這件事情負責，不只是那些直接參與的學生，而是所有知道這個事件的學生。學校宣布了對這件事的立場──每位老師要分別與他們班級的學生討論這件事，讓他們知道：被動參與和主動參與這個霸凌事件是一樣的，被動的漠視在本校是不被允許的。

如果我們要老師個別花時間與學生談論這些重要的議題，那麼在專業德行學習社群中的成人，應該要先看重這些議題。如果教師彼此之間，能針對學校發生的事或是國際大事進行討論，他們在課堂上就比較可能和學生針對這些議題進行討論。在幫助教職員發現和發展他們個人的觀點，或是鼓勵教師提供學生類似的討論機會上，成人之間類似以上的討論是有其必要性。

PELC 原則 4
承擔自我持續發展的
個人責任

在專業德行學習社群中，教育工作者肩負起示範和提升培養卓越與德行的責任。為了完成這樣的責任，老師願意投入持續的自我發展，誠如一位學校校長說的：「你無法把你自己都不懂的東西教好。」

PELC 原則 4：承擔自我持續發展的個人責任

▶ **有效策略 1：**
學校能提供支持教職員自我發展的時間、資源與機制。

原則上，專業德行學習社群要求每位教職員，承擔個人自我持續發展的責任，但是學校必須在過程中提供適當專業發展的機會。

老師必須感受到對於學生品格的培養有一種強烈的責任感（「這是在我工作中，很重要的一部分」），但是相對地，老師們必須對於自己身為一個品格教育工作者，體會到強烈的自我效能感（「我能夠勝任這件事」）。高品質的專業發展，能有效地提升教師對於德行與卓越的自我效能感和責任感，這是專業德行學習社群的另一個重要優先順序。

誠如許多關於最佳專業發展策略的撰述（例如國家專業發展委員會 [National Staff Development Council] 標準，www.nsdc.org），

我們相信，這些標準很容易改編成針對成就品格、道德品格以及品格八項優勢能力的專業發展之用。在學校的訪問中，我們觀察到許多學校對於專業發展，提供了支持高品質所採取的方法，列舉部分如下：

▶ **小額補助計畫**

在一所曾經獲得國家多項殊榮的大型中學（擁有 4,300 名學生）任職了 22 年的學校董事，談到學區如何提供具體的行政支持，幫助教師為個人持續的自我發展負責。

我們承諾要協助每個學生邁向成功與持續成長負責任的哲學，我們相信，如果對於持續改進抱持嚴謹的態度，就應該提供學校內部的補助計畫給教師。因此，自十年前，我們開始了這樣的補助計畫。老師可以申請一個補助上限為 2,000 美元的計畫，例如進行暑期課程發展方案。我們每一年花 25,000 美元在這項小額補助計畫上。我們將錢花在刀口上，這類小額補助計畫已經成為我們學校專業文化中常設性的措施。

▶ **暑期研習和研討會**

我們訪問了其它一些學校，它們提供常態性的暑期研習，讓教師可以聚焦在一些卓越與德行的層面；或是個別的教師，每年可以透過學校所支持的經費，參加至少一個專業發展的研討會（例如，www.character.org 提供了每年品格教育研討會的清單）。這些學校的老師們表示，藉由學校所提供的支持，讓他們得以在自己的專業領域中，居領先地位，並擁有持續專業成長的機會。他們發自內心表達了對教學的熱情以及對學校的感謝。

一些學校利用波士頓大學的「德行精進中心」（Center for the Advancement of Ethics, www.bu.edu/sed/caec/）所設立的「教師學苑」，提供教師專業發展。這個學苑是以「教師心智成長營」的方式運作，教師於成長營期間，透過他們個人的成長，有效地提升對學生品格發展的協助。在為期一週的課程中，老師們與學者一起閱讀、反思、寫作、對話，並討論一些優良書籍。這個學苑提供老師們一些關於對德行和品格具影響力的閱讀資料，其中部分的內容則輔以現代一些電影片段的討論。此外，中心的課程也包含一些課程計畫的發展及全校性方針和政策的制定。

▶ **共同閱讀計畫**

共同閱讀計畫是另一個提供充分持續發展機會的策略。教職員共同承諾閱讀一本關於成就品格、道德品格以及品格八項優勢能力，或是專業德行學習社群某些面向的書，並針對內容加以討論等方式，來作為教師會議過程的一部分。建議學校最好選讀能引人入勝、激發思考，同時能運用在個人和家庭生活，以及職場專業上的書籍。在眾多可能的書籍中，我們推薦以下幾本：Ron Berger 的《卓越的德行：建立學生技巧的文化》（*An Ethic of Excellence: Building a Culture of Craftsmanship with Students* [21]）；Laura 和 Malcolm Gauld 的父母指導手冊：《我們最重要的任務》（*The Biggest Job We'll Ever Have* [22]）；Abigail 和 Stephen Thernstrom 的《毫無藉口：弭平學習上的種族差距》（*No*

Excuses: Closing the Racial Gap in Learning [23]）；Barbara Schneider 和 David Stevenson 的《雄心壯志的世代：積極卻又迷失的美國青少年》（*The Ambitious Generation: America's Teenagers, Motivated But Directionless* [24]）。

▶ **全校性的成長營**

對於許多學校而言，教職員的成長營是學校發展的轉振點——它可能是建立合議、面對問題、促進個人和專業成長以及規劃不同課程的一個良機。在我們的研究當中，最引人注目的一個運用成長營作為文化改變的實例，是發生在幾年前一所郊區私立學校，該校學生註冊人數不斷下滑、教職員工作士氣低落、面臨關閉的下場。新就任的校長嘗試拯救這所瀕臨瓦解的學校，他說：

我剛到這所學校時，75%的時間都花在解決衝突，當時教師之間經常發生爭論，我得邊開車上班邊想：「今天我在停車場又會遇到哪個喪氣的人？」我曾經因為胰臟方面的疾病住院，險些喪命。我知道我必須做些不一樣的事，於是我宣布學校將舉辦一個為期四天的暑期成長營。雖然許多教師想逃之夭夭，但我們終究如期進行了。

許多的改變是源自於持續性的自我反思歷程，其中，學校規劃的成長營踏出重要的第一步：如今，每天上課前，我們進行、組織跨年級的社群活動；把訓導主任改稱為品格培育主任；推出強調個人責任的規劃重點；為成績退步，分數低於 60 以下的學生，成立學習技巧社群；加強與家長的溝通，使其瞭解他們孩子的學業表現；賦予學生自治

會在學校運作上更為重要的角色；建立「追求贏的光榮」的運動精神 [25]；每年舉辦一次教師夏令成長營；利用每學年開學的頭幾天，進行學校「環境的規劃與整頓」。

這位校長分享現在學校如何利用開學日，為整學年的學校運作定調：

開學的第一天，為了幫助新進老師融入學校的運作，我們策劃了一系列的活動：早餐歡迎會、禱告儀式、主管團隊會報、播放傳遞學校團隊精神的錄影帶、由學生做嚮導，進行學校巡禮，以及由任教二年的老師以「我希望在本校第一年教書時，有人會告訴我的事」為主題，進行分享。接著宣布學校當學年的主題；我們每年都有不同的主題，今年的主題是「奇蹟」。新老師在開學的第一天，帶著「我加入了一個很不一樣的學校」的心情，開心地步出校園。

「新老師在開學的第一天，帶著『我加入了一個很不一樣的學校』的心情，開心地步出校園。」

品格建造始於嬰兒期，且持續至死亡。
——Eleanor Roosevelt

PELC 原則 4：承擔自我持續發展的個人責任

▶ 有效策略 2：
要求所有教職員——學校的主管、教師、教練、秘書、清潔員工等，規劃並落實年度性的自我成長計畫。

《擊破排名：領導中學改革的策略》（*Breaking Ranks: Strategies for Leading High School Reform*）這份報告中提及：

最後，關於個人全面性發展計畫效能的評估，是針對每個教職員對於改善學生表現所需技巧的覺知，和個人獲得這些技巧的能力，進行檢核。每個教職員在連結個人計畫與學校行動計畫之際，必須反映出個人專業發展的需求，並持續更新個人的學習計畫（Personal Learning Plan）**26**。

Sparks 和 Hirsh 在《教職員專業發展的新視界》（*A New Vision for Staff Development*）一書中指出：

老師對於自己個人的成長計畫，不應以個人覺知的需求為基準（例如，需要學習更多關於班級的經營能力），而應考量學生所需要的知識和能力。因此，不妨運用逆向思考——去瞭解為達到這些成果，教師所需的知識、技巧和態度**27**。

教職員的專業發展，必須與預期的學生成果進行整合。

簡言之，每個專業德行學習社群成員的

專業發展，必須與預期的學生成果進行整合。一所品學兼優標竿學校，必須將個人自我發展計畫與成就品格、道德品格和品格的八項優勢能力互相整合。身為一個教職員，必須思考個人學習和發展計畫目標，是否與培養學生的目標相符並且有所助益。誠如專業德行學習社群成員，不但要在學科領域的知識與教學專業上成長，也必須在邁向卓越與德行之路的知識和運作上，有所成長。

PELC 原則 4：承擔自我持續發展的個人責任

▶ 有效策略 3：
對學生與學校其他成員分享個人自我成長計畫。

在《教學的勇氣》（*The Courage To Teach*）一書中，Parker Palmer 說：

進行教學時，我投射個人靈魂的狀態在學生、學科以及師生相處之上。從這個角度來看，教學就像是握著鏡子，對著靈魂映照。如果我們願意從中仔細端詳，並且定睛理解鏡中所見，那麼我們可以獲得認識自己的機會——要擁有良好的教學，不只是要認識所教的學生、所教授的科目，老師對自我的認識也是同等的關鍵和重要**28**。

如果 Palmer 所堅稱的是真的——我們的教學反映我們是什麼樣的人（we teach who we are），那麼我們教導學生最有力的課程活動，是真實呈現我們自己和他們一樣——都是一個持續追求進步的生命。學生必須瞭解，卓越與德行的追求是一生的過程；他們

親眼目睹生命中的重要成人，真實地展現對卓越與德行的持續追求；瞭解那是困難、疲憊和自我謙卑的歷程，但它終究是一件十分值得且崇高的事。為了讓學生充分理解追求卓越與德行是一生的事，專業德行學習社群的成員，必須願意與同事和學生分享他們的形塑歷程。

我們訪談的一位歷史男老師說道：

我和學生分享我的生活，讓他們認識我，我認為那是一件很重要的事。我擁有非常精彩的生活，經過許多大風大浪；在家長座談會時，我也不吝和家長分享。在這一整年的過程中，只要有機會，我就會分享；我也會鼓勵學生分享他們的生活經驗。因此，學生更加視他們的生活為一個追求卓越與德行的過程。如果你想發展品格的第八項優勢——用心追尋人生崇高目的的靈性者——你不能只做一個教學技巧卓越的教師。

一些中學老師與學生曾經告訴我們，一些中學教育工作者未能投入品格教育的理由之一是，在自己的生活有道德缺損的情況下，要他們向學生強調品格議題，他們感覺站不住腳。一個中學老師說道，「我們可能開車超速、逃漏稅、嗑藥——因此，對於自己要作為學生美德的典範，感覺很不自在。」

其實，為品格站台，以及協助學生培養良好品格，我們並不需要是完美無缺的，真正需要的是成人願意確實遵守他們要求學生的相同標準。

最重要的是，成人必須身段柔軟，並且願意持續成長——積極投入自我的發展。例如饒恕，是 Peterson 和 Seligman 在《品格的優勢與美德》一書中所列舉的 24 個品格優勢之一，也是我們堅稱在學校、家庭與職場中，一個很重要的素質。從美國所進行的一個全國縱貫研究「青少年與成人社會與道德調查」（*Global Portraits of Social & Moral Health for Youth and Adults*）中發現，較之於其它項目，成人在饒恕項目的自評分數最低（針對饒恕，以「你可以饒恕那些傷害你的人」，用「一點都不像我」至「完全像我」的五點量表進行自我評量 [29]）。

在一份道德問卷中，成人對饒恕的自評分數最低。

這個發現告訴我們什麼？至少顯示，身為成人的我們，在饒恕和遺忘中掙扎；我們深陷在否認和傷害的泥淖中；我們並未在生活中實踐人生格言：「寬大地處理他人的過錯，就像面對自己的一般」。反之，當我們視自己和他人為一個持續進步的歷程，當我們在翦除不好習慣，和建立良好習慣中掙扎時，就會有更多的意願和能力對於他人——包括成人與年輕人——的掙扎發出同理心和耐心（針對饒恕議題的相關資源，請參考兩位資深的「饒恕」研究者 Robert Enright 和 Richard Fitzgibbons 所著的《饒恕是一種選擇》[Forgiveness Is a Choice] 和《如何幫助案主饒恕別人》[Helping Clients Forgive][30]）。

當我們和同事與學生分享個人的自我發展歷程時，這樣的見證可以成為追求卓越與德行有力的實例與榜樣。最初，許多老師覺得相較於分享給同事，與學生分享時，自己比較不容易受傷害，也比較自在。但是，我們相信專業德行學習社群的成長，需要教職員與學生共同參與，那才是一種真摯的自我揭露。

> 如果我們在自己的美德上努力，我們便與掙扎於克服缺失的學生，產生了緊密的連結。如果我們沒有任何自我改進的個人計畫，我們便無法對學生產生同理心。
>
> ——James Coughlin

PELC 原則 5
實踐卓越與德行的集體責任

身為專業德行學習社群的一份子，意味著願意投入學校中其他成員的成長，並且盡量避免因人與人之間的孤立，而妨礙了教學。誠如我們鼓勵學生能關切彼此的最佳表現，身為教師，也必須在我們成人的關係中，表現出相同的行為。

「透過集體的責任，教師個別的責任會變得更容易承擔了。」

學校組織與再造中心（Center on Organization and Restructuring of Schools）的主任 Fred Newmann，對於學校改革中集體責任的重要性描述如下：

> 要學生學習建立集體責任的文化，教育工作者必須克服將學生多數的困難，歸因於學校外的傾向——尤其是歸因於家庭、同儕、社區；即便這些影響是真實的。置身於一個強而有力的學校社群中的老師，無論學生的社經背景如何，依然覺得自己具有重要的個人責任，要將學生的學習成就提升至最佳狀態。
>
> 透過集體的責任，教師個別的責任會變得更容易承擔了——所謂「集體責任」意味著一種不單單是老師個人與特定學生的行動，而是校內教師群體和所有學生共同去承擔責任[31]。

PELC 原則 5：實踐卓越與德行的集體責任

▶ 有效策略 1：
建立諍友團體，教職員共同設計和批判教學及學習方法。

諍友團體（Critical Friends Groups, CFGs）是我們研究中許多學校所採行的有效策略（所謂諍友，是指為了共同成長而彼此合作、相互支持及挑戰的一群人）。諍友團體是安寧柏格學校改革機構（Annenberg Institute for School Reform）的專業發展單位——國家學校改革教師會（National School Reform Faculty, NSRF, www.nsrfharmony.org）的一個創新點子[32]。其文獻資料說明，「諍友團體提供教師與行政主管一個方法，去發展共同的規準和價值、進行反思性對話、給予彼此工作回饋，且為彼此負責[33]。」

每個諍友團體大約由 6-10 位教師與行政主管所組成，他們長期合作，致力於使學生獲得更佳的學習。誠如 NSRF 引導原則所建議的，團體成員「在學期間，每個月至少聚會一次，進行一場 2-3 小時的會議。他們公開說明學生的學習目標，幫助彼此以更具效能的方式，思考有效的教學方法，檢視課程和學生學習的表現，辨識影響學生學習成就的學校文化的相關議題」。

諍友團體成員至少一個月聚會一次，每次 2-3 小時，針對彼此的教學給予回饋。

身為「諍友團體」的成員，至少一個月觀察一次彼此的教學情形，並且提出一些有挑戰性但不具威脅性的回饋。在一個從校內教職員推選出來，或是由具公信力的校外人士擔任教練的引導協助下，諍友團體能發揮彼此互相挑戰的功能。一位教師這樣描述他的經驗：

將自己的教學、學生的學習表現，赤裸裸地呈現在團體成員面前，是一種危險的行為。剛開始時，你會覺得自己非常脆弱，容易受傷。但是隨著每次會議的進行，團體成員互相信賴的程度逐漸增強，我們開始明白，有人可以給予建議、提供協助，甚至只是交談，是很棒的；諍友團體的存在使我們跳脫了教學的孤立[34]。

對諍友團體而言，如何分享學生作品案例、討論學校議題、改善課程設計，和評論課堂重要事件，其「進行」方式各有不同。下頁的方塊內容以簡約的方式描述檢視學生作品的一個進行方式。

> 成功和卓越是不同的；成功不是我們可以控制的，但卓越則不然。
> —— Joe Paterno

諍友團體是一個強而有力的方法，是一個涵括許多專業德行學習社群原則的組織，它們也可以變成提升學生表達意見的工具。在我們研究計畫中的一位高中校長評論道：

我們採用諍友團體，發展 Fred Newmann 所謂的學生「真實學習任務」。在每個學習單元，我們針對特定的內容，共同設計一個課程呈現給學生：「你們認為這個課程如何？」「你們認為它應該包括什麼內容與呈現方式？」如此，能幫助學生真正掌握課程的作業。

> 讓你自己成為你希望別人認為你是的那種人。
>
> ——蘇格拉底

PELC 原則 5：實踐卓越與德行的集體責任

▶ **有效策略 2：**
促進同儕督導。

同儕督導，原則上是以一對一的方式進行，是在我們研究觀察中所發現，擁有堅強專業德行學習社群的學校，所採取的另類集體責任的形式。一位老師如此說道：

我曾經在六所不同的學校任職過，這所學校與眾不同之處在於，學校中的人能彼此真正關心和支持，任何人都可以彼此交流，而且獲得所需的幫助。

不但有經驗的老師會輔導新手老師，而且反之亦然。身為新手教師，你會立即感受到自己被賞識，因為其他人知道你所擅長

的，而且願意向你學習。教師間的相互輔導和學習，以一種非正式的方法，在學校上課期間、課後、暑期專業發展課程中，持續進行。我們鮮少邀請外來講師進行在職進修，因為在我們的教師群中，就有許多具不同專長的人。

「這所學校中的人，能彼此真正關心和支持。」

搏擊視而不見的棘手難題 ——客廳裡的大象

搏擊視而不見的棘手難題的有效策略

1. 搏擊影響教學與學習的教育政策議題；開創最能支持學校改革的情境。

在這一章的開始，我們強調卓越與德行的相互依存性，我們認為德行（例如，學校內的人彼此尊重和關切的程度）影響卓越（例如，學生學習的動機和教職員努力工作的意願），我們也強調卓越（例如，教師教得如何）影響德行（學生感到被尊重和關懷的程度）。

對於專業德行學習社群而言，身為領導的重要責任是，要重視所有對於德行與卓越有所影響的相關議題。在第三章，我們形容這些影響卓越與德行的棘手議題為「客廳裡的大象」（你一開門就會立即映入眼簾的巨大形體）（見第 84 頁，學校用來檢視棘手

難題的一項調查）。有時候大象就坐在客廳的沙發上，大家卻忽視牠的存在；有時候大象在桌子底下，雖然沒有探出頭來，但它依舊是一個持續存在的問題。

專業德行學習社群確保所有影響卓越與德行的議題，都會逐一受到重視。

在我們的研究中有兩個案例：一所學校，在一個例行冗長無趣的週一下午的教師會議中，有位老師提出上週五放學後發生的事件——有人撬開好幾位學生的置物櫃，把櫃子內的書籍、報告等個人物品，丟棄在鎮上的各角落。結果，僅有一位教師加以回應，要求學校警衛系統必須改善。

當下，沒有人提出對學校而言，不可輕忽的重要德行議題：為什麼會發生這樣的事件？這件事對學校意味著什麼？身為學校社群一員的我們，針對這起違法事件，對於被害者所承受的，我們應該負起什麼樣的集體責任？我們應如何避免這樣的事件重演？然而學校卻未在一些可能的情境脈絡中，例如，輔導機制、課堂、學生自治會或是全校集會等場合，針對類似的議題，事前加以討論。雖然所有的會議如禮行儀的持續進行，但對於整個學校社群而言，專業德行學習社群一個很重要的成長機會，就如此這般擦身而過了。

在另一所我們訪問的學校（並非在本研究計畫的學校名單之列），校長對一群來訪的教育學者聲稱這所學校主要的使命是，改善少數族群學生的成就落差；他們是學校的主要學生族群。但是在我們觀察的好幾個班級中，學生的學習動機總是顯得低落，同時

也未見學校運用任何有效的輔導機制，在時間的運用上也不見什麼成效。學校的廁所相當髒亂，好些馬桶都壞了。總歸一句，學校的整體氣氛並未對學生傳達一個「學生對學校而言是很重要的」訊息。來參觀學校的人在走廊互相抱怨，他們並未見到先前在說明中校長所列舉學校改善措施的落實狀況。

最危險的欺騙就是自我欺騙。

然而，緊接在這個令人失望的參觀後的第二天，在教師會議上，學校的領導者要求教師們進行一個慶祝學校優良事蹟的活動。之後，另一位行政主管邀請參觀者分享「在參觀中的觀察和提問」，又說「我們沒有時間進行批評的部分，因此，希望你們僅針對正面的評論加以說明就好」。其實這所學校錯失了獲得寶貴回饋的機會；所有的棘手難題都未被重視，而我們懷疑這樣的模式，可能早已成為這所學校文化的常態了。

作家 Josh Billings 指出，「最危險的欺騙就是自我欺騙」。專業德行學習社群最重要的責任就是，以誠實且謙卑的態度，開創團體組織的運作和溝通方式，面對影響卓越與德行的所有棘手難題：種族歧視、性別歧視、欺凌、欺騙、霸凌、口語騷擾、幫派等——這些都是被學校忽略的隱憂，也是相當棘手的難題。學校一旦缺少一個有效面對這些問題的專業德行學習社群，許多學生會因此感到挫敗。一些人可能陷入中輟的命運，另一些人即使順利畢業，而且在各科學力測驗上表現良好，但是以在校、就業以及未來生活的卓越與德行的長期目標而言，他們不會學到我們以八項品格優勢能力，作為評量

標準的卓越深層能力。

PELC 原則 6：搏擊視而不見的棘手難題——客廳裡的大象

6.1 PELC

▶ 有效策略 1：
搏擊影響教學與學習的教育政策議題；開創最能支持學校改革的情境。

為建立一個專業德行學習社群，學校必須面對一個殘忍的事實——與教育政策相關的議題，是直接影響卓越與德行追求的宏觀力量。例如，學校的規模、教師授課的負擔、師生比例、每位學生的教育預算、學生課業精熟的真實性評量等——這些往往都是客廳裡的大象。每個人都知道，這些議題深深地影響學校內每件事的運作，但是我們卻經常加以忽視，轉而找尋保證成功的「銀彈」方法或課程，即便錯失成功的前置條件也在所不惜。學校若無法適當地面對這些前置條件，將嚴重地限制學校卓越與德行的追求。

專業德行學習社群必須搏擊以下議題：
- ✓ 推動成就品格和道德品格的發展，我們需要多少時間來規劃？
- ✓ 時間從哪裡來？
- ✓ 學校規模在我們追求成就品格和道德品格的發展中，扮演什麼樣的角色？班級的大小有何影響呢？
- ✓ 如果我們希望教師與學生培養重要的師生關係，教師合理的授課負擔是什麼？
- ✓ 針對教職員的訓練，我們需要多少經費，好讓他們可以嘗試新的方法？

在中學改革的文獻中——例如，全國中學校長協會（NASSP）的《打破排名 II》（*Breaking Ranks II*）——非常關切這類的議題。不管學校是否認同或是否能實施 NASSP 所建議的所有解決方法，學校如果想充分發揮他們在卓越與德行上的潛力，則至少必須願意與這些議題進行一番搏鬥。

專業德行學習社群成員必須具有一種「肯做」的態度，並且展現出為了支持成員共同追求卓越與德行，學校願意堅守責任及全心投入。一位擔任歷史科主任的老師告訴我們：「要將事情釐清，其實不難，只需要捲起袖子，然後不輕易放棄就對了。」他描述歷史科的教師，如何下定決心找出時間，進行每週的教師協同合作。結果，那成為這所學校目前牢不可破的約定，以及學校成功的重要後盾。這位學科主任說道：

我們到學校董事會陳情：「教師合作是我們很想做的一件事。」董事會說：「我們全力支持，你們做你們想做的，只要不多花錢，不要改變學生上學的時間，不要更改校車發車的班次。」我們過去是一天上課 8 小時——從上午 7:45 到下午 3:45，第一堂課是 8:05 開始，一直到最後一堂課 3:25 結束。老師在第一堂上課前與最後一堂下課後，各留下 20 分鐘，或用來幫助學生，或用來完成自己教學上庶務性的工作。

後來，教師工會主動來找我們：「有解決的辦法了，我們在每週的第一天提早 15 分鐘到校——上午 7:30——並且在下午 3:30 離

開，我們依舊一天工作 8 小時。然後我們延後 20 分鐘，8:25 開始第一堂課，這樣，教師們可以在 7:30 到 8:15 之間開會。我們只犧牲了星期一 20 分鐘的教學時間，但是卻因此為教師團隊爭取到每週 45 分鐘的合作時間。」

這位老師說，這個計畫竟然順利地在學校推行開來，「我們仍然有相同人數的學生在這棟大樓上課，我們只不過是提早一點開門：體育館、圖書館和資源教室、電腦教室——全部開放。在過去的五年當中，我們從未發生重大的學生管教問題。」

一些教育工作者告訴我們，「教師工會不支持」關於學校改革的一些想法，確實如此。在許多學校，教師工會不但不是問題的解決者，反而是問題的製造者。但誠如上述案例所呈現的，教師工會確實可以扮演幫助開創專業德行學習社群非常具有建設性的角色。

如果學校信誓旦旦地宣示改革及追求卓越與德行的決心，但卻在一些關鍵議題上，諸如對於教師合作時間的考量和改變，顯得愛莫無助的忽視，這種狀況就會如同一位中學改革老兵所說的，它不啻是一則殘酷的笑話。無論如何，如果形塑學校的諸多政策，能受到足夠的重視，並且以一種開創支持的方式，去協助學校改革的運作，那麼不只是專業德行學習社群會成長，整個學校也一定會欣欣向榮。

在《中學教育的再造》（*Reinventing High School*）[36] 研究報告中，作者列舉了十個影響教學和學習系統性議題的學校重建方

法提供讀者參考（請見下方的方塊文章）。

中學重建的十個方法

1. 訂定學生應達到的課程標準。

2. **確保有效的教學方法。**教學方法必須聚焦在學習素養、具應用性的學習，以及問題解決策略的運用。

3. **持續性的多元評量。**學生必須在老師採取多元途徑的情況下，接受評量，包括：
   ◆ 合作性的評量
   ◆ 學習檔案
   ◆ 作品展演
   ◆ 以能力為考量的畢業門檻。
   這些評量必須作為提供教師給予學生立即性提示和回饋之用。

4. **設置小型學習社群，**包括：
   ◆「校內」模式
   ◆ 以不同學習主題而組織的社群
   ◆ 不同的就業路徑
   ◆ 同年段群組
   ◆ 跨年段群組。

5. **可以彈性運用的時間，**例如，較長時間的課堂規劃（由一般每堂課 50 分鐘，延長為 90 分鐘，以幫助學生深入學習，獲得更佳的學習成效）、延長學生待在學校的時間，如此的彈性規劃有助於：
   ◆ 學生獲得深入探究知識的教學（inquiry-based instruction）與輔導
   ◆ 教師擁有共同規劃課程的時間。

6. **透過以下方式降低師生比例：**
   ◆ 上述的作息形式
   ◆ 科目統整
   ◆ 資源再分配
   ◆ 融入特殊學生
   ◆ 鼓勵所有教師看重參與式的教學。

7. **透過以下方式將課堂擴展至職業場所和社區：**
   ◆ 建教合作的實習
   ◆ 服務學習
   ◆ 與課堂或職場緊扣的學習方案。

8. **開創一個個人化且相互尊重的學習環境，**包括：
   ◆ 明確的安全與管教規則
   ◆ 提供支持學生達到學業高標準的服務，包括：
     a. 輔導
     b. 指導
     c. 健康與社會服務。

9. **建構並維持合作的專業文化。**老師能有持續專業發展的機會，例如提供：
   ◆ 專家輔導
   ◆ 課程規劃
   ◆ 團隊教學
   ◆ 工作坊。

10. **與不同社群建立的夥伴關係，以支持學生的學習：**
    ◆ 學生的家長可以做些什麼？
      a. 支持孩子在家的學習

b. 參與學校的決策。

◆ 工商企業可以做些什麼？

　a. 提供經費支援

　b. 提供技術支援和督導

　c. 提供實習和現場學習的機會。

◆ 高等教育可以做些什麼？

　a. 改變大學入學方式

　b. 提供教學指導或督導

　c. 合作建構課程。

附註

1 G. Grant, "Schools that make an imprint: Creating a strong positive ethos," in J.H. Bunzel (Ed.), *Challenge to American schools: The case for standards and values.* (New York: Oxford University Press, 1985).

2 R. DuFour & R. Eaker, *Professional learning communities at work: Best practices for enhancing student achievement.* (Alexandria, VA: Association for Supervision and Curriculum Development, 1998).

3 "Making high schools better," *Education Update,* **www.ascd.org** (August 2004).

4 K. Wentzel, "Are effective teachers like good parents? Teaching styles and student adjustment in early adolescence," *Child Development,* 2002, 73, 287-301.

5 P. Palmer, *The courage to teach.* (San Francisco: Jossey-Bass, 1998).

6 A.R. Tom, *Teaching as a moral craft.* (United Kingdom: Longman Group, 1984).

7 T. Sizer & N. Sizer, *The students are watching: Students and the moral contract.* (Boston: Beacon Press, 2000).

8 Grant.

9 protagonist in J.D. Salinger's 1951 book, *The Catcher in the Rye, who believes that all adults are phonies.*

10 R.C. Shouse, "Academic press and sense of community: Conflict, congruence, and implications for student achievement," *Social Psychology of Education,* 1996, 1, 47-68.

11 T. Sergiovanni, *Moral leadership: Getting to the heart of school improvement.* (San Francisco: Jossey-Bass, 1992).

12 S.J. Rosenholtz, *Teachers' workplace: The social organization of schools.* (United Kingdom: Longman, 1989).

13 J.W. Little & M. McLaughlin (Eds.), *Teacher's work: Individuals, colleagues, and contexts.* (New York: Teachers College Press, 1993).

14 P. Senge et al., *The dance of change.* (New York: Doubleday, 1999).

15 S. Covey, *The seven habits of highly effective people.* (New York: Simon & Schuster, 1989).

16 We are indebted to Eric Twadell for his workshop presentation on the alignment of academic practices with intended outcomes.

17 See, for example, J.M. Harackiewicz & A.J. Elliot, "Achievement goals and intrinsic motivation." *Journal of Personality and Social Psychology,* 1993, 65, 904-915.

18 *Engaging students: Fostering high school students' motivation to learn.* (Washington, DC: National Research Council Institute of Medicine, 2004).

19 M. Berkowitz & M. Bier, **www.characterand citizenship.org**

20 D. Osofsky et al., *Changing systems to personalize*

learning: The power of advisories. (Providence, RI: Education Alliance at Brown University, 2003).

21 R. Berger, An ethic of excellence: Building a culture of craftsmanship with students. (Portsmouth, NH: Heinemann, 2003).

22 L. Gauld & M. Gauld, The biggest job we'll ever have: The Hyde School Program for character-based education and parenting. (New York: Scribner, 2002).

23 A. Thernstrom & S. Thernstrom, No excuses: Closing the racial gap in learning. (New York: Simon & Schuster, 2003).

24 B. Scheider & D. Stevenson, The ambitious generation: America's teenagers, motivated but directionless. (New Haven, CT: Yale University Press, 2000).

25 The "Pursuing Victory with Honor" sportsmanship code is available from the Character Counts! Coalition, **www.charactercounts.org**

26 Breaking ranks II, Strategies for leading high school reform. (Reston, VA: National Association of Secondary School Principals, 2004).

27 D. Sparks & S. Hirsh, A new vision for staff development. (Alexandria, VA: Association for Supervision and Curriculum Development, 1997).

28 P. Palmer, The courage to teach. (San Francisco: Jossey-Bass, 1998).

29 M.L. Davidson & V.T. Khmelkov, Global portraits of social & moral health for youth and adults, available at **www.cortland.edu/character/instruments.asp** (2003).

30 R.D. Enright, Forgiveness is a choice: A step-by-step process for resolving anger and restoring hope. (Washington, DC: American Psychological Association, 2001). Also, R.D. Enright & R.P. Fitzgibbons, Helping clients forgive: An empirical guide for resolving anger and restoring hope. (Washington, DC: American Psychological Association, 2000).

31 F.M. Newmann, "Schoolwide professional community," Issues in Restructuring School. (Report No. 6, Spring 1994).

32 **www.nsrfharmony.org**

33 **http://www.nsrfharmony.org/faq.html#1**

34 National School Reform Faculty Resources, "Effort at Tucson's Catalina Foothills High School is redefining teacher professional development," **www.nsrfharmony.org/aea.html**

35 **www.nsrfharmony.org**

36 **www.essentialschools.org/pdfs/RHS.pdf**

第五章 培養品格的八項優勢能力

影響我品格表現最深遠的人,是我的籃球教練。在第一週練球時,白教練將我打球的位置,從後衛調整為大前鋒,只是,大前鋒這個位置,讓身高只有160公分的我身心俱疲。因此,我只要在比賽時受挫,就感到十分懊惱,而身高也成為我經常使用的藉口。

但是,白教練從不讓我放棄,他直接告訴我,他對我有更高的期待,而且一直以我為榮。在為他打球之前,不曾有人要求我試著去突破安逸及安全的現狀,也就是說,在我認為不可能做到的事上,以前的我,不曾選擇堅持去面對。

——一位中學女生

我認為所謂有意義的生命,就是每天我所做的事能對他人有所影響,並且我也能在新的領域中持續學習,有所成長。青少年所面對的最大挑戰之一,是建立對自我的認同,並且在面對父母、老師及朋友不斷阻攔你的想法時,仍能堅持自己的信念。我在中學已經進入第三年,一直到今年,我才真正建立對自我的認同。

我之所以能建立自我認同的主要原因,除了是來自學校嚴格要求的課堂學習外,一部分原因是受到我所參加的課外活動所影響。在那樣的課外活動中,我有機會參加了十場的演出,而每次的演出都讓我更瞭解自己,也為自己帶來更多的成長。另一方面,我也擔任學生自治會的幹部,這個經驗讓我能培養對道德的覺知,以及強化品格的領導技巧。雖然未來是個未知的冒險,但是過去三年所經歷的成長經驗,讓我的生命充滿了目標,而且渴望繼續向前邁進。

——一位中學男生

品學兼優標竿學校是如何培養學生具備這些包含成就品格與道德品格的八項優勢能力呢？針對這八項優勢能力，或是品格的發展成果，在第二章我們已從幾個面向做了說明，例如，透過跨文化的人類智慧、正向心理學所強調的個體資產，以及我們這項紮根理論的研究等，我們提出的品格八項優勢能力為：

1. 終身學習與思辨者

2. 勤奮又有能力的表現者

3. 處世圓融且具備情緒管理能力者

4. 德行的深思者

5. 尊重且負責任的道德實踐者

6. 自律且追求健全生活方式者

7. 對社區和民主發展有所貢獻者

8. 用心追尋人生崇高目的的靈性者。

長久以來，哲學家經常提出「全人的意義究竟為何？」這個問題，而教育家也強調教育必須能教出「全人發展的兒童」。因此，我們提出品格八項優勢能力，提供那些以全人教育為辦學目標，致力於幫助年輕人活出最好的自己，朝向追求卓越與德行前進的學校做參考。而能達成這些成效的學校教育，是要以培養學生終其一生能活得精彩而豐盛的能力為目標。

每位年輕人都想擁有精彩而豐盛的人生。

我們相信每位年輕人的內心深處，都希望自己的人生過得精彩而豐盛。Barbara Schneider 和 David Stevenson 在其著作《雄心壯志的世代：積極卻又迷失的美國青少年》（*The Ambitious Generation: America's Teenagers, Motivated But Directionless*）中指出：

> 媒體通常將青少年報導為「好逸惡勞者」、吸毒者及罪犯。不過事實上，雖然大多數的青少年只具有高中學歷，但是他們並沒有服用毒品，也不是罪犯，更沒有在青少年時就成為小爸爸或小媽媽[1]。

> 領悟自己所知何等有限，以及生命是那般短暫，就是智慧的開端。
>
> ——牛頓

我們相信這八項品格優勢能力所展現出關於卓越與德行的理想，對青少年是具有吸引力的，也能幫助他們設定具有激勵性的目標，遠離可能摧毀美好前途的行為，進而充分發揮其所擁有的潛能。

這八項品格優勢能力陳列的順序，並不代表它們在重要性上的優先順序，例如，我們並不認為能成為思辨者，要比能成為德行的深思者來得重要。或者，做為一個勤奮又有能力的表現者，比對社區和民主發展有所貢獻來得重要。

此外，我們認為這八項優勢能力是相互依賴的，每項能力均是其它能力能理想運作的必要條件。舉例來說，成為勤奮又有能力的表現者，有助於我們追求其它優勢能力的卓越程度。此外，成為一位德行的深思者，能幫助我們在面對任何狀況時，做出最佳的道德判斷，也就是說，它能引導我們實現其它所有品格的優勢能力。當我們成為有靈性的人，能對人生的意義有更深層的認識，也就能對其它品格優勢能力的發展，帶來新的

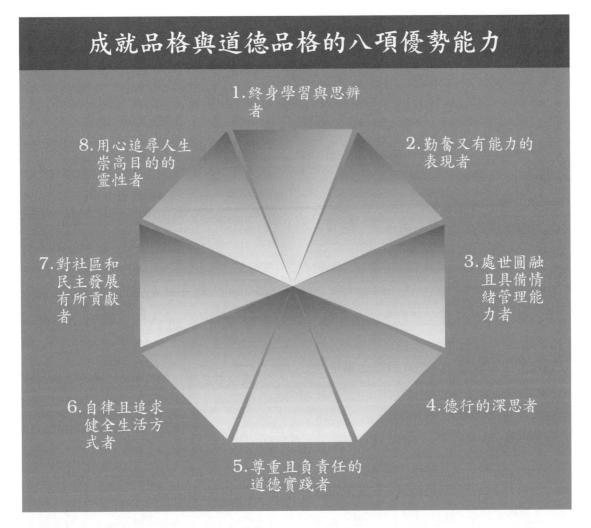

成就品格與道德品格的八項優勢能力

1. 終身學習與思辨者
2. 勤奮又有能力的表現者
3. 處世圓融且具備情緒管理能力者
4. 德行的深思者
5. 尊重且負責任的道德實踐者
6. 自律且追求健全生活方式者
7. 對社區和民主發展有所貢獻者
8. 用心追尋人生崇高目的的靈性者

能量。同理可類推其它優勢能力相互依賴的情形。

接下來我們要討論相關的理論及研究，來說明這八項品格優勢能力影響學生在校內或校外成就的重要性。我們也會依據我們的研究，對教師、學校、家長、社區及青少年提出能發展每項優勢能力的有效策略。

優勢 1
終身學習與思辨者

學校對我們能成為終身學習者，具有很

重要的影響力。學校教導我們要享受學習，能將每一次的學習視為令人興奮及嶄新的經驗，而不要將學習視為令人厭煩的工作。我們學校也透過取消成績的排名，降低學生之間的競爭，並視教師為同儕學習者的方式，來創造這樣氛圍的學習環境。

——一位中學男生

哈佛大學教育學院 Ron Ritchhart 教授在《聰慧的品格：它是什麼？為何重要？如何養成？》（*Intellectual Character: What It Is, Why It Matters, and How to Get It*）一書中，

提出一些頗難回答的問題，如：學校有讓學生變得更聰慧嗎？「聰慧」如何定義[2]？

Ritchhart 表示，當他問教師是如何看待自己的工作時，許多處在今日強調正式測驗教育環境中的教師，他們的回答通常是：「我的教學主要是幫助學生通過州政府在春季所舉辦的學力測驗。我依據州政府所頒布的學習標準，進行教學。我需要確保班上的學生在明年的測驗中都能做好準備。」

想想，這些答案傳達給學生什麼樣的訊息呢？在教師那樣的心態下，對學生而言，學習很容易變成是枯燥無味的工作，而那樣的工作就像是工人從事機械性的工作一般。因此，上述教師的那些答案所傳達給學生的訊息就是：「你只管用功讀書，拿到好成績，然後再繼續努力。」

Ritchhart 繼續問教師：「假使教育是更多關注學生性格及心智習慣的培養，幫助他們具備終身學習、解決問題及做決策所需之能力，那麼情況會有何不同呢？」Ritchhart 稱這些心智習慣為「聰慧的品格」。聰慧的

品格包括：常保好奇心、具後設認知的能力（有能力反思自己的思考）、在乎尋求真相並確實理解、常抱持懷疑（尋求證據及瞭解他人所持的理由），以及能依計畫行事（設定目標、發展步驟，以及思考所需的資源）。以上這些性格可以激發聰慧的行為，所以 Ritchhart 呼籲：「我們不僅要教導學生具有聰慧，更要教他們聰慧行事。」

Ritchhart 所強調聰慧行事的概念，在耶魯大學心理學家 Robert Sternberg 所寫的《成功的智能》（*Successful Intelligence: How Practical and Creative Intelligence Determine Success in Life*）（譯註 1）一書中，獲得強而有力的呼應。Sternberg 是這麼寫的：

成功智能是一種用來達成重要目標的智能。成功的人……是指那些會去培養、強化及懂得運用各種智能的人，而非那些只迷信爭取學校奉如圭臬和至寶，但卻禁不起考驗的表相成就的人。這些成功的人也許會、也許不會通過傳統規範的各種測驗，但是他們的共通點是：要完成比在測驗上拿到高分還來得重要的事。這些共通點就是他們知道自己的優勢，也知道自己的劣勢，他們不僅能

譯註 1：中譯本《成功的智商》，平安文化出版社出版。

發揮自己的優勢，也能彌補或修正自己的劣勢[3]。

Sternberg 根據自己一系列的研究，以及身為心理學家的觀察結果表示：「我發現擁有成功智能的人，雖然成功的面向或程度有所不同，但他們都擁有一些重要的共同點。」Sternberg 列舉了這些擁有成功智能的人，所共同擁有的 20 項特質（請見右邊的方塊內容）。我們認為這張表列的 20 項特質，突顯了兩件事：(1)學生在短期或長期中都可以發展這 20 項特質；以及(2)擁有這些成功智能的人，並非只致力於某特定特質的發展。

我們所提出的第一項品格優勢能力「終身學習與思辨者」，與 Ritchhart 和 Sternberg 所強調應用智能的重要性之間有何關聯呢？我們認為應用智能是這項優勢能力的核心。此外，每個人都可以不受天賦的限制，去發展這項應用智能。因此，成為終身學習者，並非僅限於擁有高智商或高學歷的人，反之，它是一個普遍性的挑戰，而且也是用來分辨個人是否能運用天賦，在各行各業中追求卓越的指標。

幫助學生做好成為終身學習與思辨者的準備，是學校教育很重要的任務，也是學校教育需要達成的目標。思考及解決問題的能力，是每一種職場都重視的，因為有許多雇主不斷強調，他們要聘用的是擁有這些能力的員工。此外，由於知識日新月異及科技快速發展的結果，導致職場工作內容越來越複雜，也更突顯了成為終身學習者，是評量工作表現的重要指標。很明顯地，這是一種自

擁有成功智能的人：

1. 能自我激勵
2. 學習控制衝動
3. 知道何時該堅持到底
4. 能充分運用自己的能力
5. 能將想法付諸行動
6. 是目標導向的人
7. 堅持有始有終，務求完成任務
8. 是積極主動者
9. 不怕失敗
10. 不拖延
11. 可以接受公正的指責
12. 不會自艾自憐
13. 獨立自主
14. 能克服個人的困境
15. 能專心致力於達成目標
16. 不會同時做太多或太少的事
17. 懂得延遲享樂
18. 能由小見大，懂得從細節看全貌
19. 有合宜的自信，對達成目標深具信心
20. 在分析性、創造性及實用性之間思考時，能保持一定的平衡。

——Robert Sternberg[4]

我價值的評量，評量我們是否能持續聰慧地生活及成長，而這也就是精采而豐盛的人生的一部分。

優勢 1：終身學習與思辨者

▶ 有效策略 1：
設計與學生生活相關、嚴謹而
能吸引學生參與的課程。

學校的基本要務是要幫助學生成為終身
學習與思辨者，也就是說，讓他們能致力於
投入有效的學習。因為課程是學校用來教學
的主要媒介，所以設計與學生生活相關、嚴
謹及吸引他們參與的課程，是很重要的考
量，而且這三點特色是缺一不可。

身為教師，必須讓學生覺得課程與他們
的生活及理想抱負是有關聯性的，如此可以
幫助他們積極面對未來。課程在內容及規畫
上必須嚴謹，也就是說，要和學習標準及其
它學習品質指標之間具有一致性，而且要能
讓學生及教師覺得有挑戰性。最後，課程在
進行時，必須能吸引學生樂於參與及投入。
因為有的課程雖然嚴謹，與學生生活是有關
聯，但老師教學的方式卻無法幫助學生成為
思考者及學習者。

令人感到高興的是，在過去 20 年間，
美國的中學教育致力於課程的強化，而這些
努力也逐漸有了成果。一份由教育測驗中心
（Educational Testing Service）所做的重要報
告中《分析成就鴻溝》（*Parsing the Achie-
vement Gap*）寫道：「讓所有族群的學生，
都能接受較為嚴謹的課程，已成為一種強而
有力的教育趨勢。」這份報告指出，增加課
程的嚴謹性，可以預測學生是否能得到較高
的學習成就，這點對那些一直以來都是低成
就的學生，尤其具有很重要的意義 [5]。

> 增加課程的嚴謹性，能幫助學生獲得較高的學
> 習成就。

不過，令我們覺得一則以喜、一則以憂
的原因是，有另一份來自美國國家科學院
（National Academies）於 2004 年出版的重
要報告《重視學生參與學習的學校：提升高
中生的學習動機》（*Engaging Schools: Fos-
tering High School Students' Motivation to
Learn*）[6]。由 18 位學者所組成的委員會，為
了探討市區學校所面臨的挑戰，彙整了有關
學習動機及強化學生學習的研究成果，而完
成這份報告。我們摘錄這份報告結論的部分
內容如下：

有許多學校的實例顯示，雖然有些學生
曾經不喜歡參與學習，成績也很差，但後來
他們變得喜歡學習了，而且非常有成就……
讓學生改變，樂於參與學習的核心教學原
則，可適用於所有其它位於市區、市郊或鄉
下的學校。我們發現，重視學生參與學習的
學校和教師，其特質如下：

- 能提供學生支持,並能以高標、具挑戰性的教學,來增進學生對自己學習能力及學習成就的信心。
- 讓課程與學生的生活之間有所關聯,如此能幫助學生看到其中的價值。
- 提供個別化的教學,讓學生有歸屬感。
- 關心學生的生活。
- 開創具支持及關懷的人際互動環境。

不過,這份研究報告同時也提出一個令人感到沉重的提醒如下:

不過,以上「重視學生參與學習的學校」(engaging schools)所描述的情形,僅適用於為數不多的艱困市區學校……因為在那些中學裡,許多學生來自貧窮家庭,通常只有不到一半的學生能順利畢業,取得高中文憑。許多學生即便沒有被退學,但也時常翹課,無心於學業,所學十分有限[7]。

☐ 中學教改模式

不論是成功的或是仍在努力奮鬥的學校,進行改革的原因都是希望「好,還要更好」,因此其它學校可以參考這些不同的教改模式,其中每個模式皆提供了其課程與教學的內容。《重視學生參與學習的學校》這份報告介紹了 12 個模式(請見右邊的方塊內容),但報告中以「這些改革模式對成效所提供的證據並不多」作為小結,並做了如下的說明:

不論是歷史悠久的中學教育改革研究,或是最近新設立的學校內部所做的改革研究均顯示,只要學校增加個別化的教學,學生

出席率、家長參與率往往也隨之增加,而學生行為方面的問題相對也會減少。有關中學教改模式成效的評量研究也指出,這些學校的學生通常修習更多的進階課程,畢業後也繼續接受更高的教育;學生重修和畢業的比例增加了,而退學的比例則減少了。

在我們所做的研究中,也有許多致力於提供與學生生活相關、嚴謹及具有吸引力的課程實例,其中有些也出現在方塊內容所列

中學教改模式

1. America's Choice:
   www.ncee.org/acsd/program/high.jsp
2. Atlas Communities:
   www.atlascommunities.org
3. Coalition of Essential Schools:
   www.essentialschools.org
4. Community for Learning:
   www.temple.edu/lss/cfl.htm
5. Co-NECT: www.co-nect.com
6. Edison Schools:
   www.edisonschools.com
7. Expeditionary Learning/Outward Bound:
   www.elob.org
8. First Things First: www.irre.org/ftf
9. High Schools That Work: www.sreb.org/
   programs/hstw/hstwindex.asp
10. Modern Red Schoolhouse:
    www.mrsh.org
11. Paideia: www.paideia.org
12. Talent Development High School:
    www.csos.jhu.edu/tdhs/index.htm

的 12 個中學教改模式之中。在此我們只介紹兩個課程實例。第一個實例是一所位於美國東北地區市郊的小型私立學校所發展的課程；第二個實例是一所位於西海岸市區內的大型公立學校所發展的課程。

📖 核心傑作課程

這所小型私立學校在校長的領導下，曾獲得兩項全國性獎項，我們請校長說明他對於「重視學生參與學習的學校」之願景，校長如此表示：

「重視學生參與學習的學校」必須同時具備三個條件：(1)教師已充分準備好進行教學；(2)學生已充分準備好進行學習；以及(3)學校教導學生重要的事物。所謂重要的事物是指學校想要學生學習的必要知識。

這所學校課程的重點是它的核心傑作課程（Core Works program），在該課程的小手冊中寫著：「我們的目的是要教導學生世界上曾經被教過及發表過的最好作品。」這些核心傑作包括「歷久彌新的作品，也就是偉大的文學、視覺藝術、音樂作品，以及開啟、界定及說明我們國家制度的文件或演說，或是記錄重要歷史事件的文件或演說。」

這所學校的教師使用由國家人文基金會（National Endowment for the Humanities）所發展的四項準則，去選擇核心傑作的課程內容，這四項準則如下：

1. **具有永恆性**（歷史以來思想家所看重的）
2. **具有中心思想**（含括重要的主題思想）

3. **具影響力／重要性**（要能超越學科）
4. **具獨創性**（能提供新視野）。

學校能實施以傑作為核心的課程，最主要的因素是因為它是一個強而有力的專業德行學習社群，各年級的教師都會為每份核心傑作的教學，設計共同的教案。教師每年也會與國內學者共同研究，而所發表的研究結果也就成為最好的教材。核心傑作課程的手冊中指出：「學校有充裕的經費，讓那些負責教特殊教材及藝術作品的教師團隊，有機會與學者一起工作，或是進行其它的學習，例如去密西西比州參加紀念美國作家 William Faulkner 的研討會，或是在紐約大都會藝術博物館與專家一起工作。」

我們從這所學校的課程中，擷取了以下值得學習的地方：

1. 安排具有遠見的領導者，負責推動高品質的課程。
2. 「核心傑作」提供一個有助於發展思辨能力之豐富且嚴謹的課程。
3. 使用諸如國家人文基金會所發展的國家準則來選擇「核心傑作」。
4. 教師選擇核心傑作後，會共同設計最好的教學方法，以增強專業德行學習社群的功能。
5. 持續支持教師進行核心傑作的教學，以促成高品質的教學實務。

📖 文化教育課程

如果一般學校無法像上述實施「核心傑作課程」的私立學校，擁有強而有力的資源

與支援，該如何做呢？在加州一所大型、多元種族的市區學校中，雖然擁有大量的學習資源，然而在該校卻看不到實施「核心傑作課程」校長所提的「重視學生參與學習的學校」三要件：有熱忱的教師、有動機的學生以及豐富的課程，但是我們卻發現，這所學校也有能構成「重視學生參與學習的學校」的條件──那就是個別化的學習環境。

在這所學校任教的吳老師及賈老師，在過去的 18 年中，因為合作主持文化教育課程（Paideia）而兩度獲得教學卓越獎。

文化教育課程是依據芝加哥大學教育哲學家 Mortimer Adler 的想法所發展的──透過蘇格拉底式教學法，進行思考與寫作的教學，也就是課程結合了歷史與英語的寫作。學校中修習文化教育課程的學生，100% 畢業後進入大學就讀，這些大學還包括許多競爭激烈的名校，也就是那些要求學生在歷史、美國政治及英語等的大學先修課程的測驗成績，必須要高於全國平均數。

學生閱讀具正反兩方意見的社會或政治議題的文章。

其實學校在 1987 年開始實施文化教育課程的時候，所有的學生都是非裔美國人，但是在口碑傳開後，學生來源就遍及整個學區。吳老師表示：

在一個春天的晚上，我們邀請將就讀我們學校的學生及家長來參加說明會。就像是有籃球校隊的學校，每位學生都想進入校隊，我們也不斷接到 8 年級學生家長的電話，要求能讓他們的孩子在 10 年級時修習文化教育課程。

目前 360 位修習文化教育課程的學生中，有 80% 是來自理工類組的學生，而 20% 來自其它類組（如：衛生健康或電腦），或沒有特別類組的學生。

吳老師和她的同事所發展的文化教育課程的學習內容如下：

10 年級：世界文學及世界歷史

11 年級：美國文學及美國歷史

12 年級：四級英語、大學先修課程、政治理論、美國政府與經濟

為了提供一個課程內容的實例，我們從一份 11 年級的美國歷史授課大綱中，摘錄部分內容如下：

這門課探討的主題包括：

1. 國家的哲學與宗教基礎
2. 政治體系的發展史
3. 美國的文化傳統及其變革
4. 美國領土的擴展
5. 美國社會體制所經歷的裂痕
6. 美國被剝削的少數種族、婦女及窮人
7. 國家的科技發展史
8. 美國在國際事務所扮演的角色
9. 現今美國所面臨的問題。

吳老師給我們看了這門課及其它一些課程的閱讀清單，我們認為這些內容可能會嚇壞許多大學生。

我們訪談吳老師的部分內容如下：

▶ **請你描述一個典型的文化教育課程的教學情形。**

最近在 12 年級的「美國政府」這門課中，我們進行的主題是探討金錢對政治的影響。我們先讓學生閱讀一些有不同意見的爭論性報導。有一位作者認為要廢除政治行動委員會的運作，因為在當中，只要提供金錢就能解決很多事。另一位作者則認為，人民有權決定自己使用金錢的方式，而這也是言論自由的一種形式。我們在課堂中會針對每個主題，透過下列問題進行討論：

1. 作者的主要論點為何？
2. 作者提出哪些證據來支持他所提出的論點？
3. 在文章中是否看到偏頗的觀點？

我們會持續表列不同意見的雙方，在這些爭論性報導中所有的論述與所提出的證據。我很強調證據，因此當學生在上課中發言時，我總是會問：「你有什麼證據呢？」因為在爭辯時必須要有證據。

不斷地問學生：「你有什麼證據？」如此能增進其思辨力。

我們也花很多時間在問題的解決上。首先，我會問學生：「你對這個解決問題的方法，有什麼想法呢？」接著，我給學生的家庭作業，是閱讀能提供各種不同解決方法的文章，學生在閱讀文章後，等下次上課時，再討論下列問題：

1. 你所閱讀的文章中，提出的解決方法比我們在課堂中想出的方法更好嗎？

2. 是否有一些方法優於其它方法，如果是，好在哪裡？
3. 我們可以增列這些方法嗎？

我們引導學生所做的事，比只是想通過大學先修測驗還來得多，因為測驗不會要求學生去解決一些問題。我們希望學生面對社會問題時，能提出解決策略，我們希望他們學習成為做決策的一分子。

▶ **所以妳的意思是說你們的教學超越了那些大學先修班的教學？**

是的，在指定閱讀方面也是如此。我們在 11 年級「美國歷史」的課程中，使用了超過 200 本的指定閱讀，從署名評論者的專欄到《紐約時代雜誌》（*New York Times Magazine*）的文章都有。學生在閱讀每篇文章時，要標出他們認為很重要的觀點。如果學生在星期五前沒有完成閱讀，我不會給零分，但是我會請他們放學後留在學校，直到他們完成閱讀。這學期到目前為止，學生都有依據進度完成所有的規定，包括繳交所有閱讀報告、參加所有小考及大考。他們會跟上進度，因為學生知道我將這些視為他們的職責。

▶ **哪些類型的學生會修習文化教育課程？**

我們是很想吸收學校最好的學生，然而修習的學生並非全都是得到「國家優秀學者」（National Merit Scholars）資格的學生。以今年為例，我讓喬伊修習此課程，他不是一個學業成就出色的學生，但是他持續地要求我：「請讓我修文化教育課程好嗎？

我一定會乖乖上課。」雖然他在許多考試上的表現不是那麼好，可是他一直在進步當中。

我們有去瞭解學校最好的學生，在 1987 年「文化教育課程」開設之前都在做些什麼，答案是：學校資優班的學生全年只需讀一本小說而已。

這個方案讓學生樂於參與，所以他們在課堂上的討論非常熱烈，因此討論時間比我預計的要長，學生可以持續交談 20 分鐘，讓我全然無法插話。

▶ 妳面臨了哪些挑戰？

我們開始實施此課程時，每班只有 20 位學生，但是學生人數每年都在增加，現在已增加到 40 位。這種情形讓每位學生很難都能參與討論，因此我們需要增加教師名額，以便能增開班級。

▶ 是否有畢業專題研究呢？

12 年級學生最重要的畢業專題研究，就是密西根大學式的辯論賽。學生選出具爭議性的辯論題目，如：槍枝管制、同性婚姻等等。我們告訴學生，最好的練習方式是選擇辯論你不支持的。學生的準備工作要從網路、雜誌及書籍中，蒐集大量資料後做一連串的研究報告。

我們會盡量讓每位學生有機會到華盛頓特區，進行一星期的政府運作觀察。這個計畫是由觀察基金會（Close-Up Foundation, www.closeup.org）所舉辦的。我們學校會有兩位學生與來自其它州的兩位學生住同寢室，我們有些學生在那之前不曾有投宿旅館的經驗。每位學生的費用是 1,400 美元，其中許多學生是因為我們的募款才得以成行。去年我們因參加的學生太多，而必須分別搭乘兩班飛機往返。

學生在過程中，參訪了美國國會及最高法院，並訪談了一些政府官員。我們最後的行程是參觀大屠殺紀念博物館（Holocaust Museum），並且停留了 4 小時，學生被一個房間所放的上千隻猶太人小孩的鞋子而深感震撼。

我們在文化教育課程中，形成一個小型學習社群，我們的學生因過去三年的修課歷程，而有了緊密的關係。這趟華盛頓特區之行，除了提供我們極佳的學習經驗外，更讓我們如同一家人。像這樣一起進行課堂外的學習活動，讓學習更具特殊能量。

「師生一起進行課堂外的活動，讓學習更具特殊能量。」

▶ 你們是否有做追蹤工作，以瞭解畢業生目前的生活狀況？

如果我們能被授權做這樣的事會很好。我們知道有些學生進入史丹佛、哈佛及耶魯大學就讀，在取得博士學位後，成為教授或工程師，因為有不少的畢業生會寄支票給我們，表示要贊助學弟妹的華盛頓特區學習之旅。

從該校所實施的文化教育課程中，我們發現有以下面向的重要提醒：

1. 課程如果能提供學生廣泛的閱讀、深入思考及熱烈討論的機會，就能增進學生學習的熱情，並提升那些通常少受到關注的學生的參與行動，以及那些學習成就。

2. 就像核心傑作課程一樣，文化教育課程需要有才能及願意付出心力的教師，而這一點或許是不易達成的。

3. 此課程也許不易被廣泛地複製，因為它須包含許多要素，如：小型學習社群、研討會式的討論、統整性的課業、豐富而多元的學習材料、有意義的畢業專題及學習之旅等。不過，其中一般性的教學策略是可以應用在其它的課程中，以培養學生的成就品格及道德品格。

設在北卡羅來納大學的國家文化教育課程中心（National Paideia Center, www.paideia.org），透過教師專業發展活動、發行內部通訊及其它出版品的方式，提供教師一些實施文化教育課程的協助。

優勢 1：終身學習與思辨者

▶ 有效策略 2：
深入而持平地探究具爭議性的問題，以培養學生的思辨能力。

古語說：「如果每個人的想法都相同，就表示沒有人做過深入的思考。」沒有其它方式比討論爭議性問題更能刺激思考。如果處理得宜的話，爭議性問題的討論，是提供發展第一項優勢能力的絕佳方式。

進行爭議性問題的討論時，要強調平衡及公平性。

爭議性問題通常出現在當人們需要接受一些不同價值觀的時候，如：討論和平與國家安全、生存與自由、個人自由與共同利益、經濟發展與環境保護等問題時，會產生人與人之間的衝突。既然爭議存在是生活中的事實，尤其它經常出現在大眾的生活中，因此教導學生對爭議性問題做合理的判斷，並且能做理性的討論，是學校公民教育的重要任務。也就是說，要教導學生成為民主社會的公民，因為民主式的歧異不是與生俱來的，而是後天習得的。

不論是進行有關墮胎、幹細胞的研究、同性戀或伊拉克戰爭等爭議性問題的討論，都要強調平衡及公平性。為了尊重學校或社會人士對這些問題看法的歧異，學校的教育人員必須謹慎、小心，以公平的方式看待他們對這些爭議性問題所表達的多元觀點。

舉例來說，在美軍入侵伊拉克之前，有一組芝加哥中學學生獲得允許，演出希臘劇作家 Aristophanes 的反戰戲劇「利西翠姐」（Lysistrata）。在這齣劇中，女性要立誓禁慾，直到男性從戰場中歸來。雖然校長同意學生的演出，但堅持要求演出後要立即召開座談會，會中邀請贊成軍事行動的人士參與討論。參與演出的學生在座談會結束後表示，他們學習了聆聽不同聲音的重要性 [8]。

> 不像我們的身體般，我們的心智可以在有生之年持續成長。
>
> ——Mortimer Adler

在下面的方塊內容中，我們提供師生在進行具爭議性問題的教學時，四項具平衡性、嚴謹性及挑戰性的指導原則。

□ 「爭議性問題構思」教學模式

在教學中，以有效且具研究基礎的方法進行具爭議性問題的討論，不僅能防止教師的偏見，同時也可提升學生的參與度，並從合作學習中有所收穫，這個教學法就是「爭議性問題構思」（structured controversy）教

爭議性問題的教學

1. 建立經學校董事會認同的爭議性問題教學原則。
2. 進行爭議性問題的教學時，應使用高品質的相關出版品。
3. 在進行爭議性問題教學時：
   - 讓學生熟悉社會中多元意見存在的現象，如「對公共議題進行投票表決」，以形成能讓學生在討論中表達不同意見的安全教學環境。
   - 提供正反兩方不同論述的高品質資料，以幫助學生用批判性的觀點來評量這些資料；並且提出問題，如：「資料中提供了哪些支持的證據？」
   - 邀請支持不同意見的講者至課堂中發表看法。
   - 教師至少要等到學生的探究及評分活動完成後，才能表達個人意見。
4. 運用合作學習的方式，如爭議性問題構思教學模式，來增加學生透過討論爭議性問題的收穫，減少引起彼此對立或造成分裂的影響。

學模式。這個模式是由合作學習專家David和Roger Johnson 共同提出的，他們將爭議性問題定義為：「值得關注的問題，而非只是輸或贏的爭論。」因此，針對爭議性的問題，他們不贊成在課堂中採用辯論的教學方式，而是要採用合作學習的方式，讓學生一起面對，而非使用對抗的方式去解決問題。以下是他們以「有害垃圾處理」這個議題進行爭議性問題構思教學的實例[9]：

教導學生能理性地討論爭議性問題，是學校公民教育的首要任務。

▶ 指定作業

由教師指定四位學生形成一個小組，其中每兩人形成一個宣傳小組。每四人小組需要準備一份主題為「有害垃圾管理規範的角色」的報告。這四人小組中的兩個宣傳小組要分別針對「需要較多規範」及「不需較多規範」兩個不同的立場，進行論述。

▶ 規劃

在上課的第一階段，教師會分別提供相關資料給四人小組中的兩個宣傳小組，用來支持他們的指定立場；還會要求他們規劃說服對方並讓對方接受自己觀點的呈現方式。

▶ 宣傳

在第二階段，每組中的兩個宣傳小組要分別向對方表達自己的觀點，在緊接著的討論中，雙方要盡力辯護自己的觀點，在反駁對方的觀點後，試著對有害垃圾管理的規範做出合宜的決定。

▶ 互換立場

在第三階段，兩個宣傳小組互換立場，為原來反對的立場進行辯駁。

▶ 達成共識

在第四階段，四人小組為雙方立場整理出他們認為最有力的資訊及理由，然後討論並決定共同的解決方法，最後依據共識撰寫小組報告。

▶ 個人責任

完成小組報告後，每位學生要參加考試，考試的內容就是所有的閱讀資料。

為了幫助學生發展同儕合作的態度及技能，David 和 Roger Johnson 建議教師須要求學生遵守下列規則：

◆ 我的批判是針對想法，而非針對人。
◆ 我的考量是盡己所能做出最好的決定，而不是要贏過對方。
◆ 我鼓勵所有成員參與，並熟悉所有的相關資訊。
◆ 我即使不同意，也要傾聽他人的看法，如果聽不清楚，我會重述別人所說的內容。
◆ 我要先瞭解雙方立場的所有想法及事實，然後再整理出有意義的資料。
◆ 我要同時熟悉雙方的立場。
◆ 當有明確的證據出現，讓我認為有必要改變想法時，我要勇敢地改變。

值得注意的是，David 和 Roger Johnson 所提出的爭議性問題構思教學模式，也許並不適用於某些議題的討論，例如：墮胎、安樂死或性行為等，因為當學生具有特定道德

爭議性問題構思教學模式：相關研究的發現

根據十年來有關爭議性問題構思教學模式的研究結果，David 和 Roger Johnson 發現這個教學模式對學生有以下的影響：

◆ 觀點取替能力提升了
◆ 相較於個別化的學習形式和爭辯何者為真，學生更能表現出對學習資料的精熟度，以及能抱持較為客觀的態度
◆ 能產生高品質的問題解決策略
◆ 對其他參與的同學展現較為正向的態度
◆ 展現較高的學業自信
◆ 對爭議性議題的討論及過程，能發展較為正向的態度 [10]。

觀念，要他們交換立場去反駁自己認為對的立場，不僅會覺得很不舒服，也是違背他們的良知。因此，如果需討論這些議題時，教師要能善用其它合宜的方式，例如：讓學生聆聽或閱讀相互衝突的觀點，然後透過報告的撰寫，去反映對雙方立場論點及證據的理解。

不管採用何種教學模式，其目的都是要幫助學生學習即使不認同，也要理解他人的觀點，以發展思辨及理性對話的能力。

優勢 1：終身學習與思辨者

▶ 有效策略 3：
運用具價值判斷的新聞事件作為上課教材，讓學生從討論中，培養思辨的能力。

就像多數的中學教師一般，紀老師即使擔任 9 年級及 10 年級的文學課已經第三年了，還是覺得有時間上的壓力，但是她仍然想要找一些高水準的教材，針對品格相關的議題，幫助學生發展思辨的能力。她使用了「實踐美德網站」（Virtue in Action, www.virtueinaction.org）所提供的新聞事件作為教材，幫助學生瞭解並實踐德育與智育的美德。

「實踐美德網站」為中學生所提供的教材內容，涵蓋了一些備受矚目的議題，包括 911 事件、中學校園的霸凌事件、網路音樂的侵權問題、幹細胞研究的爭議性、伊拉克戰爭、阿布格萊布（Abu Ghraib）監獄虐囚醜聞、蘇丹種族迫害事件、總統大選，以及在全國籃球賽中，底特律活塞隊和印第安那溜馬隊球員及球迷的打架事件。

網站中的每篇教材，在一開始就有四頁的背景資料，介紹這個議題的重要性，接著列出便於瞭解這個議題的關鍵字。教學活動設計包括目標、強調的美德、討論問題、書寫活動、延伸活動、相關讀物，以及相關網站的連結。紀老師的想法如下：

我使用「實踐美德網站」所提供的教材，來達成州政府所訂定的一些學習標準，包括能夠表達觀點、有自己的想法、能進行交談及能回應他人的觀點。我發現，許多學生很需要成人的協助去提升這些能力，因為有許多人並沒有機會去練習這樣的交談方式，不論是在家中或是和朋友在一起，而這些能力正是進入大學必須具備的。對他們而言，到目前為止所接受的教育，就只停留在「聽老師說，閱讀書本，及回答問題」的層次。

雖然這個年齡層的學生喜歡分享想法，但我希望他們也能學習傾聽，並依據他人所表達的觀點，來分享個人的看法。上課時，我們將座位排成圓形，這樣彼此才能眼神交會。在學年的開始，我們會先訂定基本規則，以進行良好品質的討論。我不要求學生發言前要先舉手，但我希望他們能依循對話的線索進行討論。我多半是坐在他們的背後，偶爾拋出問題：「你是否有類似的經驗？」「如果換成是你，你覺得如何？」我依據他們參與的狀況評分，但我會先讓他們瞭解評分的指標。

紀老師表示，「實踐美德網站」的教材可以適用於不同背景的學生：

我的學生當中，有成績優異的，但也有學習困難的，而這些教材提供了相同的機會，讓他們去思考自己的信念，並且更有信心地表達想法。聽學生表達他們對這些議題的看法，讓我有耳目一新的感覺。

「對許多學生而言，他們在教育過程中的經驗一直都只停留在『聽老師說，回答老師的問題』。」

紀老師接著表示這些現成的教材，比她自製的教材更具有客觀性：

首先，我沒有充分的時間準備相關議題的教材，即便是有，我覺得我會傾向選擇一些我有強烈看法的議題，我個人的偏見可能會在無形中影響我所設計議題的討論。而「實踐美德網站」的教材，能夠客觀地呈現議題各種面向的觀點。雖然我的學生總是想盡辦法要我表達看法，但是我不會說出來。

紀老師表示，因為學生能將各種議題的相關性進行連結，她感到欣慰：

一年前我們討論過發生在芝加哥郊區一所校園中的霸凌事件，我們討論了所謂「暴徒心態」，它是指個人運用群體的力量，而非依據個人的判斷力及責任感去行事。最近我們討論在伊拉克監獄的虐囚事件時，學生們談起學校的霸凌事件與此事件間的相似性。

但紀老師表示，「實踐美德網站」中的教材並非都是在討論具爭議性的話題：

有些教材只是介紹能激勵人心的人物典範，例如，Pat Tillman 在為美國職業足球隊打球的鼎盛期毅然從軍，但卻不幸在阿富汗戰場為國捐軀。他那令人欽佩的特質令我們十分感動。另外，一些介紹身心障礙的學生如何克服萬難，而擁有卓越的學業成就的教材，亦令人十分感動。

為了說明「實踐美德網站」教材的設計與內容，以及如何運用這些教材來培養學生的思辨能力，以下我們擷取並呈現「音樂侵權問題」（請見下一頁的方塊文章）及「校園霸凌事件」（請見第 142-143 頁的方塊文章）這兩個議題的部分教材內容。

> 我隨時隨地都在學習，而墓誌銘是我的畢業文憑。
>
> ——Eartha Kitt

優勢 1：終身學習與思辨者

▶ 有效策略 4：
進行媒體識讀的教學。

如果我們要談如何培養年輕人成為終身學習與思辨者的話，就不能忽略媒體文化對他們的影響。在我們所做的調查中發現，中學生認為媒體對年輕人的價值觀以及自我概念的形塑，具有不良的影響（見第 18 頁）。

媒體或許有害，但也是有益的，例如電視可以成為世界之窗，透過電視，我們可以擴展知識、藝術及道德等之視野，並且能與其它地區接軌。同樣地，我們只要動動手指，就可透過網際網路獲得豐富及有用的資訊，並能與他人形成人際網絡。

但是隨著電子媒體在青少年生活中扮演的角色愈來愈重要，也因而帶來至少兩項影響他們健康的危害。

媒體的第一項危害是讓經常使用的年輕人浪費了寶貴的光陰，而且它的投資報酬率是很低的。年輕人花時間看電視（仍位居主要媒體）、玩電動遊戲、網路漫遊等等，比起做其它事，如：讀書、運動、和家人或朋友談天、做家庭作業、學習才藝或技術、幫

目標：幫助學生瞭解何謂誠信正直與尊重他人財產的美德，知道保護版權與創意間的關係，瞭解法律制度在阻止違法行為所扮演的角色。請先閱讀前言的說明，然後回答下列問題：

● 問題討論

1. 許多人不付費而下載音樂的理由為何？

2. 著作權法的目的為何？

3. 你同意唱片公司對非法下載者提出告訴嗎？

4. 如果沒有著作權法，而音樂工作者及唱片公司無法保證他們被付費工作的話，你認為他們還願意努力創作音樂嗎？

5. 你同意沒有付費而下載有版權的音樂，就像是在鞋店偷鞋一樣嗎？你認為偷竊的定義是什麼？

6. 你認為下載有版權的音樂有損一個人的誠信與正直嗎？你如何定義誠信與正直呢？

7. 如果唱片公司能提供消費者較便宜的下載服務，你認為多數人會使用這項服務，還是會繼續非法下載？

自由選擇的寫作內容：人們是否應該因為違反著作權法被判刑，或被處罰，為他們侵權的行為負責任？為什麼應該？又為什麼不應該？經過這份教材的討論，你對於非法下載的觀點是否有改變？請說明。

● 延伸活動

◆ 訪談家長，瞭解他們對「非法下載音樂是偷竊的行為嗎？」這個問題的看法。

◆ 家長應該為孩子非法下載的行為負責任嗎？

◆ 舉辦校外教學，參觀當地的唱片行，並訪問唱片行工作人員：「音樂下載對商品銷售的影響為何？」

◆ 全班研究出版品如何獲得版權：www.copyright.gov/

◆ 調查最高法院針對自由作家的作品在網路被改編成新的形式，而要求賠償金的重大判決。

● 相關網站連結

檔案共享，http://computer.howstuffworks.com/file-sharing.htm

音樂聯盟的未來，www.futureofmusic.org/

免費且合法的音樂下載，http://mp3.about.com/od/freebies/tp/freemusictp.htm

所謂霸凌或欺凌，是指對想加入團體的成員，刻意做出讓對方身心不舒服、難堪或困擾的行為或情境。

在 2003 年 5 月 4 日，就讀伊利諾州郊區中學 11 年級的女生，準備去參加一個 12 年級女生秘密舉辦的女子粉撲橄欖球賽（Powder Puff），總計有 100 人參加這個比賽，但在賽前及比賽中，有球員及旁觀者都喝了許多酒。11 年級的女生已經知道她們會遭受被番茄醬、芥末醬及麵粉潑滿全身的凌虐方式。其中一個受傷的女生表示：「比賽在 10 分鐘後就變調了，水桶滿天飛，有些人受傷流血，而有些女生早已不省人事。」有些 12 年級的女生帶著球棒，有些人甚至將排泄物塞進別人的嘴裡。一些 12 年級的女生開始捶打及用腳踢 11 年級的女生，最後有五個人住院，而許多在場觀看的學生竟然從頭到尾袖手旁觀，沒人出手相救。

為何一場原為女生的橄欖球賽會變成群體暴力事件？一些原因如下：

不尊重他人。施虐者缺乏尊重他人價值和尊嚴的美德，認為受虐者只不過是物品。

飲酒。飲酒過度會影響一個人的判斷力，也會不清楚行為的後果。

勇氣。旁觀者或許知道霸凌是不對的，但卻缺乏採取行動的勇氣。

暴民心態。當一群人開始做出錯誤的行為時，很容易在群眾中失去理性。

（下一節所敘述的故事，主要是討論學生、家長、旁觀者和學校在霸凌事件中所應負的責任。）

相關詞彙：霸凌、勇氣、尊重他人、責任。

目標：幫助學生瞭解何謂霸凌，並知道它是危險的，要如何預防，並能與相關的美德如尊重他人、勇氣及責任與防止暴力做連結。

● 問題討論

1. 你認為各種導致霸凌暴力行為的原因為何？
2. 你認為好玩的入會儀式及霸凌行為的界線應如何設定？
3. 你覺得為何人們會因為想成為群體的一分子，而接受被霸凌的事實？有哪些方式也可讓群體中的成員更親近？
4. 回想本教材所討論關於責任的意義——為自己的行為負責，有哪種程度的責任及懲處較適合那些施虐的學生？
5. 想想那些我們做過，但希望被原諒的錯事，我們會如何表現誠摯的悔意？
6. 假想你是被霸凌的 11 年級女生，你會原諒那些施虐者嗎？你會希望她們做些什麼事，以得到你的原諒？

省思札記：你曾經是阻止暴力行為的旁觀者嗎？為何是或為何不是？經過這份教材的學習，你會表現不同的行為嗎？如果是的話，為什麼？

延伸活動：將全班分組，每組依據下面問題，探討下列網站所報導的一個校園霸凌事件。

1. 何謂霸凌？它在學校中是如何發展的？
2. 霸凌事件發生的頻率為何？誰會受到它的影響？
3. 學校對霸凌事件的反應為何？這些反應的效果為何？
4. 社區及警政單位的反應是什麼？
5. 如何預防校園的霸凌事件？

● **相關網站連結**

中學霸凌事件的歷史，http://hazing.han
knuwer.com/hs2.html; www.stophazing.
org
阿爾弗烈德大學的美國中學入會儀式：全
國性調查研究，www.alfred.edu/news/
html/hazing_study.html
學校暴力預防中心，www.cpsv.org

助鄰居或服務社區，以及追求心靈的成長，要耗費更多的時間。上述這些活動能促進我們的人際關係，或是身心靈的發展，也有助於發展八項品格優勢能力，其中包括成為終身學習與思辨者。青少年階段是學習與發展的關鍵期，要為將來的人生奠定十分重要的基礎，一旦錯過機會就無法挽回。

媒體的第二項危害是它的負面內容愈來愈多，如不少實境秀的節目往往純粹是為了娛樂效果，而以譁眾取寵及糟蹋人的方式來勝過對方。媒體商業化的結果使我們誤信這麼做是要讓觀眾開心。黃金時段的電視劇，更是充滿了不雅的詞彙及與性有關的內容，而電影的情節也助長了暴力。我們實在難以想像十年前被認為粗俗的話語，如今已經變成司空見慣的用詞。根據聯邦貿易委員會（Federal Trade Commission）針對年輕人與媒體關係所做的報告[11]，顯示許多兒童從幼年開始，就收看類似世界摔角聯盟（WWF）的職業摔角節目，而摔角選手出場後就抓住對方的胯下，並大喊一些非常不雅的用語。青少年更是 MTV 以及所謂青少年性愛肥皂劇，如《戀愛世代》（*Dawson's Creek*）[12]的忠實粉絲。一些流行音樂中充滿淫穢的歌詞，用來詆毀女性或是其他族群。網際網路更使得色情刊物大量充斥，因此美軍性虐待伊拉克戰俘的照片並非憑空產生，而是源自這樣的文化。

單靠學校的力量無法遏止媒體的歪風，然而，學校可以鼓勵家長接受挑戰，負起這樣的責任。學校可以提供如何限制子女運用媒體的各種實例給家長參考，並且鼓勵家長經常與子女討論，以協助他們對媒體在生活中所扮演與日俱增的重要性角色，進行批判。學校也可鼓勵家長向子女表達他們使用媒體的道德標準，同時也可以支持像家長電視協會（Parents Television Council, www.ParentsTV.org）的電視觀察組織，參與他們透過電子郵件連署的活動，去對抗那些支持不良電視節目的聯播網或資助者，以作為子女學習的典範。

媒體識讀運動

在現今由媒體主導的社會中，學校可以做一些事，讓大眾看得到重要的道德發展教學，也就是進行媒體識讀的教學。

媒體識讀的教學，在過去 15 年間成為一種全國性運動。依據最近的一份研究報告

電視是我們自幼兒園到養老院不變的朋友。學生在電視機前的時間要比在學校的時間還長。他們每天看 100 個以上的廣告，18 歲前就看了 25,000 個電視謀殺案件。美國人奉獻給電視的時間，遠多於從事其它單一活動的時間。

——David Aronson，〈轉台〉
（Changing Channels）[13]

顯示，美國 50 州所各自制定的課程綱要中，至少都含有一項以上媒體識讀的要素，多數的州是將其融入其它的科目，如英文、社會或傳播藝術[14]。右邊的方塊文章所列的媒體識讀網站可提供教師或家長參考。

依據全國媒體識讀領袖會議（National Leadership Conference on Media Literacy）的定義，「媒體識讀是指以不同方式去接觸、分析、評估及解讀媒體的能力」[15]。而所謂媒體識讀人士是指「有能力從書籍、報紙、雜誌、電視、收音機、電影、廣告、電動遊戲、網際網路，以及最新科技產品的閱聽讀中，進行思辨的人」[16]。

「我們必須教導年輕人帶著批判的觀點去『閱讀』電子媒體，就像閱讀平面媒體一般。」

有位中學老師提及：「我們的學生從電子媒體獲得大量資訊，因此我們必須一如既往，教導他們帶著批判觀點，以閱讀平面媒體的方式來閱讀電子媒體[17]。」媒體識讀運動倡導者，提出以下五項批判分析媒體訊息的重要原則：

1. 媒體訊息是編撰出來的。
2. 媒體訊息呈現事實的方式是帶有既定的價值觀及想法的。
3. 各種媒體是以其特定的規則來編撰訊息的。
4. 每個人根據個人經驗來解讀媒體訊息，並賦予意義。
5. 媒體是考量經濟及政治利益的[18]。

不論媒體識讀教育的實施方式是採同儕帶領的工作坊，或是變成一種課程，有愈來愈多的研究顯示，媒體識讀教育的成效包括：

◆ 幫助少年犯罪者，學習思辨從事有害行為的後果，以及找出對抗從事這些行為誘因的策略

◆ 幫助中學女生學習解構媒體所傳遞的那些助長不真實之身體意象，及不健康飲食習慣的訊息

◆ 降低青少年運動員服用類固醇及禁藥的情形

◆ 降低酒駕及受同儕影響而吸菸的情形

◆ 增進學生批判分析各種媒體的能力 [19]。

研究顯示媒體識讀的各種正面效果。

分析媒體：需要思考的重要問題

1. 是誰編撰這份訊息？為何他們要傳遞這份訊息？
2. 他們用了哪些方法來吸引閱聽者的注意？
3. 這份訊息中傳遞了哪些生活型態、價值觀及想法？
4. 這份訊息遺漏了什麼？為何你認為有些訊息是被遺漏了？
5. 不同的人會如何解讀這份訊息 [20]？

🗔 一位教師的教學

在訪問一所中學時，我們訪談了一位曾擔任英語教學的老師，而她在過去十年一直擔任影視製作及媒體識讀的課。由於有愈來愈多的學生對這些課程感到興趣，因此概論課程從十年前只開一節課，到現在已開了六節課，另外還增加了兩個進階課程，課程內容包括要在有線電視台、網路公司或報社進行為期一年的實習。

這些課程吸引了很多的學生來修課，其中有很多在以前被認為是缺乏學習動機及低學習成就的學生。這位老師表示，這些學生一旦修了這門課，他們的出席率明顯提升，最主要的原因是他們不想錯過這門影視製作課，因為他們認為自己是學習小組中的一份子，而小組成員必須合作才能完成這門課的專題研究報告。

老師也解釋當初要致力於媒體識讀教學的原因：

年輕人的社會規範及價值觀受到媒體極大的影響，所以我希望我的學生能確實地思考媒體所傳遞的訊息。我希望女學生能明白，廣告只傳遞有關如何打扮、如何吸引異性、擔憂「如何讓人對自己印象深刻」的訊息，而非思考「自己想要成為怎樣的人」的訊息。我也看到男學生耍帥及裝酷，而這也反映了他們模仿媒體所報導的人物。電視節目也引導他們認為金錢至上，想要像NBA的球員一樣成功，只是這樣的想法在現實世界中是難以實現的。

「我希望學生能確實地思考媒體所傳遞的訊息。」

她教的概論課程是先從廣告開始，學生在課堂上和同學一起看電視廣告，回家的功課也是看電視廣告。她讓學生思考下列問題：

◆ 廣告傳遞了什麼訊息？
◆ 主要訴求的觀眾是誰？
◆ 它運用了哪些心理層次的訴求？

◆ 它選擇了哪些攝影的角度？造成了何種效果？

◆ 影像播放的速度為何？

◆ 它如何運用配音或音樂？

學生接下來的作業是製作兩個廣告，其中一個是具有真實性的廣告，另一個是不實廣告。「我們在觀賞學生所製作的廣告後，討論廣告操作手法上的道德問題，例如，誘導觀眾去買他們或許不需要的物品，或是去買廣告不實的產品，這是否有道德上的爭議？」接下來的課程，就是要學生製作一個能在地方有線電視台播放的高品質之公共服務廣告，這個廣告必須符合真實世界的標準，廣告的主題包括：開車要繫安全帶、不要酒駕，以及吸菸的危害等等。這位老師表示：「這份作業要學生認真地研究主題後，製作一個清楚明白、精簡、真實，並能引起觀眾共鳴的廣告。」

學生學習以批判性思考去分析電視新聞。

這門課接下來的重點是以批判性的思考去分析電視新聞。學生要去看電視新聞，比較不同電視台對同一事件的詮釋，並且檢視，相較於在優良報紙上所看到的分析，這份電視新聞的報導是如何的草率，例如，針對伊拉克戰爭，學生比較過美國的電視台與英國 BBC 電視台所做的新聞報導。

學生也關注電視台的人物專訪報導，老師的說明如下：

首先，我讓學生針對新聞中出現的社會或政治議題，訪問彼此的看法。我們討論如何進行有品質的訪問——也就是要能做到誠實及公平的原則？訪問者如何誘導，而使訪問的歷程存在偏見？接著，我們收看電視新聞中的人物專訪，並且提出下列問題：

● 訪問者問了哪些問題？

● 有哪些問題沒有被提及？

● 訪問時間有多久？

● 受訪者的談話有被打斷或被終止嗎？

● 攝影機和燈光如何被運用呢？

學生發現一件事實，那就是要讓別人看來很糟，是一件很容易的事，例如，給他一個比本人難看的特寫鏡頭、照他低頭往下看的鏡頭，或是在他要表達看法時，終止他的談話等等。

這位老師接著談起她和學生在總統大選後，參觀了 CNN 一個現場節目的經驗。節目中邀請了四位來賓參與討論選舉的結果，並回答學生事先提交的問題。學生事後談起這個節目好像是在演舞台劇，因為討論者有先演練如何回答問題，而且也很刻意地挑選學生所提的問題讓四位來賓回答。老師說：「學生所提的一些有關環境的好問題沒有被選中，因此，我跟學生說：『讓我們來調查那些擁有或是操控 CNN 的既得利益者。』我的目的不是要挑剔 CNN，我只是想探究那些會影響決定哪些內容該播出，或哪些該捨棄的背後因素。」

她表示，從學生的談話中可以發現，這門課影響了他們看待媒體的方式，例如，他們更能以批判的觀點來看電視廣告。「他們進到教室後，會彼此談論：『你看過那個廣告嗎？你相信它嗎？』」她表示學生大都能以更批判的方式來看待電視及電影，有些學

生表示他們會更慎選電影。「有一些家長還半開玩笑地對我說，是我毀了他們看電視的樂趣，因為每次看電視時，他們上中學的孩子就在一旁評論說：『那不是真的』或『這是被炒作出來的』。」

🔲 色情作品

色情作品是存在客廳內備受爭議的大象，是一直被大家忽略，而不願去討論與解決的棘手問題。雖然多數人已意識到，網際網路是提供青少年快速接觸色情作品的途徑（就像在第三章所提的，有45%的青少年談到他們的朋友會習慣性地下載色情作品），但只有少數，包括家長及教育工作者在內的人士，願意去討論此問題。雖然色情作品的普及率僅次於網際網路中的賭博遊戲，但二者同樣是我們文化中存在的普遍現象。色情作品偶爾會成為大眾討論的議題，就像是最近一些公立圖書館的女性工作人員，反對（有人將之定義為言論自由）讓人用圖書館的電腦觀看或下載情色作品。

大眾較少談論色情作品的原因，是因為許多人低估了它對年輕消費族群在心理及行為方面的影響。以下的例子是一所學校的德行及品格教育中心主任與一位8年級學生的談話：

這星期，一位8年級學生與我交談的過程中，興高采烈地談到他和朋友看到的所有色情作品，其中內容涵蓋了幾乎所有你可以說出的性行為，包括口交、肛交等等。這位學生的腦海裡淨是這些事，他還談起他和朋友玩「真心話大冒險」（Truth or Dare）的遊戲，其中包括做出性行為的動作，作為玩輸者的懲罰。

我們曾訪問一所招收幼稚園到9年級的學校，有幾位女性教師表示，一些8年級和9年級的男學生，將一些色情圖片貼在走廊置物櫃，男學生這種所謂「傳統做法」的行為，讓她們感到很不舒服，認為這樣是歧視女性，而且讓男學生養成將女性物化的態度。當我們問及是否曾將此問題提交教師會議中討論，她們說沒有，因為有人認為道德問題在教師會議中沒有討論的必要。

很明顯地，如果我們真正關心媒體識讀教育的重要性，也真正關心青少年的發展，那麼我們絕對不能漠視這隻「大象」的存在。但是，我們又該如何做呢？

當然我們不能、也不想讓學生在課堂中，像他們檢視及討論其它形式的媒體一樣，來討論色情作品的問題，但是我們可以讓他們針對批判色情作品的文章或書籍，撰寫讀書報告。我們可以提出一些省思問題（這些問題列在下頁的方塊內容中）（如，「誰在色情作品的商業中擁有權力？是誰在賺錢？誰又是被剝削或受害的人？」），除非學生能對這些問題進行思辨，否則他們不會瞭解色情作品，及避免成為其犧牲者的危險。

或許也可要求學生對 Sean Covey 在其暢銷書《高效能青少年的七個習慣》（*The 7 Habits of Highly Effective Teens*）（譯註 2）中，對色情作品所做的直接了當及非說教式

譯註 2：中譯本《與青春有約》，天下文化出版社出版。

討論做回應 [21]。這本書的主題也包括溝通技巧及設定目標等，因此有些學校用這本書作為 9 年級學生道德發展課程的教材。接觸色情作品後是很容易上癮的，因此 Covey 在書中寫道：

色情作品存在著不易覺察，但卻很容易上癮的危險，因為我們處處都看得到它的存在。我想你會說：「我只是想知道什麼是色情作品，什麼不是。」但我想在你內心深處，其實早就知道答案的。色情作品或許會讓你有短暫的愉悅感，但它也會讓你的理性逐漸變得遲鈍，就像是你的內在聲音雖然會一直呼喚著你的良知，但有一天它會完全萎縮。

你也許會想：「Sean，別緊張，那一點肉體之樂傷害不了我的。」但問題是：色情作品就像吸毒一樣，是會漸漸上癮的。這也讓我想起我小時候所讀的一個有關青蛙的故事。如果你把青蛙放進滾燙的熱水中，牠會立即跳開，但是一旦你把牠放進微溫的水中，再慢慢加熱，牠在想要跳開之前，就已經被煮熟了。色情作品的危害也是一樣，你今日所看的內容，可能是一年前的你會感到驚嚇的，但就像青蛙一樣，水溫漸漸升高，而你的良知也早已被煮熟了。

記得，要有勇氣遠離、拒絕或丟棄色情作品，你的本質比它美好太多了 [22]。

我們也可以讓學生思考色情作品的長期不良影響，例如對婚姻關係的破壞。右邊的方塊內容列出其它具思辨的問題，可以幫助學生深思色情作品在道德層面的影響。

以批判觀點來探討色情作品

1. 色情作品如何影響我們對他人尊嚴的重視？

2. 誰是色情作品的受害者？對女性及兒童有何影響？從色情作品衍生出「兒童色情作品」與「暴力色情作品」的原因為何？

3. 色情作品如何負面地影響我們的自尊？

4. 色情作品如何負面地影響我們的性態度與性行為？

5. 對哪種性別而言，色情作品會比較是個議題？請解釋。

6. 為何色情作品會有很大的市場？

7. 家長能對色情作品採取什麼行動，尤其是色情網站？

8. 如果有人給你看色情作品，或當著你的面從色情網站下載資料，你會對他說些什麼？尤其是當你想表達，你不認為那是一種很「酷」的行為時。在那樣的情形下，你會思考哪些道德責任？「這不關我的事」的反應符合倫理道德嗎？

9. 還有哪些是觀看色情作品所造成的長期影響？色情作品的問題會如何變得更嚴重？也就是說，某種類型的色情作品可能會發展成另一種新的型態（如，兒童色情作品或暴力色情作品）？

附註

1 B. Schneider & D. Stevenson, *The ambitious generation: America's teenagers, motivated but directionless.* (New Haven: Yale University Press, 1999).

2 R. Ritchhart, *Intellectual character*. (San Francisco: Jossey-Bass, 2002).

3 R. Sternberg, *Successful intelligence: How practical and creative intelligence determine success in life*. (New York: Penguin, 1997).

4 Sternberg.

5 P.E. Barton, *Parsing the achievement gap*. (Princeton, NJ: Educational Testing Service, 2003).

6 National Research Council and the Institute of Medicine, *Engaging schools: Fostering high school students' motivation to learn*. (Washington, DC: The National Academies Press, 2004).

7 National Research Council, **www.nap.edu**

8 S. Dillon, "Schools seek right balance as students join war debate," *The New York Times* (March 7, 2003).

9 D.W. Johnson & R.T. Johnson, "Critical thinking through structured controversy," *Educational Leadership* (May, 1988).

10 Johnson & Johnson.

11 Report of the Federal Trade Commission, Marketing Violent Entertainment to Children **http://www.ftc.gov/reports/violence/vioreport.pdf** (Sept. 2000).

12 K.S. Hymowitz, "Parenting: The lost art," *American Educator* (Spring, 2001).

13 D. Aronson, "Changing channels," *Teaching Tolerance* (Fall, 1994), 29.

14 Kaiser Family Foundation Report, Media literacy, **www.kff.org**, (Fall, 2003).

15 P. Aufderheide, National leadership conference on media literacy. Aspen Institute (1993).

16 Kaiser Family Foundation Report.

17 Quoted in Aronson, 31.

18 See, for example, E. Thoman, "Skills and strategies for media education," Center for Media Literacy, **www.medialit.org**, (July 23, 2003).

19 Kaiser Family Foundation Report.

20 Center for Media Literacy.

21 S. Covey, *The 7 habits of highly effective teens*. (New York: Fireside, 1998).

22 Covey, 239.

優勢 2
勤奮又有能力的表現者

勤奮又有能力的表現者……

◆ 追求卓越，全力以赴

◆ 有進取心，能自律

◆ 知道品質的指標，因此有高品質的工作成果，也以此成果為榮

◆ 設定個人目標，並評估進步情形

◆ 面對困境能堅持不懈。

R.J. Marzano 和同事在合著的《有效的教學：增進學生學習成就之策略》（*Classroom Instruction That Works: Research-Based Strategies for Increasing Student Achievement*）一書中，提出他們的研究發現，指出那些相信成就是靠努力，而非靠天生能力的學生，在學校會有最好的表現[1]。

有關青少年資賦優異發展的研究（請見第 38-39 頁）也同樣發現，有些人比起資質相似的同儕，能更進一步發展其資賦優異的原因，是因為他們有強烈的「成就動機與耐力」及較佳的目標設定技巧與工作習慣[2]。

類似這樣的發現，呼應了我們常見的觀察現象——也就是說，不論在學校或在日常生活中，人們之所以有成就，絕大部分是因為品格運作的結果。當然我們的天賦資質能是因素之一，但是成就品格的一些特質，如努力、進取心、積極的態度及堅持不懈，可以決定我們會如何運用自己的天賦資質。我們該如何幫助學生培養這些品格的優勢能

力，以便能全力以赴地追求卓越，成為傑出的勤奮又有能力的表現者呢？

當然，全力以赴並不保證我們永遠會是最好的，因為我們的表現，會隨著內在及外在條件不同而有所差異（例如，要面對多少的競爭條件、能從環境中得到多少支持、要接受多大的挑戰，以及我們的體能狀況等等）。成就品格是「雖然在目前的情況下，我只能施展出 50% 的能力，但是我終究要朝著發揮我 100% 的能力去努力。」

我們的努力深受我們的抱負影響。抱負能提供我們前進的目標，驅使我們努力達成目標。Barbara Schneider 和 David Stevenson 在合著的《雄心壯志的世代》（*The Ambitious Generation*）一書中寫道：

> 抱負在青少年的生命中，佔有極重要的角色……他們以抱負當羅盤來規劃人生，並作為分配時間與精力的依據。抱負能讓青少年努力課業，進入理想的大學就讀，並視成功乃付出努力的結果。青少年時期所發展的抱負，對其一生的影響極大[3]！

布朗大學教育聯盟（Brown University's Educational Alliance）的研究學者 Christopher Unger 認為，為了讓年輕人發展抱負，中學教育可以幫助學生瞭解他們在校所學，有助於日後的成就與幸福的人生[4]。Unger 以一所設有法律、公共服務、健康衛生及商業（如：園藝、電子及建築）科別的職業中學為例，說明學校如何幫助學生瞭解其中的關聯性。這所職業中學的學生表示，他們很喜歡學校的課程，雖然他們只是 9 年級或 10 年級的學生，但是他們已經知道自己未來人生

的走向，而且學校也提供讓他們能達到目標的訓練課程（請見第一章的「為孩子預備未來」[第 14 頁]一段）。

此外，如果我們想激勵學生在乎功課，以成為勤奮又有能力的表現者，我們還得提供他們體驗卓越成就的機會。我們回頭看 Ron Berger 於《卓越的德行》（*An Ethic of Excellence*）一書中所做的觀察：「當學生體驗過卓越的感覺後，他們就不會再滿足於太小的成就[5]。」一位學生在我們所舉辦的學生代表座談會中，回應他的想法如下：

學校應該重視以嚴謹的課程來挑戰學生，一旦學生瞭解他們有能力達到卓越，他們就會持續努力，以期更上一層樓。

我們從一些中學為了幫助學生成為勤奮又有能力的表現者所用的策略中，擷取了七項有效策略如下（見右邊的方塊內容）[6]。

> 成功者願意做失敗者不願做的事。雖然成功者也不一定喜歡做這些事，但是，相較於他們所要達成的目標，不喜歡就顯得微不足道了。
>
> ——E.M. Gray

成為勤奮又有能力的表現者的七項有效策略

1. 讓學生擁有能挑戰他們達成現實世界標準的經驗。
2. 運用讓所有學生皆能達到某特定精熟程度的教學法。
3. 教導學生讀書方法，並且讓他們負起使用這些方法的責任。
4. 運用能幫助學生瞭解並追求優質學習的教學方法及評分機制。
5. 運用能協助學生自我評量、設定表現目標，以及檢驗進步狀況的評量指標。
6. 讓學生在社團活動中展現個人才能，並與他人共同追求卓越。
7. 讓學生透過挑戰某件高難度的人生大事，培養堅持不懈的精神。

優勢 2：勤奮又有能力的表現者

▶ **有效策略 1：**
讓學生擁有能挑戰他們達成現實世界標準的經驗。

Adria Steinberg 在其所寫的《真實的學習，真正的工作》（*Real Learning, Real Work*）一書中提到，「學校到職場」這個名詞，在 1995 年因為「學校到職場工作機會法案」（School to Work Opportunities Act [7]）的通過，而成為美國國內常見的用詞。因著這個法案所進行的中學教育改革，如 2000 年《中學教育的再造》（*Reinventing High Schools*）的報告[8]顯示，學校要採用兩種方式為所有學生打造一個更有意義及具職業導

向的學校教育。

首先，學校要透過實習制度及師徒制，提供學生在職場（包括醫院、工廠及商場）實習的機會。不論學生在高中畢業後要進入大學，或是要就業，都可以在不同職場學習知識及技能的同時，嘗試不同的工作角色。

其次，學校要設計與就業有關的問題或專案研究，去挑戰學生達到現實世界所要求的標準，如此可以讓學校的作業像是真正的工作。對成天抱怨上學很無聊，在學校只能裝模作樣的多數學生而言，從「學校到職場」的改革，讓學生能在現實生活中學習。一位男學生表示在進行與設備管理有關的實習之前，他每天都只是在等待下課鐘響：

> 我在 8 年級和 9 年級的時候從來沒有專心學習，原因是我根本不在乎。但是現在不一樣了，因為現在所學的是我真正想做的事。如果你對你做的事很感興趣，那麼你就會想要好好地表現[9]。

「當你對工作感興趣時，你就會求表現。」

☐ 一門汽車服務技術課

我們訪問一所中學時，參觀了 9 年級「汽車服務技術(2)」的上課情形，這是將真實世界的工作及標準，帶進課堂的一個實例。

學校在一間作為車庫的教室內，放滿了汽車，而學生就在車內或車底忙著工作。學生一星期有兩個半天在此工作，每星期有一位學生要輪流擔任領班，來管理這間修車廠，而老師會在學生之間巡視、觀察並提供建議。

我們參觀的當日，擔任領班的西恩向我們說明這門課運作的情形：

> 學生經由他們就讀的學校，跨校申請修習這門實習課，林老師會面談每位申請者。篩選的條件除了大致依據成績（GPA）外，也會考慮學生的學習態度；林老師要挑選能認真做事的學生。
>
> 我們的汽車來自學生及教職員，有各種不同類型，包括吉普車、貨車及 BMW 的高檔車。我這星期擔任修車廠領班，工作是提供同學有關他們所負責保養或修護的汽車資料及工作內容。此外，我還要訂購他們需要的汽車零件。

西恩表示，這門課的前 6-8 週是在學習電路板，因為「現代的汽車較以往使用更多的電子組件」。學生無論做任何事都會運用電腦，例如查詢「如何拆卸前輪驅動軸」。

西恩接著表示，除了實習，學生還有指定閱讀要完成，而且每週有 2-3 次的小考。「但是，」他特別強調，「真正的責任是：你要知道有人會將你修理的汽車開回去，如果你修理的是煞車系統，這無關分數是 A、B 還是 C，而是你要將煞車完全修好，因為林老師說雖然你有能力修車，但你也有可能使人喪命。」

林老師也告訴學生成為一個終身學習者的重要性，西恩分享如下：

> 林老師說一旦你從事修車這個行業，你必須持續閱讀相關書籍，因為唯有透過閱讀並持續學習，才能成為這個領域的佼佼者，

而不致遭到淘汰，畢竟工業界每三年就會有很大的改變。林老師也帶我們去訪視社區大學，讓我們瞭解未來充滿著許多機會，包括我們可以參加由職業技術計畫贊助的競賽，有機會贏得進入大學就讀的獎學金。

林老師發現，學生在這門課所受的訓練，讓他們有機會能在放學後或是暑假在汽車經銷處打工。西恩說：「通常你要到18歲才能在汽車經銷處正式工作，但是如果我們畢業就立刻就業的話，我們比別人早擁有兩年的訓練經驗，這對我們來說是最大的優勢。」

我們在訪談西恩之後，也訪談林老師，他說：

我在這個行業的經驗已有 26 年之久，我告訴學生我會傾囊相授。我給他們很清楚的高品質工作表現的效標。這些學生當中，有許多人在國中階段被認為是學習遲緩的，但我告訴他們：「你之所以不聰明，是因為你讓別人認為你是愚笨的。」

校長也告訴我們：「有許多學生畢業後立刻就找到好的工作。」去年有位畢業生在本地的 BMW 汽車經銷商工作，年薪是85,000 美元。

□ 一門自然科學課

在上述的這所學校，我們看到另外一個將真實世界的工作及標準帶進課堂的例子，那是一門自然科學的教學。我們看到二十幾個學生在一個超大 L 形的實驗桌上，使用多樣的設備及科技產品來進行各種專案研究。

老師一上課就以 10 分鐘的幻燈片，介紹萊特兄弟的實驗及測量方法。之後，學生就忙於他們未完成的個人或小組的專案研究。

另外，有一位 11 年級的女生正在進行以潮汐發電的裝置，作為家庭的用電來源，她說：「這種發電方式要比核能發電安全多了，而且也符合環保。」另外有一位獲得乞沙比克灣基金會（Chesapeake Bay Foundation）補助經費的女學生，則在種植與研究危害馬里蘭州的植物。

有一組學生最近才完成聯合國所贊助的水質研究計畫，他們使用 11 種檢測標準，檢驗了六個地區的供水系統，並將他們所得到的資料，與其它國家學生所做的研究結果做比較。

另一組學生則在進行「超空泡（supercavitation）及海底火箭」的研究。其他幾位學生則在準備向州政府進行口頭報告的PPT，那是與馬里蘭州立大學合作的一項研究計畫，主要探討造成州內栗子樹死亡的枯萎病成因。

有兩位女學生一起測試各種抗生素對不同細菌的效果，而兩位男學生正在說明餵魚服用一種不用處方箋的類固醇——肌酸，所產生的效果，他們說：「魚吃了之後快速成長兩倍大，但也變得凶狠及具攻擊性，它們會開始吃其它的魚。」他們還說，有兩位學校的明星橄欖球員看到這份實驗報告後，就開始停止服用肌酸了。

指導老師告訴我們：「學生所撰寫的研究報告，讓我們在過去 15 年內獲得 30 萬美元以上的補助經費。許多學生在中學期間就

已得到在當地科學實驗室工作的機會，而日後他們也的確從事科學研究的工作。有些學生在事業有成之後，也捐錢給我們的自然科學課程，這使得我們有能力購買最先進的儀器及設備，進行各種科學研究。」

指導老師最後做了結論：

就如同你所見，這些學生是在進行原創性的研究，而非複製現成的科學實驗。學生在課堂中學習研究的過程，包括發現問題、解決問題、思考因果關係，及小組工作，而你也真的看到學生所表現的創造思考力。當我們開始進行研究時，是不知道答案的，因為我們在書中根本也找不到答案。在學生完成研究時，許多學生會說那是他們所做過最困難的事。通常我也從他們書寫的報告中學到很多。

當我們觀察上述如此有活力及有成果的自然科教學及汽車科技教學時，不禁會想問：「不是所有的學生都應該有機會接受這樣的學習經驗，以便為日後的就業做準備嗎？」

然而要達成「學校到職場」的教育改革成效，是有困難的，因為它需要很多因素的配合，包括：周延的計畫、教師的投入、社區的參與、企業的協助，以及現實課業的壓力──也就是要考量學生必修課程的負荷、面對州內或全國性的標準化測驗，以及其它等等因素。但有件事是清楚明確的，那就是當我們將學校與真實世界的工作連結時，能提供學生最強而有力的學習動機，而且也有助於他們成為勤奮又有能力的表現者。

我就讀的中學教導我們要用功，才能有好的課業表現。我每天都很清楚我該做的事，包括寫功課，以及該如何學習。但是在現實生活中，並非所有的事都已安排好，只等著你去做。我認為創造力及適應力是品格中很重要的部分。我希望我在學校有更多的機會去開創、去克服困難，以及學會解決問題，而非一味接受填鴨式的教育。

──一位中學男生

優勢 2：勤奮又有能力的表現者

2

▶ 有效策略 2：
運用讓所有學生皆能達到某特定精熟程度的教學法。

當代著名作家 John Cheever 曾說：「我不是個偉大的作家，但是我是個偉大的改寫者。」

我們訪問了一所只有 235 位學生的小型公立中學，其中有好幾位學生曾獲國家級獎項，而這所學校在追求卓越的歷程中，驗證了 John Cheever 的說法──卓越的品質是經由不斷的調整與修正而來。這所學校各個學科的教師在教學時，都採用精熟學習法，這種教學法的重要原則是 John Carroll 於 1963 年首先提出的 [10]。Carroll 認為所有的學習者，都可以學好任何老師教授的內容，只是每個人所需的時間有所不同。

布魯姆（Benjamin Bloom）在 1968 年，以 Carroll 的想法為基礎，發展了我們所熟知的精熟學習法 [11]。這種學習理論使教師的責

任產生巨大的改變，教師也因此面臨挑戰，原因是教師必須提供充裕的時間及合宜的教學策略，讓所有學生都能完成一定水準的學習。

教育資源資訊中心（Educational Resources Information Center, ERIC）的資料庫，有列出將近 2,000 篇有關精熟學習法的論文，其中六篇檢視精熟學習法的論文中，有五篇指出此學習法對學生的學習成就能產生正面的效果[12]。

我們訪問這所採用精熟學習法的中學時，有一位老師指出精熟學習法對學生發展成就品格的助益：「我們整個課程的精神在於鼓勵學生能堅持不懈。學生在一開始並不知道他們將不斷重複做同一份作業兩次、三次或四次，一直到正確為止，在過程中他們就慢慢學習到堅持不懈的精神。」

另一位老師針對此點補充說明如下：

我們對學生解釋：「老師會透過精熟學習法，讓你們遠離安逸的現狀。你在別的學校如果失敗了，是沒人會管你的，但是在這裡，老師會說：『沒關係，你可以再試一次。』」

這所學校的教師也有充分的教學自主性去決定學生的學習品質。有位老師說：「學生必須修改報告或是再次考試，以達到老師所設定的標準。同時老師之間也經常相互分享自己為學生所訂定的標準，並且討論到底哪些標準才能讓學生有好的學習品質，而學生也都知道我們所做的這些事。」

老師也表示，對某些學生來說，精熟學習法一開始其實是一種意志力的挑戰，有位

老師做如下的解釋：

當學生的表現不如預期時，我們就會將他帶至其他老師處，聽聽他們的反應。如此一來，學生就會發現除了自己的老師外，其他老師也會說：「這樣還不夠好，你可以這麼做讓它更好。」如果學生不想到其他的老師那裡，他們可以去找其他學生，聽取別人的意見，因為學生經常是以小組的方式完成工作，對於同儕提供的批評，可能感覺較為自在。

以下為另一位老師所做的補充說明：

我們的教學是非常有彈性的。在我任教的 11 年級歷史課中，所有的學生必須提出 2 分鐘的演說。一位患有妥瑞氏症的男生為此感到非常焦慮，因此臉部抽筋的現象越來越嚴重。我對他說：「你可以進行演說，聽眾會只有我一人。」結果他在 12 年級的時候，可以毫無困難地面對全班同學做 15 分鐘的演說。

一位學生也提供他對精熟學習法的看法：

精熟學習法的優點是讓你提早知道後果。如果你研究報告的資料分析做得不好，你就必須重來。如果你的成績低於 B，你就無法拿到該科的學分，也就是說，你明年必須重修。

「學生會設定自己的內在標準，以追求工作的品質。」

老師相信學生透過精熟學習的歷程，才

能真正明白何謂有品質的報告或作品，一位老師的解釋如下：

> 學生在過去的四年期間，為了追求工作的品質，會設定自己的內在標準。我們的目的是希望他們能內化這樣的修正過程，如此我們才可以逐漸減少給他們外在的標準。學生也知道，當他們升到 12 年級時，僅剩一次修改報告或重考的機會，因此他們開始學著在第一次就要繳交有品質的報告或作品，因為他們在大學時不可能像現在一樣有第二次的機會。

> 品格展現在你一而再，再而三的努力中。
>
> ——James Michener

優勢 2：勤奮又有能力的表現者

> ▶ 有效策略 3：
> 教導學生讀書方法，並且讓他們負起使用這些方法的責任。

在學校教育中，有絕大部分的成就品格是指那些可以養成及練習成為好學生的技能。研究發現，如果學生能改善讀書方法，例如，上課前先預習、勤做筆記、做好時間管理，及充分準備考試的話，那麼學習果效就會有明顯的進步[13]。

許多中學教師表示，他們感到特別挫折的事，就是學生沒有做好上課的準備。有位老師說：「有愈來愈多的學生是不帶課本、作業上學的，這種事在 9 年級就很常見，但這個問題一直延續到 12 年級。」

> 學生只要能改善讀書方法，就能提升學習效果。

白老師是擔任 9 年級「世界文明課程」的資深教師，他告訴我們：「我最大的問題就是得不斷地問學生：『你有帶課本來嗎？你的筆記呢？你的筆記要寫些什麼？』當每次上課鐘響時，我的心情就很糟，有時甚至想離開教職。」

經過了半年，白老師決定要有系統地解決這個問題。他的策略就是要提供學生能養成做好上課準備的誘因。他在第二學期一開學，就告訴學生一整個學期都需要遵守下列兩項規則：

1. 尊重每個人：以你想被對待的方式對待他人。
2. 在上課鐘響時做好準備：桌上放好課本、計畫書、筆記本、要繳交的作業以及筆。

白老師補充說，在上課前他會先檢查學生的準備工作：

> 我會在學生座位間一排一排地巡視，並告訴他們，如果有準備課本、計畫書、筆記本、作業及筆的話，今天準備工作的成績就是 A，但是只要缺任何一項，就會不及格。準備工作的成績佔這個科目總成績的 25%。

白老師繼續表示，他會給學生兩天練習「準備工作」的機會：

> 雖然在練習的兩天當中，我不會打準備工作的成績，但如果我看到鮑伯的桌上放有這五件物品，我仍然會說：「鮑伯，你今天準備工作的成績是 A。」如果鮑伯的桌上缺

少一些物品的話，我就說：「鮑伯，你今天準備工作的成績不及格。」

他認為：

這麼做的效果比我預期的還要好，那些長久以來被認為沒做好上課準備工作的學生，很快地就發現如果能好好振作的話，要拿A的成績是很容易的。雖然這麼做並無法改善所有的問題，但成效已經很顯著了。

另外一位擔任 9 年級歷史課的老師表示，他曾經有許多學生沒做好上課的準備，因此他在學年一開始，會在牆壁貼上如下的標語：

卓越不是一種行為，而是一種習慣。
——亞里斯多德

他進一步解釋：

我現在每次上課開始前，都要檢查學生的工具。在前兩次的評分中，學生依據所準備四項物品：課本、計畫書、分類資料夾、及書寫文具，獲得 0 至 4 分不等的成績。準備工作所得的分數佔秋季總成績的 10%，冬季的 5%，在春季則為 0%。

如果學生在春季時仍未做好準備工作，我會再扣他們的作業分數。我告訴學生，我之所以會給予這樣的懲罰，是因為他們之前已有練習的時間來養成這個好習慣。這樣的做法的確有效。

優勢 2：勤奮又有能力的表現者

▶ 有效策略 4：
運用能幫助學生瞭解並追求優質學習的教學方法及評分機制。

我們拜訪的一位校長，在描述都市學校所面臨的共同挑戰時，說道：

我們學校是一個詳和的地方，校內沒有槍枝、刀械及瘋狂行為等，但是我們卻受困於學生學業落後的問題。我們最好的學生充其量，SAT 兩科成績加起來也只能得 800 分（總分 1600）。我們學校獲得了進步獎的肯定，但是有一所學校在另一個學區，在州測驗上和我們學校拿一樣的成績，卻被政府接管了。不過即便如此，來我們學校就讀的孩子，因著家庭背景之故，不論他們怎麼努力，都處於很不利的地位。

在焦點訪談這所學校的學生時，我們詢問阻礙他們學習與學業成就的因素是些什麼，一位女學生這麼說：「老師會查看每位學生是否瞭解，但是如果有學生聽不懂的話，老師也只能放棄，這種現象在多數班級中是很常見的。」

其他學生同意這位女生的說法，一位男生補充說：「如果班上有五位左右的學生表示聽得懂，有些老師就會繼續教下去，但是這麼做，對多數聽不懂的我們來說是死路一條。如果老師上課的進度太快，我們只好選擇放棄。」

☐ 提高要求標準的英文老師

我們訪談了一位在這所學校任教達三年的英文老師，她自己嘗試一種突破困境的教學方法，來引導每位學生都能瞭解老師所教的內容，並激勵他們追求卓越，以使其學習成效能與競爭力強的學校學生並駕齊驅。以下是訪談的內容：

▶ 妳如何看待妳所面臨的挑戰？

我們學生的學業表現遠遠落後學區內其它學校的學生。他們從 10 年級才開始閱讀，而其它學校的學生早在 7 年級或 8 年級就開始閱讀了。這裡有些學生習慣性認為「只要努力就能獲得 A」，但是我告訴學生：「努力加上品質，你的作業才能得到 A。」這是我對他們學習成果要能達到卓越標準的期待。

▶ 妳使用什麼策略讓學生的學習達到有品質的要求呢？

我使用「讀者工作坊」（Reader's Work-shop）這個網站，它現在普遍為整個學區所採用。讀者工作坊的哲學是：一位好的讀者必須具備些技能，包括能做明智的推論、能將書中的內容與生活經驗做連結，以及能提出不同程度的問題等等。

我在牆上掛了一張巨幅海報，上面寫著——我們閱讀任何作品的終極目的，都是要確認它的目的或關聯性：它能幫助我們更瞭解自己、這個世界，以及書中所描述的那個年代嗎？

▶ 妳上課的時間多長呢？

85 分鐘。今年我在課表上安排一個較長的時段，如此才有辦法進行讀者工作坊的教學。

我將上課分成三個時段進行，在 15 至 20 分鐘的第一個時段中，我們進行一個小規模的教學，也就是教學生如何做推論思考。我們先定義何謂推論，接著我們或許會在觀賞部分影片後提問及討論：「你會對主角做哪些推論？」我們也許也會對一首詩或一幅連環漫畫的內容提問：「這些內容中有哪些是事實，有哪些只是推論？」

在 50 分鐘左右的第二個時段中，我們依據所強調的思考力，進行獨立閱讀以及指導性的練習。如果是推論能力的練習，學生要在筆記本上寫下書中所有的推論，而且要引用書中的原文來支持所寫的推論，接著再針對引文原來的意思做說明。

我會在這段工作坊時間與個別學生面談。透過讀者工作坊的教學，我要做記錄，以確定每位學生在這星期內跟老師都有一對一的談話機會。

▶ 第三個時段的教學做些什麼呢？

第三個時段的教學時間中，大約有 5%-10% 的時間是在複習。原則上，我會依據在上一段時間的指導性練習中所看到的問題，給予回饋。我發現一些學生筆記所寫的內容，其實是事實，而非推論，然後我會問學生：「誰能告訴我這個說明是否是一種推論？為何是？為何不是？」

▶ 妳如何評量學生所做的筆記？

那是很重要的。學生在筆記中須將書本與書本間、書本與自己間，以及書本與世界間進行連結。我必須使用精確的語言，去激發學生的學習品質，例如，我會對學生這麼說：「你還有這麼多的可能性，而我對你的期待也是這麼多。」

所以我會針對三項標準分別評分：認真、多樣性及有想法，而我會詳細解釋每一項指標。在每一份學生所寫有關指定閱讀的筆記上，我會給學生這三項標準的個別分數，並將每項分數寫在一張標籤紙，用釘書機釘在學生的筆記本上。

除了標籤外，我還會附上一張便條紙，上面寫著我希望學生改進的地方，例如，「你做了一些有趣的推論，但是你所引用的原文並無法支持你的論點，你需要再找出其它的證據。」或是「你提出了一些有趣的問題，但是你並沒有提供答案，下次可以試著回答其中一些問題嗎？」

「我必須使用精確的語言來告訴學生：『你還有這麼多的可能性。』」

▶ 妳如何評分呢？

不論是優等班或普通班的學生，分數都是從 35 分起跳，也就是從 F 起跳。我在學期初會告訴學生，雖然我會記錄所有的成績，但我不會取全部的平均值作為期末的總成績。反之，我是按照學生在過程中用心及進步的狀況來打成績。雖然有些學生看到成績是 F 時，會很震驚，可是我很少接到家長質疑的電話。

原則上，我在學生筆記本所貼的分數標籤，以及給他們的回應：「這是你還可以努力的空間」。這樣的回饋方式，基本上讓學生接受了一套全新的標準。

學生對這些回饋的反應，是覺得自己要更努力求表現。有一天，有位男學生說：「耶！我得了 75 分，我上個禮拜得 50 分，現在居然拿到 75 分。」我對他說：「你為75 分感到興奮嗎？」學生想了想說：「現在我想拿更高的分數！」另外一位女學生在第一次拿 90 分的那天，對全班宣布說：「我突破 90 分的關卡了。」有些學生告訴我：「我真的很喜歡這樣的學習方式。」

從此，學生開始明白何謂品質，因此他們對於進行有品質的學習感到興奮。當他們回頭檢示以前所寫的筆記，會發現品質有所不同了：「我現在寫得比較好，因為……」

我發現在評分的過程中，給學生的回應有助於他們追求更高的品質。他們會說：「我很有想法，因為我問了許多真正的好問題，只是我還需要更進一步的思考，來回答某些問題。」

▶ 妳有學生在進步之後就鬆懈，不想繼續成長嗎？

當然這是常有的事。通常的原因是和這門課無關，原因有可能是他們在其它的課程中表現不好，或是他們想要打籃球，於是他們會說：「算了，不要管功課了！」也或許是家中發生一些重大事故。如果我發現有影響他們學習的嚴重事件，我會讓他們再做一

次筆記。

▶ **妳有用表現好的學生做示範嗎？**

如果學生的表現真的很卓越，我會將他們的作品製作成投影片，然後我們會依據所有的指標來討論。我們會看三份不同學生的作品，或許是現在班上同學的，也或許是以前學長姐的。我們花很多時間在討論觀點的問題，因為我希望學生明白有品質的寫作都具有特別的觀點。

▶ **是否全部的學生立刻就喜歡這樣的教學方式？**

當然不是。有位學生去年上學期在我這門課成績不及格，那是因為她不認真，而且在工作坊時間不想動腦筋思考，但是她在下學期得了 A。當她今年修英文課需要寫篇具說服力的小論文時，她來找我談：「我想來談談我的對手針對我的論點可能會提出什麼反擊，以及在論文中我可以如何著墨這一點。」我認為這是個很縝密的思考方式，也可判斷她從此已成為具思考力的寫作者了。

這整個教學法的精神就是要不斷地促使學生更上一層樓，也就是要他們更縝密地去思考，深入瞭解書籍的內容，以及從不同的觀點來考慮事情。他們也因此才真正擁有筆記的著作所有權。我們的目的就是要建立一個具創造性思考的文化。

> 沒有學習難事的簡易方法。
> ——Joseph de Maistre

優勢 2：勤奮又有能力的表現者

▶ **有效策略 5：**
運用能協助學生自我評量、設定表現目標，以及檢驗進步狀況的評量指標。

指標能幫助學生自我評量，以及設定改進的目標。一份設計良好的指標，可以作為幫助學生成為勤奮又有能力者的有效工具。指標能幫助學生評量自己的工作習慣以及其它的成就品格，設定改進的目標，然後評量是否符合這些目標的進步情形。

努力與成就指標

Marzano 與他的同事在《有效的教學》一書中指出，「努力與成就指標」可以幫助學生瞭解，他們所付出的努力與其得到的成就之間的關係。這份指標分成四個等級，4 表示卓越，3 表示良好，2 表示待改進，而 1 表示不令人滿意，學生可用這份指標來評量自己在學習上的努力與成就等級[14]。

努力與成就指標

● **努力指標**

1. 我沒有努力學習。
2. 我有努力，但只要遇到困難就會停止。
3. 我很努力完成工作，即使遇到困難無法立即解決，我仍會繼續努力。
4. 我很努力完成工作，即使遇到困難無法立即解決，我仍會繼續努力，因為我認為困難有助於我對事情的理解。

1. 我沒有達成學習的目標。
2. 我只達成部分的學習目標。
3. 我達成了學習的目標。
4. 我達成了超過原先所設定的學習目標。

☐ 學業表現水準

《品格教育：提供有意義的課程》（*Character Education: Providing a Meaningful Academic Curriculum*）（「十一項原則資源手冊」[*Eleven Principles Sourcebook*]第六冊）一書中，舉出一個由一所獲得全國品格典範學校獎的中學所發展之評量學業表現水準的指標（請見下一頁的方塊內容）[15]。這個從「領導者」到「落後者」的 5 點量表的指標，可以讓學生依據此指標中所列的五項學業表現，去評量自己的狀況，然後再根據它去訂定改進的目標。

當我們訪問這所學校時發現，這項指標已成為學校中常被談論的話題，而且也成為學校文化的一部分。教師會問學生：「你要拿 5 分，還是 1 分？」如果你問學生：「你認為什麼是品格？」學生通常會回答：「成為拿 5 分，而非 1 分的人。」家長也認為孩子成績單上這項指標的分數，遠比他們的學科成績還要有意義。

☐ 增進承諾的契約

最難引起其學習動機的，是那些表現得「不在乎」的學生。Alan Mendler 在《激發不在乎學習的學生之動機》（*Motivating Students Who Don't Care*）一書中，提出能增進

學生承諾的契約[16]（請見以下的方塊內容），是可以結合上述的指標，來幫助學生設定目標，並朝自我改善而努力的一種教學策略。

增進承諾的契約

1. 在學校中，你要做些什麼才能有更成功的表現？
2. 為了要有更成功的表現，你努力的計畫是什麼呢？
3. 哪些障礙或困難會妨礙你計畫的成功？
4. 如果這些障礙出現的話，你有哪些方法可以避開或克服它們？
5. 我，或是學校的其他人，可以如何幫助你實現你的計畫？
6. 如果未遵守承諾，你會承擔哪些公正的後果？
7. 我們可以用哪些合宜的方式來慶賀你實踐了承諾？

學生簽名＿＿＿＿＿＿＿＿＿＿＿＿＿＿＿

激發者簽名＿＿＿＿＿＿＿＿＿＿＿＿＿

摘自：A. Mendler，《激發不在乎學習的學生之動機》

設計這份增進學生承諾的契約之邏輯是：學生也許不喜歡某些科目，或是不在乎分數，然而只要他們答應他們在乎的老師、教練、父母或朋友要努力的話，他們就會信守承諾。

這份增進承諾的契約包含兩項能發展第二章所討論的成就品格之重要策略：(1)自我探究。因著契約，學生可以不斷反思個人的

從領導者到落後者的學業表現量表（作者改編）

	出席率、準備度和態度	良好的學習習慣	學習的表現	有智慧的工作倫理	在團隊合作中的角色
領導者（5分） 展現個人的承擔和熟練，鼓勵他人也能身體力行。	帶著課本準時上課；學習認真及有耐力；經由個人的全心投入以及協助他人，而提升了全班所設定的目標。	有極佳的組織能力、能做好時間管理，及善於做筆記。此外，也有很強的文字處理及讀寫能力，同時也能主動協助他人有良好的學習習慣。	對課程要求的精熟度呈現極高的水準，包括能輕鬆自如，及存記預期成效於心，同時也能協助他人的學習表現。	在追求個人學業成就時，能展現強烈的堅持、專心及熱忱，同時也會鼓勵他人有同樣的表現。	在團隊合作時展現主動性，樂意和他人合作；展現組織能力及帶領團隊朝既定目標努力，並會做好分配的工作；也會鼓勵他人的團隊合作的領導力。
參與者（3分） 適度地完成責任，但未擔任領導者的角色。	帶著課本準時上課；能適度學習。雖然非領導者，但也非落後者。	組織能力、時間管理、文字處理及讀寫能力表現良好。雖然非領導者，但也非落後者。	對課程要求表現不錯的精熟度；稍有彈性地存記預期成效於心。雖然非領導者，但也非落後者。	在追求個人學業成就時，僅展現中度的堅持、專心及熱忱。雖然非領導者，但也非落後者。	表現適度的團隊意識及與他人合作的意願；很少展現組織能力及帶領團隊朝既定目標努力，會適度為團隊學習盡責任。雖然非領導者，但也非落後者。
落後者（1分） 未達到個人標準，也落後於他人所達成的標準。	未能準時帶著課本來上課；欠缺合宜程度的努力，表現落後他人。	沒有展現組織及時間管理能力；文字處理及讀寫能力不佳，表現落後他人。	對課程要求很少呈現或完全缺少精熟度；缺乏彈性，不在乎所設定的預期成效，表現落後他人。	在追求個人學業成就時，堅持度、專心及熱忱都很低，表現落後他人。	團隊學習的表現不佳，沒有和他人合作及組織的能力；無法帶領團隊朝既定目標努力，更無法為團隊學習盡責任，表現落後他人。

註：如果學生朝較高的分數（如3分或5分）進步，而無法完全符合標準（如只是部分，而非完全符合標準，或不是持續符合）的話，可以依實際狀況得2分或4分。

工作習慣及設定個人目標；(2)提供一個具支持性及挑戰性的社群。學生因著接受了額外幫助，會對在乎他的人做出努力的承諾。

優勢 2：勤奮又有能力的表現者

▶ 有效策略 6：
讓學生在社團活動中展現個人才能，並與他人共同追求卓越。

我們成人經常會回憶起在中學時所參與的社團活動，如參加足球隊、班級戲劇演出，或是合唱團，通常這些活動對我們品格的發展，以及對自我感覺之影響，遠比學業要來得大。這些社團活動讓我們有發展群體關係、個人特殊才能以及領導能力的機會。

Ann Power 分析一份由「全國教育縱貫研究」（NELS）所提供的資料發現，不論來自何種社經背景的學生，包括來自低收入家庭者，只要參加社團活動，都有助於其教育成就的提升。學生參與社團活動，可以經驗到來自一些重要成人，如老師、教練、指導老師或輔導老師的支持，而這些良師可以成為學生的守護者，或是成為他們高中畢業後繼續接受教育的促發者。

此外，學生在社團活動中，也可與那些準備高中畢業後繼續進修的同儕，建立強而有力的社會網絡。因此，這些學生比起那些未參加社團活動的學生來說，較會思考高中畢業後的教育問題，所以他們會申請進入大學或是職業訓練的課程。Power 的研究同時指出，12 年級學生是否參加社團活動與是否會留級之間具有正相關[17]。

我們在實地訪問時，剛好看到一些對學生品格發展——以及成為勤奮又有能力的表現者——有幫助的社團活動課程。

☐ 經常比賽得獎的辯論課程

我們參觀了在西岸一所學生多為勞工階級及多元種族的學校，在過去 15 年中獲獎無數，其中包括得到四次全國辯論賽冠軍，總計有超過 270 位學生參加此辯論課程。根據指導老師的說法，該校將近 40% 的學生畢業後，會進入四年制大學就讀；參加辯論課程的學生則有 99% 會繼續讀大學，他們當中有些人還申請到哈佛、耶魯或史丹佛大學的獎學金。

參加社團活動有助於所有社經背景學生的學業表現。

這個社團活動的課程，提供學生培養學業技能及成就品格，如努力、勤奮、堅持不懈及自我訓練等的機會。在和辯論社的學生及指導老師的談話中，我們可以深深感受到他們的學習動機和熱情、承諾及專心致力。指導老師表示：

每位學生都想有所成就，他們都希望能夠向他人證明自己的成功，這樣能讓他們擁有自信。他們一旦上路了，就會以不可置信的方式，發揮其潛能，而且不會選擇退縮。

在大眾面前演說，通常是件讓人害怕的事，但是我們的學生學習在任何公眾場合中演說，因此發展出一種不常看到的自信，例如，他們最近在學校委員會前分享有關於辯論的課程，大家對他們的卓越表現感到十分

震驚。只要有他們參與的課堂，所有學生的學習品質和思辨能力也都提升了。

根據全國辯論聯盟（National Forensics League, www.nflonline.org）表示，全國辯論賽自 1925 年舉辦以來，其目的在於「鼓勵及激發中學生的參與，使其熟練辯論的藝術，包括進行公開爭辯、演說及詮釋 [18]」。辯論賽的倡導者相信，辯論能提供學生以下這些機會：(1)培養研究、思辨、組織、說服他人及口語溝通的能力；(2)做為從事法律、教育、政治、傳播、宗教、公眾事務、商業，及其它需要思辨能力和溝通技巧的專業工作之準備；(3)透過與他人判斷力的對抗，發展個人及社會的價值觀；(4)學習尊重不同意見，並獲得參與有效民主社會所需之知識及技能；(5)建立團隊合作，及在學術性的環境中，培養負責且有效率的競爭能力 [19]。

一位參加此課程的學生在接受訪問時表示，他是家中 20 位堂表兄弟姐妹中，唯一讀到高中畢業的人，而他也剛獲得一所大學的全額獎學金。他談及參加辯論賽對他融入同儕文化以及激發其教育抱負的影響：

家人其實並沒有特別鼓勵我繼續升學，我的意思是說他們的想法比較實際，希望我高中畢業後就去從軍，或是立刻就業。但是在辯論社中有一項不成文的規定，那就是你要繼續升學，因為每個人都是如此。如果你沒有拿到好成績，或是沒有成就的話，那麼你就不「酷」了，你就格格不入了。

我們問這位指導老師是如何使學生有如此高水準的卓越表現，他答道：

首先，我幫助他們持平常心。我在比賽後問他們：「你對自己的評價如何？你覺得好在哪裡？你還可以如何做得更好？」接著，我會表達我的評論：「裁判都說了些什麼？你要如何改進？」檢討之後，學生就會不斷練習。想要更好，只有透過不斷反覆的練習。

有位助理教師告訴我們，這個課程幫助學生發展了道德品格及成就品格：

一旦學生被發現捏造證據，就必須離開辯論社，因為我們強調絕對的正直及誠信。我們認為這門課，不只是幫助學生培養辯論的技巧，更重要的是幫助學生成為好公民——不但能瞭解問題正反兩方觀點，也能關心周遭事物。

學生對此課程如此投入的原因之一，是因為知道我們關心他們。有許多學生沒有父親，而林老師就像是他們的父親一樣。學生都非常用功，而這個課程也著實改變了他們的生命。

「這是一個能改變學生生命的課程。」

一個獲獎的音樂課程

在距離上面所談及擁有傑出辯論課程學校不遠的另一所學校，我們訪談了曾獲得音樂獎項的課程主任。這所學校的學生除了在校時間修習音樂課外，也參加課後的合唱團，並多次參加音樂比賽。這位主任在說明這個課程的附加價值時，不時流露出他對音樂及學生的熱愛：

合唱團就像是個社群——像是我們所期待的一個社會縮影。這個團體中的成員來自不同的種族及背景，大家合作共同開創美好的事物；我們巡迴演出、參加慶典活動，並舉辦春季旅行。我們在這樣的過程中更加彼此熟悉，也在共同努力中學習重要的價值觀，如紀律、團隊合作、自我尊重、認識美及藝術為何物。

▶ 這個音樂課程是如何規劃呢？

我們學校的作息表採用 90 分鐘一節課，這樣的安排對音樂課來說是非常好的，因為我們可多出 50% 的練唱時間。第一門課是中級班的女子室內樂課程，學生是經由甄選的管道來修這門課。

第二門課是男生合唱，學生不論其音樂

學生參加社團活動的益處

許多研究發現，社團活動比傳統的學業測驗對學生日後的成就更有幫助。哈佛大學針對 392 位居住在市區男孩的發展，進行從 14 歲到 47 歲的追蹤研究。研究者發現，曾經參加社團、球隊或聯課活動的人，比起未曾參加者，較能成為心智健全的成人。他們擁有較緊密的及溫暖的人際關係、較享受婚姻生活及喜歡小孩、較易找到工作，而且有較高的收入 [20]。

另外一個以數千名中學生為對象的研究發現，參加社團活動的學生比起未曾參加者，其學業成績表現較好、對學校有較正向的看法、有較高的道德感、較少酗酒及吸毒，而且行為較符合德行標準 [21]。

背景如何，皆可修課。第三門課是女生合唱，通常是 9 年級學生的入門課程。第四門課則是室內合唱團，是一門進階課程。

不同時段的課程，提供學生可以按照自己的程度修課，但是在放學後有樂團伴奏的合唱團中，則各種程度的學生皆有之。這麼做有兩點好處，第一，它讓課程可以統整，因為大家唱的是同樣的音樂。此外，我們就像是一個大家庭，因為我們每天至少有一次在一起用餐。

一起合唱的第二個好處，是那些低年級及經驗較少的團員可以接觸學長，並向他們學習。我可以對他們說：「女高音們，我希望妳們的聲音可以像某人一般。」

「在合唱團中，我們可以學習團隊合作、紀律及何謂藝術。」

▶ 你的學生有哪些公開表演的機會呢？

我們在春天為學生舉辦音樂比賽活動，提供學生訓練自己在群眾面前表演美好音樂作品的機會。學生會有一點點害怕，因為評審會給「特優」、「極佳」或「良好」不同等第的評論。不過，評審總是會先提供建設性的肯定，再給予學生可以改進的建議。評審的評論會像醫生的診斷一般，幫助學生知道可以如何改進。也因為如此，學生結束比賽時是帶著正向的感覺離開。

每學年結束時，我們會舉辦流行音樂會，往往會有許多學生登記參加。我也會以此作為參加音樂比賽的誘因，因為我告訴他們：「如果想要參加流行音樂會，必須要先

參加音樂比賽。」而多數學生都做到了。

▶ 你如何幫助學生設定個人及團隊的目標，以激勵他們追求卓越？

我希望學生在 9 年級進入此課程時，能明白這個課程的未來是很重要的，所以我請他們在兩張紙上分別寫上目標，然後放進兩個信封裡。學生在第一張紙寫上畢業時希望會有怎樣的合唱團，也就是要回答：「當你離校時，你希望我們要達成哪些目標？」

學生封好信封後，一直到 12 年級畢業前才能拆開。學生在第二個信封內放進他們在 9 年級要達成的個人目標，也就是回答以下的問題：「要升 10 年級時，你希望達成哪些目標？」學生會在 9 年級學期末時打開信封，看看自己是否有完成這些目標。例如，我們通常會參加全國合唱比賽，因此有許多學生會寫他想要贏得加州的冠軍，以便能參加全國大賽。對他們來說，這是一個很實在的動力來源。

▶ 你認為參加比賽的功能為何？

我相信比賽可以是很建設性的，因為我們讓學生面對比賽的方式，不會讓他們覺得需要去證明自己很行。所有參加比賽的合唱團都很優秀，大家因為音樂的關係而聚在一起，這本身就是一件很美好的事。

在我們所參加的比賽中，所有的參賽團體都能彼此支持，我想最大的因素是因為大家每年都會碰面。如果某個學校今年贏得比賽，那麼明年就不能參賽，但是可以取得在自己的城市主辦比賽的權利，這是一個極大

的光榮。在過去幾年，學生參加了在出色的音樂廳及公共場所舉辦的多達三千人參與的比賽，這都強化了他們的學習經驗。

▶ 你如何幫助學生正確地看待比賽？

我告訴學生，能被邀請參賽就是一件光榮的事。只要全力以赴，無論輸贏，你的參賽都是光榮。我說：「當然評審會評分，但是在比賽當天，每個人都認真聽你們唱歌，多數的人在乎的並不是分數。」

我也告訴他們要把握這個機會，認識其他的學生及合唱團。透過接觸這些很傑出的表演者及表演，我們的學生將更瞭解如何面對卓越的挑戰。

在比賽結束當晚，所有的合唱團會聚在一起合唱指定曲，這景象是很驚人的，因為整個禮堂裡，有一千多位學生一起唱歌。

▶ 當學生已有高水準的表現時，你如何讓他們持續追求進步？

我會提供卓越的典範，例如，我會找一些表現比我們好的團體。這麼一來，學生一直會有激勵自己去表現得更好的學習典範。

例如，最近，一所大學的合唱團舉辦秋季演唱會，我買了 30 張入場券，給有興趣聽演唱會的學生。演唱會後的課堂上，我請學生分享聽演唱會的感想，我問他們：「這些表演者有哪些地方值得我們學習呢？」

學生很熱烈地提供他們所見及欣賞之處，例如，一位學生聚焦在一位男演唱者，他說：「當女生在唱時，從這位男生的臉部表情及眼神，你可以知道他一直很聚精會

神，參與其中。」我們也會討論這樣的專注對練唱時的幫助。

▶ **你認為學生參加這個課程有何長期的益處？**

我的目標是希望學生終其一生能對音樂保有熱情。我告訴他們身為教育工作者的我，希望他們不論表現的水準如何，都要成為終身喜歡歌唱的人。我說：「我並不希望你們每個人都進入大學主修音樂，但我希望你們會一直喜歡歌唱，而且也會一直唱下去，不論是在社區劇團、教會唱詩班，或是社區合唱團中。」

> 如果我們想輕鬆地做事，那就要先學習如何勤奮地做事。
>
> ——Samuel Johnson

優勢 2：勤奮又有能力的表現者

▶ **有效策略 7：**
讓學生透過挑戰某件高難度的人生大事，培養堅持不懈的精神。

「他們做到了一些他們自己認為不可能做到的事。」

「在 9 年級即將結束時，許多學生在跨越德拉瓦水門橋（Delaware Water Gap Bridge）時哭了。」

以上是一所位於艱困市區的天主教學校男老師所說的話。這所學校在過去 25 年所招收的學生，大都是來自黑人及西班牙裔的低收入家庭。現在幾乎所有的學生畢業後都上大學，其中有許多人成為成功的企業家，或是各行各業的專業人士。

這位教師談到學校諸多關鍵事件之一，是在學生入學的第一年，也就是 9 年級結束時，會在紐澤西州 Kittatinny 山，舉辦一個慶祝儀式——五天健走 50 哩路的嚴格考驗活動。

「面對困難時能堅持不懈」是成為勤奮又有能力者的品格之一。所謂堅持不懈是指在初次嘗試某事時，雖然表現不好，但仍不放棄的一種習慣，它同時也是指，當你必須做你根本不想做的事，但卻不會放棄的一種習慣。50 哩路的健行，對學校多數的男學生而言是屬於後者。

此活動的規劃者解釋此「背包計畫」的想法：

對居住在艱困市區的這些年輕人來說，他們並不缺乏天賦資質，但卻缺少自信，以及遇到困難就放棄努力之心，這樣造成許多經濟弱勢背景的學生，無法在學校中發展天賦才能，進而有所成就。

「背包計畫的目標是要讓學生長久記得，他完成了一件原本想要放棄的高難度工作。」

五天的背包計畫對 9 年級的學生來說，是一種矯正途徑，它被證明能有效幫助在美國最窮的市中心長大的學生，學會如何去面對挑戰。

學生在 50 哩的露營旅行中，不能因為

失去信心或害怕失敗，或是僅因為生病或討厭灰塵、昆蟲及朋友，抑或是因為覺得走不下去，而中途放棄。背包計畫的目標，就是要讓每位學生能長久記得，他完成了一件他曾一度想放棄的高難度工作。

這個記憶也許能幫助這些年輕人，在令人討厭的中學數學課中、在沒有友善面孔的大學歷史課中、在連續求職被拒後，或是因為不適任或不喜歡工作，而整天只想躺在床上時，仍能選擇持續面對挑戰。

背包計畫還充分安排已接受過此嚴苛挑戰的高年級學生，擔任領導者。

◆ 在五天的健行前，有三週的準備時間，包括一整天的健行及過夜兩晚的旅行。
◆ 每個 9 年級的班級，分成八人一組的 16 個小隊，每個小隊選出一位小隊長，四小隊組成一個中隊，由三位接受過訓練的高年級學生帶領。
◆ 高年級學生擔任領隊，負責訓練 9 年級隊員健行所需的技巧，以及練習他們成為領導者所需的技巧。

「許多學生在畢業時都誇讚透過背包計畫學到了堅持不懈。」

背包計畫每日活動包括四個學習內容：

▶ **1. 小隊挑戰**

有九項團隊活動，或是暖身遊戲，讓隊員練習一起工作、解決問題，以及彼此照顧的能力。

▶ **2. 領導力訓練**

中隊長每天都會給予隊員不同的領導力練習。每個小隊針對挑戰，必須自我評量如何運用領導力，而中隊長也會評量每個小隊長的領導力。

▶ **3. 特殊專長技巧**

中隊長會教隊員四項特殊技巧，包括安全與急救、紮營、大自然與領航，以及烹飪。

▶ **4. 一般技巧**

每天會有一位高年級學生向中隊的全體隊員，做鼓舞人心的精神講話。

有位教師表示：「『絕不放棄』是背包計畫的座右銘，我們告訴學生：『即便你已經完成了 95% 的行程，也絕對不會有巴士在哪裡等著救你。』」

畢業生畢業時，總是很懷念 50 哩路的健行活動，而許多學生也很引以為傲他們在背包計畫中所完成堅持不懈的成就。

> 如果你想要成功，就要將堅持不懈視為密友。
>
> ——Joseph Addison

想要幫助青少年——尤其是那些低成就的青少年——瞭解這個問題：「為何在生活中須要不斷地嘗試？」www.whytry.org 這個網站提供了很棒的資訊。有關品格教育、科技及學生服務學習的資訊，可參見 www.MindOH.org。

附註

1 R. Marzano, D. Pickering, & J.E. Pollock, *Class-*

room instruction that works: Research-based strategies for increasing student achievement. (Alexandria, VA: Association for Supervision & Curriculum Development, 2001).

2 M. Csikszentmihalyi, K. Rathunde, & S. Whalen, *Talented teenagers: The roots of success and failure*. (New York: Cambridge University Press, 1993).

3 B. Schneider & D. Stevenson, *The ambitious generation: America's teenagers, motivated but directionless*. (New Haven, CT: Yale University Press, 1999).

4 Cited in R. Allen, "Making high schools better," *Education Update* (August 2004).

5 R. Berger, *An ethic of excellence*. (Portsmouth, NH: Heinemann, 2003), 8.

6 Cited in S. Covey, *The 7 habits of highly effective people*. (New York: Simon & Schuster, 1990).

7 A. Steinberg, *Real learning, real work: School-to-work as high school reform*. (New York: Routledge, 1998).

8 **www.essentialschools.org/pdfs/RHS.pdf**

9 Steinberg.

10 J.B. Carroll, "A model of school learning," *Teachers College Record*, 1963, 64, 723-733.

11 B. Bloom, *All our children learning*. (New York: McGraw-Hill, 1981).

12 See, for example, J.H. Block et al., *Building effective mastery learning schools*. (New York: Longman, 1989).

13 For research and resources on study skills, see R. Marzano, D. Pickering & J. Pollock, *Classroom Instruction That Works*. (Alexandria, VA: ASCD, 2001); M. Gettinger & J.K. Seibert, "Contributions of Study Skills to Academic Competence," *School Psychology Review*, 2002, 31, 3, 350-365; and C. Hirst-Loucks & K. Loucks, *Study Strategies for Student Success*. (Auburn, NY: Teaching & Learning Connected, 2004), **louckstic@adelphia.net**.

14 R. Marzano et al.

15 K. Beland, *Character education: Providing a meaningful academic curriculum, Book VI Eleven principles sourcebook*. (Washington, DC: Character Education Partnership, 2003).

16 Modified from A. Mendler, *Motivating students who don't care: Successful techniques for educators*. (Bloomington, IN: National Education Service, 2001).

17 A.R. Power, *Getting involved and getting ahead: Extracurricular participation and the educational attainment process*. Unpublished dissertation, University of Notre Dame, 2000, 108.

18 National Forensics League, **www.nflonline.org**

19 **http://www.pbs.org/accidentalhero/guide/packet.pdf**

20 G.E. Vaillant, & C.O. Vaillant, "Natural history of male psychological health," *American Journal of Psychiatry*, 1981, 138, 1433-1440.

21 D.H. Heath, *Schools of hope: Developing mind and character in today's youth*. (San Francisco: Jossey-Bass, 1994), 111.

處世圓融且具備情緒管理能力者

處世圓融且具備情緒管理能力者……

- 擁有健康的自信以及正向的態度
- 在社交場合中展現基本的禮儀
- 發展正向的人際關係，包括對他人情緒的敏感度，及以關愛解決衝突的能力
- 能有效地溝通
- 和諧地與他人共事
- 公正地解決衝突
- 具備情緒智商，包括對自我的認識與情緒管理能力。

- 他是一位優秀的運動員，但他的情緒、脾氣起伏不定，且由於他的自私，導致他所屬的球隊無法發揮潛能，獲得卓越的表現。該隊教練正考慮是否開除他。
- 在公司裡，她是一位受過良好教育、野心勃勃的年輕雇員，但缺乏良好的溝通技巧，使她成為一位很難共事的人。
- 他是一位熱情的倡導者，願意針對重要的社會議題，付出時間與精力，但他經常表現得十分強勢，以至於可能支持他的人都與他疏遠了。

以上都是大家耳熟能詳的案例。教師、教練和雇主可能經常遇到具有這些人格特質的人。他們無法達到卓越的表現，並不是因為缺乏天分，而是因為缺乏處事圓融與情緒

管理的能力。他們之所以會在各種人際關係中感到掙扎——包括親子關係、婚姻關係，以及其它生活領域，正是因為他們在社會與情緒領域的能力有所不足。

▢ 社會－情緒技巧之研究

史丹佛大學教授 Lewis Terman 於 1954 年所執行的一項經典研究，探究的對象為資優青少年，這項研究結果指出，相較於低成就的資優青少年，那些能實現天賦的青少年具有下列的特徵：

- 情緒穩定
- 持久的動機
- 看重目的，及充滿自信的人格特質[1]。

其它研究亦有相似的結論：天賦異稟的成功人士不僅反映成功的企圖心，其人際關係也很成熟[2]。

近期的心理學理論和研究，提高了大眾對於社會與情緒技巧重要性的意識。哈佛大學心理學家 Howard Gardner 在他 1983 年的《多元智能理論之心智架構》（*Frames of Mind: The Theory of Multiple Intelligences*）一書中表示，內省智能（指的是能瞭解自己，並使用這種知識來引導個人的行為）與人際智能（指的是能瞭解他人，並與他人共同合作的能力），是人類智能中很重要的兩種智能[3]。耶魯大學心理學家 Peter Salovey 和 John Mayer 於 1990 年發表的〈情緒智商〉（Emotional Intelligence）論文中，提供我們如何以多元的方式，在日常的情緒生活中，運用這些智能[4]。而 1995 年出版的《EQ》（*Emotional Intelligence: Why It Can Matter More*

Than IQ）（譯註 1）一書，作者 Daniel Goleman 則成功地將情緒領域的心理學理論與研究普及化。

　　相對地，學校也在教育學生學習關於社會與情緒的技巧上，投入了更多的關注。社會－情緒學習成為許多教育研討會、論文寫作及研究的焦點[5]。2003 年，課業、社會與情緒協同學習中心（Collaborative for Academic, Social, and Emotional Learning, CASEL）出版了《安然無恙：教育領導者的社會與情緒學習引導方案》（*Safe and Sound: An Educational Leader's Guide to Evidence-Based Social and Emotional Learning Programs*），這本書摘錄了 11 篇研究回顧，包括了各種教育介入的方案，目的在於營造一個關懷的學校環境，並降低反社會與危險的行為[6]。《安然無恙》一書做了以下的結論：社會與情緒技巧不但可以被教導，同時也可用以預測學生的學習動機、學業成就，及正向的社會行為。

☐ 我們對社會與情緒技巧的觀點

　　不同的教育學者提供了不同的社會與情緒技巧的參考文獻，他們對於社會與情緒學習和品格教育間的關係，也有不同的看法。部分教育學者認為，社會與情緒技巧的學習，等同於品格教育，不過我們並不這麼認為。以下四點說明我們的理論觀點：

▶ **1. 具有良好的社會與情緒技巧，只是必要的品格八項優勢能力之一**

　　雖然社會與情緒技巧，是人類發展中非常重要的領域，但也只是引領個體至豐盛生活的八項必要品格優勢能力之一。成為終身學習與思辨者、勤奮又有能力的表現者、德行的深思者、尊重且負責任的道德實踐者、自律者、對社區和民主發展有所貢獻者，及靈性者，都是成就品格與道德品格中很重要的部分。亦即，所有八項品格優勢能力對於終生追求卓越及德行都一樣重要。因此，品格教育的範疇較之社會與情緒教育，是更廣而周全的。

▶ **2. 有七項社會與情緒技巧，對於在學、就業及未來生活的成功格外重要**

　　包括：(1)健康的自信以及正向的態度；(2)社交場合中的基本禮儀；(3)正向的人際關係，包括對他人情緒的敏感度（其中反映固有的美德，例如傾聽、理解、同理心與同情心），以及以關愛為出發點的衝突解決能力（所需的美德包括誠實、勇氣、智慧和能以合宜得體的方式關心別人）；(4)有效溝通的能力；(5)和諧地與他人共事的能力；(6)公正解決衝突的能力；(7)情緒智商，包括對自我的認識與情緒管理能力。

▶ **3. 社會與情緒技能和其它品格優勢能力具有相輔相成的關係**

　　社會與情緒技能和其它品格優勢能力間具有相輔相成的關係，舉例來說，我們對自我的認識以及對他人的瞭解等有關社會與情

譯註 1：中譯本《EQ》，時報出版公司出版。

緒的技巧，讓我們知道如何做德行的思考，並使我們對於人際關係中的道德判斷，能採取有效的行動。相對地，我們所認知的是非對錯，也會導引我們社會技能的使用（例如對他人的瞭解這項能力，可用在好的或不好的方面）。具有社會與情緒技巧能夠增強我們的能力，使我們能幫助他人展現最佳的自我。而這些有助於我們成為勤奮又有能力的表現者，反過來說，也激勵我們要更加努力地加強我們的社會與情緒技巧。依此類推。

▶ **4. 社會與情緒技巧的終生必要性應被教導**

雖然社會與情緒技巧，對於促進學校情境內的人際關係是必要的，但這些技巧對於學生在校外的成就也同樣重要。我們應向學生強調，這些能力對個人長遠的發展十分重要。《營造情緒聰慧之工作場域》（*The Emotionally Intelligent Workplace*）這本書強調社會與情緒技巧在工作環境中所扮演的角色[7]。另一本書，《心靈和品格的培養：生命中最重要的教育目標》（*Cultivating Heart and Character: Educating for Life's Most Essential Goals*），則是探討發展社會與情緒成熟的必要，以幫助年輕一代建立穩固的婚姻與健康的家庭[8]，這些可以延續一生的果效，對於個人生命的圓滿與社會的繁榮，有絕對的重要性。

我們發現，社會—情緒技巧在家庭與學校裡經常被嚴重忽略了，因此，「以關愛去解決人際衝突」（care-frontation）這項能力，在大多數人身上並未發展完全。想要運用這項社會能力，需要我們足夠關心他人：去介入、去詢問、提供誠實的回饋、化解衝

突，如此我們才具有此能力，並有效地那樣做。靈性作家 David Augsburger 在他所著的《以關愛化解衝突》（*Caring Enough to Confront*）一書中說明，以關愛去解決人際衝突這項能力在衝突的情境中格外重要，因為這是我們人際生活中不可避免的部分：

以關愛去解決人際衝突是很獨特的看法。衝突的存在是自然的、正常的、中立的，有時甚至是令人感到欣喜的。它可以變成痛苦或災難性的結局，但不是必然的。衝突不是好事，但也不是壞事；它不一定是對的，也不一定是錯的。衝突就僅僅是衝突。但是我們如何看待、面對與解決，深深影響我們整體生命的循環模式[9]。

我們相信以關愛去解決人際衝突與解決衝突的社會與情緒相關技能（例如，考慮他人的想法、反映式傾聽、找出滿足彼此需要的方法），能幫助青少年妥善經營未來諸多面向的成人關係——包括，在工作場域、親子關係，及成為民主社會的公民等。

以下是五項有效的策略，能夠幫助青少年培養在學、就業及未來生活所需的社會與情緒技巧。

成為處世圓融且具備情緒管理能力者的五項有效策略

1. 與每位學生建立正向而持續的關係。
2. 促進正向的同儕關係。
3. 教導正向態度的力量。
4. 教導禮貌。
5. 教導提問的藝術。

> 讓我們努力地生活吧！當我們死時，連殯葬業者都會感到遺憾。
>
> ——馬克吐溫

優勢 3：處世圓融且具備情緒管理能力者

▶ **有效策略 1：**
與每位學生建立正向而持續的關係。

研究強調「與學校緊密連結」對於青少年情緒穩定及避免危險行為的重要性[10]。想要培養學生社會與情緒技巧，須從與他們建立關係開始。學校教職員可以透過各種不同的方式，呈現真實的自我，去與學生建立關係。以下是我們在研究中發現的三種方法：

▶ 個別談話

一位高中生說：「老師不僅是要在全班面前，更需要『個別地』鼓勵每一位學生，老師與我所建立的個人關係——雖然只是簡短的談話——可以讓我保持學習的動機。」

▶ 以電子郵件連結

某學區的四所高中建立了一個內部的電子郵件系統，用來促進師生間的溝通，學生會透過電子郵件，詢問老師關於課程、作業、考試與生涯規劃等問題。一位行政主管表示：「我們發現學生會大量使用電子郵件作為溝通的管道[11]。」

▶ 每日握手寒暄

有些老師表示，他們發現每天在教室門口問候學生並與學生握手，發揮了極大的價值。一位兩次獲得校內年度教師獎勵的老師表示：「從開學第一天，我每天都會問候每堂課的每一位學生。」另一位老師說：「與學生握手只要半秒鐘，卻幫助我與他們建立了直接、有意義及個人的關係。」另一位老師說：「我可以從學生的心跳得知，他今天過得如何。在教室門口，你就可以幫助學生在其問題擴大之前，即時得到解決。」

一位老師下了如此的評論：「我以前是站在教室門口，但並不會和學生握手。當我開始嘗試與他們握手，我發現孩子們熱愛這個舉動。如果他們到了教室，但我還沒出現，他們會在門外排隊等我。」

「與學生握手只要半秒鐘，卻幫助我與他們建立了直接、有意義及個人的關係。」

這些老師指出，除了和每一位學生建立持續性的關係外，這個握手的儀式教導學生很重要的社交技巧：如何握手。Charlie Abourjilie 曾擔任過高中歷史老師，在《成功教室裡的品格建立》（*Developing Character for Classroom Success*）這本書中，他描述了如何透過一堂小型課程教導握手的價值：

我在課堂中說明握手的力量，我指出握手能結束戰爭，並營造堅固的盟友關係。我們討論了握手在商業領域、工作面試，以及與約會對象的父母見面時的重要價值。這是一個多麼正向的人力資源啊[12]！

一位行政主管表示，「在面試時，如果應徵者未給予一個堅定的握手，基於禮貌我也許與他簡短交談幾分鐘，但事實上在握手的那一刻，面試就已經結束了。」

優勢3：處世圓融且具備情緒管理能力者

▶有效策略2：
促進正向的同儕關係。

除了與成人建立一個關懷的關係，青少年也須與同儕建立這樣的關係。正向的友伴關係，提供學生許多機會去發展並練習社會與情緒技巧（參見右邊的方塊內容）。學校可採取一些步驟去幫助學生在學校裡享受這樣的關係。

▶ 2分鐘的對談

一位老師說：「我的學生來自於不同的背景及社區，一位學生通常只認識35人班級中的兩位同學，這樣的情況是很稀鬆平常的。」為了幫助學生彼此認識，他在每學期前兩週的每一堂課，利用一開始的4分鐘，將學生兩兩配對，讓他們進行對談。學生各有2分鐘的時間，去詢問他們的夥伴五個問題，並將答案寫下來。

1. 你住在哪裡？
2. 你最有成就感的事是什麼？
3. 你最特別的興趣是什麼？
4. 什麼是你目前正努力達成的目標？
5. 你心目中的英雄是誰？

這位老師說：「我們持續進行這樣的活動，直到每個人都訪問了班上每一位同學。而學期的第一個考試，就是他們要寫出班上每一位同學的名字。」

▶ 班級使命宣言

進行2分鐘對談的這位老師，解釋他如

正向同儕關係對社會－情緒的助益

比起大型的學校，高中生處於小型的學習環境，更有助於學生能彼此認識，且學生也比較不會覺得自己是無名小卒，而願意與學校有更多的連結，同時也比較不會去從事負面的社會行為[13]。

同樣的，一項兒童發展方案探究六個社經地位不同的小學，其研究結果發現，當學生對班級與學校有較強的認同感時（指的是學生對以下陳述的同意程度：「教室裡的同學會彼此關心」），他們越能展現正向的社會－情緒優勢，像是更喜歡學校、較不會感到孤單、較多的同理心、較強的社會能力感、更強的動機去幫助別人及使用較細膩的技巧解決衝突[14]。

何帶領學生建構班級使命宣言。在開學第一天，他問學生，「一個相互關懷的社群有什麼特徵呢？」他與學生在教室黑板上，共同列出一張清單，並將內容保留在黑板上，然後他要求學生去瞭解他們父母公司的使命宣言，作為回家作業。

第二天，學生會閱讀不同的案例，並討論什麼是使命宣言，它是如何被定義？它如何引導組織的運作？這位老師說：

接著我讓學生進行小組活動，每六人為一組，去建構我們班級的使命宣言，這個宣言不能超過兩個句子。在小組遞交他們提出的使命宣言後，我們會共同討論，並統整成一個使命宣言。我們以大寫的英文字母寫下班級的使命宣言，並張貼在教室的前方。以下這兩句是我的最愛：

- 這是一個遵守黃金定律的教室——我們說到做到！

- 這是一個積極行動的教室——你付出越多，得到的也越多。

▶ **課程開始前，以社群連結活動暖身**

許多老師發現，在課程開始前進行一個簡短的社群連結活動，透過暖身，能幫助學生以正向的態度，面對接下來的課堂學習活動，也能提供學生建立人際關係的互動經驗。

有一位教師會從「每日四件事」來開始他的課程。他通常會這樣問：「我們今天要來慶祝什麼啊？」[15] 學生可以從下面四個方向來分享：

1. 分享好消息。
2. 分享值得感謝的人或事。
3. 鼓勵班上的任何一位同學。
4. 讓全班大笑（笑話必須是乾淨的）。

這個課程開始的儀式只需 5 分鐘，這位老師說：「進行這個活動之後，教室裡總是充滿了更多的活力。因為已建立了信任感及舒適感，學生們更願意接受挑戰，在接下來的課堂討論中，勇敢地分享個人的觀點。」

▶ **看重諮詢管道**

當教師能夠有效地引導學生，就能夠幫助他們發展成就品格與道德品格，包括社會與情緒技巧。一位男同學在我們的學生代表座談會說：「學生要學會把指導老師當成良師益友；當你有問題時，他可以是一起討論的對象，並幫助你確認目標，去成為一位更優秀的學生。指導老師也能夠使你更瞭解並欣賞其他你不熟悉的同學。」

學校應邀請學生參與並協助諮詢管道的規劃，以便能將老師對學生成就品格與道德品格的協助，發揮最大的功能。學校可以從邀請學生寫下值得討論的項目做起。一位女同學在學生代表座談會中寫道：

很多青少年並不滿意他們自己的長相，也不喜歡一起玩樂的朋友，可是他們不知道如何表達自己的感受，也不知道如何遠離毒品、酒精或性愛的誘惑。我通常會逃避去處理我的感覺，因為去處理這些負面情緒是很令人害怕的事。學校應該教導學生，當他們覺得孤單、沮喪，或有任何其它不好的情緒時，可以怎麼做。很多人並不知道該怎麼做。

> 不管你被要求做任何工作，盡力做好它，因為你的名聲就是你的履歷。
> ——Madeleine Albright

▶ **設立「直屬學長姐制度」**

除了諮詢外，一所我們訪問的獲獎學校，設有混合年級的「直屬學長姐制度」。每個小家族於每天早上 8:30-9:05 聚會，成員包括 25 位 9-12 年級的學生，並由一位教師擔任輔導。學生可以從自己的家族成員中，獲得學業上的建議，也可參加各種社群的活動，並且參與學校、地區性與全球性等議題的討論。例如，我們訪問的那天，參與了其中一個小家族的活動，聆聽成員們彼此分享前一天去參觀一處街友收容所的感想。通常學生會留在同一個家族直到畢業。這個學校

的校長說道：

在這些家族團體中，學生們真的努力活出最好的自己，並且相互幫助，使大家都能達到最佳的表現。高年級的學生會指導低年級的學生，他們也會彼此提醒，要持守學校所看重的價值及標準。如果有任何人闖禍了，有時候我們會一起認真地思考：「想想，在做出那個決定時，違背了學校哪些價值呢？」

「在這些家族團體中，學生們真的努力活出最好的自己，並且相互幫助，使大家都能達到最佳的表現。」

優勢 3：處事圓融且具備情緒管理能力者

▶ **有效策略 3：**
教導正向態度的力量。

正向態度是人類很重要的美德，也是一個重要的社會－情緒能力。如果我們對生活抱持負向的態度，對自己及他人都是一種負擔；如果我們擁有正向的態度，對自己及他人都是一項可貴的資產。

🗀 態度影響學業成就

擁有正向的態度，較有可能在面對挫折時仍抱持希望。在《EQ》這本書裡，Daniel Goleman 談到一個由堪薩斯大學心理學家 C. R. Snyder 所主持的研究計畫，該研究的結果

顯示了正向態度或信心對學生學業成就的影響 [16]。

Snyder 曾針對大學生提出下述假設性困境：

你設定了目標希望拿得到 B 的成績，但是當期中考成績（占學期成績 30%）發下來時，你卻只得到 D，你會怎麼辦？

那些認為自己會更認真念書，且會擬訂一些提高成績方法的學生，被 Snyder 描述為具有高度信心的人。至於那些會提出計畫，但卻難以下定決心的學生，Snyder 稱這些人具有中等程度的信心。而那些被認定為信心低落的學生，則表示得到那樣的成績很令人沮喪，而且很可能會就此放棄。

Synder 的重要結論指出：「在此研究中，學生評量所反映的信心程度，比起他們的 SAT 分數，更能有效地預測他們大一上學期的學業分數」。他說：

具高度信心的學生能夠訂定目標，也知道如何努力以達目標。當你將智力程度相似的學生做比較時，會發現他們在學業成就的表現之所以會有不同，最重要的區別指標是「對自己是否懷抱希望」[17]。

🗀 面對困境時的信心

猶太裔精神科醫師 Viktor Frankl，在其 1959 年的經典著作《活出意義來》（*Man's Search for Meaning*）（譯註 2）中，回顧他在奧斯威辛（Auschwitz）納粹營的恐怖經驗 [18]，

譯註 2：中譯本《活出意義來》，光啟文化出版社出版。

他寫道，雖然納粹可以剝奪他的一切，但他們無法控制他的想法及靈魂。他描述在人生最黑暗期間，如何藉由思念摯愛的妻子（被納粹送往另一個集中營）來擊退絕望。直到戰爭結束後，他才發現，妻子和父母，連同其他數以百萬的受害者已被殺害。

從奧斯威辛倖存後，Frankl 回到了文明的生活，成為一位精神科醫生，他以經歷苦難中所獲得的力量與智慧，來勸勉他的病患，幫助他們學習透過愛人、工作、受苦與服事上帝，去找到生命的意義。在《活出意義來》這本書中，他寫道：

> 永遠不要忘記，當我們面臨絕境，面對一個不能改變的命運時，我們依然可以找到生活的意義，為的就是要見證人類可以把悲劇扭轉為勝利的潛能。當我們再也不能改變某個情況，例如面對一種無法治癒的絕症、無法操控的癌症，那時我們所面臨的挑戰是──改變自己 [19]。

Frankl 說：「我們可以被剝奪一切，唯一不能被奪取的是──在任何景況下，選擇如何面對的自由。」

☐ 如何培養學生保持正向態度的能力

無論是面對很糟的成績，或是巨大的傷痛，我們可以如何幫助學生學習保持正向的態度呢？

▶ 分享正向研究的成果

跟學生分享正向態度所產生之影響力的研究發現。例如 Synder 研究正向態度對學業成就的影響。我們可以鼓勵學生閱讀這類書籍中的部分章節，如 Goleman 在《EQ》這本書中，以淺顯易懂的文字，介紹許多研究結果。這些方式可以讓學生獲得寶貴的經驗，藉以瞭解含括正向態度的社會與情緒技巧的重要性。

▶ 反思激勵人心的榜樣

許多老師要求學生閱讀、討論 Frankl 的書籍《活出意義來》，並撰寫報告。有些老師則分享他們自己親友的故事，藉由他們在面對人生低潮時所抱持的正向態度，來激勵學生。一位獲獎的高中老師，在學期初便與學生分享影響他人生哲學最重要的三個人，其中一位是他曾經教過的學生──大衛。這位老師在課堂上是這麼說的：

> 大衛 16 歲時，他的母親死於癌症。當他 17 歲時，父親遭受酒醉駕駛的撞擊而過世。六個月後，他的大哥在一場離奇的貨車車禍中死亡。三個月後，他的小弟，也是唯一僅存的親人，因過度悲痛自殺身亡。
>
> 在我認識的人中，如果有任何一個人有正當理由對生命怒吼，那就是大衛。但是他決定把上天發給他手中這一副少得可憐的牌，重新洗過。他繼續努力完成學業，並獲得精神疾病社會工作的碩士學位，主修悲傷輔導，他成為這個領域的專家，去幫助其他和他一樣的人，在沒有選擇的情況下，學習去面對所遭受的患難。
>
> 當大衛與人交談時，是完全活在當下，因為他已經學會，有些我們常誤以為是生命中長遠存在的事情──如家庭或朋友──可以在轉瞬間從指縫溜走。大衛是我生命中很

重要的老師之一[20]。

這是一位青少年如何面對困境的故事，與 Frankl 的遭遇十分相似。這位分享大衛生命故事的高中老師，揭露了他如何被大衛的堅毅所感動。他邀請學生去探索自己的心靈深處，並試著發展類似的力量去面對人生的挫折和苦難。

> 我們從不知道我們有多高，直到我們被叫站起來。
>
> ——Emily Dickinson

▶ **設置「態度盒子」**

另外一位老師在教室門口的桌上放一個「態度盒子」，用來幫助學生練習控制他們的態度。她對學生解釋其中的用意：

如果你想要在學校達到最佳的表現，你就不要帶著一種不好的態度進教室。如果你抱持著以下這種「態度」進教室——我的男朋友讓我好生氣，因為我們剛剛大吵一架；某位老師真令人厭煩，因為我已經很用功了，但考試成績卻很糟糕——我希望你們在課堂開始前，把這些寫在紙條上，並丟進這個態度盒子裡。如果你想要跟我聊一聊，請在紙條下方註明，我們可以約一個見面的時間。

▶ **分享小品文——「我們必須做的選擇」**

有些老師會在他們的教室張貼小品文，標題為「我們必須做的選擇」（請見右邊的方塊內容），這些老師會解釋這篇文章如何幫助他們的生命，並印給學生一份，鼓勵他

我們必須做的選擇

生命是由一連串我們必須做的選擇所組成。我們可以自由地選擇所相信的價值。我們可以任憑媒體告訴我們什麼是重要的，或是我們可以自己做決定；我們可以跟隨他人的標準去做決定，或是我們可以根據良善與正確的標準去做選擇。

我們可以自由地選擇如何對待別人。我們可以選擇批評別人，或是讚美別人；我們可以是自我中心、自私自利，或者我們可以是尊重別人、良善，且對人有幫助的。

我們可以自由地選擇要學習多少。我們可以把學習視為一個痛苦的責任，或者視它為提升自己的絕佳機會。

我們可以自由地選擇如何面對困境。我們可以允許自己被打敗，以至於放棄，陷在自憐與哀怨中。或者，我們可以尋找力量的來源，去面對生命中所臨到的任何處境。

我們可以自由地選擇我們所信仰的價值體系以及生命的目的。我們可以漫無目的的生活，或者我們可以尋求生命的極致意義，並據此而活。

我們可以自由地選擇想要的特質。我們可以把才幹埋在地底下，或者我們可以選擇全力以赴。

不管環境如何，我們可以自由地選擇所要抱持的態度。這是我們一生最重要的選擇，因為它連帶影響所有的一切。

——Hal Urban，《生命中最重要的功課》（*Life's Greatest Lessons*）[21]

們將小品文中的見解，應用在校內及校外的生活中。當學生在課堂上需要撰寫手扎時，老師會鼓勵他們思考下列問題：這篇小品文傳達了什麼事實？在你的生活或他人生活中有什麼證據，證明了作者的陳述是正確的？

▶ 培養感恩的態度

如果缺乏感恩這種支持性的美德，正向的態度是很難維持的。Tony Jarvis，是聖公會的神父，他曾擔任波士頓男子羅克斯伯里拉丁學校校長達 30 年之久。他在《愛與禱告：一位校長給下一代的建言》（*With Love and Prayers: A Headmaster Speaks to the Next Generation*）這本書中，分享了他在一次早晨的集會中有關於感恩的談話：

如果幸福生活有任何秘訣，那就是心存感恩過生活。現在，坐在你們之中的是一些來自家庭功能失調的男孩，他們與瀕臨死亡的酗酒父母同住，經年累月處於身心受虐的情況。一名男學生於數年前曾目睹母親死於遽痛，他對我說：「我很感恩，我可以每天藉由做一些小事、說一些話，帶給媽媽一些小小的安慰。」這是一個並非事事順遂，卻絲毫沒有怨懟與苦毒的生命。

生命並沒有欠你什麼！如果你想要得到幸福，就不能耽溺在因著生命中的缺乏而感到苦毒。你的幸福是從安居在美好、真實與美麗的心境中開始，並為所經歷的一切獻上感恩[22]。

想要將感恩化為一種美德，它必須成為一種習慣，並且不斷地練習，就像其它習慣一樣，要透過不斷反覆練習來培養。根據這

個見解，一位高中英文老師要他的學生每天寫感恩日記，他說：

這個學期，我要我的學生做一件我一直在做的事情：寫感恩日記。學生進到班上的第一件事情，就是要求他們在感恩日記上，寫下過去 24 小時內五件讓他們感恩的事情，雖然這僅花費幾分鐘的時間，但卻大大地改變了他們的態度與班級氣氛。

優勢 3：處事圓融且具備情緒管理能力者

▶ 有效策略 4：
教導禮貌。

「禮貌」——曾被稱為「最基本的禮儀」——它對於處事圓融且具備情緒管理能力的人非常重要。雖然禮貌它好像是小小的道德，但卻是指引我們每天會如何考慮他人處境的媒介。禮貌促進了人與人之間的互動，一位作家如此說道：「禮貌是人際互動重要的潤滑劑。」

當青少年表現出良好的禮貌，能夠引發他人正向的反應，他們在社交場合，也會覺得更有安全感與信心，且能從容地面對人際關係。有一天當他們為人父母時，也更有可能教導自己的子女成為有禮貌的人。

一些曾經與我們談過話的高中生，非常明白禮貌在學校和工作場所的重要性。他們也提到周遭一些仍缺乏禮貌之處。一位出席學生代表座談會的女孩指出，「缺乏禮貌」是學校應該重視的品格重要問題：

高中生並不總是能表現出合宜的舉止，但學校可以透過教學，幫助學生瞭解職場中的禮儀該如何展現。在學校，如果你對老師無禮，所得到的懲罰可能是很輕的；但是當你工作時，如果不懂得尊重別人，很可能會失去工作。

「在現實世界中，無禮可能讓你失去工作。」

民意調查結果顯示，大部分人——包括年輕人和老年人——對於日常生活中所遇到缺乏禮貌的情況感到不安 [23]。像是《重建校園禮貌》（*Restoring School Civility*）（作者為 Philip Fitch Vincent 和 David Waangard）這一類的書籍告訴我們，學校與家庭必須要更重視教導孩子基本的禮儀 [24]。

> 禮貌的重要性遠勝於法律。
>
> ——Edmund Burke

☐ 一堂禮貌課

很多老師想要討論禮貌的議題，但不知道該如何做才不會淪於「說教」。我們訪問了一位老師，對於學生禮貌態度下滑的現象感到十分困擾。他嘗試與學生談論這個主題，但並非以高姿態的方式說教，而是尊重學生能認真思考這個問題的能力。

學期開始的第一天，他便喚起學生對禮貌的注意，他提出以下兩個重點：

在我的經驗中，大部分人清楚知道別人對他們的期待時，大都有能力有禮貌的回應。

當每位同學都能以禮相待，並考量別人

的處境時，教室就會是一個相對正向的地方。

接著，他發下一份講義，標題為：「好禮貌究竟發生了什麼事？」講義最上方是蕭伯納（George Bernard Shaw）的引言：「缺乏合宜的禮貌，人類社會變得令人無法忍受。」

在分享他對禮貌的看法之後，他要求學生思考幾個講義上的問題：

◆ 如果禮貌逐漸式微，你覺得是發生了什麼事？

◆ 為什麼當人們相互尊重時，社會可以變得更好？

◆ 為什麼當老師與學生間彼此尊重，教室會變得更好呢？

◆ 為什麼 Henry Rogers 說，「好的風度是引至成功生活的最重要關鍵之一」？

◆ 什麼是「金科玉律」？如果它是那麼簡單——你要別人怎樣待你，你也要怎樣待人，為何今天這麼多人難以做到呢？

◆ 哪一種人會令人印象深刻？是表現很「酷」的人，或是有禮貌的人呢？

他給同學的指引如下：

請拿出一張紙並回答這些問題，不需要寫姓名。等你們寫好後收回來，我會唸給全班同學聽。

接著，他收回學生的書面回應，並對著全班朗讀，他將這些書面回應當作討論禮貌議題的起點，這樣的討論持續至下課。他說道：

這個活動對於學生的行為，產生了極大的改變。在接下來的幾週，幾位學生告訴我，他們希望其他老師也可以討論禮貌這個主題。一位從德國來的交換學生告訴我：「我很喜歡上你的課，因為我不只是學到了許多關於美國的歷史，更重要的是因為這裡的每個人都非常客氣。」在學期末，一位男孩說：「你發給我們的那一份禮貌講義，真的讓我認真地思考，有時候我們做了一些粗魯的舉動，但我們甚至沒有覺察到自己做了粗魯的事。」

這門課提供這些高中生一個有效的品格教育經驗，它具備了以下幾個特點：

✔老師在上課的第一天就教導關於禮貌的課程，讓學生可以思考禮貌的意涵，但卻不會產生抗拒。這種主動積極的態度，說明了有效品格教育的其中一項指標：在事情出錯之前，先教導什麼是正確的價值。

✔這位教師使用一整堂課的時間，討論什麼是合宜的禮貌，這個舉動傳遞一個明確而精準的訊息：禮貌真的很重要！

✔這位教師採用引導性的領導方式，他並沒有這樣問學生：「有多少人認為禮貌很重要？」相反地，他設計了整堂課的重要架構，傳遞了禮貌在學校與生活中是很重要的事實。

✔一開始，這位教師即正向而肯定地表明，他相信大多數人，在瞭解別人對他們的期望後，都有能力表現出合宜的禮儀。

✔這位教師積極引導學生主動參與——透過尋求他們的回饋，激發他們成為思考者。

✔這位教師藉由提出好問題，並讓學生匿名寫下省思，使得所有學生都能夠參與這個議題的思辨。匿名的方式賦予學生一份能坦誠表達的自由。

對於書寫省思，這位教師特別提到：

如果我希望達到質量並重的思考與討論，我總是要求學生先寫下他們的想法。「書寫」的方式，讓每位學生都能參與；如果我只是在全班學生面前提出問題，通常只有少數人會參與討論，但是當我要求學生先寫下自己的回應，那麼我可以瞭解更廣泛而豐富的觀點。

「如果我希望達到質量並重的思考與討論，我總是要求學生先寫下他們的想法。」

優勢3：處事圓融且具備情緒管理能力者

▶ 有效策略5：
教導提問的藝術。

老師可以採用一個最有效的社會與情緒技巧來教導學生，那就是學習提問的藝術——也就是能提出有意義的問題，進而引導出想法、感受及他人的經驗。

絕大多數人耗費大部分的生命，在成千上萬次的互動中與他人交談。但是想想，其中有多少的談話是超越以下這些表淺的交流類型，像是「你最近過得如何啊？」「還不錯，那你呢？」「非常好！」甚至在最親密的關係中，如友誼與婚姻，人們往往也擺脫不掉這種表面的交流。

然而，其實，大部分的人是渴望擁有親

密的關係。真正的親密關係意味著，知道另一人的想法、感受、希望和夢想，且願意讓他人瞭解自己來作為回報。我們要學習如何落實這種知識的、情緒的以及心靈上的親密關係。一位青少年輔導老師說：「如果年輕人沒能學會這一點，他們將在其成人世界的關係中變得跛腳。」

正如同在其它社會與情緒領域的學習，學校在這方面是可以做些努力的。一位退休的高中老師 Hal Urban 在其《正向言語，積極果效》（*Positive Words, Powerful Results*）一書中寫道：

當我在教室門口問候學生時，我會問他們各式各樣的問題，我試圖避免詢問千篇一律的問題，如：「有什麼事嗎？」「最近過得如何呢？」相反地，我會問他們"SP"的問題，同時也是教導他們如何詢問類似的問題。"SP"指的是「具策略積極性」（strategically positive），這意味著，每個問題都必須是具體的，而且會引導出正向與特定答案者。以下是一些例子：

● 你最感謝的人是誰？
● 到目前為止，你今天所發生最特別的事情是什麼？
● 你最近努力的重要目標是什麼？
● 誰是你最好的朋友？為什麼？

「整體來說，」Urban 寫道，「我的學生和我一共構思了一百多個問題，我們發現，透過這些問題可以達成一些重要事情：讓其他人覺得自己是重要的、那些答案總是引發更多更好的問題、在彼此的交流後，總是讓人變得更積極與樂觀。」

□ 熱椅活動

在中西部一所學校裡，我們訪問一位歷史老師，他描述一個在他所有課程中進行的全班性活動，他將其稱為「熱椅」（The Hot Seat）。在此活動中，所有的學生必須互相詢問一系列有意義的問題，這些問題有助於在諮商、社團和任何其它情況下使用。其目的在於老師想要幫助學生更深入地瞭解彼此，並幫助學生在過程中學習提問的藝術。

有意義的提問，是人際互動中最為受用的技巧。

這位老師說：「只有想參與的學生會這麼做，」「100 位學生中大約有一半的學生會選擇只是坐著聽，而那些願意輪流參與熱椅活動的學生，則會回應一連串的問題。」

這位老師解釋說，這些問題有兩種目的：(1)讓學生有機會聊一聊對他們重要的事；以及(2)讓同學瞭解別人以前從來沒有公開分享過的事。他說：「我們設了一些基本的規則，其中最重要的一條是：『在這裡所說的每一句話，都只能留在教室裡，不能外

傳。』」

以下列舉一些問題範例（你可以選擇跳過某些問題）：

◆ 誰是你的「船長」（也就是說，你的價值觀的最終參照指標）？

◆ 到目前為止，你生命中最成功的三件事是什麼？

◆ 你最想寫在墓碑上的三件事為何？

◆ 你最喜歡的地方是哪裡？

◆ 你可以在哪裡找到安慰與平靜呢？

◆ 你認為是誰或是什麼創造了生命呢？

◆ 談一談你的家人。

◆ 描述你最好朋友的特質。

◆ 如果我和你的朋友在一起，他們可能會說你最大的缺點是什麼？還有，最大的優點是什麼呢？

◆ 如果你需要宣傳自己，你認為自己最大的資產是什麼？

◆ 什麼是你個性上最大的缺點，你必須加以克服，才能活出成功的人生？

◆ 你會如何描述你的男（女）朋友？

老師繼續說道：「孩子們在其他人分享時，幾乎是屏住呼吸的，他們都十分專注。在過程中，有時我們一同哭泣，有時我們笑得停不下來。我沒有誇張，學生都可以作證。」

「通常我會讓前三名全程完成這個活動的學生，有機會再玩第二次。一般來說，這活動需要輪流幾次以後，學生才會對整個過程感到自在。到第三天，我會對全班說：『告訴我，在你所聽到的同學分享中，你認為非常酷的一件事。』有一年，一個男孩

說：『當荷莉‧卡普蘭站在那裡的時候，我突然被敲醒了；那是我想要的人生伴侶！』最後這兩個人結婚了。」

白老師接著描述熱椅活動如何結束：

我總是在他們分享的最後上台。那是他們問我問題的機會。「白老師，你是一個怎樣的人？」實際上，以前我沒有讓他們問過我這個問題，但如今他們對我有所瞭解了。有一年之久，他們試圖探究我是民主黨或共和黨的支持者，我不告訴他們，但我告訴他們我最欽佩的六位總統——林肯、杜魯門、傑佛遜、富蘭克林‧羅斯福、泰迪‧羅斯福（老羅斯福）和吉米卡特，以及我欽佩他們的原因。這些總統中，有一半民主黨，有一半共和黨。我的回答讓學生們十分瘋狂。

我們從這些活動中學習到什麼呢？我們學習到我們都只是人，我們所有人都有生活中的難處；我們都曾經歷過傷害，我們也都懷有希望和夢想。表面上，我們都戴著一些面具去武裝自己，但實際上我們有許多令人驚訝的相似處。

他總結說：「在學期末做結束訪談時，我問學生在這堂課令他們印象最深刻的是什麼？他們一致的回答是：『我永遠不會忘記熱椅活動。』」

還有許多其它做法可以提供給中學教育工作者，去培養學生的社會與情緒技巧。有一些學校設計同儕調解方案（一名諮商輔導老師說：「我們很少看到同一位學生重複犯錯」）。其它學校則是透過諮詢服務、新生品格發展課程，或是其它管道，直接教導學生解決衝突的技能，因為社會與情緒技巧已

被認為是一個普遍需要的能力，它關乎成人階段成功的人際關係，以及以非暴力方式解決青少年衝突的能力。

規劃良好的協作學習是另一項策略，讓學生有機會發展和練習一系列的社會－情緒技巧，包括在工作場域中被高度重視的分工合作。在優勢 7「對社區和民主發展有所貢獻者」中我們注意到，在幫助學生面對一個高度競爭的全球經濟下，團隊合作是何等重要。

我們接下來將談談下一個品格優勢──德行的深思者，這是直接建立在社會與情緒技巧基礎上的一個優勢能力。

附註

1 L.M. Terman, "The discovery and encouragement of exceptional talent," *American Psychologist*, 1954, 9, 221-230.

2 C.P. Benbow & J.C. Stanley (Eds.), *Academic precocity: Aspects of its development.* (Baltimore, MD: Johns Hopkins University Press, 1983).

3 H. Gardner, *Frames of mind: The theory of multiple intelligences.* (New York: Basic Books, 1983).

4 P. Salovey & J. Mayer, "Emotional intelligence," *Imagination, Cognition, and Personality*, 1990, 9, 185-211.

5 See, for example, M. J. Elias et al., *Promoting social and emotional learning: Guidelines for educators.* (Alexandria, VA: Association for Supervision and Curriculum Development, 1997).

6 **www.casel.org**

7 C. Cherniss & D. Goleman (Eds.), *The emotionally intelligent workplace.* (San Francisco: Jossey-Bass, 2001).

8 T. Devine, J. H. Seuk, & A. Wilson, *Cultivating heart and character.* (Chapel Hill, NC: Character Development Publishing, 2000).

9 D. Augsburger, *Caring enough to confront.* (Ventura, CA: Regal Books, 1980).

10 M.D. Resnick, P.S. Bearman, R.W. Blum et al., "Protecting adolescents from harm: Findings from

the National Longitudinal Study on Adolescent Health," *JAMA*, 1997, 278, 823-832.

[11] R. Allen, "Making high schools better," *Education Update* (August 2004), 3.

[12] C. Abourjilie, *Developing character for classroom success: Strategies to increase responsibility, achievement, and motivation in secondary students*. (Chapel Hill, NC: Character Development Publishing, 2000).

[13] K. Cotton, *New small learning communities: Findings from recent literature*. (Reston, VA: National Association of Secondary School Principals, 2004).

[14] E. Schaps, M. Watson, & C. Lewis, "A sense of community is key to effectiveness in character education," *Journal of Staff Development*, Spring 1996.

[15] H. Urban, *Positive words, powerful results*. (New York: Fireside, 2004).

[16] C.R. Snyder et al., "The will and the ways: Development and validation of an individual differences measure of hope," *Journal of Personality and Social Psychology*, 1991, 60, 579.

[17] Quoted in D. Goleman, *Emotional intelligence*. (New York: Bantam, 1997), 86.

[18] V.E. Frankl, *Man's search for meaning*. (New York: Washington Square Press, 1984).

[19] Frankl, 135.

[20] J. Perricone, *Zen and the art of public school teaching*. (Baltimore: PublishAmerica, 2005).

[21] F.W. Jarvis, *With love and prayers: A headmaster speaks to the next generation*. (Boston: David R. Godine Publisher, 2000), 65-66.

[22] Jarvis, 65-66.

[23] See, for example, Aggravating circumstances: A status report on rudeness in America, Public Agenda, **www.publicagenda.org** (2002).

[24] P.F. Vincent & D. Waangard, *Restoring school civility*. (Chapel Hill, NC: Character Development Group, 2004).

優勢 4
德行的深思者

德行的深思者……

◆ 具備道德的洞察力，包括良好的判斷力、道德推理和德行智慧
◆ 具備高度的良知，擁有做正確事的責任感
◆ 藉由個人的道德承諾，擁有強烈的道德認同
◆ 擁有道德能力及「知道如何做」的能力，並將道德洞察力、良知與認同，轉化為有效的道德行為。

幾年前，四名紐約州的青少年——三名女學生及一名男學生——於夜間闖進學校，倒空幾罐汽油，並點燃了火，造成 50 萬美元的損失。四名肇事者皆是學校公認的「聰明學生」。1999 年，Eric Harris 與 Dylan Klebold 兩人，槍殺科倫拜高中 12 名青少年及一名教師，事發後，同學們在描述這兩個人時，都表示他們是成績頂尖的學生。

聰明與良善是不一樣的。如果學校僅培育心智，但不教導道德，他們將如老羅斯福總統所警告的：為社會製造了禍端。

聰明與良善是不一樣的。

呼應老羅斯福的警誡，耶魯大學心理學家Robert Sternberg指出，美國的教育系統正以快速且相當平順的步調，往錯誤的方向發展。

這種錯誤的方向指的是具高風險的考試機制，而它已經主導了整個國家。這並不是說，高風險考試制度本身一定是不好的，但是從長遠來看，測驗本身所評量的內容，並非真的那麼關乎個人未來的發展。真正重要的，並不是你獲得了多少知識，而是你怎樣使用知識去成就好的結果（如甘地、馬丁路德金恩），或者是不好的下場（如希特勒和史達林）[1]。

Sternberg指出，從十多個國家現有的紀錄來看，在過去的幾個世代，每一世代人們的智力平均約上升9點（一世代約30年）[2]，這樣的情況已持續了好幾個世代，而那些領導國家的菁英份子，其智力的提升更是明顯。然而，這些增加的智商，並沒有明顯改善人民或國與國之間的關係。事實上，世界反而比從前任何時候出現更多的仇恨[3]，這種狀況反映了哈佛大學精神科醫生 Robert Coles 所稱「智力與品格間的落差」[4]。

智力雖然不斷提升，但人與人之間的關係並未獲得改善。

☐ 我們應如何界定並教育德行的思考呢？

因為智力的高低，並不能反映品格的優劣，學校教育必須要能培育學生德行思考的能力。不過，學校必須以能幫助學生展現德行行為最大可能性的方式，去界定及教導德行的思考。如果我們將德行思考定義得太狹隘，僅僅視之為學好德行的理論，那麼我們很可能就會使用狹隘、過於說教的教學策

略；只是教導學生如何理性地討論何謂良好德行的紙上遊戲，而不是激發他們過一個有德行的生活。在這裡，如同其它品格的優勢，我們首先需要定義何謂好的成效，如此才能設計有效的教學策略。

大部分的人都可以舉出一些實例，包括我們自己的一些行為，來顯示具有德行思考與實際表現出德行行為之間的不同。請大家思考一個令人震撼的例子。幾年前，《紐約時報》（*New York Times*）刊登了一位作家的故事，他的書稿《分辨對錯》（*Telling Right From Wrong*）被一家重量級出版社接受，他們認為這本書對於人們每天日常生活的德行，提供了「極為出色」的論述。不過此書隨後即遭停止出版，因為出版社獲悉，書中一些著名人士的推薦文，完全是作者自己造假的。

身為教育工作者，如果將學生教育成如同上述這位作家的德行思考者，我們會滿意嗎？顯然不會。這樣的個案應該引導我們去省思，「這個人對德行的理解，也許好到足以寫一本有關德行的精彩書籍，但很明顯的是，這位作者並不認為自己有責任去實踐德行的行為。我們教導德行的方式，有可能會產生這種德行深思者嗎？如果會，我們應該做些什麼改變呢？」

> 人類最重要的事是要努力追求道德。
> ——愛因斯坦

統整性德行思考的四項內涵

知道德行的內涵與實踐德行的行為之間，通常存在著落差，因此，學校必須將德行思考廣泛地概念化，除了包括德行知識與德行推論外，還須包括德行良知等內涵。我們認為，德行思考至少包含四個部分，且必須以統整的方式一同運作，以預備個體可以實踐德行的行為。合起來看，這四個部分界定了本書第四項的品格發展成果：德行的深思者。統整性德行思考包含以下四個部分：

▶ 1. 道德洞察力

能夠分辨哪些是正確的，哪些是錯誤的，且當意識到情勢涉及正確與錯誤的抉擇時，能針對道德層面做出合理的決定，包括從簡單的問題（「我應該歸還撿到的錢包嗎？」）到複雜的問題（「在減輕全球問題的議題上，如愛滋病與貧窮，美國的責任為何？」）；此外，對於什麼是良好的品格和德行的生活，能具有判斷的智慧。

▶ 2. 良知

能夠覺知自己的行為、意圖與人格上的對與錯，且對於做正確的事，抱有責任感。

▶ 3. 道德認同

道德品格與承諾的程度，對於個體界定自我，是重要的核心（「我是一個能夠做正確事的人；我對道德的承諾界定了我是一個怎樣的人」）。

▶ 4. 道德能力

德行技能（例如，在某特定情況下，知道如何對他人有所助益），使我們能夠把明辨是非的能力、良知和道德認同，轉化為有效的道德行動。

我們發現，雖然統整性的德行思考，可以提升德行行為的可能性，但它並不是絕對

的。因為人們可以分辨哪些事是正確的，也覺得在良知上有責任那樣做，認為自己是一個通常能做正確事情、且擁有實踐德行能力的人，但卻仍然沒有真正做出來。在優勢 5「尊重且負責任的道德實踐者」，我們會討論到道德實踐的角色，是兼具了信心、勇氣和對他人的福祉具有強烈責任感，能激發他人採取前後一致的道德行動。簡言之，即使我們廣泛地從四個面向來定義何謂德行思考，但這並不等同於能幫助個體去展現德行行為；教導道德實踐是重要的。如果我們幫助青少年成為具統整性的德行深思者，便是在幫助他們大步地邁向尊重且負責任的道德實踐者。

❑ 道德認同：為什麼它很重要

雖然統整性德行思考的四個部分都是相當重要的，但我們要呼籲大家特別關注道德認同。正如同心理學家 Gus Blasi 觀察到的現象，在某種程度上來說，我們是以道德認同的情況，來界定自己的道德狀態 [5]。心理學家 Daniel Lapsley 和 Darcia Narvaez 更深入地闡述這個概念：

有些人會將所持守的道德觀念，作為他們之所以成為那樣一個人的核心；其他人則以不同的方式來界定自我。當一個人將道德的承諾，視為個人生活的重要核心，且成為自我瞭解不可缺少的一部分時，這個人就是具有強烈的道德認同。換言之，這個人願意承諾這樣過一生，並對道德認同保持忠誠 [6]。

如果我認為自己是一個對所相信的信念會有所堅持的人，那麼，當面對不公正的事，我卻保持沉默，就是抵觸了自我的概念。事實上，我的道德認同，也就是我認為自己是一個怎麼樣的人，這樣的認同往往促使我不會犯下這種背離道德的毛病。

實證研究支持道德認同對德行生活的重要性。兩位心理家 K. Aquino 與 A. Reed 建製了一項評量道德認同的量表，他們的研究發現，一位擁有強烈道德認同的人，具有較強烈的責任感去幫助他人，且樂意與不幸的人分享資源 [7]。

對青少年來說，發展獨立自主的身分認同——理解自己是誰、自己堅持的信念為何、想要成為怎麼樣的人等——是重要的核心發展任務。當他們正處於道德認同形成的初始階段，學校有很好的機會幫助他們，將道德品格培育成為個體自我認同的核心價值。

❑ 統整性德行思考的四項內涵是相互依存的

四個統整性德行思考的內涵是必須一起運作的，例如良知與道德認同乃相互依存。

良知的其中一項功能是自我覺知，包括能誠實且謙和地省察自己的道德行為。如果我們的良知無法誠實地去省察自己的行為，我們將很容易切割本身的負向行動，並維持自己仍是個道德人的好評價。在某種程度上，我們會把所做較不具德行的事情，與自己區分開來，也就是說，我們建構了一個「虛假的道德認同」，把我們認為自己是怎樣一個人的意識，與自己實際的行為做了區隔。

請看下面的例子，我們用它來向老師和

學生示範人們慣於切割負向道德行為的傾向，勝於真誠地檢視自己的行為。首先，我們詢問聽眾：「如果你是一個說謊的人，請舉手。」（通常非常少數的人會以這種方式進行自我確認）。下一個問題我們會問：「有說過謊的請舉手，即使你只是偶爾如此做。」（多數人都有一點慌張，但大多數的人會舉手，雖然不是全部）。最後，我們問：「你要說多少次謊，才會變成真正的騙子[8]？」大部分人都想接受這樣的想法——即使可能偶爾說謊，但我並不是騙子。

如果我們是具統整性的德行深思者，我們的良知會執行它的任務；我們會誠實地檢視自己的行為，且允許所有的行動都可以通過道德認同的撞擊，無論我們覺得多不舒服。因為沒有任何行為是可以被切割或壓制的，如果我們會對自己的行為感到些許不滿意（「我想我可能有一點點說謊」），那會是一個好的推動力，引導我們朝向道德認同理想自我邁進。

總結來說，在培育德行深思者這件事情上，我們應盡一切可能去避免養成「分割性的思考」，也就是把德行思考與良知、道德認同和德行行為能力切割開來。相反地，學校教育的目標應該是培育德行深思者，且能統整性地去運作道德洞察力、良知、道德認同與道德能力。無論在任何時候，我們應該使用可以同時培養學生上述內涵的教學方法。

成為德行深思者的六項有效策略

1. 在師生關係中，示範統整性的德行思考。
2. 探討品格人物，並鼓勵學生追求自己的品格價值。
3. 幫助學生發展可依循的德行架構，並瞭解良知的功能。
4. 幫助學生培養具有良好邏輯的德行決策能力。
5. 透過書寫與引導性的討論，教導學生德行的價值。
6. 透過品格語錄，教導德行的智慧。

優勢 4：德行的深思者

▶ 有效策略 1：
在師生關係中，示範統整性的德行思考。

培養學生成為具統整性的德行深思者，第一項且最為根本的方式，就是在師生關係中提供正向示範。美好的關係具有激勵的力量；因為青少年往往會效法他們所信任與景仰的對象。

示範統整性的德行思考有兩個面向：(1)明確且具熱忱地教導道德標準，並解釋為什麼我們認為這樣的標準十分重要；(2)在與學生互動時，持定這些標準。如果我們做到這兩個面向，就可以積極地影響學生德行思考的四個內涵部分。

我們訪問一位高中英文教師——麥老師，他以提供學生這種影響為教學目標。他解釋了自己在這學期嘗試的新做法：

我的學生中有許多人在他們的一生裡，從來沒有完整讀完一本書的經驗，因此在今年第一學期分發書本時，我說：「你必須看完一整本書，如果你沒有做到，我會從你本學期的期末分數中扣掉 15%。」

在讀書心得報告繳交的截止日，他要求學生在課堂上寫一段書籍摘要，然後說：「如果你是誠實的，請在摘要的最後寫上『我就我的信譽保證，我已經看完這整本書』，然後簽上你的名字。」

他接著談論他對誠信何其重要的看法。

對我來說，學生在學校裡，最重要的一件事是誠實。如果你從高中畢業，得到 4.0 的分數，且得到哈佛大學全額獎學金的補助，但卻沒有誠信，你就失去了生命中最重要的東西。如果你高中畢業，平均成績中等，但是你已盡最大的努力，且做到誠信，那麼你已擁有成功必備的條件。因此，千萬不要為了你的分數而出賣你的靈魂。

他告訴學生一個故事，一位畢業於他們學校的學生，曾經在學業成績上有很多的困難，但他很認真學習，也具有誠實的好名聲，後來成為他們家鄉一位很成功的商人。

這並不是他第一次呼籲學生須對誠信要有覺知。他說：

在學期的不同時間點，我不斷向學生強調「遵守承諾」的重要性，我談到，一個人值得被信任，是一項多麼寶貴的資產。如果他們上課遲到，我會問他們為什麼，但在我做這件事之前，我會告訴他們，我十分重視他們的答案，因此完全誠實的回答非常重要。我解釋說明，如果我發現他們不誠實，我以後就再也無法相信他們了。

「不要為了區區幾分而出賣你的靈魂。」

有一天晚上，當他正在批改學生的讀書報告時，看到一位學生在讀書報告摘要上寫著：

老實說，我並沒有看完整本書。

麥老師告訴我們：「我對這件事情印象十分深刻——那次，我收到了 18 份學生類似的報告，承認他們並沒有看完整本書。」

第二天，他告訴學生，他們的誠實讓他很受感動，為了對他們的行動表示讚賞，他決定重新思考之前宣布的評分標準，要給他們一個機會去讀完這本書，而且取消15%的扣分規定。所有學生都接受了他的善意。

學生問：「我們要如何證明我們看完這本書呢？」

他說：「你不須做任何事情，只要你向我保證你真的做到了。」

一個星期後，18 位學生中有 15 名學生走向他，說：「嗨，麥老師，我只是想讓你知道，我已經看完這本書了。」

Booker T. Washington 曾經說過：「教導學生承擔責任，並讓他們知道你信任他們，如此可以強而有力地幫助學生的人格發展。」麥老師就是這樣教導學生的，在這樣做的時候，他提供了一個具影響力、統整性的德行深思者的榜樣：能夠正確地覺察誠實對一輩子的重要性，也能將誠實視為一個堅定的良知信念，承諾將誠實作為日常生活的

重要依歸，並知道如何達成與學生之間的這項承諾。

優勢 4：德行的深思者

▶ 有效策略 2：
探討品格人物，並鼓勵學生追求自己的品格價值。

探討體現勇氣、愛、正義及其它美德的品格人物——包括男性和女性，是一個強而有力的方式，去幫助學生瞭解什麼是好的品格，激勵他們希望擁有好的品格，且願意採取行動去耕耘他們的品格發展。探討品格人物，是面對當今道德文化特質的一種方式，此特質即道德相對主義；它對學生的衝擊，是令許多老師感到十分挫折的。

道德相對主義的概念是「世界上沒有絕對的對或錯」，而所謂「道德」，只要個人認為對的，就是合乎道德標準。這樣的哲學思考帶來嚴重的後果；如果道德僅僅是個人的看法，不必去在乎對普世的責任，那麼誰有權利說，你我不應該說謊、欺騙、偷竊、炸死無辜的人，或是做任何我們想要做的事情。

根據《生活中的惡與美善》（*Vice & Virtue in Everyday Life*）[9] 的編輯、前克拉克大學倫理系教授 Christina Hoff Sommers 的說法，許多學生進入大學後，「頑強而教條式地接受了道德相對主義，導致他們全然無法去思辨」關於欺騙、偷竊和其它道德相關議題的最基本原則 [10]。我們採訪了一些高中老師，他們也發現，學生越來越不願意做出道德判斷，這顯示出學生們逐漸走向了道德相對主義的趨勢。一位歷史老師說：

> 學生從前比較有意願表達，「做 X、Y、Z 等事是不對的。」不論那是關於吸毒、酗酒或霸凌的議題。然而現在看來，他們對於什麼是道德，似乎有點茫然不知所措。對於別人該如何做，雖然他們還願意說，「從我個人的角度來看，我不認為這是正確的。」但他們越來越不願意做出價值判斷，也不願意強加任何標準在他人身上。

為什麼學生不願意做出道德判斷的情況越來越明顯呢？一些觀察家表示，這是受到多元文化主義，以及我們不應該批評其它團體或文化的想法所影響。然而有些人則認為過度強調包容的文化，會抑制人們在高道德標準上對他人做出負責的行動。一位學校校長說：

> 大約在十年前，一位演講者不客氣地說：「我們這個時代最不幸的事情是，把包容視為最高美德。」當他說完這句話後，把身為聽眾的學校領導者們嚇的瞠目結舌。他緊接著說，包容誠然是品格中很重要的一部分，但它並不足以成為一個最高的美德，因為它並不要求人們對追求道德與知識兼備的卓越做出承諾，它只是一個被動的美德。

不論不做任何判斷的相對主義（non-judgmental relativism）其來源為何，它是每個希望建立德行學習社群、激發德行思考乃至德行行為的學校，所會面臨到的問題。堅信相對立場的學生，當他們面臨個人與群體責任時（例如，擔任手足同儕的守護者），很可能會認為那不干己事。想想：如果沒有

真正的對或錯，那麼人們還需要有什麼道德顧忌呢？無論是當有人做了什麼事，誰能評論他人的行為呢？更不要說在以下的任一情況發生時，能挺身而出：欺騙、霸凌、散布謠言、性騷擾或有人被剝削，或有人傷害自我時？

> 在現今世代中，政治正確（譯註1）的忠告就是要「包容」，然而，在這包容的背後所隱含的往往是道德相對主義，它宣稱我們必須要平等地包容每個人的觀點。
>
> ——F. Washington Jarvis

□ 探究美德

與其讓學生進行關於相對主義抽象哲學的辯論——那通常並不是一個成功的教學策略，我們可以運用另一種較富有終極成效的方案策略：讓學生參與美德的探究（「什麼是美好的品格？」）並讓他們反思自己的品格狀況。Christina Hoff Sommers 發現這樣的教學策略對大學生十分有效。她寫道：

> 當學生沉浸於亞里斯多德所談論的勇氣、慷慨、節制及其它美德裡，得以立即打破教條式的相對主義……一旦學生有機會去談論他們想成為怎樣的人、如何變成那樣的人等議題時，德行的學習就會變得具體且務實了。連帶而來，對很多學生來說，道德本身會被視為一個自然而然，而且是無法逃避的個人承諾。至目前為止，我還未遇到修過美德哲學課程的學生，會說沒有道德這回事[11]。

譯註1：指多數有權者的主張。

課程負載了道德的資產與傳承。

探究美德，在高中階段最具說服力的方式，是與有血有肉的真實人物相遇。學校的課程中，充滿了讓學生探究品格人物的機會。在《在學校建立品格》（*Building Character in Schools*）一書中，Kevin Ryan 與 Karen Bohlin 強調課程負載了道德的資產與傳承。

課程是我們共享道德智慧的一個主要來源，故事、人物傳記、歷史事件和人類省思等，都引導我們去思考：活出美善的生活，以及擁有堅定的道德品格的意涵究竟為何。這種道德資產也包括人們所遭遇到的失敗、悲劇、不公、軟弱及陰險性格。事實上，這些課程可用來強化學生的能力，去思考生活如何更好或更糟[12]。

在任何學科裡，老師都可以向學生介紹具成就品格與道德品格的典範人物，不論是男性或女性，可以問學生以下幾個問題：

1. 什麼樣的品格優勢，使得這個人可以從事他或她現在做的事情呢？
2. 有什麼障礙，是這個人必須去克服的？
3. 你從這位德行深思者身上，觀察到什麼？或是可以推論出什麼？在這個人身上，你看到了哪些有關道德洞察力、良知、道德認同與道德能力的證據？
4. 這個人身上所具備的特定品格優勢中，哪一項是你覺得自己也擁有的，至少在某一程度上來說？哪一件事情是你可以去做

的，以便使得這樣的優勢能更進一步發展？請寫下你的計畫。

5. 這個人身上具有的特定品格優勢中，哪一項是你覺得自己沒有、但你想要培養的？你可以如何做呢？

　　市面上已出版許多品格教育資源，包括一些簡要的描述，可以用來增強歷史、文學或科學等方面的品格面向。這些資源通常會提供一些問題清單，讓學生討論及撰寫報告；也會建議一些方法，讓學生可以將學習到的品格內容，融入他們的生活中。

　　《豐富生活，重要學習》（*Great Lives, Vital Lessons*）就是其中一項可使用的資源，這套教材最初是設計給國中生使用的，但我們認為也很適合高中生來使用[13]。這本書裡描述了 15 則生命故事，從孔子、哈麗特‧塔布曼（Harriet Tubman）、喬治‧華盛頓‧卡佛（George Washington Carver）、愛因斯坦，到安妮‧法蘭克（Anne Frank）。在《勇氣的呼喚》（*A Call to Heroism: Renewing America's Vision of Greatness*）這本書中，Peter Gibbon 提醒我們，教育中需要類似這些品格人物的榜樣[14]。

> 想要青少年成為有道德的人，他們必須見識到認真看待道德的人。
>
> ——Mary Warnock

📖 文學中的品格人物

　　文學作品提供許多機會，讓我們可以聚

焦於德行思考與品格，但是，教師必須知道如何利用小說、短文或其它文學作品，去建構學生的品格潛能。例如，回想一下馬克吐溫的經典著作《頑童歷險記》（*Huckleberry Finn*）（譯註 2）裡一個最令人難忘的時刻：賞金獵人正在搜捕吉姆——一位逃跑的奴隸，同時也是哈克的筏船同伴——獵人問他是否有看見吉姆，而哈克決定要說謊來保護吉姆，即使他知道法律要求遣返逃跑的奴隸，而且那麼做有可能讓他自己下地獄。

　　教師可以把這個故事的焦點設定在品格上，Ryan 與 Bohlin 引領我們進入林老師的 11 年級英文課程，當時他們正好閱讀到這本小說中，哈克說謊要救吉姆的片段。林老師要求她的學生利用 20 分鐘的時間，就下述的問題寫下省思：

> 你覺得哈克的這個決定，反映出他是一個怎樣的人？從我們過去討論過的美德中，哈克在這個事件裡，展現了哪一方面的美德？或者他這樣做，只是出於考量自身的利益？請從文本中提出證據來支持你的論點。

　　在最後的 20 分鐘裡，林老師帶領學生一同討論他們所寫的省思，討論的內容簡述如下：

林老師：哈克想成為怎樣的一個人呢？

狄波拉：我認為哈克是真的在改變，他為他所堅信的信念挺身而出，即使他必須說謊。

史蒂夫：是的，哈克展現了莫大的勇氣。從

譯註 2：中譯本《頑童歷險記》，東方出版社出版。

這本小說的開始到現在，他真的改變了很多。

林老師：他是如何改變的呢？

史蒂夫：我想他拿出了勇氣。

丹尼爾：我不認為如此。哈克需要吉姆，哈克不希望吉姆被帶走，我想他會這樣做，是出於自身的利益考量。

諾爾瑪：不是這樣的，這是哈克第一次意識到吉姆也是一個人，而不是財產。這使我想起一些人，在大屠殺期間讓猶太人躲在自己家中，然後向納粹說謊。哈克展現了他對吉姆的尊敬及勇氣[15]。

在《文學中的品格教育：喚醒中學生的道德思想》（*Teaching Character Education Through Literature: Awakening the Moral Imagination in Secondary Classrooms*）這本書中，Karen Bohlin 認為有四本小說很棒，教師可以用來幫助學生培養重要的品格，引導學生辨認故事中的「道德關鍵點」。她寫道：

文學中的品格提供我們一個瞭解人類心靈的窗口，藉由引導學生注意故事人物對真相的回應，我們可以幫助他們獲得對誠實的尊敬、對虛偽的鄙視，以及對道德的向上提升或向下沉淪更加敏銳[16]。

Susan Parr 的《道德故事》（*The Moral of the Story*）是另一項十分有用的資源，這本書描述了在使用文學作品時，如何提出與德行相關的議題[17]。詳細內容可參見 www.centerforlearning.org，網站內附有教師設計的單元及教案，結合了品格與文學、社會研究與宗教等課程。

文學、歷史、科學及其它學科的教師常常發現，如果將學科內容中德行的面向，擺在重要位置，能夠激勵學生並使其學習更有意義。一位高中女學生在學生代表座談會中見證了這一點，她說：

當學生問老師：「為什麼我們要學這個？」我們並不是不禮貌或令人討厭。重點是，教師應該把握每個機會教育的時機，因為每個課程裡都蘊涵了道德價值，當學生看見這些價值時，他們才更有可能發自內心去面對學習。

「當學生看見蘊涵在課程中的道德價值時，他們才更有可能發自內心去面對學習。」

使用研究探索品格人物

心理學研究是另一項探索品格生活的資源。Anne Colby 與 William Damon 的《有人在乎：對道德做出非凡承諾的當代人物》（*Some Do Care: Contemporary Lives of Moral Commitment*）[18] 就是這方面的代表作之一。

Colby 與 Damon 要求一個「專家提名者」的團體——包括不同政治意識型態、宗教信仰與社會文化背景的神學家、哲學家和歷史學家——為「道德典範」的定義提出一個標準，然後請他們推薦符合這些標準的人士。令人驚訝的是，這些道德典範的標準竟是十分一致的，這五項標準如下：

1. 維持對道德理想的承諾

2. 在理想與實現方式之間，保有一致性

3. 願意犧牲自己的利益

4. 擁有鼓舞人心的能力

5. 謙恭地面對自己的重要性。

Colby 與 Damon 使用這五個標準，著手調查並採訪 23 位道德典範人物。這些典範人物的教育程度，從中學到碩士、博士及法律學位都有；他們的職業包含了不同信仰的宗教領袖、商人、醫生、教師、慈善家、旅館老闆、記者、律師、非營利組織領袖，以及社會運動領導人；其中共有 10 名男性與 13 名女性。他們的貢獻跨越了公民權利、打擊貧窮、醫療、教育、慈善、環境、和平，以及宗教自由。

Cabell Brand 是 23 位品格典範中的一個案例，他是一名商人，在超過 30 個年頭裡，將一家小型家庭公司，發展成一間幾百萬美元的公司。同一期間，他一直是羅阿諾克谷（Roanoke Valley）社會行動方案——徹底消除貧窮行動（Total Action Against Poverty, TAP）——的義務主席。透過這個方案，Brand 奉獻他自己，助人擺脫貧困。TAP 創造了美國第一個提早教育（Head Start）方案，並進一步將此方案提供給中輟生、老人、有犯罪紀錄者、吸毒者和無家可歸者。另外，此方案也成立了一個糧食銀行，以及將自來水引進農村，且為貧窮的都市地區及社區文化中心，規劃經濟發展方案。

Brand 的故事顯示，一位統整性的德行深思者所擁有的敏銳洞察力（包括對經濟問題的精熟理解度），其良知受到正義感與同情心的驅使，他的個人認同是圍繞著他的道德承諾，以及具有執行遠見所需的豐富知識。在一次採訪中，他說道：

資本主義民主制度下的弱點，就是有一部分的人不會參與其中，那是衡量貧窮的一個指數，而目前這個指數是 14%。另外有 14% 左右的人，則是困苦的勞動人口，他們在掙扎中勉強糊口，這些人沒有健康保險或是接受有品質教育的機會。

如果我們從兒童早期開始，就提供他們適當的健康照護，而且如果這個家庭是處於一個正向運作的模式中，那麼他們就會有機會獲得一個不錯的工作，能努力改善自己，讓其子女也跟上腳步，不但使家庭有好的經營，孩子們也會有好的成就，可以過一個幸福的生活。

Cabell Brand 致力於改善窮人和困苦勞工的堅定努力，可以成為我們討論國家經濟體制優缺點的跳板，也可讓我們去思考，每個人可以做些什麼，以促進更大的經濟正義。探究的過程中，也可要求學生採訪對貧窮與其它經濟問題學有專精的政府官員、政治人物和學者。學生可以探討的議題包括：為什麼在世界上最富有的國家裡，會有這麼多窮人？當我們檢視近年來，申請大學的高中學生所獲得的獎學金紀錄，可以發現貧富之間的差距在擴大中[19]，為什麼呢？存在美國境內的這些議題，與國際間相比較，狀況如何呢？

> 如果我們對於崇高的願景，不具有習慣性的視野，道德教育是不可能發生的。
> ——Alfred North Whitehead

> 「資本主義民主制度下的弱點，就是有一部分的人不會參與其中。」

從當前的事件，尋找品格人物

當前發生的事件，是品格人物資訊可以持續不斷的來源。舉例來說，學生可以閱讀報紙，尋找哪些人將自己的德行原則，付諸行動。在一整年的課程中，每班學生可以建置一個公告欄，展示這些人的品格。

這裡有一個例子：2003 年的諾貝爾和平獎頒給 Shirin Ebadi，這是第一位被選上的穆斯林婦女，也是第一位來自伊朗的獲獎者。她的故事（請見下頁的方塊文章）被「實踐美德網站」，拿來做為人類尊嚴和勇氣的教材（www.virtueinaction.org），Shirin Ebadi 展現了令人讚嘆的德行深思者之高度原則與圖像，她不計代價地實踐她的德行信念。

Shirin Ebadi 對全球人權的原則與立場，就像 Cabell Brand 對抗貧窮的個人戰役一樣，提供了一個最高層次德行思考的社會行動楷模。青少年可以從許多這類的當代實例中汲取靈感，包括南非的曼德拉、波蘭的華勒沙，和已故的教宗若望保祿二世。這些人所展現的生命典範，反映了很深的社會正義感，他們重視每一個體的生命與尊嚴，但同時也不可避免地挑戰了社會結構，包括無法保護所有人的尊嚴與正義的不公正法律。

道德推理的研究發現，大部分人在任何特定社會情境中，都未能達到對人權普遍尊重的高水準，這樣的現象有助於解釋，為什麼很多人很容易陷入錯待社會邊緣群體，或者以冷漠態度看待不公義的事情[20]。還好，有許多學校很努力培養學生的德行思考，因此，我們可以合宜的推理，未來能有更高比例的公民，可以在合乎道義的原則上，尊重所有人的權利。

當學校努力去培養學生的德行思考時，未來能有更高比例的公民，可以在合乎道義的原則上，尊重所有人的權利。

引導學生將時事與品格典範相連結，有助於他們發現隱藏的美德，可以鼓勵他們在生活中向這些典範看齊。Ryan 與 Bohlin 引用了 Osceola McCarty 的例子如下：在 1995 年，有人透露，McCarty 將她畢生的積蓄（15 萬美元）捐贈給南密西西比大學，作為非裔學生的獎學金。McCarty 為了照顧生病的姑媽，6 年級時就輟學，在家中開的乾洗店工作。雖然她僅是一位洗衣婦，但她用畢生洗衣工作中積攢的每一分每一毫，去幫助別人。Ryan 與 Bohlin 寫道：

Osceola 的世界就是她的三個桶子、洗衣板，以及聖經。她不曾有過自己的孩子，且因關節炎而不良於行。Osceola 決定要讓年輕人「擁有她未曾有過的機會」。她的付出激勵了其他人效法她慷慨的行為，不過也讓一些人感到困惑。她經常被問到：「妳為什麼不把錢留給自己用呢？」她很簡單的回答：「我是把錢用在自己身上啊[21]！」

當學生思考關於 Osceola McCarty 的慷慨行為時，老師可以請學生寫省思札記：在生活中，我可以如何實踐慷慨的美德？我可以如何或是對誰更慷慨呢？

Shirin Ebadi：人權的辯護者

1978 年，一位在伊朗受人敬重的法官 Shirin Ebadi，努力履行在她所處社會中，促進正義的夢想。當激進派的伊斯蘭神學士於 1979 年掌權後，他們廢除了女性法官，並剝奪了她的頭銜。

很多其他專業婦女離開伊朗，以逃避充滿鎮壓性的律法，但 Shirin Ebadi 選擇留下來反抗。她說：「任何基於性別、種族或宗教的歧視，都是對人類的一大挑戰。沒有人權，人類也不會有未來。」

她持續從事法律方面的工作，並承接案件，協助婦女及因公然反對政府而被監禁的不同政治意見者。當有人因批評政府而被殺害，她會促請政府對這些人的死亡進行調查，並起訴殺人犯。結果，她多次被激進團體毆打並逮捕。

在這個政府管轄下的法律，如果父親認為她的妻子、姐妹或女兒是有罪、不忠誠的，這位父親是可以殺掉她們的。當一位父親真的取走了她女兒的生命，Ebadi 代表女學生的母親接受採訪，她說：「我們要求反對這項法律的人們，將白色的花瓣扔到街上。」在短短幾分鐘內，整條街充滿了白色的花瓣。這項行動反映了她以非暴力抗議的堅定信念。

為了使全世界注意到伊朗人權受到侵犯，Shirin Ebadi 寫了一本書《伊朗的人權歷史真相》（*The History and Documentation of Human Rights in Iran*）。在 2003 年，她被授予諾貝爾和平獎。

● 引導學生省思及行動的討論問題

1. 當其他專業婦女離開時，你認為 Shirin Ebadi 為何要留在伊朗？
2. 她的勇氣從哪裡來？
3. 如果你住在今日的伊朗，你會如何捍衛你的權利？
4. 當致力於人權捍衛時，我們可以如何做？在教室裡選擇一個想法來落實。

——實踐美德網站
（www.virtueinaction.org）[23]

📖 檢視電影中的品格人物

當 Paul Vitz 還是紐約大學的心理學教授時，他進行了一項研究，提出了這個問題：「電影可以用來提升青少年利他主義的美德嗎[22]？」

Vitz 在三個班級播放了 30 分鐘的剪輯影片，例如《奇蹟製造者》（The Miracle Worker）及《吾愛吾師》（To Sir With Love），這些影片裡記載了利他主義行為的戲劇性實例。看完每一段剪輯的影片後，老師引導學生進行 20-30 分鐘的討論：「誰在影片中展現了利他主義？意即，幫助別人，而未曾思考自己可以從中獲得什麼？」「他們的利他行為對別人及對自己的影響為何？」

此外，每位學生須完成每日的作業任務：進行一項他們選擇的利他主義行為，將執行的過程記錄在一本札記上，並且留意自己的行為如何影響他們個人與別人。在一項

調查學生認為利他行為有多重要的前－後測研究中顯示，參與此方案的學生在無私的態度上有顯著提升。許多學生也表示，這個方案影響了他們的道德認同——也就是他們如何看待自己。舉例來說，一名男同學說：「我知道我是一個好人，因為我做好事。」

「電影中的愛與生活」（*Love and Life at the Movies*）是一套出版的課程，課程的內容使用經典電影與現代電影，引導學生成為德行的深思者及決策者。這套課程是由負責教育指引機構（Educational Guidance Institute）的 Onalee McGraw 博士（http://educationalguidanceinstitute.com）所研發的，其課程特色是以四部影片為一個單元，例如「在電影裡慶祝黑人歷史」單元（Celebrating Black History at the Movies）；另一個單元為「心有所屬」（The Heart Has Its Reasons），旨為描述婚姻與家庭的主題。每部影片的教案，皆能提升品格議題的批判分析與寫作能力。「電影中的愛與生活」系列課程，曾在高中、國中、課後方案及臨時拘留所被使用。McGraw 表示：

我們會選擇這些影片，是因為它們不但在描述個人的美德上，展現了強大的力量，例如誠實、勇氣和愛心，而且也帶出道德的意義，以及社會與更大群體間的關係。在這些電影裡，完全沒有污言穢語、暴力或性方面的內容。

在 McGraw 的課程裡，經典電影如《風雲人物》（It's a Wonderful Life）就被用來探討以下的主題：

◆ 我們在生活中的選擇和決定，塑造了我們的品格，它具有持久的影響力。

◆ 忠於我們的家庭，有助於建立一個堅固的社會。

◆ 當未能實現目標時，不要讓自己陷入絕望。

◆ 從自己和群體之間存在關係的角度，來透視生命的意義。

一名教師在放映《風雲人物》這部電影後說道：

有些孩子一開始很抗拒觀賞這部影片，但最後它征服了孩子的心。有些學生說自己就像影片中的喬治‧貝利，曾經試圖自殺。但這部影片深深觸動他們的心，他們瞭解到，不管我們自己是否覺察到，我們每個人都在別人生活中，留下不可磨滅的影響。

「影片教學」網站（Teach With Movies, www.TeachWithMovies.com）是一個線上資源，成功地利用了影片教學的威力。它將數以百計的電影做分類，並提供課程計畫，以利老師使用電影進行特定主題的探究。

研究品格人物，是幫助學生全面性發展德行思考的一個途徑。我們看到：所有的人，不論是真實的或是虛構的，都會面臨道德的選擇和挑戰。當這些影片中的人物在道德旅途中航行，我們可以藉由影片去檢視，德行思考的四個重要成分——道德洞察力、良知、道德認同，與道德能力——是存在？或缺席了？

優勢 4：德行的深思者

▶ 有效策略 3：
幫助學生發展可依循的德行架構，並瞭解良知的功能。

研究品格人物的全面性途徑，可以藉由個人統整德行思考的要素來增強，並以發展一個可依循的德行架構為目標。

☐ 道德洞察力的省思

第一個德行思考的元素是道德洞察力（moral discernment）。字典對「discern」（辨別）的定義是「to see」（去看見）。研究德行的學者 Richard Gula 觀察到：「除非我們能正確地看見，否則我們無法成就正確的事情[24]」。Ben Franklin 在《美德的藝術》（*The Art of Virtue*）這本書中寫著：「所有美德和幸福的基礎，就是正確地思考[25]」。學者 Christina Hoff Sommers 也說：「在教導德行時，有一件事必須被放在中心位置，且去突顯它的重要性，那就是：正確與錯誤確實是存在的[26]」。

這些好書的作者到底想要表達什麼呢？主要是以下兩件事：(1)正確和錯誤確實存在；以及(2)德行深思者的挑戰不是去「發明」什麼是正確的事情，而是去「分辨」什麼是正確的事情，然後，形塑我們的良知並據此執行出來。舉例來說，無私真的是好的，自私則不是；做一個可靠和誠實的人是好的，但做一個騙子或小偷則不是。辨明這些「生活裡的道德事實」，也就是瞭解事情

的真相，是道德洞察力和智慧的核心所在。

每一位年輕人，就如同生活在地球上的每個人，都希望能擁有幸福。富蘭克林說，如果我們想要得到快樂，我們必須要形塑一個面對「事物本質」的「正確態度」，然後在符合這一真實情況下生活。經過了幾個世紀，許多道德哲學家仍然提出同樣的概念。Sean Covey 在《與青春有約》（*The 7 Habits of Highly Effective Teens*）（譯註 3）這本書中，以學生理解的語言，解釋了這個概念在當今世代具有的意涵。

我們都熟悉萬有引力的影響；當你朝空中丟一本書，它會掉下來，這是一個自然的法則或原則。人類的世界裡也有管理的原則，就像管理自然界運作的原則一般，這些原則並非是宗教性的，它們也不是美國人或中國人的，也不是你的或我的，它們也不是被用來討論的。它們是平等地適用於每一個人身上：不論貧窮或富有、國王或農夫、男性或女性。它們不能用金錢去買或賣。如果你依循這些原則過生活，你會成功；如果你抗拒這些原則，你會失敗。

Covey 接著說，你可能會認為你可以違反這些原則並逃之夭夭，如撒謊、欺騙和偷竊，事實上最後你一定會付出代價的。那這些原則究竟是些什麼呢？他說誠實是其中一項原則，尊重也是一項，辛勤工作也是一項，愛是一項，適度也是一項原則，包括不過度吃、喝，或沉溺於其它合法的娛樂活動，都是一種原則[27]。

譯註 3：中譯本《與青春有約》，天下文化出版社出版。

我們可以選擇違反這些道德原則，但我們無法逃避做這些事情所帶來的後果。

再說一次，我們的確可以運用我們的自由意志，去違背這些道德法律或原則，但我們無法逃避做這些事情所帶來的後果。舉例來說，讓我們想想尊敬這個原則。當我們不尊敬他人時，結果會如何呢？我們也會失去別人對我們的尊敬，這麼做破壞了我們的人際關係，他們也許會做其它的事情向我們討回來。如果我們發展出一種對他人不尊敬的模式，這將會改變我們這個人的本質，我們會發現我們很難尊重自己，也會發現在此情況下，要過一個快樂的生活是很困難的。

☐ 發展一個可依循的德行架構

所有人，包括年輕人和老年人，都面對一個共同的挑戰：運用道德洞察力，去建立某位校長所說的一個「可依循」的德行架構：

對我來說，品格需要一個「可依循」的德行架構。在有壓力的情況下，我們可以求助於德行的架構，並依賴其引導，如果在我們面對無法預期的挑戰時，這個架構卻無法幫助我們，那麼這架構將不具任何價值。

一個「可依循」的德行架構，是美善良知的另一名稱，它包括德行信仰或標準——基於能夠正確辨識什麼是好的標準、什麼是對的標準。當我們做出道德的決定時，這個準則可以賦予我們信心並獲得美好的結果。

以下提供一個可依循之德行架構的實例。偉大的籃球教練 John Wooden，他以品

格為中心的輔導方式，我們已於第二章做了完整的描述。以下短文裡說明了他的父親如何教導他們兄弟一些道德原則，而這些原則影響了他一輩子。

我父親有「兩套三原則」，它們都是很直接、很簡單的規則，其中的目的都在於他認為我們應該如何過生活。第一套三原則是關於誠信：「不說謊、不欺騙、不偷竊」。我的兄弟和我都知道那是什麼意思，並且我們也知道那是父親希望我們能遵守的。

第二套三原則是關於面對逆境：「不發牢騷、不抱怨、不找藉口」。父親的兩套三原則是我做正確事情及表現出適當禮儀的道德指南針 [28]。

我們可以問問學生：「什麼是你可依循的德行架構？什麼是你的德行指南針呢？」在學習品格人物時，學生可以去思考，這位人士的德行指南針是什麼？他或她是如何發展出這個德行的架構？如果一個人的德行指南針或良知停止運作，會發生什麼事呢？

所謂一個可依循的德行架構，並不是說學生在高中畢業前要完全發展出來；在某些方面他可能很堅定，但有些其它面向則仍須努力。此外，一個在 18 歲時可依循的德行架構，不見得適用於 25 歲會面臨的道德挑戰。如同我們在各領域的品格優勢，會隨著時間與經驗漸趨成熟，我們的德行架構也應該要越來越成熟。我們注意到 John Wooden 遵守他父親的兩套三原則，後來成為一名成功的教練，他著名的「成功金字塔」就包含了 25 項價值。我們可依循的德行架構，如同我們所有的品格資產，應該是終其一生要

學習的功課。

☐ 發展對良知果效的瞭解

字典對良知的定義是「意識到一個人的行為、意圖或品格，在道德層面的善良或過失，也就是有責任感去執行正確或良善的事情[29]」。值得注意的是，良知能夠在我們的行為上，運用道德洞察力，並且增加一個關鍵部分——也就是去執行我們認為正確之事的責任感。

這是可能的，事實上也是共通的事實。人們雖然有能力可以區辨什麼是正確、什麼是錯誤，但實際上卻缺乏個人對於責任的覺知與良知，進而採取行動去從事正確的事。15 年前，我們曾在學校裡進行一項有關欺騙的研究，研究結果發現，在約 300 名的大學生裡，有超過 90% 的樣本，匿名表示抄襲考試的答案、使用小抄、抄襲期末報告等行為是「不對的」，但是，當我們問道：「如果你很確定自己不會被抓到，那你會做那些事嗎？」有將近一半的學生回答：「會。」

談到良知，我們每個人都有兩項職責：(1)紮實地建立我們的良知；(2)忠實地依循我們的良知。針對良知的討論，有時人們會強調應當要依循良知這件事，但卻忽略了在那之前的關鍵工作，也就是良知如何形成。如果我們無法正確地辨明是非對錯，我們將無法合宜地建構美善的良知。

大部分的人應該都可以想到一些良知敗壞的例子。舉例來說，一項調查中學生的研究發現，2/3 的男孩認為，「只要男女雙方約會超過六個月，這名男子可以強迫該女性發生性關係，而這件事是可被接受的」，更

令人驚訝的是，49% 的女孩也這麼認為[30]。從所有的跡象顯示，恐怖份子於 9 月 11 日駕駛飛機，衝撞世界貿易中心大樓，或是於馬德里及倫敦進行炸彈攻擊，都是依循他們良知而行事；他們相信自己是在發動聖戰，對抗「異教徒」。在整個歷史上，敗壞的良知其實是許多罪惡的淵藪，很多事情都會敗壞良知，這些包含了無知、粗糙的道德哲理，錯誤的資訊、偏見，以及不好的教育與示範（例如，一些恐怖份子進入激進的宗教學校，學校會教導他們仇恨某些團體，且將自殺式的炸彈襲擊，視為崇高的殉難）。

我們可以透過幫助學生瞭解，到底良知是什麼，以及它是如何運作的，開始協助學生紮實地建立他們的良知。請參見下頁方塊內容中討論的問題。

一些心理學家針對良知如何運作，有深入的說明。Sidney Callahan 在《美善良知：道德決策中的理性與感性》（*In Good Conscience: Reason and Emotion in Moral Decision-Making*）這本書中，檢視了自我欺騙的策略，她表示即使是善良的人，也經常使用這些自我欺騙的策略，來逃避良知的運作。她觀察到自我欺騙的策略，往往是「受到慾望的驅使，而不願意去面對已經遭到懷疑或已知的嚴屬事實[31]」。我們可以感覺到生活中有些事情是不對的，但我們卻選擇轉身離去，因為這些真相是難以面對的。Callahan 指出，心理治療師經常必須「花上許多的時間，慢慢而溫和地幫助當事人，去面對為了逃避真相，而強加在自己身上的盲點[32]。」

在《關於你：青少年品格教育課程》（*All About You: A Course in Character for*

Teens）這本書中，品格教育家 Dorothy Ko-lomeisky 以一個章節專門說明良知是如何發展的，包括良知在德行與幸福生活中的角色，以及當我們忽視良知時，可能帶來的後果。她還舉出一位年輕婦女的故事，這名女子敘說她在 14 歲時，曾昧著良知與一些朋友在店裡偷竊。

一開始，這是件很困難的事情，我曾想過如果被抓到了，我的父母會說什麼，我知道他們會對我徹底感到失望。但過了一陣子後，這件事變得越來越容易了，好像那只是一個遊戲，並且我成為個中老手，偷了各式各樣的東西[33]。

這位女子的故事反映了敏感遞減法則，也就是說，一個人的情緒反應，會隨著重複的行為，或重複暴露於特定刺激下，而逐漸減緩。但這也說明了，即使我們讓自我的良知麻痺了，我們也不可能完全消滅它。三年後，這名女子申請工作時，當主管詢問她是否曾經偷竊過，她才猛然驚覺，罪惡腐蝕了她的良知，並且出賣了她過去的歲月。

辨認敗壞良知的因素

《正確思考的七法則》（*The Seven C's of Thinking Clearly*）[34] 一書的作者 George Rogers 指出一個在討論德行思考及良知時，常常被忽視的問題：哪些因素導致我們無法清楚的思考？哪些因素腐蝕了我們的良知？

Rogers 引用了富蘭克林對人類合理化傾向的警示：「『方便』這件事是一個合理化下的產物，因為它使人們可以找到心裡想做任何事的一個藉口。」Rogers 進而確認七個「非常容易出錯的思維習慣，這些習慣嚴重地阻礙我們正確思考的能力」。他以幽默的名字來擬人化這些容易出錯的思考習慣：

1. **誤入歧途者**：讓事情看起來像是另外一件事，而非它真正的樣貌。

2. 搪塞者：引導我們對他人及自己說謊。

3. 反常者：將事件不成比例地放大，以至失去對整體圖像的瞭解。

4. 極端者：使人們視彼此為敵對的。

5. 激動者：挑動人的情緒，使人無法做出正確的判斷。

6. 糾纏者：營造「我就是有成見」的氛圍，說服大家相信——達成心中想要的目的，比什麼事都來的重要。

7. 激情者：點燃情緒的火焰，使人無法做出理性的思考和負責任的選擇。

Rogers 說：「當糾纏者與激情者掌控局面時，仇恨、嫉妒、慾望、貪婪與其它的原始情緒，將會主宰一個人的選擇。」Rogers 提供一些訓練策略，去幫助學生辨識這七個容易出錯的思維習慣。

一個人對事情合理化的能力，會使得他為任何想要做的事，找到理由。

雖然我們試圖去過一個幸福的生活，但是我們也常會做不到。因此，如果我們想要幫助學生成為統整性的德行深思者，我們就必須幫助他們洞察道德失守的諸多源頭，如此才能有備無患。

優勢 4：德行的深思者

▶ 有效策略 4：
幫助學生培養具有良好邏輯的德行決策能力。

☐ 應用德行測試

依據對錯之基本信念而形成的可依循的德行架構，並不需要太多的道德推理來解釋或證明其有效性。John Wooden 表示，他和兄弟們都知道，父親教導他們不要說謊、欺騙、偷竊，不要發牢騷、抱怨與找藉口是什麼意思。

但是當年輕人在運用德行架構時，需要有決策的技巧，以幫助他們在特定的情境下，能應用一般性的原則，去分辨對錯。舉例來說，我理當尊重並且關心別人，但是，倘若有人告訴我學校裡有同學做了壞事，或是當我看到有同學作弊，甚至當我得知朋友決定發生性關係，而可能傷害自己及他人時，我該怎麼做呢？又，假定我是一個不說謊的人，但是當我的父母詢問我星期五晚上的派對情況如何時，我應該告訴他們所有的事情嗎？

在教學中，應用一系列德行小測試，可以幫助學生在面對充滿道德本質挑戰的生活中，做出良好的決定；這些小測試是讓學生在面對道德決定時，可以問自己的一些問題。以下是九項可以提供給學生參考的小測試（類似國際扶輪社提倡的四大考驗 [Four-Way Test] [35]）。另一方面，老師也可以讓學生分小組進行腦力激盪，在小組中討論他們自己的德行測試，進而由全班共同建構一份

綜合清單。

1. **黃金規則（逆轉）測試**：我希望別人對我做一樣的事情嗎？

2. **公平性測試**：這個決定對每個人來說都是公平的嗎？有沒有人可能會因我的行動而受影響呢？

3. **「假如每個人都做這件事」測試**：我希望每個人都做這件事嗎（謊言、欺騙、偷竊、在學校亂丟垃圾等）？我希望活在這樣的世界裡嗎？

4. **真相測試**：這項行動是否反映全部的真相？它全然真實？

5. **父母測試**：如果我的父母發現我這樣做，他們會感覺如何？如果我詢問父母我是否該如此做，他們可能會給我什麼建議？

6. **信仰測試**：如果我有宗教信仰，我的行動如何反映我的信仰？和我有相同信仰且受人尊敬的人，會給我什麼樣的建議呢？有哪些宗教的經文可以用來指引我呢？

7. **良知測試**：這項行動違反我的良知嗎？做了之後我會有罪惡感嗎？

8. **後果測試**：這項行動在當下或未來會帶來不良的後果嗎？例如，破壞與他人的關係或是失去自尊心？如此行動，至終我會感到遺憾嗎？

9. **頭版測試**：如果這件事成為當地報紙的頭條新聞，我覺得如何呢？

當然，年輕人不會在每一個道德決定裡，使用所有的測試，但是，如果他們能夠使用其中一項測試，比起那些未經深思熟慮，僅憑著衝動行事的人，他們會做出較為明智的決定。

☐ 教導問題解決的過程

在教學上，除了以上九項德行測試外，我們還可以教導學生問題解決的過程，尤其是當他們面臨棘手的道德問題，即便已應用了德行測試，可是當下還是無法知道該如何做的時候。舉例來說，有人在學校裡欺負同學，但是你害怕告訴老師可能會使得受害者的處境更加危險，而且這些霸凌者可能會把目標轉到你身上。或者，當你在和同學聊天時，發現他們開始毀謗某些特定對象，你要怎麼回應呢？面對這些或其它困難的道德挑戰，以下幾個步驟可以幫助你做決定：

▶ **1. 考慮替代方案**

想想看有什麼不一樣的方法可以處理這個問題。

▶ **2. 衡量後果**

思考這些替代方案對其他人及自己，可能造成哪些好的影響或不好的影響？

▶ **3. 確認道德價值觀**

這件事涉及哪些道德價值呢？

▶ **4. 尋求諮詢意見**

當我在這樣的情況下做決定時，可以尋求誰的幫助？

▶ **5. 做出決定**

什麼是最好的行動方案，既能遵循重要的道德價值，又能成就美善的結果？

☐ 進行道德兩難的討論

在 2005 年《品格教育如何奏效》（*What Works in Character Education*）這份

報告中，Berkowitz 和 Bier 表示：

　　道德兩難的討論，已經有三十多年的研究歷史，許多回顧將近 100 筆研究的後設分析報告指出，道德兩難的討論，有助於提升道德推理能力的培養。當學生從事道德兩難的同儕討論時，他們道德推論的能力，有明顯的提升 [36]。

　　兩難情境的討論，有助於激發學生思考或是辯論如何使用不同的方法來解決問題，尤其是面對複雜的道德問題。這些可能是人際上的困境（例如，「你最好的朋友面臨被當掉的危機，因此要求要抄襲你的作業，然而這違反了學校的榮譽法規，這時你要怎麼做呢？」或者，「你的朋友有酒醉駕駛的習慣，讓你很擔心，你要如何處理呢？」）；也可能是歷史的難題（例如，「美國是否應該向日本投下原子彈？」）；或者是在公共領域引發熱烈討論的社會兩難議題（「美國是否有充分的理由，可以辯解在伊拉克引起先發制人的戰爭？」「那些在伊拉克、阿富汗、關塔那摩灣受到虐待的囚犯，誰應該為此事負起責任呢？到底是誰應該受到懲罰？」以及涉及對一個生命所做的個人道德決定時，「法律應該保障婦女墮胎的權利，將之視為個人生育的自由嗎？或者，基於公平正義的原則，法律應該擴大保護那些未出生胎兒的生存權？」「誰有權利決定是否拔除一位重症但未達絕症病患的餵食管？」）。

　　研究顯示，道德推理能力的培養，與道德行為表現有正向關係，例如，較少的欺騙及實質虐待行為 [37]。由於道德兩難的討論，有助於道德推理能力的提升，我們必須思考

如何有效地運用這項工具；我們可以從研究結果得到一些指引：

◆ **蘇格拉底式提問，有助於培養學生的道德推理能力**。在一項為期一年、探討 32 堂高中社會學習課程的研究中，教師使用蘇格拉底式的提問，引發並挑戰學生的道德推論能力，這位教師的教學方式與眾不同，其授課學生的道德推理能力與其他學生相較，有很顯著的提升 [38]（請見下面的方塊內容）。

◆ **成人引導具有影響力**。由成人引導的兩難情境討論，學生在其中所發展出的道德推論能力，是那些採被動消極角色學生的三倍 [39]。

蘇格拉底式提問有助於發展道德推理能力

1. 為什麼你這樣想？你是如何推論呢？
2. 你可以用自己的話，闡述_____的論點嗎？
3. 有誰想要支持或挑戰_____剛剛的論點？
4. 你的道德推理，會隨著你在這兩難情境中所扮演角色的不同，而有所改變嗎？
5. 這個道德兩難困境涉及哪些道德議題？
6. 有哪些可能的解決方法？其中最佳的理由是什麼？
7. 每個不同的解決方法，會帶來什麼不同的結果？
8. 這個問題的解決方案，應該依循什麼道德原則？
9. 哪一項解決方法，最能公正地照顧到所有受影響的人？

◆ 一些相關技巧的訓練總是有幫助。在幫助學生培養解決道德問題的能力上，老師訓練他們一些必要的技巧，例如：角色扮演，以及決定有效或無效辯論的邏輯思考等，可以幫助道德兩難情境的討論更有效果 [40]。

> 沒有人有權利去做不對的事。
>
> ——林肯

☐ 美國應該投下原子彈嗎？

一所我們訪問的學校裡，一位歷史教師提出了一個兩難的困境——美國總統杜魯門是否應該在第二次世界大戰中投下原子彈（請見下頁的方塊內容）。這位教師使用道德兩難討論的形式，要求學生舉手表示這個困境應該如何解決，然後將相同立場的學生組成一個小組，每個小組的任務就是檢視他們偏好的立場所抱持的理由，並將之排序。

當小組討論時，教師在教室中走動，傾聽學生的討論，偶爾會問學生一個待釐清的問題。經過 10-15 分鐘後，教師聚集所有的小組，各個小組報告他們經過排序的解決方案，進而在這道德兩難議題上，進行每一方案優點及衝突立場的辯論。

以下擷取這名教師引導正反雙方辯論的討論片段。

教師：讓我們先聽聽第一組贊成投下炸彈的決定，你們覺得哪些理由是最具說服力的，哪些是比較薄弱的呢？

女同學（贊成轟炸組）：我們將這些理由排序如下：B、D、C、A，我們認為 B 是最好的理由，因為它將所有人的生命視為同等的重要，且強調盡快結束戰爭，才能保障所有人的福祉。

男同學：如果投下的炸彈能夠實質地結束戰爭，它將減少所有軍隊和平民的傷亡人數。

女同學（反對轟炸組）：但是你在戰爭中引入一種新的武器，你怎麼知道日本或其它一些國家，以後不會也使用這種武器呢？我們反對理由的排序如下：D、C、B、A。

女同學：我們反對的另一個原因是，直接把炸彈投向平民。

男同學：但是在以色列，即使他們已經知道會傷及平民，他們仍然會維持轟炸恐怖份子的目標。在轟炸廣島時，我不認為我們試圖要傷害平民百姓，但它就是無法避免。

教師：實際上，從歷史的真相來說，廣島並不是一個軍事目標。

男同學（反對轟炸組）：在戰爭中，應該要有一些規則，是存有道德意識的。雖然軍隊之間互相對抗，你不可能期望沒有戰鬥會發生，但不應該將目標指向平民百姓。

教師：另一個相關的歷史事實是，在當時有國際條約列出戰爭的規則，問題是，美國是否應遵循這些規則？

女同學：生命和死亡是沒有規則的。為了挽救生命，可以打破規則。

女同學：你看，有一個重點被忽略了；為了挽救一些人的生命，你走捷徑，但同時也殺害了許多無辜的平民。這改變

杜魯門總統與其投下原子彈的決定

早在第二次世界大戰開打時，一群科學家已經開始計畫原子彈的開發工程。在1945年，他們向杜魯門總統報告炸彈已經製作完成，其威力強大無比，足以摧毀整個城市，因此，有一些科學家呼籲杜魯門總統向日本投下炸彈，作為結束戰爭的方法。

以下是四個支持投下炸彈的理由，以及四個反對投下的理由。請閱讀這些論點，並決定你認為杜魯門總統應該怎麼做。

然後，我們依據同學們是否贊成杜魯門總統投下炸彈的立場，將全班分成幾個小組，每個小組將討論所有四個支持他們論點的理由，且將這些理由從最有力到最薄弱的依次排序，最後全班聚集，一起討論這個兩難的議題。

○ 支持投下炸彈的理由

A.日本轟炸珍珠港前，並未給予美國任何警告。我們也應該如此反擊，就像他們對待我們的方式一樣。

B.不管是美國人或日本人，所有人的生命都具有同等的價值。雖然投下炸彈會殘害許多人的生命，但總括來說，投下炸彈所傷害的生命，會遠少於我們入侵日本。

C.一位好的總統，必須關心美國士兵的痛苦，因此應盡一切努力，設法使戰爭可以快些結束。

D.這場戰爭已威脅到整個美國社會的穩定，為維護整體社會並保護公共福利，我們必須贏得這場戰爭。

○ 反對投下炸彈的理由

A.美國相信人類生命是神聖的，如果投下炸彈摧毀人們生命，將損害美國對人類生命的尊重。

B.投下炸彈是一個殘忍且邪惡的行為，因為它將傷害許多平民百姓。我們怎能對得起自己的良心呢？

C.如果我們向日本投下原子彈，那麼下一代的人也會研發出炸彈，且有足夠的理由將之投在美國的領土上。

D.生命應是一個普遍享有的權利，我們必須尊重所有人。向日本平民投下炸彈違反了這項基本人權。

了戰爭。

教師：所以，妳的意思是說，拯救生命的目的，並無法合理化投下炸彈的決定。

女同學：是的。

男同學：但如果我們決定要入侵日本，最後可能會殺害更多的平民。

男同學：但意外地殺害無辜人民，和蓄意傷害他們，這兩者是不同的。

教師須牢記在進行道德困境討論時所需的技能。舉例來說，在進行討論時，教師需穿插說明有關的事實、提出尖銳的問題，並且重述學生的推理。最理想的情況是，教師應接受到相關方面的訓練。

教師應同時向學生說明，雖然一個兩難的情境，可以同時擁有正反兩方的辯論，但這並不意味著「沒有絕對的對或錯的存在」，或者說所有的論點都是具同樣的效力。若是教師處理不當，兩難議題的討論可能導致一些學生認為，道德只是關乎個人意見而已。課程最後，教師應挑戰學生，應用這些在兩難情境討論中所培養的道德推論能力，去面對日常生活中所遇到的景況。在2004 年秋季發行的《品格教育研究期刊》（*Journal of Research in Character Education*）中，James Leming 與 Diane Yendol-Hoppey 呈現了以兩難情境為中心的課程成效，他們指出，學校須要鼓勵學生在日常生活中應用他們最佳的德行推論技巧 **41**。

關於道德兩難情境，全球德行研究機構（Institute for Global Ethics, www.globalethics.org），提供一些以兩難情境為中心的課程；「實踐美德網站」（www.virtueinaction.org）是另一個資源，該網站提供依據新聞時事中反映的道德議題而撰寫的教案。

優勢 4：德行的深思者

▶ **有效策略 5：**
透過書寫與引導性的討論，教導學生德行的價值。

道德洞察力包括瞭解什麼是良好的品格，以及為什麼培養良好品格的美德是重要的。關於道德品格，沒有一個品格比誠實更為重要，而在今日的世界，沒有任何一項美德像誠實一般，受到那般巨大的威脅。

當學校及社會有越來越多的欺騙行為，

教師如何採取積極步驟，幫助學生在學校及生活中看重誠實的重要性，並激勵學生從內心建立且實踐這項美德呢？如果每位教師能在教室裡，努力營造一個誠實的文化，那麼榮譽法則將能更成功地推展至全校，進而營造誠實的文化。

曾任高中歷史教師的 Hal Urban 在他的文章〈誠實：為何它仍是最好的政策？〉（Honesty: Why It's Still the Best Policy） **42** 中談到，他如何嘗試去培養學生誠實的內在動機。他說：「我希望我的學生可以瞭解，當我們選擇誠實或不誠實的當下，就有些事情在我們心裡頭發生了，它影響我們將來會成為什麼樣的人。」為了幫助學生明白為何這些話是真的，他要求他們回答一系列關於誠實的問題，並認真地寫下自己的想法（請見下頁的方塊內容）。

接下來，學生須在小組中分享、報告他們的答案，並進行小組討論，討論過程通常會讓學生明白以下「不誠實的代價」：

1. 不誠實讓我們成為偽君子。
2. 不誠實總是讓人付出代價，不是內在的，就是外在的。
3. 不誠實的行為是無法隱藏的，因為我們的詭計最終會讓我們現形。
4. 不誠實會摧毀人際關係，因為它破壞了人與人之間的信任。
5. 不誠實會阻止我們的自我實現，因為它破壞了我們對自己的尊重。

班級討論中，通常學生也會確認誠實所帶來的獎賞：

關於誠實的問題

1. 如果你未來的雇主或是大學寫一封信給你的老師，請他寫一封關於你的推薦信。對方在信中說道：「我們知道這位學生的成績很好。他／她的品格如何呢？」你會希望你的老師如何描述你的品格呢？

2. 「大家都這樣」是否可以成為做事不誠實的合理化理由呢？

3. 在以下任一情境中使用欺騙的手段，其所犯的錯誤是否較之在其它情境更能夠被接受呢？(a)學校；(b)商場；(c)報稅；(d)體育活動；(e)工作或學校的申請？請解釋。

4. 你如何贏得別人對你的信任？你如何做會將之摧毀呢？

5. 不誠實會有些什麼後果？

6. 誠實會帶來些什麼回饋？

7. 你是否看到在我們的社會中，因著不誠實的行為，而承受潛在危機的傷害？請解釋。

---

1. 誠實帶來心靈的平靜。
2. 誠實建立我們的品格和信譽。
3. 誠實強化了人與人之間的關係。
4. 誠實有助於我們的心理健康，因為它釋放我們的罪惡感與擔憂，使我們建立自尊。
5. 誠實使我們得以真實地面對自己。

　　班級討論後，Urban 會要求他的學生再次回答上列關於誠實的問題，並且請他們比較前後兩次答案的差異性。他說道：

　　在課堂中，我們討論他們的答案如何改變，以及為什麼改變的原因，這樣的活動幫助他們明白，誠實是一種選擇，而且是一個很重要的選擇。他們能更深入地瞭解為什麼誠實是重要的，如果他們想要終身擁有自我尊重並實現理想的人際關係。

優勢 4：德行的深思者

▶ 有效策略 6：
透過品格語錄，教導德行的智慧。

不說任何一句會使人受傷的話語。

——印度諺語

幸福始於自私消失之處。

——John Wooden

品格的形成至終取決於我們自己的決定。

——Anne Frank

　　想要成為一位統整性的德行深思者，年輕人不必從一張白紙開始，他們可以藉由前人的智慧，去獲得道德洞察力並形成他們的良知。我們可以在簡潔的品格語錄裡，或是對歷史及當代人物的敏銳觀察中，發現智慧。各年級及各科目的所有教師都發現，品格語錄是教學者容易上手的起始點，可以將品格融入於教室中。

> 如果你說實話，你就不需記住你說過什麼話。
>
> ——馬克吐溫

使用語錄之所以有效，有下列幾個的原因：

◆ 它們令人難忘。
◆ 它們描述了人類永恆的真理。
◆ 它們是從多元文化的角度描述真理，超越社會之間的差異。
◆ 它們激發思考──引導我們去思考為何這句箴言是真實的，以及我們如何將品格語錄應用在生活中。
◆ 它們提供深入瞭解品格的洞見。

研究報告顯示，在年輕人的生活中，品格語錄可以成為強而有力的激勵原則[43]，一名大學生說他的座右銘是「一針及時，省九針」（防微杜漸），這句格言從童年時期，就成為他的引導方針，幫助他持續聚焦在他所欲達成的目標上。

想要成為德行的深思者，年輕人可以立基於前人的智慧上。

在一所高中裡，我們訪問了一位衛生教育的老師，他最近被學生票選為年度教師。他說他總是以一個暖身活動開始課程，並以一個緩和活動結束課程，包括了在投影片上呈現家庭作業以及「當天的語錄」。在我們觀察的那一天，這位老師使用的語錄如下：

我瞭解到社會終極權力的安全保管者是人民自己，如果我們認為他們不夠明智，難以朝一個健康的方向行使控制，補救的辦法並不是剝奪他們的權力，而是去告知他們當行的方向。

——傑佛遜

這位老師說：「每天的語錄有時候與課程直接相關，有時候並沒有。但無論如何，學生經常認為，它們是課程中最寶貴的部分。我要求他們在筆記本後面寫下語錄清單，如此他們可以在同一處保存所有的語錄。」

除了每天的語錄，這位老師還會在教室裡張貼幾張語錄的海報，像是以下這一份：

受歡迎的不一定是對的；對的不一定受歡迎。

——馬丁路德‧金恩

在另一所學校，一位音樂老師說，他每星期會在教室時鐘右下方，張貼一張不同的品格語錄海報，他說：

針對品格語錄海報，我通常不會說任何事情，但學生們會注意到它，因為每位學生都會看時鐘。例如，這週的語錄是：「一個騙子即使說真話，也不會有人相信。」有時候我會聽到學生們彼此討論：「這是什麼意思？」

我也會留意學生可以受教的時刻。有一天，一些學生在課堂裡嬉鬧，我就對他們說：「你知道，當我給你一些事情做時，你能認真去做是很重要的，即便我沒有盯著你們，你們仍需努力去完成。在未來，當你開始工作時，不會有人總是在一旁提醒你，但你還是要好好盡你的責任，否則你可能會丟掉工作。因此，從現在就練習這個習慣是很重要的，有一天當你成為大人時，你就會擁有這項品格特質。」

一位女學生回答說：「喔！那是上星期

的格言！」上星期的格言是：「品格是當沒有人在觀看時，你所做的事。」我很開心她做了這樣的連結。

這位老師說，「當我把語錄海報從時鐘下方拿下來後，會把它貼在教室的後面，這樣，學生仍然可以看到語錄，並且思考這語錄的意涵。」

有些教師會張貼一系列的語錄——在相同的美德概念下，每天提供一則語錄——並且加上一個可寫在日記裡的思考問題，或討論或行動任務，以挑戰學生將對語錄的洞見，付諸實踐。舉例來說，如果美德是關於感恩，提供的語錄可能是：

我們從不明白水的價值，直到水井乾涸。

——富蘭克林

思考問題：

在你生命中有哪些事情或哪些人，你將之視為理所當然？

行動任務：

在本週的每一天中，針對讓你感恩的事情，感謝某人為你所做的或是寫一張卡片給某人以表達你心中的感激。

> 經歷考驗的時候，勇氣是僅存的美德。
> ——C.S. Lewis

當老師挑戰學生去實踐語錄中所傳達的美德精神時，智慧的話語可以成為轉化的動力。《品格語錄》（*Character Quotations*）

這本書中有很多的語錄、思考問題，以及行動任務，雖然它是為小學生及中學生而設計，但也適用於高中生 [44]。

附註

[1] R. Sternberg, "Teaching for wisdom: What matters is not what students know, but how they use it," in D.R. Walling (Ed.), *Public education, democracy, and the common good.* (Bloomington, IN: Phi Delta Kappa, 2004), 121-132.

[2] J.R. Flynn, "IQ gains over time," in U. Neisser (Ed.), *The rising curve: Long-term gains in IQ and related measures.* (Washington, DC: American Psychological Association, 1998).

[3] Sternberg.

[4] R. Coles, "The disparity between intellect and character," *Chronicle of Higher Education*, September 1995, 22, A68.

[5] A. Blasi, "Moral functioning: Moral understanding and moral personality," in D.K. Lapsley & D. Narvaez (Eds.), *Moral development, self, and identity.* (Mahwah, NJ: Lawrence Erlbaum Associates, 2004), 335-347.

[6] D.K. Lapsley & D. Narvaez. "Character education," in W. Damon & R. Lerner (Eds.), *Handbook of child psychology*, 4, (New York: Wiley, in press).

[7] K. Aquino & A. Reed, "The self-importance of moral identity," *Journal of Personality and Social Psychology*, 2002, 83, 1423-1440.

[8] We are grateful to Michael Josephson for this thoughtful question.

[9] C. Sommers & F. Sommers, *Vice & virtue in everyday life: Introductory readings in ethics*, 4th ed. (New York: Harcourt Brace College Publishers, 1997).

[10] C.H. Sommers, quoted in J. Leo, "No fault Holocaust," *U.S. News and World Report, reprinted in The American Feminist* (Winter 1997-1998).

[11] Sommers, Imprimis.

[12] K. Ryan & K. Bohlin, *Building character in schools: Bringing moral instruction to life.* (San Francisco: Jossey-Bass, 1999), 93-94.

[13] K. Bohlin & B. Lerner (Eds.), *Great lives, vital lessons.* (Chapel Hill, NC: Character Development Group, 2005).

[14] P. Gibbon, *A call to heroism: Renewing America's vision of greatness.* (New York: Atlantic Monthly Press, 2002).

[15] Ryan & Bohlin.

[16] K. Bohlin, *Teaching character education through literature.* (Falmer Press, 2005).

[17] S.R. Parr, *The moral of the story: Literature, values and American education.* (New York: Teachers College Press, 1982).

[18] A. Colby & W. Damon, *Some do care.* (New York: Free Press, 1992).

[19] See, for example, K. Phillips, *Wealth and democracy.* (New York: Broadway Books, 2002).

[20] M. Berkowitz, "Fairness," in C. Peterson & M. Seligman (Eds.), *Character strengths and virtues.* (New York: Oxford University Press, 2004). See also, L. Kohlberg, *The psychology of moral development: The nature and validity of moral stages* (Essays on moral development, vol. 2). (New York: Harper & Row, 1984).

[21] Ryan & Bohlin, 3-4.

[22] Paul Vitz, "Using movies to promote altruism among young adolescents," 1993, unpublished study.

[23] Virtue in Action, October 20, 2003, **www.virtueinaction.org**

[24] R. Gula, *Ethics in pastoral ministry.* (New York: Paulist Press, 1996), 38.

[25] G. Rogers (Ed.), *Benjamin Franklin's the art of virtue: His formula for successful living.* (Eden Prairie, MN: Acorn Publishing, 1996).

[26] Sommers.

[27] S. Covey, *The 7 habits of highly effective teens.* (New York: Fireside, 1998).

[28] J. Wooden, *Wooden: A lifetime of observations and reflections on and off the court.* (Lincolnwood, IL: Contemporary Books, 1997), 6-7.

[29] *Webster's New collegiate dictionary*, 1959.

[30] J.J. Kikuchi, staff member of the Rhode Island Rape Crisis Center, reported the results of the Center's survey at the 1998 National Symposium on Child Victimization, Anaheim, CA.

[31] S. Callahan, *In good conscience.* (San Francisco: Harper, 1991), 155.

[32] Callahan, 158-59.

[33] D. Kolomeisky, *All about you: A character course for teens.* (Gaithersburg, MD: The Whole Person Project, 1998), 193-94.

[34] G. Rogers, *The seven C's of thinking clearly.* (Midvale, UT: Choice-Skills, 2001).

[35] Rotary International's Four-Way Test: "Of the things we think, say or do: 1. Is it the Truth? 2. Is it Fair to all concerned? 3. Will it build Goodwill and Better Friendships? 4. Will it be Beneficial to all concerned?", **http://www.rotary.org/en/AboutUs/RotaryInternational/GuidingPrinciples/Pages/ridefault.aspx**

[36] M. Berkowitz and M. Beir, *What works in character education: A research-driven guide for educators.* (Washington, D.C.: Character Education Partnership, 2005), **www.characterandcitizenship.org**.

[37] M.W. Berkowitz, J. Kahn, G. Mulry, & J. Piette. "Psychological and philosophical considerations of prudence and morality," in M. Killen & D. Hart

(Eds.), *Morality in everyday life: Developmental perspectives*. (New York: Cambridge University Press, 1995), 201-224

38 For a summary of these and other findings, see T. Lickona, "What does moral psychology have to say to the teacher of ethics?", in Daniel Callahan and Sissela Bok (Eds.), *Ethics teaching in higher education* (New York: Plenum Press, 1980).

39 Lickona.

40 D.K. Lapsley and D. Narvaez. "Character education" in W. Damon & R. Lerner (Eds.), *Handbook of Child Psychology*, Vol. 4, (New York: Wiley, in press).

41 J.S. Leming & D. Yendol-Hoppey, "Experiencing character education: Student and teacher voices," *Journal of Research in Character Education*, 2004, 2, 1, 1-18.

42 H. Urban, "Honesty: Why It's Still the Best Policy," *The Fourth and Fifth Rs* (Spring 1999), 4.

43 A. D. Prahlad, "No guts, no glory: Proverbs, values, and image among Anglo-American university students," *Southern Folklore*, 1994, 51, 285-298.

44 T. Lickona & M. Davidson, Character quotations. (San Clemente, CA: Kagan Publishing, 2004), **www.KaganOnline.com**

尊重且負責任的道德實踐者

尊重且負責任的道德實踐者……

- 尊重所有人的權利及尊嚴
- 瞭解尊重是包括：雖然不認同他人的信念或行為，但依據良知仍予以尊重
- 擁有強烈的個人效能及責任意識去做正確的事情
- 為錯誤的事情負起責任
- 承擔責任並樹立好榜樣，發揮正向的影響力
- 發展及實踐道德領導的能力。

　　尊重是非常難以教導的品格之一。許多中學生不尊重自己、他人或是環境；許多人從自己父母身上學會了不尊重其它文化。

──一位中學女生

　　學校針對新生所提供的輔導，對我的道德品格發展有很大的影響。高年級的學長會利用額外的時間，幫助我們適應中學的生活。因為他們對我的尊重，我會很希望傳承這樣的尊重給學弟妹，所以後來我也擔任新生輔導員。

──一位中學男生

　　全球德行研究機構（Institute for Global Ethics）的理事長 Rushworth Kidder，在其所寫的《道德勇氣》（*Moral Courage*）一書中，以一個故事作為開場白。故事是關於一所頗具聲譽的私立男校，這所學校的曲棍球在全國調查中，居排行榜第一，但是學校後來卻取消了所有即將來臨的曲棍球賽程[1]。

　　是基於什麼理由呢？原因是該校一位 16 歲的曲棍球隊員，和另一所私立學校的一位 15 歲女生發生了性關係，而所有的過程都被錄影了。事後，這位球員本來是邀請他的隊友來觀賞「球賽的影片」，但後來卻是播放此性愛錄影帶給大家看。當場沒有任何人反對，因此全體球員都一起觀看。Kidder 請讀者思考：一個如此受歡迎且成功的球隊，卻發生如此嚴重的道德敗壞問題，該如何處理呢？當然該校校長的價值信念是相當清楚的，他深切地關心這個年輕女孩遭受他人不道德行為所帶來的嚴重創傷，同時他也十分關心校內的其他成員，因此校長迅速地採取了行動：拍攝影帶的男同學被開除；觀看影帶的 30 位隊員被停學三天，且要求他們必須與教會牧師及心理諮商師，進行個別諮商輔導，並且取消了當季曲棍球所有的賽程。校長如此果斷的決定與行動，雖然讓一些家長、學生、校友以及球迷們感到失望，但是沒有多久，學校就陸續接到應接不暇的肯定及讚賞，也接到了更多學生的入學申請表。

　　在第一章，我們以「行動中的正向價值」，作為品格簡明扼要的定義之一，這樣的定義也是優勢 5 所指的重要核心──成為尊重且負責任的道德實踐者，也就是 Kidder 所提供的實例。亦即，如果我們對於品格的關切，只停留在思考或關切的價值層面是不夠的；我們必須將那些價值付諸行動。

　　我們前面所提出的優勢 4「德行的深思者」，其焦點是在發展統整性的德行思考能

力，也就是道德洞察力、良知、道德認同，和道德能力。而優勢 5「尊重且負責任的道德實踐者」的焦點，是強調個體須發展具有強烈的道德責任感，也就是可以成為道德行動一致的道德實踐者。

道德實踐者是具有尊重及負責任的行動力。

　　字典將實踐者定義為「具行動力」。當我們仔細探究何為道德實踐者時，發現其中包括兩種基本的道德行動：尊重和負責任，而這兩者是道德品格的基礎。

　　「尊重」意味著能顧慮某人或某事件內在的真正價值，包括尊重自己、他人、財產、動物及環境中所有的生命。就某種程度來說，尊重是一種接受約束的美德，它阻止我們侵犯、褻瀆、貶低、傷害或破壞我們必須重視且珍惜的生命。例如，如果我們深切尊重所有人類，我們就會關心及照顧他們，而不會故意去傷害別人的尊嚴、權利或是其最大的福祉。

　　「負責任」展現道德的主動面向，它超越了尊重。它在字義上的解釋是「一種回應的能力」。負責任界定了我們積極主動的義務。它引導我們能去實踐承諾，在必要時會站出來維護正確的事及修正錯誤。因此，尊重是「不要傷害他人」，負責任則是不惜代價的「提供必要的協助」。

　　對於道德實踐者來說，其在品格上所表現的尊重與負責任兩個面向是連結在一起的。例如，如果我能深切地尊重所有人的尊

> 見義不為，無勇也。
> ——孔子

嚴及權利，這種態度會促使我看到某人的權利或福祉受到侵犯時，採取負責任的行動。

美國特勤局調查發現，2/3 的學校槍擊案中的槍擊手，覺得他們被同儕霸凌及威脅。

❑ 尊重的狀況

　　國家學生願景中心（National Center for Student Aspirations）針對中學生願景的十年調查中發現，對於「學生互相表現尊重」的項目，只有 35%的人表示「同意」或是「非常同意」[2]。美國特勤局（Secret Service）在 2000 年所進行「學校槍擊案」的研究中發現，有 2/3 的槍擊手感覺被同儕霸凌或者威脅[3]。2005 年 3 月 21 日在明尼蘇達紅湖中學（Red Lake High School）所發生的校園槍擊案，是自 1999 年科倫拜中學發生殘殺案以來，最為致命的學校攻擊事件。媒體對行兇的槍擊手的特質描述為：經常表現不安或焦慮，同學常常嘲笑他的體重，以及他曾目睹父親與警察持槍對峙後舉槍自盡[4]。

　　公共議題非營利組織（Public Agenda）2002 年的調查發現，在 10 位成人中有將近 8 位（79%）表示：「我們的社會缺乏尊重和禮貌，它是個嚴重的問題」；有 74%的人提到，美國人在過去較能尊重地對待別人；只有 21%的人認為，目前對「缺乏尊重」之現象的關切，只不過是對從未存在之過去的一種懷舊之情[5]。

❑ 尊重的意義

　　在道德發展中，尊重是其它德行美德的基礎。在英國教育學者 David Isaacs 所寫的

《建立品格》（*Character Building*）一書中提到，我們必須培養年輕人和所有人對他人的三種尊重：

▶ 1. 一般的尊重

我們必須尊重每個人，不能有例外。尊重每個人天生具有的價值、權利和人性尊嚴。這種尊重不是透過讚賞或是評價去「獲得」，而是人之所以為人，本來就應該得到尊重。我們理當以基本的尊重來對待所有人，包括弱勢的、易受傷害的，以及那些看起來對社會可能不是「有用的」人，而且沒有一個人的生命價值是高於或低於他人的。

▶ 2. 特別的尊重

我們必須對於他人所扮演的角色及位置給予尊重。例如，父母、教師和政府官員，他們擁有為他人爭取福祉的特殊職權及責任，所以應獲得特別的尊重。這樣的尊重類型就像是有人會說：「我並不認同總理的意見，但是我尊重總理辦公室所做出的決定。」

▶ 3. 尊重是一種內在的態度，而不只是外在的行為

如果我們在內心輕視某人，縱使我們沒有透過行動表現出那樣的態度，這樣也不是真正尊重他人。因此，尊重他人就是看到他人最好的一面，就像我們希望他人可以看到我們最好的一面一樣[6]。

負責任的需求

「尊重」阻止我們去做傷害他人的事，「負責任」則激勵我們去做良善的事，而道德實踐者的責任就是透過道德行為，介入需要介入的事。「負責任」是道德勇氣的核心。Edmund Burke 談到道德實踐者時，說道：「一個人要勝過邪惡，就是不去做邪惡的事。」作為一個負責任的道德實踐者，必須瞭解一個重要事實——沒有無辜的袖手旁觀者。

一個負責任的道德實踐者必須瞭解——沒有無辜的袖手旁觀者。

Burke 所言是有感於歷史上所發生令人戰慄的事件，像是納粹黨的大屠殺。德國納粹第三帝國曾大規模且殘忍地謀殺了 1,100 萬的平民，其中包括 600 萬的猶太人。雖然大多數的人無法幫助被納粹黨迫害的人，但也有些具悲憫及同情心的人，冒著生命危險去幫助身處險境的人。有關他們行動背後的動機之調查，有助於我們更瞭解道德實踐者的特性。

在 1988 年，學者 Samuel 和 Pearl Oliner 在《利他人格》（*The Altruistic Personality*）一書中，發表他們對 406 位在納粹統治之歐洲地區進行救援猶太人工作的研究結果[7]。為了進行比較，他們訪問了 126 位非救援者。他們發現有三種「道德觸媒劑」能激發人們去做出援助別人的行動，而這三種觸媒劑有時是同時運作的。

對於大多數的救援者（52%）而言，他們有一種「以規範為中心的動機」——他們的社會團體會忠誠地遵守利社會的道德規範，來引導他們採取救援的行動。譬如有一位德國牧師的妻子，因為教會從事救援的活動，她率先帶領一些猶太人到她家避難。

超過 1/3 的救援者（37%）是因具有
「同理心的取向」——他們對於正在受苦難
的人，會展現內心的回應，這也就成為推動
他們採取協助行動的原因。而有些人只是知
道其他人正遭受到痛苦，就足以激發他們採
取救援行動；另外有些人是因為直接接觸到
正在危難中的人，這也會引導他們去進行協
助。

只有少數救援者（11%）的行動，是被
「一種具正義、關心等之普遍性德行原則與
信念」所影響。譬如，一個中學數學教師雖
然沒有直接目睹猶太人被虐待的情景，她卻
深入地參與救援孩子的行動；將他們藏在不
同的學校。問她為什麼要幫助這些孩子，她
的回應很簡單：「每個人生下來就享有自由
及平等的權利。」

這三種道德取向的行動乃是依據一個團
體的標準，同情那些正在受苦難的人，和堅
守普遍性的德行原則等三種不同路徑，來進
行救援之道德性行動。這三種取向具有哪些
共通性呢？Oliners 的結論是：一種廣泛合作
關係的能量，也就是一種為他人福祉負責任
的感覺，不論其是否為直系親屬或社區的
人。這種責任感就是道德實踐者所展現出來
的核心要素。

當這種「廣博」的責任感不見時，將會
發生什麼事呢？就像是最近在盧安達以及蘇
丹所發生的集體屠殺；公司發生了醜聞，卻
無人舉發；市民目睹有人被攻擊，卻沒有人
召喚警察來救援；在許多學校所發生各種不
同形式的霸凌事件。一所中學的足球隊在暑
期訓練營時，冷眼旁觀其他球員運用不同物
品反覆地對一位 9 年級學生性侵。在這些和

其它案例中，旁觀者都是被動者，他們不是
缺少援助行動，就是太晚行動。有時候是因
為他們的良知尚未正確地建立，因此不覺得
自己有責任去行動，但是有時候，他們卻是
未能依據良知去採取行動。

心理學家 Dan Lapsley 說明道德實踐者
克服被動消極，而採取負責任的道德行動之
意識如下：

當我們道德的理性認知與我們的品格
（堅強的意志或實踐者）結合時，我們對行
動會產生主導的感覺，那是對自己道德要求
的掌控，因此我們對自己以及對他人會產生
道德責任感 [8]。

**成為尊重且負責任的道德實踐者的
三項有效策略**

1. 與學生共同發展規則。
2. 運用紀律作為學生品格發展的契機。
3. 運用正式課程培養道德實踐者。

優勢 5：尊重且負責任的道德實踐者

▶ **有效策略 1：**
與學生共同發展規則。

學生應該把管理他們教室及學校生活的
規則，視為尊重及負責任的重要表現。幫助
學生理解規則，並視遵守規則為一種更高承
諾的方法之一，是讓他們參與規則的制定。

**學生應該將遵守規則視為尊重以及負責任的表
現。**

依據此一目標，一位歷史老師在學年開始之際，將學生分為六個小組，讓他們完成下列學習單上的工作：

● **如果我們制定了規則**

學生不被允許做什麼事：

_____

_____

學生被鼓勵做什麼事：

_____

_____

_____

接著，學生先報告哪些是他們不會被允許去做的事，然後哪些是被鼓勵去做的事，教師則是在黑板上幫忙做紀錄。在「不被允許」的欄位中，學生通常會列出：亂丟垃圾、遲到、嘲諷他人、干擾教學，以及主導談話。

在「被鼓勵」的欄位中，他們會列出：遵循為人處事的準則、好好做筆記、上課前做好準備、上課發問、保持教室乾淨，以及在學習上彼此幫助。

在學生分享他們的清單後，教師再加上自己的想法，然後製作出一個綜合清單。教師發給每位學生一份影本，並且告訴他們：「當你可以做到時，你會引以為榮！」

一位教學經驗豐富的教師最近開始讓班上學生參與制定班規，她證實這種方式對她的教學具有變革性的影響。

我稱它為尊重合約（Respect Contract）[9]，我發現它具有一種釋放性的威力（liberat-ing）。在這之前，我太專注於建立個人的權威，當我要求學生遵守規則時，他們往往會反其道而行。但是當我運用了尊重合約的方法後，我自己也會像學生一樣遵循規則。再者，我也認為，相較於建立品格的重要性，學業的學習其實是次要的。如果學生具備良好的品格，那麼學習的品質自然而然會水到渠成。他們自己會想好好上課，會想好好完成作業。我以前常將表現不佳的學生送到學務處接受管教，但近三年來，我再也沒寫過轉介管教單。

這所學校的校長說：「一些教師沒幫忙學生制定規則，是因為他們覺得這種方式有其弱點。但是在我們學校，使用這種方式的教師，再也不必使用轉介管教單，而且他們在學年結束時，也不會有精疲力竭的現象。」

> 我只是一個人，現在仍然是一個人。我不能做每件事，但我能做一些事。
> ——Edward Everett Hale

☐ 卓越的協定

「卓越的協定」（Compact for Excellence）是我們在一些中學所發展並測試了有效性的教學實務，它的精神與本研究強調的成就品格和道德品格一樣，「卓越的協定」所強調的也是對學生的課業和行為的一種期待。一位教師說明如下：

想想：在他們真正喜歡的課堂中，學生會只是來打發時間嗎？或是他們會很認真地學習，而且收穫很多？他們會對老師及同學

做出不禮貌的行為嗎？還是他們會尊重老師及同學呢？

根據調查，學生表示他們喜歡且尊敬那些對學生的學習及行為，有較高期待的教師，而不喜歡教學不認真，或是不糾正學生不良行為的教師。

簡言之，在有效能的教室中，學生及教師是：

1. 盡心盡力做好自己的工作——追求引以為傲的卓越表現。
2. 尊重及用心對待他人——社群中的每個人都很高興可以成為社群中的一份子。

一個「卓越的協定」具有兩個要素：(1)盡心盡力做好工作；(2)建立良好的人際關係。但問題是：哪些規則才能幫助我們達到此兩項目標？因為「協定」這個字的意思是達成協議，所以師生要共同制定這些規則。

首先教師將學生分為幾個小組，發給每一小組兩張海報紙（如下所示），請他們共同發展規則：

● 盡心盡力做好自己工作的規則

1.

2.

3.

4.

● 尊重及用心對待他人的規則

1.

2.

3.

4.

接著，每一小組將寫上規則的海報紙張貼出來，教師帶領學生綜合各組的建議，整理成全班同意的「卓越的協定」，然後每位學生在協定的合約紙上簽名。

以下為芝加哥郊區一所高中某個班級的學生所制定的「卓越的協定」：

● 盡心盡力做好自己工作的規則

1. 做好準備，並且合作完成工作。
2. 準時交作業。
3. 努力工作。
4. 抱持積極正向的學習態度。

● 尊重及用心對待他人的規則

1. 專心傾聽教師或他人說話。
2. 遵守行事為人的準則。
3. 良好的態度。
4. 互相幫助。

這個班級會依據「卓越的協定」中的規則，訂定每星期欲達成的目標。例如，當學生不能準時交作業時，他們會重新設定目標，也就是減少後期的工作量，然後監督進展，以實現所訂的目標，且持續共同省思下列四個問題：

1. 哪些因素可以幫助我們完成工作？
2. 哪些因素會阻礙我們完成工作？
3. 我們在下星期需要做哪些不同的工作？
4. 我們如何彼此支持？

☐ 建立語言的規則

語言是文明的指標，它會影響他人，因為它可以用來肯定、鼓舞、擾亂或是詆毀他人。在 1999 年，針對紐約州教師所舉行的

佐格比意見調查（Zogby Poll）顯示，多數的教師表示，在學校經常說髒話的學生，往往有嚴重的行為問題。對這種情形感到困擾的教職員與學生，也經常會有一種消極的態度：「那正是現代孩子交談的方式。」這種問題就如其它的道德問題一樣，一個德行學習社群的責任，就是要培育道德的實踐者，也就是讓個人或是群體在面對任何挑戰時，都能抱持積極改變現況的信念。

語言是文明的指標。

以合作的方式制定規則，是能積極面對語言問題所帶來之挑戰的一種方法。曾任高中歷史老師的 Hal Urban，在他所寫的《正向言語，積極果效》（*Powerful Words, Positive Results*）[10] 一書中提及，他會讓學生思考並在黑板上寫下使用語言的問題（請見以下方塊內容），然後，在教室中與學生討論以下的問題。

使用語言的問題

1. 如果我經常說髒話，你對我會有不同的想法嗎？
2. 為什麼有人會被髒話所冒犯或激怒？
3. 在公開場所說髒話的人，是有禮貌的或是粗魯的呢？
4. 當你很常說髒話時，你對自己有什麼看法呢？

Urban 說：

真正能幫助學生的是他們最後一題的答案。「當你很常說髒話時，你對自己有什麼

看法呢？」當人們很常說髒話時，可能是生氣、沒有教養、粗魯、不體恤別人、懂的詞彙有限，或者是在耍酷。一些承認常說髒話的學生表示，透過這個活動，有助於他們思考語言能傳達什麼訊息。

一旦教師讓學生更清楚要如何回應有關語言的議題時，接下來要思考的問題是：

我們剛剛討論語言以及它的影響，那麼在教室中，我們要制定哪些有關使用語言的協定呢？

例如，在一所中學的班級，學生同意：「因為一些人使用了褻瀆或不敬的語言，且表現出不尊重別人的態度，因此我們必須在教室中禁止使用這類的語言。」他們也同意：「如果你說了髒話，你必須找出其它有禮貌的『替代話語』。」

在另一所學校，校方委託學生自治會解決家長和學生針對在校園使用不當語言的問題投書。自治會的幹部調查教職員和學生對此問題的看法，而且發起要大家重視使用語言的活動。隨後的調查結果發現，整體而言，學校成員認為使用不當語言的情形有了改善。

優勢 5：尊重且負責任的道德實踐者

▶ 有效策略 2：
運用紀律作為學生品格發展的契機。

當學生做錯事時，學校該如何回應呢？學校的紀律是否可以幫助學生培養尊重及責

任感——包括能尊重規則、尊重他人的權利、能表達觀點、願意承認錯誤並改正、有能力解決問題，以及在未來做更好的選擇？

「沒有人有權利侵犯他人的學習權利。」

成人的管教方式，可以決定年輕人在這些重要領域的發展結果。雖然管教能解決消極的行為及維持秩序，以利教學的進行，但管教的目的不只是在控制年輕人，而是要能同時培養他們的品格。

以上這兩個目標是相關的，也就是說品格的增長有助於更成熟的行為表現。George Bear 是心理學家兼教育家，他在 2005 年所寫的《發展自律、防止和糾正不當的行為》（*Developing Self-Discipline and Preventing and Correcting Misbehavior*）一書中提及，根據研究報告顯示，管教的方式如果包括發展道德理解、社交技巧及自律，要比只透過外在控制，更能有效地培養個體責任感及遵守規則的行為[11]。

培養品格的班級管理策略

實施培養品格的班級經營，不只一種方法。正如我們之前所討論的有效策略 1，一些教師讓學生參與訂定課堂和行為因果的規則，其他教師雖然同樣也致力於學生品格的培養，但是卻保留了制定和執行規則的權利。然而，後者很難幫助學生發展道德理解、相互尊重，以及培養尊重和負責任的態度。

「我把所有學生都視為獨立的個體。」

例如，一位得獎的教師談到，他會將對學生行為的期待寫在教學大綱中，並在上課的第一天與學生進行檢視（請見下一頁的方塊內容）。他努力營造一個相互尊重和集體責任感的德行，這兩者都是成為道德實踐者的基本條件。

一旦教師建立了教室規則，不論他是採取與學生共同制定的方式，或僅是簡單地對學生介紹和解釋行為期望，接下來就要讓學生對規則負責。在一個曾獲得國家品格教育卓越獎、種族背景多元的大型學校中，我們在教師焦點團體裡討論了這個問題。

一位教師提及他總是謹慎地進行班級管理，以便在過程中不會為難學生或使學生感到困窘：

我盡可能和學生私下互動，這是最有力、也是最好的方式。我沒有訂定行為的因果，我把所有的學生都視為獨立個體，我也是以此方式對待他們。我總是如此開始我們的談話：「你知道我為什麼要和你談談嗎？」有時候，他們說：「是的，我知道。」有時，他們會說：「我不知道。」在這種情況下，我會進一步加以解釋。

第二位教師談到她與學生談論適當的行為時，會將之與學習的場合做連結：

當你要求學生把帽子脫下來，他們會喜歡嗎？當然不會。不過我會解釋原因：「是的，你有權利戴帽子，但戴著帽子上課就不是你的權利了。」我將規則與其它工作場合做連結。例如，我會指出學校有學校穿著的標準，而學生必須適應及配合。

第三位教師則側重於幫助學生對他們所

我的期望。我的想法是——教育不必是無聊的。我努力讓教室成為一個有趣和刺激的學習環境，因此期望你們盡最大的努力，包括：高出席率、做好上課的準備、聽從指示、參與學習，並準時完成所指定的作業。

請記住，這是你的教室和班級。每個人的行為和參與，將會形塑班級的學習型態。因為個人的行為會影響其他人，所以我要求教室中的每個人，都要對班級管理負責。

在這個教室裡有什麼權利？作為修習這門課程的學生，你有專心學習的權利。沒有人有權利侵犯他人的學習權利，因此請體貼他人。

我有哪些權利呢？作為這門課的老師，我有教學的權利和責任。這是我的工作，因此沒有人有權利侵犯我工作的權利。

為確保及維護我們的權利，請遵守下列的班級規則：

● **規則：請遵守，沒有人可以例外**

1. 準時上課，有備而來，並且在整個上課時間，隨時做好學習的準備（由我宣布下課）。
2. 發言請舉手，並等待我叫你。
3. 請用你的心、靈傾聽，而我也會如此做到。
4. 請用你想要別人對待你的方式，去對待別人。

我非常喜歡以相互尊重的方式與人互動。我的經驗是，當這種尊重存在時，人與人之間的互動是非常有價值的。我會將這種想法運用在與你們的互動中，但也希望你們以同樣的方式回應我。謝謝[12]。

做的選擇負責：

如果我發現一個學生作弊，我會給他零分及一張寫著「請來找我」的紙條。當我們見面時，我會說：「你的生活中有許多的選擇，而你的選擇是有後果的，因為你不能走回頭路。你選擇了作弊，所以後果會是……」接著我們談論誠實，我希望他們知道，當他們欺騙，就破壞了我們之間的信任關係。我也會展示不同大學的榮譽守則，學生會因作弊而被開除。我想讓他們知道，學術單位會非常認真看待誠實的問題，不僅僅

是我們學校如此，在許多其它地方也是一樣。

「我告訴學生：『你的選擇是有後果的』。」

□ 營造一個強調正向行為的視覺環境

在另一所中學，我們訪問了一位曾獲獎的教師，他在教室裡張貼了許多寫著正向行為的彩色標語，提醒學生適當的行為舉止以及大家所制定的班規，以此來營造一個「正

向積極、具成效，以及高關懷的教室」。在教室牆上的標語包括：

在這裡，我們不說嘲諷或言不由衷的話
做一個有禮貌的人絕對錯不了
展現積極的態度
尊重他人
努力工作
記得行事為人的準則

這位教師說：「如果學生忘記了規則，我就會敲敲某個標語，或者走到學生的桌子旁，學生通常就會注意。如果還是做不到時，下課或放學後我會找他們談談。」

管教的轉介

接受訪問的教師表示，把學生送到行政辦公室接受管教，是最後的手段。當管教必須要轉介時，其效果取決於學校行政人員的處理方式。在一所井然有序和具效能的大型學校中，一位資深教師說：

我通常不會轉介孩子給學校，但最近我轉介了五位一直沒來上課的孩子。現在，他們回來上課了，感謝我們的行政人員妥善處理這種情況。他們給家長的即時訊息是「在我們尚未能一起討論如何解決此一問題之前，你的孩子是無法回到學校上課的」。結果，家長第二天就來學校了。

要求學生深入思考他們的行為

一所獲得多項獎勵的學校，稱其行為管理系統為「成功密碼」。當學生因行為問題需要轉介時，要經過四個步驟（請見以下的方塊內容）。

一所學校的紀律執行程序

1. 被送到辦公室的學生要填寫一張表格：(1)描述發生了什麼事，先從他／她自身的觀點，然後從教師的角度來看；(2)學生將這項不當的行為與學校八項「學習者重要的行為」（Essential Learner Behaviors）做對照；及(3)學生規劃接下來要做的事。
2. 學生與校長或主任討論學生所填好的表格。
3. 學生決定他或她將如何彌補其不當的行為。
4. 通知家長或監護人（根據學生所犯的過錯來決定，如果很嚴重，這可能是第一個步驟）。

校長解釋說：

我們希望孩子想一想自己的行為。這是為什麼我們要求他們填寫表格，從自己及教師的不同觀點，來告訴我們所發生的事情。然後，他們從學校八項「學習者重要的行為」中選擇一項與他們不當的行為做對照；這八項行為是：解決問題、批判性思考、溝通、自律、合作、公民的職責與權利、對環境的關注，及身心健康。這個「表格」要求他們說明：「當你在做你所做的事時，你為何不選擇表現學習者的重要行為呢？你計畫下一次用什麼不同的方式呢？」

一個男孩說：「在這裡惹麻煩不是個好主意，因為你必須確實分析自己所做的

事。」

　　學生一旦填完表格，會與校長或主任討論表格的內容。校長說：「與學生的談話經常是最有收穫的。學生之所以出現那些不當行為一定是有原因的；談話能幫助我們瞭解其中的原因。例如，在家中發生的事情，有些是我們必須知道的。」

▢ 要求彌補不當的行為

　　關於表格內容的討論，是以學生將如何彌補其不當的行為作為結束。

　　我們問學生：「你覺得要怎麼彌補，才能使事情變得更好呢？你認為有哪些適合的方法可用呢？」今年，有一位男學生在他服務學習的場所，把公園的行政人員氣壞了，因為他覺得行政人員對他不客氣。後來他被管教轉介了。他被要求彌補的方式是寫封道歉信給公園的行政人員，而且要親自道歉。這是非常難做到的，尤其對這個孩子來說。公園主任說：「我們希望他要能表現出像一個成人的行為，他真心的道歉是我們願意接納他再回來學習的重要原因。」

　　校長認為要求學生彌補其所犯的錯誤，可以幫助他們發展責任感，因為他們必須做對的事來修正其行為。「我們學校的教育強調學生要對自己的行為負責。如果只是送學生接受管訓是不夠的，因為這麼做，並不能幫助他們培養責任感。所以我們教導他們做錯事時，應該再做對的事情來彌補它。有時雖然道歉似乎就可以了，但我們通常要求學生多做一些其它積極正向的行為，來彌補他們做的錯事。」

　　另一所中學的管教方式也採用「彌補」的策略，一位教師談到教導學生對其行為負責任的重要性：

　　承認錯誤是一回事，更重要的是要讓情況有所改善。學生經常只想知道後果，而不會想辦法彌補。有學生對我說：「告訴我後果是什麼。」我說：「不，我不打算只告訴你後果，因為你製造了一個問題，你打算如何彌補呢？你回去想一想，明天我們再來討論。」結果學生後來也的確做到了。

▢ 與家長合作

　　該校「成功密碼」的最後一個步驟是通知家長。校長解釋說：

　　在採取管教轉介時，即使只是一件小事情，我們也會通知家長。我們的做法不是傳達：「你是很糟糕的家長！」而是：「你的孩子剛剛犯了錯，我們需要你的幫助，來瞭解相關的資訊。」家長會希望參與學校的事務，因此我們希望他們知道孩子在學校發生了什麼事情。家長不喜歡意外和驚訝的事，因此，他們不希望十個星期後才發現孩子的成績不好，或被轉介管教五次了。學校與家長保持良好的聯繫，就能與他們建立信任的關係。

「家長會希望參與學校的事務。」

　　除了持續與家長保持良好的聯繫，讓他們瞭解學校發生的事情外，學校還可以鼓勵家長在家裡提供孩子所需要的作息結構和紀律。家長如果參考一位男學生在我們所舉辦

的學生代表座談會中所說的話，就會做得很好：

我有些朋友的父母嘗試成為他們最好的朋友，而不是做他們的父母。如此一來，親子之間沒有設定界限，而他們的生活也開始失控。當父母提供孩子有結構的生活步調時，可以幫助孩子透過建設性的方式去成長。

□ 運用專業德行學習社群（PELC）來維持紀律

在第四章「專業德行學習社群」中，針對運用紀律來培養品格有精闢的討論。如果教師用同樣的觀點進行管教，對學生的品格和行為會產生很大的正面影響。

一所中學說明該校如何使用諮詢的方式，幫助學生品格的培養，並呈現學校有關管教方式的資料：

我們學校每天會進行 20 分鐘的教師輔導會議。而學生在學年初會簽訂一份「榮譽密碼」，做出對自我、他人及物品尊重的承諾，並不斷自我更新檢視。在每一年的諮詢系統中，我們都會進行一個共同閱讀的方案，也就是選擇一些品格主題的優良書籍。今年，我們閱讀的是 Tom Brokaw 所寫的《最偉大的一代》（*The Greatest Generation*）。

每個月，品格教育委員會（Character Education Committee）與全校教師分享學生紀律問題的數據資料。去年某月，我們發現學生的紀律問題持續增加，特別是有關尊重

和態度的問題。例如，當教師糾正學生時，學生會在下面小聲回罵。

我們在教師會議上討論這個問題：為什麼會發生這種狀況呢？我們作為教師的角色是什麼？我們是如何示範尊重的？還是我們並沒有成為學生的楷模？在輔導會議中，我們可以針對這個問題發展什麼樣的品格課程，以解決這類的問題？

這所學校也認為，每天的輔導會議成為一個「快速反應系統」，讓學校能即時解決學生的紀律問題，避免問題繼續擴大。

去年有個學生讓老師警覺到有群學生正計畫一場互丟食物大戰的活動。第二天，所有的輔導會議小組都討論了這個事件：食物大戰的後果是什麼？會影響誰？大多數學生回答說：「我們喜歡學校的清潔工作人員。要他們清理一場食物大戰後的混亂，是不公平的。」這件事便就此打消了。

紀律是專業德行學習社群的好議題。

□ 紀律委員會

希望使用紀律作為培養道德實踐者契機的學校，也要有一個讓學生在管教過程中扮演積極角色的架構。一位中學女生描述她的學校是如何讓學生透過紀律委員會（Justice Committee），扮演負責任的角色：

紀律委員會是由每個年級中選出五個學生組成，每天處理紀律的問題。如果有學生經常遲到，或是對其他學生或教師不尊重，他或她可以被教師或是其他學生帶到紀律委

員會。

接著，會由紀律委員會中的三名成員所組成的公聽會處理該問題，而有關的學生或教師也參加公聽會，由公聽會調解並達成雙方皆同意的結果。我相信，這種處理紀律問題的過程，對學生的道德發展有很大的影響，因為同儕調停在青少年生活中具有很大的力量。

「同儕所運作的紀律委員會對青少年有著巨大的影響。」

讓學生參與紀律的過程，可以使學生受益，而且能培養他們集體的道德責任，這是成為道德實踐者之關鍵，也是德行學習社群的一個基本要素。

□ 獲得殊榮的制度

我們所訪問的一所大型學校有效地運用獲得殊榮的制度，來提升學生尊重及負責任的行為。一位男學生說：

我們重視獲得殊榮，例如學生可以在校園得到停車位，而獲此殊榮具有非凡的意義，它引導學生對自己的行為更加負責任。我發現這是我們學校和其它參觀過的學校之間最大的不同；那些學校讓我覺得像是監獄。我覺得學校不妨給學生表現道德的機會，並且看看他們能做些什麼。

□ 師生關係的品質

最後，紀律，如同其它的教學一樣，教師和學生之間的關係是相當重要的基礎。一位教師說：

管教的成效來自師生關係的品質。如果學生知道你關心他們，會產生很大的影響力。當我在中學任教時，從校長那裡學到了有關管教中最有價值的事。他會對學生說：「我在這裡是要幫助你實現你的夢想。請告訴我你的夢想是什麼，我會幫助你實現它們。」那是我在學校或其它職場工作中聽過，對孩子所說的最強而有力的話。

「告訴我你的夢想，我會幫你實現它們。」

優勢 5：尊重且負責任的道德實踐者

▶ **有效策略 3：**
運用正式課程培養道德實踐者。

要如何運用正式課程來培養道德實踐者，尤其是在面對不公義的情況時，能有道德勇氣及責任感去介入？「面對歷史與我們」（*Facing History and Ourselves*, www.facing.org）是一個培養道德實踐者的正式課程。它是由《品格教育如何奏效》（*What Works in Character Education*）研究報告[13]所確認有效的 32 個課程方案之一。

在中學階段，「面對歷史」是為期八週的單元，內容包括調查納粹大屠殺、土耳其對亞美尼亞人的迫害，和其它大規模侵犯人權的事件。學生觀看影片，參與課堂討論，聆聽納粹大屠殺、亞美尼亞迫害及柬埔寨種族滅絕事件倖存者的演講，研究歷史文獻，並討論有關權力、道德、公平正義，以及關

心他人等議題的文章。

在研究納粹大屠殺的議題時，學生探討下列的問題：

◆ 個人如何決定支持或反對納粹政權？
◆ 什麼動機讓人決定幫助受迫害的少數民族，或是保持沉默？
◆ 其它國家的領導人對於納粹迫害少數民族的報導，如何回應？

> 藉由實際行動，我們培養了美德。藉著行使正義，我們成為正義之人。藉著自我控制的行為，我們變得溫和而有節制。藉著勇敢的行動，我們變得勇敢。
>
> ——亞里斯多德

在 Andrew Garrod 所編輯的論文集《生活學習：道德教育理論與實務》（*Learning for Life: Moral Education Theory and Practice*）中，Margot Stern Strom、Martin Sleeper 和 Mary Johnson 說明了激發「面對歷史」課程的歷史願景：

「面對歷史」的課程，使得歷史悠久的傳統得以復興；它成為一門與道德相關的科目，課程內容追溯到古代以及 18 世紀巔峰時期 Edward Gibbon 和 David Hume 的作品。從這些歷史學家的觀點來看，歷史是道德哲學的一個分支，因此，它可以成為縝密思考道德行為的準則。歷史可以幫助大眾對所發生的社會和政治問題，進行批判性的思考，並同時反思自己的道德價值觀念和行為。

從廣泛的角度去定義歷史，對於青少年更具吸引力。這一年齡層的學生在其所處的團體中，可能正面臨一些與信任、忠誠和責任相關的問題。他們一方面會認為自己是一個獨特的個體，但同時也迫切地需要歸屬感。在社會課程中，他們需要進行道德推理，以瞭解自己的發展狀態[14]。

「面對歷史」的課程能增進學生的道德推理能力，並減少種族偏見。

哈佛大學一篇評估「面對歷史與我們」的報導中說道：

修習此課程的學生，其道德推理分數及人際關係的成熟度都顯著提高，打架爭吵的行為降低，種族偏見的狀況也減少了[15]。

隨著單元的進行，修習「面對歷史」課程的學生，需要書寫八週的學習札記。從學生所書寫的內容，反映了此一課程對他們品格的影響。一位女學生寫道：

我很高興老師教了我們這個單元，尤其是對我而言。剛開始，我承認自己對猶太人懷有偏見，而且很高興他們被殺死。我知道這樣的想法是很糟糕的，尤其如果這是老師的信仰。接著，經由老師和全班同學在課堂上的討論，讓我證實自己錯了。我瞭解到其實猶太人和一般人並沒有什麼兩樣。

教授此門課的教師表示，學生畢業好幾年後回來學校，都說「面對歷史」的課程改變了他們的行事為人。有些學生在檢視生命、發現自己存在偏見時，都會思考可以做些什麼，以防止偏見的持續存在，以及如何改善社會。

學生這樣的學習成果也激發了「面對歷史」的課程設計者，去規劃「選擇參與」（*Choosing to Participate*）的進階課程。此課程不僅引導學生去檢視歷史上的道德實踐者，也挑戰學生實際投入道德的行動。檢視的部分包括探究歷史上參與社會正義及人性尊嚴的各種不同道德行動方式，例如人道服務、政治或社會運動，以及其他志工。在研究中我們訪問一所曾經得獎的學校，所有 1 年級的新生都選修一門長達一年的科目，其課程含括「面對歷史」和「選擇參與」的內容，過程中要求學生在學校或社區中，規劃並完成一項參與社會行動的服務經驗。

☐ 長頸鹿英雄方案

過去 20 年來，總部設在華盛頓州蘭利市的「長頸鹿英雄方案」（Giraffe Heroes Project, www.giraffe.org），提供了許多展現道德勇氣和同情心的實例。該方案致力於尋找及獎勵「人類長頸鹿」，也就是那些為了維護人類普世的良善，願意勇敢地挺身而出的人，就像長頸鹿把牠們的脖子伸長一樣。

該機構的兩位負責人 Ann Medlock 和 John Graham，根據日常生活中的英雄事蹟，設計了一套品格教育課程。學生除了閱讀這些人類長頸鹿的故事外，也在學校或社區中尋找並講述其他人類長頸鹿的故事，最後挑戰自己也能成為人類長頸鹿，願意為了產生影響力而不怕伸長脖子。以下是幾則人類長頸鹿的故事案例：

茉莉是洛杉磯一家超級市場的收銀員，她看到店裡很多好好的食品被扔掉，而街上卻有很多飢餓的人。她決定伸出脖子，把那些食品拿給街上的流浪漢。當她向老闆承認所做的事，老闆不但沒有解僱她，反而給她更多的食品。許多顧客聽到茉莉所做的事，主動表示願意幫忙。目前，茉莉和她的志工們每一個月發送約六噸的食品，給洛杉磯地區的流浪漢和飢餓的人。

英國醫生愛麗絲一生付上辛苦的代價，默默地研究放射線對人類的影響。她的眾多研究成果之一是發現胎兒每照射一次 X 光，就會使其在兒童期罹癌的風險加倍。雖然這項報告讓她受到醫藥界及企業界的抨擊，但真的還好有她，數以千計孩童的生命得以被挽救。至目前為止，她仍持續在進行對大眾健康有所危害的相關研究 [16]。

在過去的二十多年裡，長頸鹿英雄方案已經建立了一個資料庫，其中含括了超過一千多個不同年齡層的長頸鹿故事，有興趣者請參看網址 www.giraffe.org。

> 你必須去做你認為自己做不到的事。
> ——Eleanor Roosevelt

附註

1 R.M. Kidder, *Moral courage*. (New York: Harper Collins, 2005).

2 National Center for Student Aspirations, **www. studentaspirations.org**

3 U.S. Secret Service Safe School Initiative, *An Interim Report on the Prevention of Targeted Violence in Schools* (October 2000), **http://www.secretservice.gov/ntac/ntac_ssi_report.pdf**

4 M. Davey & J. Wilgoren, "Signs of trouble were

missed in a troubled teenager's life," *The New York Times*, **www.nytimes.com**, (March 24, 2005).

5 Public Agenda, Aggravating circumstances: A status report on rudeness in America, **www.publicagenda.org** (2002).

6 D. Isaacs, *Character building: A guide for parents and teachers*. (Portland, OR: Four Courts Press, 2001).

7 S.P. Oliner & P.M. Oliner, *The altruistic personality: Rescuers of Jews in Nazi Europe*. (New York: Free Press, 1988).

8 D.K. Lapsley, *Moral psychology*. (Boulder, CO: Westview Press, 1996).

9 This teacher's Respect Contract was based on the "Social Contract" developed by the program Capturing Kids' Hearts, **www.flippengroup.com**

10 H. Urban, *Positive words, powerful results*. (New York: Fireside, 2004).

11 G. Bear, *Developing self-discipline and preventing and correcting misbehavior*. (New York: Pearson Education, 2005).

12 J. Perricone, *Zen and the art of public school teaching*. (Baltimore: PublishAmerica, 2005), 8.

13 M. Berkowitz & M. Bier, *What works in character education*. (Washington, DC: Character Education Partnership, 2005.), **www.characterandcitizenship.org**

14 M.S. Strom, M. Sleeper, & M. Johnson, "Facing history and ourselves: A synthesis of history and ethics in effective history education," in A. Garrod, *Learning for life: Moral education theory and practice*. (Westport, CT: Praeger, 1992), 148-149.

15 Berkowitz & Bier.

16 *101 giraffe heroes: Ready-to-read scripts about people sticking out their necks for the common good*. (Langley, WA: The Giraffe Project, 2001).

優勢 6

自律且追求健全生活方式者

> **自律且追求健全生活方式者……**
> ◆ 在不同的處境中,能展現自律
> ◆ 追求生理、情緒和心理的健康
> ◆ 能做出負責任的選擇,以利自我的持續
>   發展,並擁有健康的生活方式和積極正
>   向的未來。

著名的「棉花糖試驗」(marshmallow test)是由史丹佛大學的學者 Walter Mischel 和同事所進行的研究。Mischel 提供 4 歲孩子一個選擇:如果他能延遲吃放在他面前的棉花糖,等研究者回來時,會給他兩顆棉花糖。如果他決定不要等待的話,可以立刻把棉花糖吃掉,但那也將是他唯一可以吃的棉花糖。

一些 4 歲的孩子在研究者離開後的幾秒鐘內,就快速吃了棉花糖,但也有一些孩子耐心地等待 15 至 20 分鐘,直到研究者回來後,得到了第二顆棉花糖。這些可以等待的孩子,使用了各種自我控制的策略去等待,包括遮住雙眼、將頭埋在手臂裡、休息、喃喃自語或唱歌、用手玩遊戲,有些甚至試圖讓自己睡覺。

幼兒 4 歲時在「棉花糖試驗」中的表現,可以預測其在青春期的重要發展結果。

該研究為了比較「馬上吃掉」和「忍耐等待」兩組孩子後續發展的差異,進行了追蹤研究直到他們高中畢業。結果發現,那些在 4 歲的棉花糖試驗中所展現延宕滿足的能力,可以預測其在青春期一些重要的社交能力和學業成就。那些在 4 歲時展現高度自我控制的青少年,有以下重要的發展特質:

◆ 比較能設定計畫,並將之貫徹始終
◆ 比較能接受挑戰,面對困難能堅持不懈
◆ 比較有自信,能自力更生,值得信賴
◆ 在追求目標時,比較能延遲慾望的滿足
◆ 比較會處理壓力
◆ 比較在乎學習,也有較佳的專注力
◆ 學業表現較好(平均而言,他們的 SAT 分數比那些抓起棉花糖就吃的人,高出一百多分[1])。

令人驚訝的是,4 歲孩子在棉花糖試驗中所展現的自我控制能力,比 4 歲時的智商(IQ)測驗,在預測其青少年時期 SAT 的成績表現上,具有超過兩倍以上的效力。其它研究也顯示,兒童期控制衝動的能力,比智商分數更能預測其青少年時期犯罪的情形[2]。

Mischel 的結論是:個體在追求目標時所擁有的調節衝動的能力,是一種「超能力」;它能決定我們其它能力表現的好與壞。

> 如果我們不控制慾望,就會讓慾望控制我們。
> ——格言

🔲 自我控制和生活品質

Mischel 的實驗顯示,優勢 6 所指的「自律」,對於個體實現其在心智、體能、情感

和道德等面向的潛能，是非常重要的能力。

自律是構成卓越與德行的骨幹。哪些因素會幫助我們成為最佳的運動員、音樂家與藝術家，或是成為平庸者與素行不良者？這些因素就是：能犧牲奉獻、延宕滿足與自律。而哪些因素會幫助我們成為最佳的父母、配偶與社群成員，或是成為平庸者與素行不良者？這些因素還是：能犧牲奉獻、延宕滿足與自律。

在亞里斯多德的美德清單中，節制名列前茅！

在歷史上，控制慾望、衝動和激情的自律能力，被認為是良好品格的指標。政治學家 James Q. Wilson 在他的《道德感》（*The Moral Sense*）一書中指出，在亞里斯多德的美德清單中，節制名列前茅，而且在其所寫的《尼可馬亥德行學》（*Nichomachean Ethics*）[3] 中，有一整章完全是在探討節制。亞里斯多德在談及品格時，除了節制，也同時談及正義和勇氣，因為要成為所謂的「好人」，不論何時何地，這三者都是必要的條件。Wilson 說明如下：

節制是人類社會很重要的一個特質，它讓絕大多數的事情對大家是好的——能帶給社會真正和持久的幸福。為了達到那樣的境界，有時我們必須放棄一些眼前的享樂，例如，希望未來在職場上可以成功，需要現在努力讀書；想在音樂領域成功，需要現在不斷練習；想獲得愛，需要持續的追求；想獲得誠實的美譽，需要能放棄誘惑來換取；想得到孩子的尊重和感情，則需要在他們的成長過程中，長期投入時間和精力[4]。

追求健康生活方式之自律人士，其對學校、家庭和社群所投入的關注，可以產生極深遠的影響力及投資報酬率；這樣的報酬在本質上並不只是侷限於金錢，雖然它絕對具有那樣的潛力；最好的報酬乃在於可以實現更高品質的生活。

用心培養自律能力，其報酬是可以實現更高品質的生活。

☐ 缺乏自我控制的昂貴代價

對食物、酒精、性和娛樂等人類天生慾望的規範，很顯然是品格很大的挑戰。整體而言，自律的美德對於個人和社會生活品質的貢獻，可以說是無與倫比。

《兒童趨勢研究概述》（*Child Trends Research Brief*）報告指出：

美國最常見的疾病和死亡原因，多數與行為有關，例如吸菸、運動及飲食習慣[5]。

不妨想想：與我們健康有關的法律和社會服務，如毒品、酒精和菸草等法令的訂定；飲食、賭博、酗酒、藥物等之治療機構及醫療保健制度，都盡可能地去回應社會上的健康問題，只是這些問題的產生，往往多是直接或間接由於人們缺乏自律所造成。

此外，對家長和校外社群來說，在青少年的成長歷程中，要遠離這些危險行為，沒有比培養自律能力更需要被迫切關注。青少年所面對的不健康風險，如性行為、吸毒、酗酒、酒後駕車等，不但會立即改變年輕人的生活現狀，也會讓其家庭及所屬社會付出很高的代價。預防藥物濫用專家 Beverly Watts Davis 在「校園安全及零毒品研討會」（Safe and Drug Free Schools Conference）上告訴聽眾：

青少年和成年人使用不合法的毒品，是影響企業繼續存在、離開，或是留守社會的重要因素。因為毒品導致犯罪率上升、保險費率增加，都會造成企業被迫離開或避之唯恐不及[6]。

沒有一個社會能免於以上這些問題。Laura De Haan 和 Rikki Trageton 在《青少年和家庭健康》（*Adolescent and Family Health*）期刊中所發表的文章指出：「以前大家認為只有住在鄉村地區，才能保護青少年遠離吸毒和酗酒的危機。」事實上，現在鄉村和城市中青少年吸毒和酗酒的比率幾乎沒有差異了[7]。

青少年酗酒與各種不良行為之間是有關聯的。根據聯邦政府「監測未來」（*Monitoring the Future*）的調查研究指出，有58%的 12 年級學生說，他們曾經被灌醉過至少一次；1/3 的人說他們一個月至少會狂飲（在幾小時內喝五杯或甚至更多的酒[8]）一次。目前，喝酒的中學生當中，10 個人裡約有 4 個人有嚴重的行為問題。根據「美國人藥物濫用的全國性調查」（National Survey of American Attitudes on Substance Abuse）發現，酒精常常會導致青少年發生性行為[9]。將近60%的中學中輟生是從 15 歲開始喝酒；在青少年時期出現的飲酒問題，經常會持續到成年。約 2,000 萬的美國成年人有酗酒的問題，導致企業每年生產力的損失估計高達 900 億美元[10]。

目前，喝酒的中學生當中，10 個人裡約有4個人有嚴重的行為問題。

青少年在性行為方面的自律，可以幫助他們避免很多為生命帶來負面衝擊的事。例如，性行為頻繁的青少年，每年大約有 1/4 的人會得到性病；感染HIV的新病患中，有半數為 25 歲以下的年輕人。10 個女生中有 4 個，在 20 歲之前至少懷孕過一次[11]。41%的女生在 18 歲中學畢業之前有小孩，這情形幾乎與發生在 1980 年到 1996 年之間，非婚生育下的貧困兒童增加有關。這些青少年父母親中，有將近 80%的父親不會和孩子的母親結婚，也不會支付每年平均只有 800 美元的子女扶養費（原因往往是因為他們自己也很窮）。雖然到 1990 年代，青少年生育率降低，但是在全球的工業國家中，美國仍然擁有最高比率的青少年懷孕率、青少年生育及及青少年墮胎等問題[12]。

☐ 消極預防問題，還是積極提升正向能力？

《兒童趨勢研究概述》中，要求讀者去思考：究竟我們希望帶給孩子什麼──消極預防問題，還是積極提升正向能力？家庭和學校教育的重點究竟是什麼？只是要去預防孩子發生問題，還是要努力促進其健全的發展[13]？此一報告提到：大多數家長和教育工作者，除了幫助年輕人遠離毒品、暴力和犯罪外，他們也想培養年輕人擁有正向的人際關係，以及真正幸福的習慣和技能，進而促進年輕人健全的發展。

儘管我們對年輕人有積極的期望，然

而，我們太常將學術研究、教育方案及媒體關注，著重在嚴重的青少年問題，卻沒有建構一個全面性的視野。一個全面性的視野可以提供我們統整性的洞察：早熟的性行為、吸毒、抽菸和肥胖等問題，其實是有共同的原因，那就是缺乏自律，而它們也有一個共同的解決方法，那就是培養自律的能力。

雖然我們強調個體必須擔負起自律的責任，但也並不否認周遭文化對於協助或減損年輕人培養自律的影響力。無論是班級、團隊、俱樂部或支持群體等，對年輕人發展和實踐自律都有很大的影響。但終極來說，自律能力的培養是一個「內在的工作」。顧名思義，一個能自律的人，在面對外部壓力或缺乏支持的狀況下，都能努力地自我規範。

終極來說，自律能力的培養是一個「內在的工作」。

做為家長和教育工作者，需要採用「生命歷程」（life-course）的觀點，來幫助年輕人成為自律且追求健全生活方式者。在幫助青少年面對有關性、毒品和飲酒方面的問題時，我們必須抗拒「頭痛醫頭，腳痛醫腳」的誘惑，只以短視的方式去處理，而未能妥善地幫助他們去面對終其一生可能無法避免的挑戰。很不幸的是，許多成年人採取了「孩子終究是孩子」的觀點去對待青少年，就好像認為青少年期所養成自我放縱的習慣，對他們長大成人後的良知和習慣不會有任何不良影響。例如，一位持此觀點的父親表示：「我女兒 16 歲了，我想孩子到了這個年紀，就是會喝酒、吸毒、發生性行為。」

當我們採取了「孩子終究是孩子」的觀點時，我們就會有一個「成人像小孩」的社會。這些成年人的習慣是在青少年階段養成的，不論是正面和負面的行為，都是從青少年期一直延續到成年[14]。而且，我們延誤了極為重要的成人行為的發展──也就是犧牲、延宕滿足、節制享樂等的能力，而這些是追求自律、高效能和充實生活所需要的。

當我們採取了「孩子終究是孩子」的觀點去處理青少年的問題時，我們的社會就會充斥著沒有長大的成年人。

成為自律且追求健全生活方式者的四項有效策略

1. 運用輔導、優良的學習方案以及全校性的策略，來促進學生平衡且自律的生活方式。
2. 以全人發展的觀點進行性教育，以作為學生建立良好品格以及規劃未來的契機。
3. 運用社區總體力量，幫助年輕人累積人格健全發展的資產。
4. 與家長攜手合作，一起阻止青少年的藥物濫用。

優勢 6：自律且追求健全生活方式者

▶ 有效策略 1：

運用輔導、優良的學習方案以及全校性的策略，來促進學生平衡且自律的生活方式。

提供高品質的關切及積極正向的同儕關係等輔導方式，能培養學生所需的安全依附感或是增進彼此的連結性。與優勢 6 特別有關的是，這種連結性提供了一個支持系統，讓學生更有機會去養成自律和追求健全的生活方式。例如，研究發現，與學校有密切連結的學生，會明顯地減少下列行為：

◆ 濫用藥物
◆ 情緒困擾
◆ 暴力或偏差行為
◆ 自殺的念頭或企圖自殺
◆ 懷孕[15]。

輔導提供了彼此的連結性，有助於學生養成健全的生活方式。

此外，當輔導系統提供了相互連結性，而且能結合課程設計去幫助學生品格的學習——包括自律和健全生活方式的培養，那麼輔導所產生的影響力會更大。在實地訪問和閱讀文獻的過程中，我們發掘了一些將連結性與精心設計的課程之間做結合的學校輔導實例。介紹幾個如下：

🗂 新生輔導方案

一般來說，雖然許多學校在 9-12 年級的四年期間，都有一些輔導措施，但 9 年級新生入學那年，無疑是最關鍵的一年，需要更強而有力的輔導方案。一位中學校長表示：「新生有許多事都尚待釐清，此時的他們比往後三年更具可塑性。」

在一個大型的多元文化學校中（擁有說 57 種不同語言的 2,200 名學生），學校於六年前開始實施「新生輔導方案」，因為學校發現有 37% 的新生，在第一個學期就至少有一科不及格，也有 28% 的新生沒有參加任何課外活動。下一頁的方塊文章描述了這所學校新的輔導方案的實施步驟[16]。這個輔導方案內容是以三個主軸為核心去規劃：依附、成就，以及做正確決定所需的覺知及技能。

優良輔導方案結合了連結性和精心設計的課程所能帶來的影響力。

該校的調查報告顯示，在第一學期，新生其中一門課不及格的比率，從 2002-03 學年（也就是在輔導方案實施前）的 37%，降到 2004-05 學年的 23%。學生參加課外活動的比率從 72% 增加為 78%，雖然改變的幅度較小，但持續在進步中。

🗂 為期四年的輔導方案

我們訪問一所曾獲獎的學校，該校的輔導方案已經進行四年了，其輔導內容如下：

◆ 幫助學生訂定短期和長期的教育目標，並發展健全的自我概念，以及積極正向的生活技能
◆ 每個輔導小組由四個年級的 25 位混齡學生組成
◆ 每星期舉行一次 45 分鐘的輔導會議

新生輔導方案的建置：一所學校的故事

1. 校長任命一名專職的學校社工師，作為新生輔導方案的主任，並負責輔導方案的領導。

2. 此一社工師與學生、家長、教師、行政管理者及輔導員等，組成一個課程方案規劃小組，以兩年時間開會探討有關輔導的文獻後，著手規劃學校的輔導方案。

3. 規劃小組選擇了「好好做，精彩活」（Doing well and being well）為新生輔導之口號，以傳達方案中所強調的學業和人際關係發展兩個重點。

4. 輔導會議每週舉行一次，取代原來每週新生自習的時間。

5. 每個輔導小組由30位新生、5位高年級學生輔導員，和1位指導老師組成。指導老師還負責其它像是自助餐廳的督導責任。他們負責維持秩序和紀律，並指導高年級學生輔導員成為實習教師。他們與學生輔導員每月聚會兩次，以檢視

輔導員的課程計畫，並建議相關的教學技巧。

6. 輔導方案包含三個主題：

◆ **依附**：輔導員帶領他們的團員進行團隊活動，幫助他們與學校社團和其它資源有所連結，並指導新生進行服務學習的規劃。

◆ **成就**：輔導員傳授新生關於學習的技巧，包括時間和壓力管理、閱讀策略、如何做筆記及準備考試等。每四個星期，輔導方案的協調者會把每位學生學業的詳細狀況，提供指導老師瞭解。

◆ **覺知**：輔導員幫助新生發展自我覺知和技能，以便能做出合乎健全生活的決定。學校的諮商工作者也會參加輔導會議，以便討論如憂鬱症、藥物濫用、約會暴力，以及媒體對性別意象和自我概念上的影響等問題。

◆ 學校教師擔任指導者，但小組是由 12 年級學生帶領

◆ 每一年的輔導主題，由學生決定

◆ 依據每學年結束時的學生意見調查結果，不斷修改輔導方案。問卷中的問題包括：「你最喜歡今年輔導方案中的哪個部分？」「你可以提供什麼建議，使輔導方案成為對你甚具價值的方案呢？」

　　學校一位輔導老師說明小組的領導者如何擔負起搜尋輔導主題及幫助同儕的責任：

　　每年，我們通常將輔導的主題再分為五個次主題，而每個輔導小組有五位學生，每位學生負責一個次主題，例如飲食失調、性侵、酒精濫用或藥物依賴，並針對這個次主題製作訪談學生、家長、教師、校友和社區專業人士的短片。除了短片外，學生還要製作與所負責次主題有關的小冊子，分發給學生和教職員。然後，每個小組要在輔導會議中介紹所製作的短片和小冊子，並帶領與該次主題有關問題的討論。

朋友的責任是什麼？

在我還是小女孩的時候，我深深體會與酗酒的父母同住的痛苦。上了中學後，我告訴自己我可以克服毒品的問題。雖然我曾經拒絕毒品，也鄙視我父親很長的時間，但終究我還是步上了父親的後塵。當我面對毒品無法自拔的時候，我除了失去最好的朋友，我更失去了自己。我不斷地說謊，而且使得我的好友處於很糟糕的局面，因為我要求他們為我說謊。

很幸運地，有一個朋友非常關心我，願意為我做一件沒有其他人會在乎的事。她讓我接受幫助，這需要很大的勇氣，因為她要承擔舉發朋友所可能引發的後果，尤其是意味著在這過程中，她可能會失去友誼。當面對輔導老師和我最好的朋友時，一開始我感到非常震驚、害怕而且憤怒，我覺得受到傷害和背叛。但是後來我終於想通了，我知道我不能再繼續說謊了。

不過即使我覺得自己想通了，但是，有好幾個月我沒有和這位最好的朋友說話。然而即使我不理她，她卻從未放棄與我聯繫，從不停止關心我過的如何。而那些曾經和我一起玩樂的朋友卻消失無蹤。

最後，我獲得了足夠強壯的內在力量，深切瞭解她為我所做的一切。我很感謝有這樣一位朋友對我有信心，相信我可以不沉淪於轟趴之中，她選擇了一條很不容易的路，將我帶出來。她愛我，當我無法救自己時，她付出的關心救了我。真正的朋友是不會眼睜睜看你摧毀自己的生命，真正的朋友會很誠實地對待你。

我終於獲得擁有真正友誼的力量，我希望有一天我也能對別人付出如同卡羅琳對我所付出的一樣。

——一位校友

◎ 可以用來寫作和討論的問題

1. 對於這個故事，你有什麼回應呢？
2. 當我們看到一個朋友正在與酒精、毒品、飲食失調，或其它一些自我毀滅的行為奮戰時，我們有什麼責任？
3. 你願意為有需要的朋友做些什麼？在那樣的情況下，試圖幫助朋友或家庭成員，會遭遇什麼困難？
4. 如果你知道一位朋友因著酒精、毒品或其它嚴重的問題而陷入天人交戰時，你會如何應對？

學校的輔導老師接著說：「我們也報導了許多浴火重生的故事。這些個人的生命見證往往是由已畢業的學生所寫有關性侵、家庭暴力、吸毒和酗酒，以及友誼問題的故事。」（請見上面方塊文章的例子。）

分享浴火重生者故事的目的之一，是要培養學生強烈的集體責任意識，其中包括一個重要信念——所謂真正的朋友，是當你所關愛的人做了毀滅性的決定時，你不會袖手旁觀。這是輔導方案中所強調的一個品格主軸。德行學習社群看重自律和健全的生活方式，不僅意味著要幫助自己過那種生活，而

且還要嘗試能對他人產生積極正向的影響。

> 看重自律，不僅意味著要幫助自己過健全的生活，也要試圖對他人產生積極正向的影響。

　　許多年輕人對自己「沒有採取行動」的行為深感遺憾，也覺得體悟太晚。他們發現真正的關懷，有時是需要用愛心說真話，能勇敢去面對衝突。有些人看到朋友因酒後駕車而意外死亡，他們在事後表示，多麼希望在事故發生之前，自己曾嘗試去阻止。另有些人看到朋友因人際關係的錯誤決定，而陷入天人交戰。前面所說的故事──「朋友的責任是什麼？」反映了用愛心說真話的力量，那也是我們需要努力學習的能力，以幫助別人成為自律且追求健全生活方式者。

☐ 有適當的學習，才會有健全的生活

　　根據《兒童趨勢研究》的報導：「運動量不足和營養不良二者加在一起，成為美國人原本可預防的死亡原因排名第 2。缺乏運動和不良的飲食習慣，會造成肥胖、冠狀動脈心臟疾病、中風、高血壓、第二型糖尿病，以及某些癌症的問題。」《兒童趨勢研究》的報告也指出，「有 1/3 的中學生，不能做到目前對大眾健康所提出的建議，也就是每星期要持續有三個或更多時段，從事中度至劇烈的體能活動 [17]。」

　　John Allegrante 是全國健康教育中心（National Center for Health Education）的總裁，也是《德里貝里的健康教育》（Derryberry's Educating for Health）的共同編輯者。他在《教育週刊》（Education Week）

發表標題為「不適當的學習」（Unfit to Learn）的文章中指出：

◆ 在 1991 年到 1995 年間，學生每天選修體育課的比例，從 42%下降至 25%。

◆ 加州教育部的研究報告指出，符合體適能標準的 5-9 年級學生，在數學和閱讀的學習上，有三個或更多領域的表現，優於那些體適能不符合標準的學生 [18]。

> 我們先養成習慣，然後習慣就形塑了我們。
> ──John Dryden

☐ 全人健康方案

　　我們訪問一所全國品格典範學校，該校回應了上述所列舉的挑戰。一年前，該校開始一個全新的「全人健康工作坊」，取代舊有的體育和健康教育課程，用來幫助學生養成和維持健康的生活習慣。這個新措施的假設是：如果我們期待青少年對於未來邁入成年後的體能持續看重，他們必須從現在開始付諸行動。

　　「全人健康工作坊」不是都在課堂中進行，在整個學期中，學生必須完成 40 小時的健康活動。學校負責「全人健康工作坊」的主任說明如下：

　　因為這是一個終身培養的技能，所以學生要從現在開始學習如何將健康融入生活中，我們學校的健康課程就是如此要求他們。

　　在前六個星期，我們一週上兩次課，然後學生利用時間去進行其它要求的活動。上課時，我們會先問學生：健康是什麼意思

呢？是心理的健康？身體的健康？情緒的健康？還是人際的健康？

每位學生要做自己家庭的歷史回顧，訪問不同的家庭成員，如此使得學生與家人之間有更親密和個別化的關係。一位男學生回到課堂報告時說道：「我的父親因心臟病發作去世，得年38歲。這讓我感到害怕。」

每一所學校都需要規劃「全人健康工作坊」，讓學生學會如何將健康融入生活中。

「全人健康工作坊」的其它活動包括：

1. 由學生設定身體健康的三個目標，以及心理、情緒、人際健康的三個目標。這些目標都必須是具體可行的，如此學生才能評量自己的進展。

2. 由學生撰寫計畫，包括他們將會做些什麼活動、吃些什麼食物等等，也就是針對欲達成的健康目標採取行動。

3. 從學期開始到結束，學校都會提供體能測驗。學生可以透過電腦報表看到自己的進步。學生彼此之間也分享個人的檔案，相互討論可以如何改進。

4. 在學期中，學生要反思計畫的執行情形——哪些是有效果的？哪些又是無效的？

5. 學生依據自我評估的結果，為下學期撰寫新的計畫。

一位指導教師說：「實施的第一個學期結束時，有些學生確實將全人健康活動列為他們重要的生活方式，但有些學生則沒有。我們希望每位學生都能從經驗中學習，做調整，並且不斷嘗試。」

在我們訪問的另一所學校裡，所有的學生都要上體適能的課，而所有的教職員和學生，在放學前的20分鐘要進行體適能活動。有人打籃球，有人在健身房活動，還有人做其它形式的運動。一位女學生表示：「我整體的自律能力，絕對是受益於學校高度重視運動，以及追求健康生活方式的結果。」

□ 「應付學校」：失序的自律？

學校全面性實施「全人健康方案」的一個好處是，它能幫助學生建構生理、心理及情感等三面向皆健康的均衡生活和願景。通常來說，除非一個人願意視自律為達成均衡生活方式的重要根基，否則生活很容易失序，尤其在當今高度競爭的環境中。

教育家 Denise Pope 在她所寫的《應付學校：我們培育了被壓垮、崇尚物質享受、被誤導的下一代》（*"Doing School": How We Are Creating a Generation of Stressed Out, Materialistic, and Miseducated Students*）一書中，描述一些學生雖然擁有足夠的自律能力，但卻未將其用於追求有意義的學習或健康的生活方式上[19]。這類型的學生，照他們自己的說法——要學會如何「應付學校」。Pope 寫道：

他們非常懂得如何應付課業和投機取巧，他們只死背考試會考的資料數據，忙於應付一個接一個的課業要求。他們承認自己要小聰明、說謊、作弊，認為為了將來可以成功，非得如此不行[20]。

Pope 說，有些人自稱為「機器人學生」，「他們長期處在壓力的狀態中；每天

拖著疲憊不堪的身體上學。另有一些學生總是犧牲睡眠、飲食和運動，只為了爭取好成績。另外有些學生則有焦慮和憂鬱症的問題。」Pope 總結說道：「今日學生追求高成績表現所承受的壓力，較之過往是變本加厲的，它已經成為嚴重影響青少年心理和生理健康的危險因素 [21]。」

在 Pope 的研究中，一位得到榮譽獎的學生接受訪談時表示，自己選修了幾門大學先修課程、參加幾個社團、打曲棍球、羽毛球，還參加學校的樂隊演出等。她描述自己的生活是：

> 有時，我有兩三天，每晚只睡兩小時。我看到很多朋友和我一樣，經常疲憊不堪。雖然有些人把健康和快樂，看得比拿高分和讀大學更重要，但我不這麼認為 [22]。

高成就壓力已成為嚴重影響青少年生理和心理健康的危險因素。

減輕學生壓力方案

美國史丹佛大學教育學院設計了一個「減輕學生壓力」（Stressed Out Students, SOS）方案，來解決學生「應付學校」症狀所衍生的諸多問題。Denise Pope 所主持的「減輕學生壓力」方案已經和不少中學合作，它運用各種策略來減輕學生的壓力（請見右欄的方塊內容）。

減輕學生壓力（SOS）方案：減輕壓力的五項策略

1. **與學生和家長合作。**針對學生和家長進行問卷調查，瞭解與學業壓力相關的一些問題，包括學生的負荷量、寫作業的時間、課外活動、睡眠習慣、學業期待、申請大學等。學校運用調查所得的資訊，來瞭解問題嚴重的程度，再根據調查結果進行改善，以及評估進步狀況。

2. **改善時間的運用。**設計加長時段的課程規劃，減少上課的科目數。規劃全校性的考試和交作業的時間表，使學生不會在同一天要準備好幾個考試，或交好幾個報告。請老師檢視作業的目的，能重質不重量。

3. **規劃促進心理健康的措施。**提供有關時間管理和減輕壓力的課程或工作坊。

4. **重新定義「成功」。**不使用學年總成績來呈現畢業排名，也不以排名來決定畢業典禮致詞的人。提供其它的獎勵方式，例如，表揚品格和社區服務表現優異的人，如此可以讓學生瞭解：卓越的道德表現與卓越的學業成就，一樣重要！

5. **提升家長的覺知。**利用晚上的時間，提供家長親職教育的機會，讓家長瞭解「因著父母善意期待」，可能加給孩子的壓力。向家長說明──不把申請上名校視為身價的表徵，而能根據孩子的特質和需求，去申請及選擇最適合他們的大學 [23]。

優勢6：自律且追求健全生活方式者

▶有效策略2：
以全人發展的觀點進行性教育，以作為學生建立良好品格以及規劃未來的契機。

對於「性」這個議題，人們通常是以「預防問題產生」的心態去面對，而不是用「提升積極正向影響」的心態來思考。性慾，就像人類其它的慾望一樣，其實提供了培養品格一個很好的機會。由於目前學校所實施的性教育內容往往具有爭議，我們可能因此錯過將其作為幫助青少年培養品格的一個重要契機，而這樣契機的錯失，會對社會帶來極為深遠的影響。

性慾，就像人類其它的慾望一樣，其實提供了培養品格一個很好的機會。

如果我們要對此重要議題有良好的對話，首先我們必須承認，雖然性是很自然、美好的，但並非所有的性行為都是好的。性可以表達及深化忠貞不渝的愛情，但也可用來背叛、貶低或者剝削他人；性可以為充滿愛及用心教養孩子的家庭，帶來新生命的喜悅，但也可能讓一個無辜的生命，最終因墮胎而結束；或者性也會使孩子出生在一個成人並未準備好的家庭中，使得孩子無法享有每個人與生俱來應該被養育的基本權利。

John Diggs 是位非裔美籍醫生，也是我們全國性專家小組的成員。他的工作是幫助青少年培養性的自我約束力。他一針見血，毫不保留地挑戰我們去面對：當性行為發生在未具真正承諾關係時的一些摧毀性事實，

而所謂承諾關係，從歷史與傳統上來說，是在婚姻之中才有可能。Diggs 特別針對為此付出昂貴代價的少數族裔寫道：

一個男人如果無法在婚姻中充分表現他對妻子和養育孩子的承諾，他有可能在生活的每一面向都是不負責任的。在美國，約有70%的非裔嬰兒是由未婚媽媽所生。雖然一些其他少數族裔也有類似的狀況，但情況沒有那麼嚴重。統計上顯示，在沒有男性可以承諾保護他們的情況下，婦女和兒童更容易遭受全面性的踐踏，包括受到暴力侵害、性虐待、感染疾病和生活貧窮等。

Diggs 總結表示：「不負責任的性，為生活及經濟所帶來的影響，是令人難以置信的嚴重。」

未婚父母所生的孩子，有很大的機率會在貧困中成長。而由於父母的缺席，許多技能無法傳遞給下一代。家中的金錢被耗費在個人的慾望中，而不是在必要的家用上。經常在不得已的情況下，祖父母只能補位，代替扮演父母的角色。

最後，放縱的性行為對於少數族裔的傷害，是遠超過任何我們可以想到的疾病。雖然婚姻並不是解決所有問題的萬靈丹，但是對婚姻的不尊重，絕對會帶來不堪設想的後果和災難 24。

以上所說，雖然不是新的見解，但卻是自古不變的至理名言。有史以來，不論哪一種文化，都是把性當成一件嚴肅的事情看待，需要有審慎的道德界限，以及強調婚姻的社會制度，才能對個體、家庭及社會走

向，發揮強而有力的影響和祝福，而非傷害。

在性教育中教導品格

由於「性」對個人和社會可以造成的後果極為深遠，因此符合道德規範的性行為，必須將品格納為重要的考量因素。意即，個體能約束自己的性慾，並且能對自己及他人展現真正的尊重[25]。因此，性教育必須立基於品格教育！波士頓大學德行與品格中心（Center for Ethics and Character）的創辦人Kevin Ryan博士指出，在品格的培養上，學校必須教導學生學習對性行為有所自律，並且能好好預備自己在進入成人階段時，有能力去經營深厚而相愛的親密關係。

符合道德的性行為是美好品格的一部分；它包括尊重自己和他人。

青少年瞭解品格與性之間的關係嗎？他們瞭解約束自己的性慾和在當前與未來成年後，可以擁有幸福生活之間的關係嗎？如果很多人不瞭解，這可能是因為我們沒有幫助他們從那樣的角度去瞭解「性教育」的議題，沒有幫助他們去建立著眼於長遠未來的視野。他們可能會錯過瞭解，受規範的性行為，可以成為個人強而有力的終生資產。

以上所言並非表示我們不需要教孩子關於性的立即性風險。美國小兒科學會研究員Meg Meeker博士，在她2004年的《傳染病：青少年的性行為如何摧殘我們的孩子》（*Epidemic: How Teen sex Is Killing Our Kids*）一書中，將性病（sexually transmitted diseases, STDs）描述為一種「沉默的流行病」，

它每天擊倒八千多位十幾歲的孩子[26]。雖然發生性行為後，不論男女皆處於風險之中，不過Meeker和其他醫療權威人士指出，女孩子為此往往付出較高的代價——感染與生殖健康有關的疾病，例如罹患不孕症和子宮頸癌（一份很有幫助的教育資訊，提供了有關性病風險之最新研究報告指出，此類風險並無法靠戴保險套來消除。詳細資訊可參見性健康醫學機構 [Medical Institute for Sexual Health, www.medinstitute.org]）。

害怕懷孕或擔心性病會嚴重影響健康的青少年，我們可以以此作為幫助他們學習性自律的動機，不過同時也必須引導他們更深入去探究。在追求正面渴望的事情上，恐懼很少被用來作為可靠及有力的動機。我們真正需要的性教育，是能將品格擺在第一順位，並將之作為核心，成為幫助學生實現理想生活目標的一個穩當途徑，這些目標包括：自我尊重、幸福（包括美好的性）、健康的婚姻和家庭、穩定的經濟等。

年輕人必須明白——在性行為上自律，是預備自己進入成人階段時，有能力去經營深厚而相愛之親密關係的途徑。

支持性自律的品格資產

青少年在性方面要做到自我尊重和自律，通常都會面臨潮流文化中對性自律的抗拒，因此青少年無論男女，都需要能運用下列重要的品格資產：

1. 在德行部分，能具備道德洞察力、良知、道德認同、道德能力這些屬於優勢4的能

力，也就是要能成為德行的深思者，包括：

◆ 對自我的認識，例如反思自己在性態度及性行為上的品格為何（例如，「我會把壓力強加在他人身上嗎？」「我尊重他們的價值嗎？」）

◆ 在面臨性誘惑的情境下，能做明智的判斷（例如，如何避免性試探）

◆ 瞭解何謂浪漫及追求真愛（二者皆包含對於性的節制），以及性與愛之間的道德關係（所謂真愛是希望帶給對方最大的福祉，而不是讓他或她陷入風險中）

◆ 未來導向的性愛觀，包括瞭解延遲性行為，對婚姻及教養承擔責任，所帶來的祝福是很大的，包括生理、情感和經濟等諸多層面

◆ 對於「性，值得等待」，能具有堅定的道德感或信仰價值。

2. 其它品格的優勢能力，特別是在面對性誘惑和壓力時可以自律，同時可以成為具有人際和情感互動能力的人（例如，能與朋友擁有親密關係，但並不涉及性），是一個尊重且負責任的道德實踐者（例如，能自我尊重且謙遜，對於他人的權利、尊嚴、福祉和快樂，能高度尊重，並能勇敢地為所堅持的信念，挺身而出。如果曾經有過不當的性行為，能謙卑地重新出發）。

3. 具德行的支持系統，可以幫助年輕人對未來的生活做出承諾，並願意等待。來自家庭、信仰團體、學校及朋友的支持，扮演了很重要的角色。

所有的品格資產集結起來，可以幫助青少年建立性自律的生活方式。以下介紹能培養這些資產的策略。

☐ 發展能支持性自律的內在信念和同儕文化

心理學家 Stan Weed 是鹽湖城研究與評估機構（Salt Lake City Institute for Research and Evaluation）的主持人，也是「預測和改變青少年性行為比率」（Predicting and Changing Teenage Sexual Activity Rates[27]）的研究者。Weed 發現，年輕人在性價值量表（Sexual Values Scale）的得分，可以用來預測其在高中四年是否選擇禁慾的指標（如果青少年同意「為婚姻而禁慾有很多優點」，而不同意「與你喜歡的人發生性關係是很自然的事」，他們就不太可能會發生性行為）。第二個禁慾的預測指標是，擁有至少一個也做出同樣承諾的朋友。因此，我們應該盡力幫助青少年累積這兩項資產，也就是能支持性自律的內在堅定信念，以及支持此種價值選擇的同儕。

「最好的朋友」（Best Friends, www.bestfriendsfoundation.org）是培養這兩種資產的一個青少年發展方案。此方案旨在幫助 5-12 年級的學生，延遲性行為、拒絕毒品和酒精（其中為男學生所規劃的是「成為好男人課程」[Best Men curriculum]）。5-9 年級的女學生在完成一個課程後，在 10-12 年級會參加「最好的朋友」的同儕支持團體。「最好的朋友」方案，最初是在華盛頓特區試行，之後在十幾個城市中實施。此方案做了許多教育工作者認為幾乎不可能做到的

事，例如，使住在艱困市區的女孩不和男朋友發生性行為，儘管她們有同儕文化的強大壓力——鼓勵早期性行為和養育小孩。

在「最好的朋友」方案中，女學生們承諾遠離性愛、毒品和酒精。這樣的教育價值被學校重視，學員學習設定和追求重要的教育目標。她們也選修一些課程，學習拒絕毒品、保持健康、對男朋友說「不」、保持謙虛，並能分辨益友和損友等。她們共同進行社區服務，培養凝聚力、積極正向的自我認同，和性自律的習慣。在正向同儕文化的支持下，她們共同建構共享的成長目標。

參與「最好的朋友」方案中的女學生，相較於沒有參與方案的同儕，發生性行為的機率低於六倍以上。

在 2005 年所進行的《青少年和家庭健康》（*Adolescent and Family Health*）的研究報告發現，華盛頓特區公立學校中參與「最好的朋友」方案之中學女孩，和未參與方案的同儕相較之下，反映以下的情況：

◆ 性行為的機率少六倍
◆ 酗酒的機率少兩倍
◆ 使用毒品的機率少八倍
◆ 抽菸的機率少兩倍以上 [28]。

由一個獨立研究團體針對「成為好男人課程」進行成效評估的結果發現，參與該方案的 8 年級男生，和未參與方案之同儕相較之下，反映以下的情況：

◆ 使用毒品的機率少 33%
◆ 酗酒的機率少 22%

◆ 性行為的機率少 20% [29]。

這些方案反映了從國中就開始實施禁慾和品格教育的學校典型成果，意即，不是等到高中階段才幫助學生學校培養性自律的內在信念以及同儕規範。不過，即使到了高中階段，我們仍應相信：對青少年影響很大的同儕性文化，是具有可塑性的，可以經由精心設計的介入課程而導引他們朝著積極正向的方向發展（可參考同儕方案[Peers Project, www.peersproject.org]，該方案由學校的學生擔任同儕輔導員，教導 12-18 歲學生的品格培養和禁慾課程）。

關注性行為中的情感層面

性行為中的情感層面，是人類之所以獨特及異於動物之所在。以品格為核心去教導性行為的方案，可以幫助年輕人明白，為何性行為發生在有真正承諾的愛的關係中，才是最安全的，以及為何性行為在非此情況下發生時，是一個風險。

性行為中的情感層面，是人類之所以獨特的所在。

在理解及說出任何來自短暫、未能有所承諾之性行為，所產生之負面心理效應的因果上，年輕人是需要成人幫助的。透過講述青少年一些真實的生命故事，是傳達這些後果的有效途徑之一。一位資深的健康教育工作者說：「當你只是告訴青少年關於懷孕和疾病的問題，很多孩子並不會理你，但如果你說的是真實的生命故事，他們會回應。」

下一頁的方塊文章說明因過早發生性行

被忽略的心靈：過早性行為所帶來的五種情感上的危害

1. **擔心懷孕和疾病**。性行為活躍的青少年會擔心自己可能懷孕，或染上性病。一位中學女生告訴學校護士：「我看到我的一些朋友買驗孕棒測試，她們每個月都因擔心而心煩意亂，害怕自己可能懷孕。對我來說，做一個處女是享受真正的自由。」

2. **遺憾和自責**。小珊是一位 9 年級的學生，當一名高年級學長約她出去，她好興奮。幾個星期後，他要求發生性關係。因為不想失去他，小珊讓步了。一個星期後，她被拋棄了。小珊說：「他說我不夠好，我知道他並不愛我，我覺得自己很愚蠢。」

   一位 26 歲的丈夫說：「我真希望當我還是中學生時，有人可以教導我關於禁慾的事，我就是在那時開始有了性行為，更不用提大學四年的生活。我真希望當初的我可以為未來的妻子保留最寶貴的。」

3. **罪惡感**。罪惡感是懊悔的一種特別形式，是一種強烈感覺自己做了道德上錯誤的事。住在加州一個 16 歲的男學生表示，當看到自己帶給別人痛苦時，感到十分的罪惡，因此他開始停止與女孩子發生性關係。他說：「你看到她們哭泣、迷惘，她們說她們愛你，但你並不愛她們。」

4. **破裂的關係**。一個 20 歲的大學生說：「當我 15 歲時，失去了我的貞操。我和男友以為我們彼此相愛，但是，自從我們有了性行為後，它就徹底摧毀了我們曾經擁有的愛。我覺得他不再有興趣花時間和我在一起，他只對我的身體感興趣。」

5. **喪失自尊和自信**。許多人在發現得了性病後，自尊心會受損。根據性健康醫學機構的研究報告顯示，超過 80% 感染性病的人，會覺得「對性關係的期待減少了 [30]」。許多人擔心性病會影響他們未來的婚姻。

   在關係決裂後，感覺自己被利用或被出賣的青少年，不但會失去自信，而且很難對未來的愛情具有信心。大四學生布恩說：「15 歲時，我和我的女朋友有了第一次的性行為。我非常愛她。有一天晚上，她問我是否可以繼續交往下去，但是才過沒幾天，她就和我分手了，那是我一生中最痛苦的時候。在大學時，我大多數的性經驗都是一夜情，因為我很害怕進入愛的關係。」

● 可以書寫和討論的問題

◆ 為什麼性行為會帶來情感上的負向衝擊？

◆ 對於男性和女性來說，性行為會有不同的情感衝擊嗎？如果有所不同，是如何不同？為什麼？

◆ 在什麼樣的關係上，性可以是安全的？以及可以帶來自我的實現？為什麼？

為而產生五種情感面向的危害。青少年瞭解這些負面的心理衝擊，有助於性自律的養成，進而避免自己受到傷害，或去傷害別人（有關這個議題更周全的面對方式，請見《尊重與責任》[The Fourth and Fifth Rs] 2007 年秋季號的一篇文章——〈過早性行為所帶來的十種情感上的危害〉[10 Emotional Dangers of Premature Sexual Involvement]，請上我們的網站閱讀詳細資料 [www2.cortland.edu/centers/character]）。

> 我們最強大的性器官是大腦。
> ——Molly Kelly

❏ 規劃未來的方向

　　光鼓勵青少年「等待」是不夠的。他們會想知道到底在等待什麼。是等到中學畢業後？還是到某個年紀？還是到自己覺得已經準備好了？或者，直到他們在一個成熟、承諾的關係中，性才具有意義，因為此時的性關係方能帶出深切的真實承諾？能抗拒性誘惑，是來自擁有重要的未來目標所產生的力量，使他們能瞭解性的等待有助於達成這些重要的目標。

　　Kristine Napier 在她的《禁慾的威力》（The Power of Abstinence）一書中，指出八個等待的短期和長期獎賞[31]，在達拉斯大學任教的 Janet Smith 博士則提出第九項獎賞（這九項獎賞請見右欄的方塊內容）。

　　引導青少年規劃美好未來最強而有力的方式之一，是鼓勵他們將婚姻視為人生一個重大的目標。如果教師和家長想要這麼做的話，可以參考羅格斯大學「全國婚姻方案」

等待的獎賞

1. 等待會讓你的約會關係變得更好，你會花更多時間去瞭解對方。
2. 等待會幫助你找到真正合適的伴侶（一個珍惜「真實的你」的人）。
3. 等待會增加對自我的尊重。
4. 等待會得到他人的尊重。
5. 等待可以教導你尊重別人（你永遠不會去誘惑別人或給別人壓力）。
6. 等待幫助你解除壓力。
7. 等待意味著你可以問心無愧（沒有罪惡感）與心境平和（不會有內在衝突及悔恨）。
8. 等待意味著在婚姻中，可以有更好的性關係（立於互信的基礎上，不會有比較）。透過等待，早在你遇到配偶之前，你就已經對他或她表現忠誠了。
9. 藉由忠誠、良好判斷力、自律、謙虛、真正尊重自我和他人等諸多與等待美德相關能力的實踐，你已經在培養能讓你成為美滿婚姻伴侶的品格，這會吸引另一個有品格的人。你會期待和這樣的人結婚，成為你們未來孩子的父母。

（National Marriage Project）（請見下頁方塊內容的五個項目，其節錄自此專案研究的小冊子〈關於婚姻，青少年需要瞭解的十件事〉[Ten Things Teens Should Know About Marriage]）。

　　Tony Devine 和同事所寫的《心靈和品格的培養：生命中最重要的教育目標》（Cultivating Heart and Character: Educating for Life's Most Essential Goals）一書中，有些章

這些建議是根據社會科學研究的結果，讀者可以在「全國婚姻方案」的網站（http://marriage.rutgers.edu）中找到。

1. **將婚姻視為人生的重要目標。** 已婚人士比同居者或單身者更健康、更感到富足與快樂。

2. **學習人際關係技巧。** 充分運用由學校、宗教團體或其它社會團體所提供，與人際關係和婚姻教育有關之課程。

3. **在二十幾歲或之後結婚。** 在十幾歲結婚的人，相較於在二十幾歲或之後結婚的人，離婚率高達 2-3 倍。

4. **等待到結婚後，且至少在二十幾歲後才生孩子。** 未婚父母所生的孩子容易面臨各種較大的風險，包括罹患憂鬱症和精神疾病、輟學、少女懷孕、犯罪、貧困、吸毒和自殺等問題。

5. **慎思是否要與沒有婚姻關係的人住在一起。** 「結婚前同居比較不會有不滿意的婚姻，也比較不會離婚」，那是一般社會上流行的看法。事實證明，結果是相反的，也就是說，如果你有較多的同居經驗，當你結婚時，有更高的機率會離婚。

節內容是協助年輕人為健康的婚姻和家庭做準備，以及幫助他們將性放在那樣的情境脈絡中去思考[32]。迪布爾機構的「青少年人際關係技巧」（Relationship Skills for Teens, www.dibbleinstitute.org）提供如何發展「聰明的人際關係」和「聰明的婚姻」一些相關

的課程、小冊子和活動練習。《飢渴的心靈》（*Hungry Hearts*）是由美國價值研究機構（Institute for American Values, www.americanvalues.org）所提出的研究報告，它採用了五項標準來評估在美國學校中，很受歡迎的婚姻與人際關係的十個課程[33]。

▢ 口交

即使我們成功地幫助青少年選擇不要有性行為，卻還存在另外一個挑戰——許多年輕人（根據一項調查，約有半數十幾歲的男孩[34]）會從事口交，而且往往不認為它是真正的「性行為」。下一頁的方塊內容提供我們可以幫助學生更深入思考這個問題的方法。

▢ 使用以品格為核心的教材來培養性自律

Deborah Cole 和 Maureen Duran 在他們的中學教科書《性與品格》（*Sex and Character*）中，採取以品格為核心的方式，教導性慾及浪漫關係的內容[35]（例如，其中一些章節的標題為「性、愛與品格」、「品格和約會」、「品格與婚姻」）。他們說明等待性行為的諸多好處，並提供一張品格自我檢核表，請學生「檢視你的品格和性成熟程度」。針對六項美德：誠實、尊重、勇氣、自律、責任和仁慈，都各提出了十個問題。下一頁的方塊內容只提供其中兩項美德——尊重及自律——以各五個問題為例。

一旦學生完成自我評估，他們可以為自己的品格培養設定成長的目標。

就像《性與品格》一樣，依據波士頓大

與學生直接討論口交的問題

1. 口交是一種性行為。一個中學男生說：「這是為什麼它會被稱為口交（oral sex）的原因。」

2. 真正尊重或關心女性的男性，不會要求女生做這種事。

3. 幾乎所有的性病都可以透過口交傳染。醫生指出，青少年得到口腔疱疹的比例已有增加的趨勢。

4. 如果你從事口交，尤其如果你是一個女孩，你會經歷情感受到傷害的危險，例如，低自尊、感覺被利用、感覺被輕視，而口交之後有可能進行沒有承諾的性交。治療師指出，有口交行為的女孩數目越來越多，在口交經驗之後，她們往往會產生情緒困擾和喪失自尊的問題[36]。有時候，女孩接受口交，是因為她們認為可以給對方想要的，同時也可避免懷孕，但是不久她們會發現，口交實際上會減少彼此的親密關係。

5. 如果男生和女生做這件事，即使她們看起來似乎是願意的，其實你是在剝削她們（想想看：你會希望有人對你的妹妹或未來的妻子做這件事嗎？），你不但不尊重她或你自己（你會很驕傲的把此事告訴你結婚的對象嗎？你會想要她與其他男人做這件事嗎？），而且當你成為一個玩弄別人的人時，你的人格就受到扭曲了。

「性和品格」自我檢核表（請回答「總是」、「有時」或「從不」）

● 尊重

◆ 你會尊重你伴侶的意願，不要有性行為嗎？

◆ 強迫某人發生性關係是好的嗎？

◆ 你會為了要發生性關係，而嘗試使人喝醉嗎？

◆ 你會打扮得很誘人，以獲得約會的機會嗎？

◆ 如果朋友想禁慾，你會取笑他們嗎？

● 自律

◆ 如果你性慾來了，會強迫約會的對象與你發生性關係嗎？

◆ 你能拒絕性行為嗎？

◆ 在約會時，你會避免喝酒嗎？

◆ 你會看色情書刊嗎？

◆ 你是否願意等待，直到結婚才有性行為[37]？

學的「懂得真愛方案」（Loving Well Project, www.bu.edu/education/lovingwell）所出版的《真愛的藝術》（*The Art of Loving Well*）一書，也挑戰學生思考浪漫、愛情、婚姻、家庭，以及它們與品格的一套關係。此書為選集，內容包含了古典文學名著和高品質的青少年文學，包括短篇小說、散文、詩歌和戲劇。該方案實施的評量結果發現，參與此方

案的學生，較之沒有參與的同儕，更傾向於認同及支持禁慾的價值觀。

有關「等待到結婚」（wait-until-marriage）的課程、書籍和演講者的綜合目錄，可以參考禁慾資訊中心網站（Abstinence Clearinghouse, www.abstinence.net）。Onalee McGraw 所寫的《全人的教育──愛、性與婚姻》（*Teaching the Whole Person about Love, Sex, and Marriage*）一書，也提供了一個全面的、以品格為中心的人類性行為的願景，其中包括有助於設計各種不同性教育策略哲學和心理學理論的分析（www.EGIonline.org）[38]。

嶄新的開始

在所有這些教學策略中，具敏銳度的教師應牢記，要給那些已有性行為的學生一個明確的訊息──「雖然你不能改變過去，但你可以選擇未來。」

曾經有錯誤性行為的青少年需要知道，他們可以選擇一個不一樣的未來。

瞭解現實方案（Project Reality）的課程「*A. C.*綠色模擬計畫」（*A. C. Green's Game Plan*, www.ProjectReality.org），提供青少年以明確的步驟進行「模擬計畫」，學習去面對性壓力，但如果他們犯了錯誤，就要重新回到模擬計畫中。已有性經驗的青少年可能會認為「這對我來說太遲了」，因此他們需要有機會聆聽其他青少年選擇重新開始的故事。

同性戀

一位教健康教育的教師說：「如果我們要談婚姻，我們不只是對著異性戀孩子談吧？對於同性戀的孩子怎麼辦呢？」在性教育上，同性戀的主題或許是最具爭議性的。對所有具爭議性的問題，學校必須對於出現在學生、教師、家長和社會中具衝突的價值觀，保持相當的敏感度。我們認為學校要有紮實的道德基礎，也就是要示範良好的品格。如果學校要讓學生參與探討，並獲得與此議題相關的知識，需要留意以下三個重點：

1. 許多人，包括中學生，會因為他們有同性戀或雙性戀傾向而遭受騷擾，甚至暴力。如果我們關心品格，就必須以公平、正義、愛和尊重對待所有的人，無論其性傾向為何。

2. 過早或貿然地認定某人有同性戀或雙性戀的性取向是有風險的。有幾項研究發現，認為自己是同性戀或雙性戀的青少年，其企圖自殺的比率較高。而認定自己是雙性戀或同性戀的年齡越晚，企圖自殺的可能性會顯著降低[39]。

3. 不管造成同性戀傾向的原因是受遺傳、環境、個人的選擇，或這些因素的組合所影響（科學家仍然在辯論這個問題），我們應該挑戰所有的年輕人，不論其性取向為何，都要練習禁慾，以避免冒不具承諾之性行為的風險。同性性行為的染病風險，比異性性行為來得高。研究發現，有頻繁性行為的男同性戀者，較容易罹患 HIV、肝炎、淋病、性傳染肛門癌和胃腸道感染等病症[40]。

最後，學校應該請對學生最重要的性教育者，也就是家長，要對孩子強調「等待」的價值，而學校也應與家長分享一些相關研究報告的結果。右邊方塊內容中列出了影響學生能否延遲性行為相關的家庭、學校和個人因素。

心理學家 Benedict Groeschel 在其著作《勇敢守貞》（*The Courage to Be Chaste*）中寫道：「在個人的自我控制系統中，性的自我控制經常是最脆弱的環節 **42**。」不是只有青少年如此，成年人在生活中，性的方面也經常是缺乏自律的。

富蘭克林是美國最受尊敬的公民之一，他在一生中追求 13 個美德，而貞節是其中之一。雖然有些人認為他沒有完全做到，但他相信它的重要性，並且盡力持續成長。

年輕人需要知道，雖然性自律非常具有挑戰性，但卻是很值得的。

很不幸的是，青少年通常看到社會上許多成年人，絲毫沒有試圖在性關係上去節制自己。年輕人不應該因為看到成人的缺點，而將其當作可以犯相同錯誤的藉口。反之，他們需要學校的幫助，以省思這些錯誤所帶來的痛苦，能尋找方法以避免自己一錯再錯，並能追求積極正向的未來。

關於性，我們給予年輕人的核心訊息應該是：雖然性自律是非常具挑戰性的，但那對你、對你所愛的人和愛你的人，還有對社會，都是很值得的。

延遲性行為的影響因素

● **家庭因素**

1. 親子之間有密切的連結
2. 家長不贊成青少年階段有頻繁的性行為
3. 家長不贊成青少年採用避孕的方法

● **學校因素**

1. 學生與學校之間有密切的連結
2. 就讀教會學校或學生出席率很高的學校

● **個人因素**

1. 承諾守貞
2. 看重信仰與禱告
3. 保持良好的學業成績

——全國青少年健康縱貫研究 **41**
（National Longitudinal Study on
Adolescent Health）

優勢 6：自律且追求健全生活方式者

▶ 有效策略 3：
運用社區總體力量，幫助年輕人累積人格健全發展的資產。

由於不健康的青少年行為會影響社區的福祉，以及青少年的個人生活，因此許多社區已採取措施，盡可能地幫助年輕人在發展自律的過程中，能做出積極正向而非消極的選擇。

在過去的 30 年，明尼阿波里斯調查機構（Minneapolis-based Search Institute, www.search-institute.org）所做的努力，一直是各社區學習的典範。該機構列出 40 項「發展

資產」，其中 20 項是「外在資產」，是指年輕人從環境中得到的積極經驗；另外 20 項是「內在資產」，是指年輕人的內在優勢，其中包括許多與自律有關的項目。

外在資產分為四類：(1)支持（包括親人的愛、其它具支持性的成人關係、具關愛的學校氛圍）；(2)賦權增能（安全感，以及在社群中扮演有用的角色）；(3)界限和期望（包括明確的家庭規則、正向的成人示範、正向的同儕影響）；(4)積極有效地運用時間（包括參與創造性的活動、青少年活動和宗教活動）。

內在資產也分為四類：(1)在學習上做出承諾（學校參與、成就動機）；(2)正向的價值觀（愛心、誠信、社會正義，及不發生頻繁性行為、不酗酒或吸毒的信念）；(3)社交能力（包括做決策和解決衝突的能力）；(4)積極正向的個性（positive identity）（包括對自己的未來有正向的看法）。

上述調查機構的研究顯示，青少年在擁有這些發展資產的程度上，有很大的差異。例如，一份在美國 213 個城市和鄉鎮，針對超過 99,000 名 6-12 年級的學生所做的研究，發現以下的結果：

◆ 20% 的學生有 0-10 項的發展資產
◆ 42% 的學生有 11-20 項的發展資產
◆ 30% 的學生有 21-30 項的發展資產
◆ 8% 的學生有 31-40 項的發展資產 **43**。

青少年危險行為的程度，會因其擁有發展資產的多寡而有所不同。1998 年《應用發展科學》（*Applied Developmental Science*）的一篇論文指出，擁有較少發展資產（0-10

項）的青少年，相較於擁有較多資產（31-40 項）的同儕，出現下列行為的比例較高：

◆ 喝酒（53% 比 3%）
◆ 抽菸（45% 比 1%）
◆ 過去一年，至少有三次或以上使用禁藥（45% 比 1%）
◆ 有三次或以上的性行為（42% 比 1%）
◆ 有憂鬱或有自殺的念頭（40% 比 4%）
◆ 在過去一年，至少有三次的暴力行為（61% 比 6%）
◆ 有學校方面的問題（43% 比 2%）
◆ 賭博（34% 比 6%）
◆ 酒後駕車（42% 比 4%）。

或者捲入危險行為，或者追求茁壯成長，青少年會因擁有發展資產的多寡，而有極大不同。

同一份研究發現，發展資產的多寡與青少年能否追求茁壯成長有很密切的關係。有高資產的青少年，較之低資產的青少年，更可能有以下的狀況：

◆ 學校成績大都拿 A（53% 比 7%）
◆ 珍惜文化的多樣性（87% 比 34%）
◆ 一星期中，至少花 1 小時幫助朋友和鄰居（96% 比 6%）
◆ 以節省用錢來延遲慾望的滿足（72% 比 27%）
◆ 抗拒做危險的事情（43% 比 6%）
◆ 克服逆境，當事情變得艱難時，也不輕言放棄（86% 比 57%）
◆ 在過去一年中，擔任某團體或組織的領導者（87% 比 48%）**44**。

該機構已經幫助全國的社區設計了五個行動策略（請見下面的方塊內容），讓所有社區成員參與行動，以累積 40 項的發展資產。我們採訪了一位市長，請他描述其社區努力實施第二項策略：「聽取年輕人的意見，並邀請他們參與決策。」的情形。他說：

為了倡導社區品格的發展，我們成立了青少年議會（Teen Council），每月定期與市議會開會一次。我們告訴青少年，我們希望他們提供改善社區的想法。我們還為青少年舉辦鎮民會議，青少年代表在第一次的會議中提出，他們沒有青少年中心。因此，我們與他們合作，利用獲得的補助款項，把一個舊機場變成青少年中心。我們也賦予他們管理其他孩子使用此設施的責任。

《很棒的學習場所：資產的發展如何幫助學生成功》（*Great Places to Learn: How*

Asset-Building Schools Help Students Succeed），是一份學校及社區可用來發展 40 項資產的指引[45]。

優勢 6：自律且追求健全生活方式者

▶ **有效策略 4：**
與家長攜手合作，一起阻止青少年的藥物濫用。

在青少年的自律能力中，沒有比青少年物質濫用（substance abuse）的自律，更需要家庭與學校的合作，尤其是在喝酒的問題上。正如在第三章中，國家健康局的研究發現指出，從 15 歲就開始喝酒的青少年，其中有 40% 的人到了某個年紀後，就會成為酗酒者[46]。因此，青少年培養管理喝酒習慣的自律能力是極為重要的。

當我們訪問學校時詢問學生：「在這裡有多少比例的學生會喝酒？」他們通常回答：「約一半。」「他們在哪裡喝呢？」「在某個人家中的派對上。」「他的父母在哪裡？」「不在家，有時候他們在週末會外出。」「你下週末要做什麼？」「去別的地方參加派對，總是有辦法找到空房子的。」當然，家長不在家的房子不是青少年唯一可以喝酒的地方，但很多人會在那裡喝酒。另外，沒有人監督的青少年派對，是一個會衍生麻煩的地方，有時會釀成災難。

在我們訪問的一個小社區中，一個 11 年級學生的家長週末不在家，留下空房子給孩子。結果孩子就開了一個飲酒派對。清晨 3 點，一個 15 歲的女孩在喝完幾瓶啤酒後，就躺在沙發上睡著了，醒來時發現一個男孩

建立發展資產的五項社區總體策略

1. 讓各行各業的成人、兒童和青少年，建立發展資產的關係。
2. 聽取年輕人的意見，並邀請他們參與決策。
3. 啟動社區各部門，包括學校、宗教團體、企業、青年組織和人群服務機構，塑造一個建立資產的文化。
4. 帶動以資產建立為焦點的學校和社區課程。
5. 影響公共政策的決定，以獲得充裕的經費、媒體及政策資源，來營造資產豐富的社區。

與她發生了性關係。最後她鼓起勇氣告訴父母所發生的事，有了父母的支持，他們向法院提出了告訴。

一位中學校長說：

在學校裡，我們有「學生對摧毀性決定說不」（Students Against Destructive Decisions, SADD）政策、同儕輔導方案、邀請講師演講，以及針對毒品和酒精的健康課程等規劃，只是學校無法獨自完成這些事。在我們所做的調查中，有 59% 的學生表示，他們在派對中最常做的事就是喝酒，而近一半的人表示，他們的父母同意讓他們在家裡喝酒。

研究發現，單靠學校的課程，並沒有辦法解決學生飲酒的問題，學校必須與家長成為合作夥伴。

研究發現，即使是規劃縝密的學校健康課程，單靠課程本身，並無法明顯地減少學生飲酒的問題[47]。最關鍵的因素是家長必須主動，為他們的孩子設定明確的期待，並以那樣的方式支持學校的政策，在親師共同努力下防止青少年物質濫用。

家長通訊錄

有一些社區，學校和家長形成夥伴關係──對於願意宣誓在家裡不提供孩子酒品、毒品的所有家長，每年發行一份家長通訊錄。我們訪問的一所學校（擁有 2,600 名學生），招收各種不同背景的學生，他們出版了這類的家長通訊錄，列出所有簽署保證書的家長姓名和聯絡方式，以利彼此支持（請見下面的方塊內容）。

> ### 家長通訊錄立約書
>
> 我向我們學校的其他學生家長保證，我會盡我所能，確保在我家所舉行的任何青少年聚會，不會有酒類和其它藥物。此外，我也希望其他父母，當你的孩子來我家參加聚會時，可以打電話給我，確認我將會在家，並遵守這個承諾。我不希望他人提供含酒精的飲料或藥物給我的未成年子女使用，如果有人看到我的孩子酒醉或使用藥物時，請通知我。
>
> 家長簽名＿＿＿＿＿＿＿＿

校長說：「如果你的孩子被邀請參加一個派對，你可以在這份『家長通訊錄』中查詢，此家庭的父母是否有簽署保證書。如果有的話，就打電話給他們，確認這次的派對中不會有毒品和酒精飲料。」

傑出的社會學家 James Coleman 發現，現今大部分的家長並不認識自己孩子的朋友的父母。現代生活中的流動性和其它情況，使得要形成一個具有凝聚力的社群，來支持學校的規範更形困難。「家長通訊錄」是幫助社區和學校邁向堅固夥伴關係的一步。

但這並不是說，「家長通訊錄」的策略在有效的推展過程不會遇到挑戰。在另一個社區，一位畢業生告訴我們：

我們學校有一份「安全家庭立約書」，但有些家長其實是因為壓力而簽署的，所以他們並不會真的遵守承諾。孩子學得很快，知道在哪裡可以喝酒，而不管那個家庭是否

列在「安全家庭立約書」的名單中。

家長通訊錄有助於營造有凝聚力的社群，來支持學校的規範。

　　就像所有的策略一樣，「家長通訊錄」需要被監督，以便能即時發現問題，並解決像上述女孩所舉出的問題。專業德行學習社群可以帶頭和家長一起合作，針對可能存在的問題進行問卷調查，使問題有機會可以獲得改善。

> 不能約束自己的人，不是真正自由的人。
> ——Epictetus

附註

1　Y. Shoda, W. Mischel, & P.K. Peake, "Predicting adolescent cognitive and self-regulatory competencies from preschool delay of gratification," *Developmental Psychology*, 1990, 26, 6, 978-86.

2　D. Goleman, *Emotional intelligence: Why it matters more than IQ*. (New York: Bantam, 1995).

3　Aristotle, *Nichomachean ethics*. Trans. David Ross. (New York: Oxford University Press, 1925).

4　J.Q. Wilson, *The moral sense*. (New York: Free Press, 1993), 81.

5　J.L. Hatcher & J. Scarpa, "Encouraging teens to adopt a safe and healthy lifestyle: A foundation for improving future adult behaviors," *Child Trends Research Brief*, **www.childtrends.org** (June 2002).

6　B. Watts Davis, address to the Annual Safe and Drug-Free Schools Conference, Dallas, TX, February 6, 2005.

7　L. DeHaan & R. Trageton, "Relationships between substance use information and use prevalence and attitudes," *Adolescent & Family Health*, 2001, 2, 2, 55-62.

8　**www.monitoringthefuture.org**

9　**http://www.hi-ho.ne.jp/taku77/sum/saugust_2.htm**

10　**www.alcoholfreechildren.org**

11　Kaiser Family Foundation, U.S. *teen sexual activity*, **http://www.kff.org/youthhivstds/loader.cfm?url=/commonspot/security/getfile.cfm&PageID=13521** (January 2005) and National Campaign to Prevent Teen Pregnancy, *Teen pregnancy: Not just another single issue*, **http://www.teenpregnancy.org/resources/reading/pdf/NJASI.pdf** (November 2002).

12　Kaiser Family Foundation.

13　K.A. Moore & T.G. Halle, "Preventing problems vs. promoting the positive: What do we want for our children?" *Child Trends Research Brief* (May 2000).

14　Hatcher & Scarpa.

15　R.W. Blum, "A case for school connectedness," *Educational Leadership*, 2005, 62, 7, 16-19.

16　Adapted from J. Lampert, "Easing the transition to high school," *Educational Leadership*, 2005, 62, 7, 61-63.

17　Hatcher & Scarpa.

18　J.P. Allegrante, "Unfit to learn," *Education Week* (December 1, 2004), 38.

19　D. Pope, *Doing school: How we are creating a generation of stressed out, materialistic, and miseducated students*. (New Haven: Yale University Press, 2001).

20　D. Pope & R. Simon, "Help for stressed students," *Educational Leadership*, 2005, 62, 7, 34.

21　Pope & Simon, 34.

22　Pope & Simon, 34.

23 Pope & Simon.

24 J. Diggs, "Sex without marriage often ruins people's lives," *Omaha World Herald* (October 19, 2001).

25 J.R. Williams, "Ethical sexuality," in T. Devine et al. (Eds.), *Cultivating heart and character: Educating for life's most essential goals*. (Chapel Hill, NC: Character Development Publishing, 2000).

26 M. Meeker, *Epidemic: How teen sex is killing our kids*. (Washington, DC: LifeLine Press, 2002).

27 S.E. Weed, "Predicting and changing teenage sexual activity rates." Research report. (Salt Lake City: Institute for Research and Evaluation, 1992), **WeedStan@aol.com**

28 R. Lerner, "Can abstinence work? An analysis of the Best Friends program," *Adolescent and Family Health*, 2005, 3, 4.

29 **www.bestfriendsfoundation.org**

30 **www.medinstitute.org**

31 K. Napier, *The power of abstinence*. (New York: Avon, 1996).

32 Devine, Seuk, & Wilson.

33 D. Mack, *Hungry hearts: Evaluating the new high school curricula on marriage and relationships*. (New York: Institute for American Values, 2000).

34 The 1995 National Survey of Adolescent Males found that half of 15- to 19-year-old males reported receiving oral sex, up from 44% in 1988.

35 D. Cole & M. Duran, *Sex and character*. (Richardson, TX: Foundation for Thought and Ethics, 1998.)

36 A. Jarrell, "The face of teenage sex grows younger," *The New York Times* (April 2, 2000).

37 Cole & Duran, 156-158.

38 O. McGraw, *Teaching the whole person about love, sex, and marriage: Educating for character in the common world of our homes, schools, and communities*. (Front Royal, VA: Educational Guidance Institute, 2003), **www.EGIonline.org**.

39 W. Byne & B. Parsons, "Human sexual orientation: The biological theories reappraised," *Archives of General Psychiatry*, 1993, 50, 3.

40 G. Remafedi, "Risk factors for attempted suicide in gay and bisexual youth," *Pediatrics*, 1991, 87, 6.

41 Medical Institute for Sexual Health, *Health implications associated with homosexuality*. (Austin, TX: Medical Institute for Sexual Health, 1999).

42 B. Groeschel, *Courage to be chaste*. (Mahwah, NJ: Paulist Press, 1985).

43 M.D. Resnick et al., "Protecting adolescents from harm," *JAMA*, 1997, 278, 823-832.

44 P.L. Benson et al., "Beyond the 'village' rhetoric: Creating healthy communities for children and adolescents," *Applied Developmental Science*, 1998, 2, 138-159.

45 N. Starkman, P.C. Scales, & C. Roberts, *Great places to learn: How asset-building schools help students succeed*. (Minneapolis: Search Institute, 1999).

46 J. Mathews, "Why you shouldn't teach moderate drinking," **http://www.washingtonpost.com/wpdyn/articles/A172-2004May4.html** (May 4, 2004).

47 R.H. Hopkins et al., "Comprehensive evaluation of a model alcohol education curriculum," *Journal of Studies on Alcohol*, 1988, 49, 38-50.

對社區和民主發展有所貢獻者

> **對社區和民主發展有所貢獻者……**
>
> ◆ 對家庭、班級、學校和社區有所貢獻
> ◆ 展現身為公民應有的美德,和參與民主活動的能力
> ◆ 珍惜國家的民主傳承和精神
> ◆ 展現對人類彼此相互依存和具有責任的覺知。

品格教育不只是要幫助個體在人生中有高尚的價值觀和做出道德的選擇,它還必須使個體能夠參與民主的公共事務,鼓勵市民一起促進公共的利益。

——Jeannie Oakes

我總是告訴我的學生:「如果五年後我在雜貨店看到你,我希望你不是告訴我漢彌爾頓的財政計畫是什麼,而是告訴我你會不會去投票。」這決定我的教學成功與否。

——一位歷史老師

過去幾年有一系列的教育報告,呼籲學校強化培養公民的使命。「關於公民責任的全國調查小組」(National Study Group on Citizenship),在 2000 年針對 K-12 年級的教育進行研究,這個小組是由國家教育統籌委員會(Education Commission of the States, www.ecs.org)中的教師、學者和公民教育組織的代表所組成的;在他們所發表的《每位學生都是公民:培育民主的自我》(*Every Student a Citizen: Creating the Democratic Self*)的報告中說明了這項挑戰:

越來越多的美國人似乎缺少了最基本的公民行為,例如參與投票和持續瞭解公共議題。這些缺乏帶來更深、更痛苦的新世代接替……

美國年輕人需要被邀請參與一些更好和更高層次的公共事務,因此,學校不僅僅是為青少年提供他們生活上所需要的技能,也要幫助他們發現個人和團體連結的意義,也就是具有洞察力、堅強的性格和價值觀,這些都有助於年輕人走向一個更好的公民制度,和具有更積極參與公民社會的意願[1]。

報告中提及,「教育公民的權利與義務是一項道德工作」,我們必須幫助學生發展「民主的自我」和「公民的自我理解」。「關於公民責任的全國調查小組」對民主自我的觀點是:

1. 把自己視為城市和社區的一份子,和他人共同承擔社會共有的命運和願景
2. 體認個人的決定與公共議題具有利害關係
3. 學習和實踐公民技能,包括有能力找出公共問題的事實,深思熟慮地參加公聽會,並做出對整體社會有益的道德判斷[2]。

《每位學生都是公民》建議學校能採取勇敢的行動,去幫助教職員、學生、家長和校外社群,發展民主自我(請見下一頁的方塊內容)。這些建議支持並延伸我們在第三章所談到的德行學習社群的做法,也就是其中的原則 3:勇於發聲,表明立場。

協助民主自我的發展：
學校和學區可以做的事

1. 評估學校的道德和民主環境；調整政策和做法，使所有人員具有一致的道德價值結構。

2. 讓所有學校及社區團體共同建立民主學習的機會。

3. 使學生能有參與決策和管理公共事務的機會。

4. 邀請地方政府官員和立法委員定期拜訪學校，以提供學生與他們討論政治議題的機會。

5. 提供能整合民主公民教育的課程及專業發展機會，機會合宜時，可邀請家長參與，使他們成為子女學習公民參與的榜樣。

6. 學校委員會可以至少有兩位學生全程參與。

7. 提供學生瞭解一般市民對社會造成真正且持久影響的故事[3]。

公立學校教育的最根本在於民主。學校實施民主公民權的教育必須是積極的；讓學生不僅有機會參與實際社會議題的任務，也能主動選擇不同的學習面向。經由那樣的歷程，他們可以學會各式各樣的技能。

——George Wood

繼《每位學生都是公民》之後，2003 年有一份《學校的公民使命》（*The Civic Mission of Schools*）的報告，那是由超過 50 位學者和教育工作者組成之「公民學習與參與之資訊與研究中心」（Center for Information and Research on Civic Learning and Engagement, CIRCLE）[4]所發表。CIRCLE 的報告結論提出：「年輕一代不參與政治活動，是有史以來前所未有的現象。」其中一位作者寫道：

> 大多數美國年輕人不參與表決或不以其它任何方式來影響公共政策。這不是說，年輕人不關心自己的國家，因為他們在其社區做志工服務的比例，遠超過上一代。他們之所以不參與民主制度，是因為他們覺得那些行動是無意義的[5]。

CIRCLE 的報告提出如下的建議：

◆ 增加學生針對公民教育、歷史和政府等議題，進行學術研究的數量和品質。

◆ 讓年輕人在課堂中討論與他們生活有關的議題。

◆ 讓學生有機會管理學校事務，讓年輕人參與他們關心的社區活動，這些方法可強化課堂上的公民教育[6]。

這份 CIRCLE 報告引發了「學校公民使命的運動」（The Campaign for the Civic Mission of Schools, www.civicmissionofschools.org/campaign），此運動致力於多元化的公民教育，提供學生更多成為民主公民之實際經驗。之後，美國教育部提出品格教育方案——「品格教育和公民參與」（Character Education and Civil Engagement, www.cetac.org）。在 2004 年秋季的展翼研討會（Wingspread Conference）中，聚集了倡導品格教育、公民教育、服務學習和社會情緒學習的領導人，他們共同提出了「公民品格路徑」

（Pathways to Civil Character）之願景聲明，呼籲全民共同努力，以提升公民品質 **7**。

可喜的是，有許多他們實踐之建議已有一些呈現其所呼籲的優勢能力之證據。《兒童趨勢研究概述》（*Child Trends Research Brief*）提及：

研究發現，在青少年時期能從事公民事務活動者，將來能成為有工作倫理的成年人，並且能負擔更多的責任。這類的孩子在青少年期，較少未婚懷孕和濫用藥物，而且在學校的表現都比較好 **8**。

公民品格是民主的基礎

雖然公民品格十分重要，但它不是品格的全部。我們認為，它只是八項品格優勢的其中之一。公民品格是成為民主社會好公民所需具備的品格之一。

我們認為其它的品格優勢都是發展公民品格的助力；成為一個有公民品格的人，需要發展德行思考、道德實踐和一系列的社會與情緒技巧。

當前對公民品格需求的呼聲，呼應了許久之前「美國創立者」（American Founders）組織的精神。他們認為公民美德教育對於促進健全的民主制度極為重要。他們提出兩件必須做的事：(1)健全民主結構（例如能保護人權及自由選舉的憲法、能制定和執行法律的結構，和能制衡與評鑑的制度）；以及(2)培養良善公民。如果公民缺乏美德，那麼民主體制就會受到破壞。舉例來說，如果公民欺騙和偷竊、遊走法律邊緣，或利用暴力來解決衝突，法治便會被破壞。

全球的公民身分

品格優勢 7 提出，我們不僅僅是地區性的社會公民，也是世界公民。

這首先意味著，在某種意義上，我們對所有人類是有責任的。

這是集體責任，也是本書的核心主題。如果有任何人在世界中受到迫害、戰爭、飢荒、疾病或自然災難，都是我們應該關注的議題；我們都是世界家庭中的一份子。很明顯地，雖然個人解決世界問題的能力是有限的，但是我們每個人都可以盡一份力量。

在一個資源逐漸萎縮的世界中，我們彼此命運的關聯日益密切。

因此，也許有人要問，為什麼我們應該關心地球遙遠一端正在受苦的陌生人呢？因為，第一，這樣做是有正義感和富有同情心的；第二，因為這樣做是減低人的自我中心。人類是相互依存的；在一個資源逐漸萎縮的世界中，我們彼此命運的關聯是日益密切的。

> 我們中間是否沒有美德的存在？如果沒有，我們就是處在一個悲慘的局勢中。在任何形式的政府中，如果人民沒有美德，就無法確保社會的自由和幸福。
>
> —— James Madision

幫助學生成為全球經濟的公民

成為世界公民是具有挑戰性的，因為我們生活在一個經濟共同體的世界中。教育家 R.D. Nordgren 在《蓋洛普民意調查》（*Phi*

Delta Kappan）雜誌所發表的〈全球化與教育〉（Globalization and Education）報告中提出，學生若要在新的全球經濟體制中成功，必須擁有下列資產：

1. 具備在團體與跨文化團隊中合作的能力
2. 解決問題的能力，包括解決團隊中的衝突
3. 要具有企業家的能力，也就是具有創意思考、能夠承擔風險，並願意改變
4. 運用科技，提升個人和組織的表現 [9]。

然而Nordgren亦指出，若學校和教室採用由上而下的官僚運作方式，將使學生只是盲目地遵守指令，而無法真實合作和發揮創意思考，也就無法在競爭異常激烈之全球市場中有所成就。為了幫助學生面對新經濟體系，Nordgren認為學校必須做的事，是要促進有效的團隊合作、能共同決策和展現具創造性的冒險精神。

為了幫助 21 世紀的新世代，我們必須改變學校和教室的運作模式，也就是讓學生和教職員在共同領導和發揮充分想像力的機會下，一起參與問題的解決歷程。

> 為了幫助21世紀的新世代，學校必須做成功企業必做的事：促進有效的團隊合作、共同決策和發揮創造性的冒險精神。

◻ 以愛為基礎的公民

優勢 7 談到培養年輕人對他們的家人、班級、學校和社區有所貢獻。這個意義為，我們是我們所屬團體的公民。家長、老師、教練、青年領袖、雇主和其他與年輕人一同工作的人，都有義務幫助他們成為所有社會

團體中有所貢獻的成員。

我們對家庭特別的呼籲是：年輕人不僅僅屬於現在，他們有一天會創造未來。為人父母最困難的工作，也許是沒有機會事先學會如何做父母。在《預備未來父母手冊：如何在學校中進行親職教育》（Preparing Tomorrow's Parents: How to Bring Parenting Education for Children and Teens To Your Schools）中清楚地說明：如果我們想建立一個健全的社會，我們必須教導年輕人學習如何成為稱職的父母 [10]。

事實上我們認為，成為一個負責任和具有承諾的家長，應被視為公民品格的重要部分。有幾件事會對社會的共同利益產生較大的影響，例如，在父親缺席的情況下，將導致童年的陰影 [11]。

> 成為一個負責任和具有承諾的家長，應被視為公民品格的重要部分。

好消息是，讓「人民成為更稱職的父母」成為國家教育優先考量的努力，已略見成效。「預備未來父母」（Prepare Tomorrow's Parents, www.preparetomorrowsparents.org）機構，為了促進兒童和青少年的成長，提供父母一些課程和教材，以協助他們學習成為稱職的父母。「幫助兒童發展」（Childbuilders, www.childbuilders.org）機構也提供父母教育課程，包括學前幼兒一直到高中生的發展、溝通技巧、非暴力解決衝突的方法，與正向的管教方式，這些課程幫助父母建立健全與穩固的家庭關係。

最後，我們除了幫助學生成為未來稱職的父母，也要協助他們參與民主活動，也就

是讓他們為他人的福利擔負責任。協助別人是無可替代的經驗，因為此經驗能夠幫助學生成為促進社會進步的一員。康乃爾大學社會心理學家 Urie Bronfenbrenner 在 1979 年所出版的《人類發展生態學》（*The Ecology of Human Development*）（譯註 1）一書中指出：

現在可能還有 18 歲的高中畢業生，未曾做過一件別人需要他做的事……也未曾照顧過嬰兒、老人、生病的人、孤單寂寞的人，也未曾安慰或協助過一個真正需要幫助的人……社會成員必須對他人的需要，保有敏感度、警覺性、能主動參與協助和照顧其他人，不然沒有一個社會能長遠存在 [12]。

Bronfenbrenner 的觀點提醒我們，不論是今天的年輕人，或是任一世代的人，都需要一個實際有效的教育，那就是將愛注入教育中。愛所提供的動力，能讓我們超越自我的利益。

> 為了養育健康的兒童，最重要的關鍵是親職教育，它必須存在於學校教育中。
> ——Alvin Poussaint, M.D.

成為對社區和民主發展
有所貢獻者的四項有效策略

1. 學習我們民主精神的傳統。
2. 讓學生參與服務學習。
3. 讓學生擁有參與民主活動的第一手經驗。
4. 讓學生學習尊重彼此在良知上的差異，以及以民主的方式去解決衝突。

優勢 7：對社區和民主發展有所貢獻者

▶ 有效策略 1：
學習我們民主精神的傳統。

Elizabeth McPike 和她在艾伯特申克爾機構（Albert Shanker Institute）的同事，在 2003 年合著的意見書《民主教育》（*Education for Democracy*）中，寫道：

波蘭哲學家 Leszek Kolakowski 在 1986 年的傑佛遜講座中，說了一句在西半球社會非常有名的話：「我們認為，培養對社區與民主發展有所貢獻的公民，其重要性是不言自明的。」

這句經典之語至今對全世界仍具影響力！建立在這些信念上的民主制度是有根基的、是近代才有的、是十分珍貴的、是我們留給下一代的重要資產和傳統。我們千萬不要以為他們很輕易就能明白及接手了，我們必須將這些重要的資產和傳統深植於下一代的靈魂深處，讓人無法隨意將它們拿走 [13]。

譯註 1：中譯本《人類發展生態學》，心理出版社出版。

我們又該怎樣讓年輕人珍惜寶貴的政治資產呢？《民主教育》的作者提出四項要素：

1. 提供可以進行熱烈討論的歷史／社會研究課程
2. 提供周延和誠實的美國歷史教學
3. 真實地說明過去和現在的不民主社會中，人民生活景況形成的原因
4. 培養在健全民主制度中重要的美德[14]。

☐ 教授能進行熱烈討論的歷史課程

《民主教育》呼籲，認真地學習歷史，對培養具民主意識的公民是重要的。一個能進行熱烈討論的歷史課程到底如何進行呢？

《民主教育》一書的作者建議，在中學階段，學校至少要安排六年的歷史、地理、公民、經濟……等核心課程。在三年中逐步教導美國歷史和世界歷史。他們說：「將所有的社會科學的主題，按照歷史時間順序來教導，如此才能包含所有的主題。」

為什麼要這樣做呢？因為很多學生似乎忘記，或是從來沒有學到歷史曾經帶給人們的警惕。《民主教育》這本書說其中可能的原因是：歷史教科書的內容太多，而且缺乏生動的闡述，以至於學生和教師都感到無趣。歷史學家 Wilfred McClay 提醒我們——人們能否記得歷史，是取決於對其含義的瞭解，他的說明如下：

人的記憶是有選擇性和目的性的。它就像是一個資料庫，一個模型的組織，一個架構，會對有意義的記憶進行存取。通常我們會儲存那些具有意義的模式，以及重大的事件，所以我們需要確定每一個學生都需要知道的歷史，並堅持要求他們學習[15]。

《民主教育》中提到，「意義的模型」（template of meaning）對我們的學生來說，必須是「民主建立的過程中，永無止境的奮鬥」。

不論是在現代或傳統的社會中，包羅萬象的歷史故事都是各種奮鬥的過程，包括邁向文明、文化發展、約束人性之惡、確保言論和集會自由、民意政府、法律、財產權和追求財富的機會、避免混亂與暴力下的改變，和社會公平正義的追求。以上這些奮鬥仍在全球各地持續地進行，人們也從奮鬥中得到希望，因此這些都要在歷史課程中不斷地提醒學生[16]。

想要瞭解課程模式的細節，請見《民主的教導：確認民主核心的州立標準》（*Educating Democracy: State Standards to Ensure a Civic Core*）這本書[17]。

☐ 說一個完整的故事：我們的成就和我們的失敗

《民主教育》一書中所提的第二個建議，是要為學生提供兼顧到國家的成就和失敗的故事。退休歷史教師 Peter Gibbon 在其所著的《勇氣的呼喚》（*A Call to Heroism*）一書中提出他的發現——近代歷史教科書的一個問題在於強調負面的歷史，而忽略了正向的歷史，他寫道：

我教美國歷史已有多年了，也用了很多

的教科書，大部分的教科書對收入的不平等、環境的敗壞、對外國移民的恐慌、罷工、屠殺和私刑都有血淋淋的描述，而當代的歷史書籍封面，更是詳細呈現越戰和美洲原住民遭受羞辱的待遇[18]。

相較之下，Gibbon 說：「一些教科書中很少提到帶給美國重大影響的人物或英雄。」如果我們只關注美國歷史的黑暗面，為何對年輕人是有害的呢？ Gibbon 的觀點是：這樣會讓年輕人對過去的感到羞恥，並對未來感到悲觀。無形中鼓勵他們養成了不知感恩、自以為是的心態，認為歷史中的每個人物都是錯的無可救藥、腐敗與無知的，而不會啟發他們相信自己可以為世界帶來正向改變。其實，許多「無可救藥」的執著者，為世界做了很多重大的貢獻，而我們的人民和政府都是在不斷進步中。

對美國歷史完整和公正的介紹應該還要告訴學生：

事實上，美國人對世界獨特的貢獻有電燈、電話、鹼性電池、尼龍、合成橡膠、雷射光和攝影膠卷、電腦和網路、爵士樂、棒球，和摩天大樓[19]……

最重要的是，《民主教育》這本書指出，學生應該瞭解，當社會的作法與獨立宣言的原則有所抵觸時，我們的國家展現了崇高的道德行動和進步，黑奴問題就是其中一例；黑奴問題得以解決，是數以千計的人犧牲了他們的生命換來的。學生應該瞭解：

美國對於種族平等的追求並未止於南北戰爭。學生應該學習——從近代民權運動和長期以來種族歧視烙下的恥辱所帶來的激烈道德掙扎和偉大成就。透過個人、組織和民主運動抗爭，國家得以轉變的諸多記載，學生可以從那樣的教材中體認民主的精神。在民主社會中，人們可以自由發表不同言論、示威抗議、出版、為著共同的關切而集會、選出足以令人信賴的官員。經由這些特質，民主社會所具備自我改進的寬廣和偉大度量，才得以彰顯。

學生能看到這一點是重要的，不僅因為它是真的，也因為他們體認到改變是可能的，未來的確是掌握在他們的手中[20]。

把注意力集中在歷史的陰暗面，會讓學生對過去感到羞恥，並對他們的未來感到悲觀。

□ 瞭解沒有自由的國家中，人民生活的樣貌

《民主教育》書中的第三個建議是：透過比較非民主社會的生活，引發學生對民主精神傳統的讚賞，如果沒有比較，學生會把自由和民主視為理所當然。該書指出：「直到恐怖分子塔利班（Taliban）的圖像在美國電視螢幕上出現……婦女在不被允許的時間外出而被棍棒亂打……，我們的學生不曉得，在世界的另一端，人權和尊嚴被剝奪和貶低，是稀鬆平常的事」。

英國歷史學家 Robert Conquest 寫道：

人們忘記了，在國家中，我們擁有權利和自由是何等珍貴和非凡。雖然文明化已經存在了幾千年，但我們僅僅知道批評政府、在保障下不受任意逮捕、有公平的審判……

可以投票選出公職人員[21]。

□ 瞭解培養美德在健全民主制度中的重要性

《民主教育》書中的第四項建議是：為促進民主蓬勃發展，我們必須培養人民的美德。該書說：「要選擇好的美德，首先要瞭解什麼是好的美德。」一些傑出人士的傳記和自傳能提供豐富的道德典範。

要選擇好的美德，首先要瞭解什麼是好的美德。傑出人士的傳記能幫助我們理解。

《民主教育》這本書引用原為黑奴的 Frederick Douglass 的自傳為例，自傳中描述他如何學習閱讀，以及這個舉動如何帶給他對自我認識的徹底轉變。

年輕的 Douglass 曾無意中聽到他的主人說：「如果一個奴隸學會閱讀，就和他的身分不吻合了。」從那一刻起，Douglass 理解到學會閱讀，將能使他脫離奴隸身分而得到自由，這個理解促使他相信知識是改造的力量，因此他開始自學閱讀。

隨著知識的增加，青少年期的 Douglass 變得不易屈服。他被賣給一個會毒打黑奴的男子，經過六個月的艱苦勞動和鞭笞，Douglass 決心不向毆打屈服。他赤手空拳與那名毒打他的男子打鬥兩個小時，那名男子輸了，Douglass 從此不再遭到鞭打。在其自傳中，Douglass 寫道：「我已經不怕死了，雖然形式上我仍然是一個奴隸，但在精神上，我是一個全然自由的人[22]」。

我們國家的民主結構是重要的，我們的學生必須明白如何感謝能擁有這些成就和福祉。學習傑出的典範人物是重要的，它可以激發年輕人對社會的關心，和善用民主結構所帶來的機會。假如我們不學習公民品格的生活，公民教育會變得只是一種紙上談兵，青少年就不可能將民主精神的傳統視為自我認同的一部分。

優勢 7：對社區和民主發展有所貢獻者

▶ 有效策略 2：
讓學生參與服務學習。

Richard Curwin 在其所寫的《重新發現希望：我們最有效的教學策略》（*Rediscovering Hope: Our Greatest Teaching Strategy*）中，描述了他第一次在加州對青少年所做的一項實驗，這個實驗很有名[23]。這些脫序的青少年來自不同的學校，他們當中許多人都捲入幫派，他們被安排到老人養護院及兒童醫院中照顧身體殘障的兒童。簡單來說，這些青少年幫忙照顧老人、讀故事給兒童聽，並陪他們玩遊戲。

Curwin 的這個研究結果有重大發現：

大多數的年輕人透過這個方案，在態度和行為上產生了巨大的改變。他們幫助並傾聽老人和小孩的問題，並提供意見，也因此與老人和小孩建立了情感的依附關係。這個方案不僅幫助過去行為不檢的青少年成為熱心和值得信賴的人，也讓許多青少年因而想要進入助人的專業領域。

如果我們想讓學生發展出責任感，我們應賦予他們責任。

如果我們想讓學生發展出責任感，我們應賦予他們責任。特別是在學校表現不良的學生，讓他們對其他人擔負一些責任，能夠為他們品格的改變帶來極大的影響。

☐ 這項研究告訴我們什麼？

許多報告都呼籲那些想要進行公民任務教學的學校，進行服務學習對達成公民任務是有幫助的。另一份來自「國家服務學習委員會」（National Commission on Service-Learning, www.learningindeed.org/slcommission/）所做的報告《行動中學習：服務學習的力量》（*Learning in Deed: The Power of Service-Learning for American Schools*）中，定義服務學習為「一種教－學方式，這個方式能教導公民具有責任感、強化社區關係，和豐富學生的學習。」此份報告中還宣稱，參與服務學習能達到以下功能：

◆ 改變學校的教學，讓學生負起學習的責任。
◆ 提供學生體驗理論與實務結合的重要性。
◆ 有助青少年的個人發展、減少暴力和婚前性行為，並增加未來職場需要的責任感和職業技能 [24]。

許多研究顯示，學生在服務學習中能有豐富的收穫。

十年的研究證據顯示，服務學習幫助學生發展公民道德感、社會責任和參與公共事務的能力，改善學校氛圍，增進教師和學生之間的彼此尊重，改善人際關係與各種不同團體相處的能力 [25]。

根據美國教育部的報告，研究顯示，參與服務學習的中學生，相較於那些不參與服務學習的中學生，具有以下的特質：

◆ 能更仁慈地對待他人和接受文化的多樣性
◆ 有較高的自尊
◆ 能和老師或其他成人發展較為良好的關係
◆ 上課缺席或遲到的機率小
◆ 退學的機率小
◆ 因紀律問題或違法行為被轉介到訓導處的機率小
◆ 較在乎能在學校有良好的表現
◆ 較在乎在國家考試中得到好成績 [26]。

> 所有的服務學習都是直接或間接的德行活動，能滿足道德發展的需求。
> ——Robert Coles

當然，服務學習方案對發展民主公民有諸多不同面向的貢獻。Thomas Martin 和 Scott Richardson 在其論文〈從學生中培養公民〉（Making Citizens Out of Students）中指出：「太多的服務學習方案往往是短時間的，只是一天的活動，例如打掃公園。但教師可以在打掃公園結束後，鼓勵學生關注相關的公共政策或社區營造，以便能長期協助保持公園的乾淨 [27]。」Martin 和 Richardson 寫道：

在打掃公園後，一個 6 年級的學生與市政府官員一起討論如何改進公園的維修。他們用心確保公園的清潔，為保存社區的未來

資源而努力。學生還進行了一個具教育性的活動，此活動使公園裡的垃圾減少和不被破壞。學生也從中學習了如何接觸民意代表和影響公共政策[28]。

服務學習的形式應致力於影響公共政策或社區營造，這樣才能發揮長遠的效益。

☐ 來自服務學習典範學校的一課

我們訪問了一所小型的中學，此校獲得國家服務學習領先學校獎（www.leaderschools.org）。該校的輟學率為零，而在最近的一個全國性學生學業能力測驗（Assessment of Academic Skills）上，該校學生的成績在讀、寫和數學都名列前 3%。此外，服務學習是該校的核心方案。右邊方塊內容中說明該校服務學習方案的要素。

這個學校負責服務學習的輔導老師告訴我們：

關於我們 12 年級的展示會之所以表現傑出的原因，是因為展覽的內容包含了道德關切。我們要求學生選擇一個他們關心和想要瞭解的社會道德問題，並且思考我們能做什麼？

去年有一組女學生完成了一個「文化本質與強暴事件」專題，她們驚訝地發現，每年有超過十萬件強暴案沒有被起訴，因為受害者無法負擔 500 美元的 DNA 相關鑑定。學生在「關切性騷擾月」（Sexual Assault Awareness Month）中召開新聞記者會，並遊說立法委員和國會議員，提供受害者 DNA 相關的檢測費用。

一個獲獎之服務學習方案的內容

星期三的服務學習日。每個星期三上午，9 年級的學生分別在 40 個社區工作兩個小時，這些社區包括小學、獸醫診所，以及養老院。

品質控制。服務學習輔導員和十名家長義工會拜訪這些社區，並與學生和督導會談。藉著這些會談，他們確認學生與社區的關係是否有問題、學生的行為是否不當，或是缺少工作的熱忱等等。這些在社區中密切的聯繫工作，可以提早發現問題，以確保服務的品質。

全球問題課程。在 12 年級學生的第一學期，學生有機會選修全球問題課程；這個課程旨在幫助他們瞭解複雜的社會道德與政治問題（世界飢餓、戰爭、外國援助、經濟問題）、思考美國在這種問題上所扮演的角色、學習選擇公民和政治行動，並應用德行框架來評價對於相關議題的回應。學生從這學期就開始思考，在畢業前最後一學期，他們希望更深入瞭解的議題。

12 年級的研討會。在 12 年級第二學期，學生選修一個專題課程，與指導老師成立研究團隊，深入研究一個社會問題，並且提出一項行動計畫。最後，他們執行和評量其行動計畫，並且在公立學校 12 年級正式的展示會中分享成果（www.essentialschools.org）。

□ 學生對於服務學習的看法

我們採訪了在星期三上午參與服務學習的學生，訪問有關服務學習經驗對他們的影響。以下是一個典型的回應：

女學生：我們服務老人，我們學習社交技巧和多樣的工作，而這些是日後成為大人所需做的事。

男學生：我曾對與他人一起工作感到憂慮。但服務學習可以讓你走出學校，進入真實世界。

女學生：我以前其實不是一個領導者，只是個追隨者，但我現在是。第一天的服務學習，讓我不敢相信我可以為國家公園做導覽。那時我的膝蓋在發抖，但我現在可以自己規劃旅遊。

男學生：我被服務學習社群拒絕，因為9年級的那一年，我做了一些很壞的事。我必須學習遵守規定和控制我自己。

我們還訪談了父母志工。一位媽媽說：

服務學習幫助學生找到他們人生的方向。我兒子曾經一直認為，自己要成為一個工程師。但由於在一個4年級教室中進行服務學習，他現在想成為一名老師。只是也有一些同學因此而不想當老師。

另一個母親說：

我的兒子一直非常內向。透過服務學習，他的自信心大幅增加，現在他比較會和人溝通，並且分享經驗。我們在家也有比較多的溝通，他不再害怕生活。

為了確保服務學習的品質和經驗，以下的方塊內容提出有效的十項原則。

優質的服務學習……

1. 讓人們為了公眾的利益而採取一些有責任感和具挑戰性的行動。
2. 提供具體的結構和規劃，讓人們可以批判性地省思自己的服務學習經驗。
3. 向參與者清楚闡述服務學習的目標。
4. 允許參與者提出他們的需要。
5. 向參與的每個人和機構清楚說明責任的歸屬。
6. 瞭解服務提供者和需求者之間協商的過程，可能存在變化的狀況。
7. 對服務機構展現積極主動的熱忱。
8. 為達成服務與學習的目標，活動必須包括培訓、輔導、監督、支持、省思和評量。
9. 確保服務學習時間能保有彈性及合宜性，並兼顧所有參與人的最佳利益。
10. 參與方案的人能含括不同的族群 [29]。

Beland, K. (2003). *Providing opportunities for moral action, Book v, Eleven principles sourcebook: How to achieve quality character education in K-12 schools*. Washington, DC: Character Education Partnership.

Billig, S. (2000). *Service-learning impacts on youth, schools and communities: Research on K-12 school-based service learning, 1990-1999*. Denver: CO: RMC Research Corporation.

Boston, B. (1997). Their best selves: Building character education and service-learning together in the lives of young people. Washington, DC: Council of Chief State School Officers.

Character Education Partnership (2001). *Service-learning and character education: One plus one is more than two*. Washington, DC: Character Education Partnership.

National Commission on Service-Learning (1998). *Learning in deed: The power of service-learning for American schools*. Newton, MA: Education Development Center.

Tolman, J. (2003). *Character education: Providing opportunities for moral action*. Washington, DC: Character Education Partnership.

Zaff, J.F. & Michelsen, E. (2002). *Encouraging civic engagement: How teens are (or are not) becoming responsible citizens*. Washington, DC: Child Trends Research.

優勢 7：對社區和民主發展有所貢獻者

▶ **有效策略 3：**
讓學生擁有參與民主活動的第一手經驗。

正如學生從生活中學習道德，他們也從經驗中學習民主。在第三章「德行學習社群」中，我們提到如何進行民主教室和全校性的策略，使學生「能夠勇於發聲和表明立場」。在這裡，我們將重點放在全校性的策略，也就是讓學生擁有參與民主活動的第一手經驗。

☐ 美國憲法第一修正案學校方案

一個致力於使民主成為生活經驗的重大學校改革，可參考美國憲法第一修正案學校方案（First Amendment Schools project）。「督導與課程聯盟」（Association for Supervision and Curriculum）和「憲法第一修正案中心」（First Amendment Center）這兩個機構贊助了以上的方案，這個方案已經幫助不少學校成為「民主自由的實驗室」。「憲法第一修正案中心」的學者 Charles Haynes 提出學校參與這個方案的四個目標：

1. 所有學校成員有大量實踐民主的機會。
2. 學生學習如何行使其不可剝奪的公民權利與義務。
3. 家長、學生、教育工作者和社區成員共同努力，共同打造一個理想的民主和自由社會。
4. 透過服務學習和問題解決，可以達到公民教育的目的和參與 **30**。

Haynes 以方案學校所實施的民主原則為例指出，在高中，「學生參與學校所有的委員會，委員會包括學校管理團隊、家長和教職員，討論人員的聘用和其它重大決定，」而在國中，「學生和教職員在每週的會議中，共同解決全校性的問題 **31**。」（請見憲法第一修正案中心的網站，www.firstamendmentschools.org，其中有 11 所憲法第一條修正案中學之民主教育的描述）。

參與方案的學校提供校內所有的成員有實踐民主的機會。

☐ 正義社群學校

「正義社群」學校是由哈佛大學的Lawrence Kohlberg、Clark Power、Ann Higgins 等人首先設立的，他們的目的是希望能在小型的學校中落實民主的原則 **32**。在第三章，我們指出其研究顯示，學生參與正義社群對其有長期正面的影響，尤其是畢業十年後其參與投票和社區服務的情形 **33**。

我們訪問了一所小型正統的猶太人學校，它有 350 名學生與教職員。為了成為正義社群學校，它每週定期舉行城鎮大會堂會議，是該校於 12 年前成立的。

以下是該校對其「正義社群的章程」及學校願景的簡要說明：

我們的學校是由教師、行政者和職員一起形塑的具猶太人信仰價值的學校，目的在於形成更公正和具關懷的社群，提供一個相互尊重的學習環境，尊重每個人的尊嚴和價值，促進每個人的道德發展，確保自由的民主價值觀、平等和正義，並建立民主正義社群的規章。

該校的「規章」也詳細闡述了民主正義社群的限制，包括一些不進行表決的事項：(1)課程或教學法；(2)猶太教的律法；(3)國家和聯邦的法律。以下是該校落實正義社群的細節：

1. 每位教師指導八位學生。指導老師每星期二和學生晤談 40 分鐘，以瞭解他們想要在全校會議中一起討論的議題。
2. 三位指導老師組成一個「社群論壇」，進一步討論和澄清某些特定問題和建議，並將之提到大會堂議程委員會（Town Hall Agenda Committee）（委員會包括 11 名學生、2 位教職員，和 1 名行政助理）中討論。
3. 大會堂會議每個星期四中午至下午 1 時舉行，是由學生代表主持。
4. 如果討論的問題不屬於三個非大會堂權限中的任何一個，則由學生、教師和工作人員共同進行表決。

最近該校增加了一個大會堂職權的程序──如果問題超出其管轄範圍時──例如，

相關課程及教學法——可以採取非正式的投票來進行普查，以瞭解大多數人對該議題的觀點，然後，行政人員和教師便會在審議議題時，參酌普查結果來做決定。

> 「我們喜歡參加辯論，因為我們可以聽到教師和學生兩方不同的意見。我們已經變得比較習慣與權威人士的意見不同。」

在大會堂會議中，曾進行辯論與投票的議題，包括：榮譽制度的實施、電腦實驗室的政策、服裝穿著標準、教師成績的評定、停車優先權、早餐的菜單、代表學校的顏色等。我們最後看到該校討論如何調整猶太文化的課程（減少哲學課程，並教導現代以色列史）。在討論過程中，我們看到教師和學生從不同的角度，對課程的擬定展開熱烈的辯論。

我們訪問了該校一群學生，以瞭解他們對大會堂正義社群優點的看法，和改進意見。他們的意見請見下一頁的方塊內容。

當我們與學校教師分享這些意見時，一位老師說：

> 很多學生來到學校，認為學校就好像是美國國會，因為他們真的可以參與某些事的決定。針對他們所提出來的一些問題，我會和他們做很多的討論，引導他們思考：「我們真的可以做決定嗎？」對於他們過去做過的一些決定，以及他們擁有權力去做決定的事上，我都會嘗試提醒他們。

> 當青少年在學校中曾經驗或參與民主歷程，他們在道德發展上會有所成長，將來才有可能成為積極的民主公民。

我們訪問了另一所有 1,300 名學生、較為大型的高中，這所學校正處於初期嘗試建立民主制度的困難階段，也就是他們才剛剛成立一個大型民主的聯席會議。看著這所學校進行民主治理模式的努力與限制、學生在做決策和實踐上所面臨的挑戰，及嘗試合理有效會議的運作，我們就會想到邱吉爾所說過一句著名的話：「民主運作是世上最糟的一種政府形式——排除其它所有形式之後。」

該校民主進程中的混亂，可能會令學生與老師的沮喪，但畢竟，民主的政府將面對「真實的世界」。如果學校願意承擔這項挑戰，就會激發許多的美德，如：耐心、毅力、謙遜、現實主義和幽默感。我們的研究顯示：當青少年在學校中曾經驗或參與民主，他們在道德發展上會有所成長，如此，將來才有可能成為積極的民主公民。

> 學校本身必須是民主社會的一個縮影，具有道德的一致性。
>
> ——Rosemary Salam

學生對於正義社群的看法

● 優點

「我們可以在全體師生面前說出心中的想法。」

「大部分學生在四年中會參加約15次的會議，也就是約有 80% 的會議都會參加。在大會堂會議中，約有 2/3 的意見都是由學生提議，只有 1/3 的意見由教師提出。」

「我們發展出以不同角度思考問題的能力，並且能在群眾面前發言。」

「我們喜歡參加辯論，因為我們可以聽到教師和學生兩方不同的意見。我們已經比較習慣與權威人士有不同的意見。」

「我們曾提出對學校的改善意見（例如，通過一項政策，要求教師對學生的每門課能提出評估）。還有一段時間，學校曾發生一些偷竊行為，但討論後我們認為這是三或四個少數學生的行為，而偷竊問題在大會堂會議中討論之後也的確減少了。」

「所有學生、教師和行政人員之間感到彼此連結。如果有任何破壞或偷竊行為發生，大家都懂得這是不道德的行為，而感到自己有責任關心。最近，有人在學校一位令人尊敬的老師的汽車油箱中放入糖。我們在大會堂會議中討論這種不當的行為，並決議提供足夠的金錢來彌補這位老師的損失。」

● 需要改進的部分

「仍有許多事我們不能投票表決，例如與學校課程相關的一些事，我們無法參與決定。」

「有很多我們關心的事情，是我們無法控制的，例如服飾標準、早餐的菜單、性教育方案。即使學校都說『你可以表達你的意見』，但是學校卻不讓我們對上述問題有意見。我們雖然有論壇能表達我們的意見，但其實它不是真正的民主。」

「有些學生在大會堂會議中虛度時間，或是和同學聊天或做功課，只有20-40 個學生會定期積極參與。」

「有時候我們會熱烈地討論實施榮譽制度的問題，但是議程委員會並沒有充分採納我們的建議。」

優勢 7：對社區和民主發展有所貢獻者

▶ **有效策略 4：**
讓學生學習尊重彼此在良知上的差異，以及以民主的方式去解決衝突。

如果我們牢記：「學生時時刻刻都在觀察」，那麼其中一個最重要的經驗就是我們可以透過學校社群的運作模式，來教導學生何謂民主。這種模式包括學校會因爭議性的問題而分為不同意見的群體。

在課堂上學習探討具爭議性的問題是一回事，但是在現實的學校生活中，去面對引發許多情緒衝擊的議題，而且要公平和民主

的處理又是另一回事，且更具挑戰性。

這種爭議可以發生在很多不同的問題和課程領域中，但沒有一個領域的衝突會大於針對性教育和學校政策的討論。在整個社會中，最激烈的爭議出現在與性相關的問題上，例如：愛滋病政策、性教育課程、在學校販賣保險套、同性婚姻等。這些議題可以測試我們是否真正地致力於公正和民主的討論。

☐ 爭議性衝突的處理

不幸的是，我們很常聽到學校不去處理具爭議性問題的例子，其中一例說明如下。

在一所公立高中，有人提議在學校設置保險套販賣機，這種做法讓教職員分成意見相左的兩派。那些支持需要設置的人認為，保險套只是要防止懷孕和愛滋病；而反對的教職員則認為此舉有可能會鼓勵學生有性活動。最後學校決定用投票表決來解決這個問題，結果是多數贊成設置，但是少數意見的一方仍堅決反對那樣的決議。

以上案例顯示，該校採用了民主社會「多數決」的方式去行使政治權力；將得票較高一方的價值觀及信念，強加在得票數較少的一方身上。很顯然，很多時候投票被視為達成決議的民主必要過程，但是透過投票方式去達成決議，應該只有當不贊成的一方同意以投票進行表決，並且能認同及接受表決出來的價值觀時才得以為之。因此，如果社群成員對某議題的看法，在道德良知上具有甚大歧異時，那麼，透過協商或尋求共識的作法，是較之投票來得合乎民主精神。因為在具爭議性問題的解決上，那樣的作法在

尊重與統整相互衝突之雙方觀點上，可以取得最大公約數。

☐ 尊重多元的良知：一個學校個案

有一些學校能認真地面對多元良知的挑戰，以尊重雙方不同看法的前提下，去尋求解決方法，就如上述所言。他們這樣做是為了達到理想的德行學習社群和專業德行學習社群，以依循民主的原則。

以下是來自友誼（貴格）學校（Friends [Quarker] School）的正向例子。狄老師是宗教與倫理部門（Religion and Ethics Department）的組長，他說學校在過去一年中，進行「多元文化」問題的討論。最近學校已透過學生所提出的爭議，來建立對男同性戀者／女同性戀者的支持小組。他解釋道：

在過程中，我們透過對話和正向積極的解決方式，來面對極為不同的道德文化觀點。面對多元觀點，過去傳統的做法比較停留在心理層面，也就是強調要包容、融合和安全。這是普遍性與和平解決此議題的方式，因為人們似乎害怕採用民主的方式會帶來兩極化的結果。

但是在我們的經驗中，上述的方法已被窄化為人們對道德與宗教保守人士的一種輕蔑。在本校，我們成功地排除「政治正確」為解決爭議的唯一框架，而是以民主的討論過程來替代，讓年輕人在學校中可以分享他們不同的道德文化觀點。這誠然是一項十分艱困的工作，在過程中並不是沒有衝突產生，只是我認為我們可以成功地面對因著不同觀點而可能產生的衝突，並且在過程中體

會到豐富學習經驗，儘管並非所有的人都全然滿意討論後達成的結果。

「我們呈現了一個讓不同道德文化觀的人，可以進行對談的過程。雖然過程一直是困難重重，但卻是很豐富的學習經驗。」

這樣的處理方式在學校中是如何演進呢？

根據學校歷史文件的紀錄，當初有一些學生為了支持同性戀／雙性戀，曾去找一些教師談，並試圖成立一個組織。在前幾年，學生也一直努力想要創立這樣的組織，但卻得到校長的負面反應。最近有一些畢業的同性戀或雙性戀學生，因為在學校中有不好的經驗，所以認為學校有必要成立支持小組，並嘗試去說服一些老師支持他們。

兩名教師隨後表示有意願成立這樣的組織，但是另有兩位教師有不同的理念，所以就將提議送到教師和學生委員會進行討論，只是雙方都明白這項提議可能極具爭議性，所以有必要謹慎處理不同觀點下的信念及所擔心的問題。

狄老師說：「當我們開始啟動討論後，對幾件事達成了一致性的看法。」

我們認為學校必須面對所有會令人害怕去進行口語表達的議題，以及去提高大眾對同性戀和雙性戀的認識，這樣才能讓不同觀點的學生，不會感到被邊緣化或孤立。然而對於如何實現這個目標的最好辦法，我們卻有明顯不同的意見。有一些人主張成立同性戀／雙性戀者的支持小組以解決這些問題，而另一些人則認為應該透過學校的結構，例如多元文化委員會（Diversity Committee）的討論，和輔導系統去尋求支持。

接下來，學校要求雙方撰寫和提交觀點報告。支持成立「同性戀／雙性戀支持小組」者，所提出的理由如下：

1. 這個小組的成員將包括同性戀及異性戀者，成立的主要目標在於營造一個較為接納及瞭解的學校社群，不論是對同性戀或異性戀者而言皆然。

2. 雖然有些同性戀或雙性戀的學生已找到一些可以對談的老師，但是學校目前的支持系統，並無法保證所有那樣性傾向的學生能被確認、可以與熟悉處理那樣議題的老師接上線，並且對那些學生所面臨的挑戰能具有同理心。

3. 對於青少年同性戀及雙性戀學生提供穩定的支持系統是必要的，尤其當研究顯示這個族群的自殺率較之異性戀者來得高。

4. 可以提供更好的教育，幫助所有的學生對於性認同及相關議題有更高的敏感度。

5. 一些異性戀和同性戀的學生都看見同性戀及雙性戀學生在公民權利上所面臨的挑戰，在這樣的議題上他們需要得到支持。

6. 拒絕讓同性戀和雙性戀學生成立小組，是一種不合法的歧視。

7. 這個小組將包括異性戀及同性戀的學生，而其中很多人可能還是選擇不表明自己的性傾向，理解如此多元意見的存在可以讓我們學校的群體意識感更好。

不贊成在學校成立同性戀／雙性戀支持小組的一方，所提出的理由如下：

1. 有些學校成立同性戀覺知或支持小組，是因同性戀議題已經被泛政治化，這些成立的行動是符應政治正確的一種做法。然而在那同時，卻使得一些因著信仰價值或者道德因素而持有不同看法的人，受到壓制或被邊緣化。很多時候，信念保守的教師會被貼上種族歧視、性別歧視或者「恐同」的標籤，都只因為他們在種族、性別、性傾向上不認同政治正確的想法及判斷。換言之，這些教師不是因做了什麼被貼標籤，而是因為他們所抱持的信念。

2. 在過去，我們學校曾勸阻學生不要組成「身份認同團體」，因為這樣的團體往往把學生自人群中隔離了，進而妨礙了他們獲得良好教育的機會；這樣的機會往往是透過人與人之間縱然抱有不同的觀點，還是可以進行開放式的對話。

3. 同性戀支持小組會產生一些不在預期中的後果，例如無形中會鼓勵學生嘗試性行為。研究顯示，年輕男孩一旦認定自己是同性戀，他很可能就開始會有性行為，而對其生命帶來威脅的疾病。在我們學校並沒有提供保險套，因為我們認為學生有可能將「提供保險套」詮釋為學校鼓勵性行為。我們在學校已有一個很好的政策，就是教導學生選擇禁慾，以避免自己因著性行為帶來身體和心理上的傷害。我們認為學校不應該有鼓勵學生發生性行為的措施。

4. 許多研究發現一個顯著的高風險，那就是當青少年認定自己是同性戀或雙性戀時，企圖自殺的比率較高。但是青少年若越晚認定自己是同性戀或雙性戀，其自殺的風險則會減低。此外，許多學生在青少年時以為自己是同性戀，但是當他們到了成年時卻不再認為自己是同性戀。因此，我們不應該在學生還不夠成熟時，就封閉此議題的對話，鼓勵他們認定自己的性取向。

5. 在青少年成長過程中，同性戀支持小組也可能影響他們未來扮演父母親的角色。在性教育的討論上，學校的做法應該要很謹慎，不能越俎代庖；因為在此議題上，家長及家庭的道德觀及宗教信仰才是最主要的角色。學校在建立學生性別認同上的主導角色是應被質疑的；學校老師、行政者、同儕及專家並沒有權利和權威在這議題上宣示他們的正當性。

6. 關於同性戀，還有其它更重要的議題需要被討論和關切，透過學校設置的管道是以更謹慎而有效的方式去面對，但絕不是透過上述所提具負面影響的特別覺知或支持小組去進行。

衝突的解決方式

經過兩個月的每週會議討論後，雙方師生團體代表在這問題上達成了一項協議。學校設立了一個組織，採用一個中立名稱：性別認同與相關議題理解與教育社團（Quaker Understanding and Education on Sexual Identity and Sexuality Topics, QUESST）。為確保保守和自由派兩方學生和教師代表能在討論過程中，公平地發表觀點，該社團的兩位位指導老師是由雙方的成員擔任。此社團成立的目的也向全校公布如下：

QUESST 的主要功能是作為關於性議題

的討論和覺知小組。它不會作為支持某些特定學生或團體的組織，也不會主張某特定生活方式或性取向。學生若發現自己需要個別協助，將會轉介給社團以外的其它組織或輔導老師。該社團可做最後決定，是否將某些討論的結果與社團以外的群體分享，以鼓勵更多人更瞭解相關議題。

狄老師提及，QUESST 中的保守成員雖然「不完全滿意在學校的組織外增加一個處理特殊問題的組織」，但同意 QUESST 所擬議的使命，以及它是由不同觀點的老師來指導，「期盼該組織能夠發揮支持所有學生，同時也不使保守一方的意見被邊緣化的功能」。狄老師說，大多數自由派的老師，最初是想成立一個同性戀支持小組，後來決定接受協議，因為他們認為此一社團「可以達成確保同性戀／雙性戀學生在學校及社區感到安全以及被支持，而異性戀學生和宗教信仰上保守的學生也可以得到支持」。

🗋 更重要的啟示

在面對一個高度敏感的議題時，如何能表現出卓越（勤奮和有品質的工作）和德行的融合（制定原則和相互尊重的努力），我們從這所學校的個案中所得到的最大啟示為何呢？我們認為至少有以下五項啟示：

1. **爭議性議題的處理，是品格的試金石。**這些議題透過以下方式考驗我們的品格：
   - ◆ 我們是否有勇氣誠實地面對爭議？
   - ◆ 我們是否能有風度、冷靜和理性地和其他不同看法的人進行議題討論？
   - ◆ 我們是否願意對真理有所承諾，即便它

和我們先前的理解不同，亦即願意去發掘和瞭解事實真相究竟為何？
   - ◆ 我們是否承諾致力於尊重民主的過程，確保在決策的過程中，學校所有成員都有均等的機會，使自己的意見被聽到？
   - ◆ 我們在這過程中是否抱持耐心及堅持，直到找到一個可行的和能公正地解決議題的方法？

2. **多元必須包括對道德良知觀點存在多元差異的尊重。**良知並非是絕對的自由；例如，一個人不可以宣稱自己是出於良知，而進行恐怖主義行為。合理的良知自由是不應侵犯他人的權利或破壞公眾的利益，這是民主很重要的一個標誌。我們每個人都有權利不同意別人所相信或想做之事的良知，但是當面對具爭議性的問題時，學校需要更多努力，去尊重個體源自真正良知所存在的差異。

3. **當學校面對具爭議性的問題時，必須從願意公開承認其乃為爭議性的事實開始。**有時學校處理爭議性問題只從單一角度切入，而不去承認不同觀點存在的事實，儘管原則上，學校的教育理念應支持多元觀點的存在，因這也是培養學生思辨能力很重要的一部分。

4. **學校必須提供時間和結構性策略，以便能夠適當地處理複雜的爭議。**對於爭議性問題，沒有快速解決這回事。當投資足夠的時間，並提供討論和決策的機制，也就能長期營造與實現良好的學校與社群。反

之，當缺乏足夠的時間或欠缺良好的規劃時，學校則可能長期受到負面的影響。

5. 在處理爭議性的問題時，學校必須清楚分辨合乎德行的行為和「政治正確態度」之間的差別。列舉一所學校的宣言如下：

我們尋求建立行為的標準，尊重每個人的尊嚴及價值，無論其性別、種族、年齡、身體或心智能力、宗教信仰、性取向，或社經地位等為何。

德行學習社群的任務包括必須長期教導其成員依循所設定的行為準則，換句話說，所謂尊重，是不強加某特定思想或觀點於他人。

> 良知是所有真正勇氣的基石。如果我們是勇敢的，我們必須聆聽良知的聲音。
> ——James Freeman Clarke

附註

1 National Study Group on Citizenship in K-12 Schools, Every student a citizen: Creating the democratic self, **www.ecs.org** (2000), 2.

2 Every student a citizen, 3.

3 Every student a citizen, 5.

4 Center for Information and Research on Civic Learning and Engagement, *The civic mission of schools*, **www.civicmissionofschools.org** (2003).

5 T. Martin & S. Richardson, "Making citizens out of students," *Education Week* (May 7, 2003), 48.

6 Martin & Richardson, 35.

7 For "Pathways to Civic Character," contact Charles Haynes, Freedom Forum First Amend-ment Center, **chaynes@freedomforum.org**.

8 J.F. Zaff & E. Michelsen, "Encouraging civic engagement: How teens are (or are not) becoming responsible citizens," *Child Trends Research Brief* (2002).

9 R.D. Nordgren, "Globalization and education: What students will need to know and be able to do in the global village," *Phi Delta Kappan*, 2002, 84, 4, 319.

10 Judith Schiffer (Ed.), *Preparing tomorrow's parents*, **www.preparetomorrowsparents.org/home.htm** (2002).

11 D. Blankenhorn, *Fatherless America*. (New York: Harper Perrenial, 1995).

12 U. Bronfenbrenner, *The ecology of human development*. (Cambridge, MA: Harvard University Press, 1979).

13 E. Pike et al., *Education for democracy*. Albert Shanker Institute, **www.ashankerinst.org** (2003), 7-8.

14 Pike et al., 12-13.

15 W.M. McClay, quoted in Education for democracy, 16.

16 Pike et al., 16.

17 For information on Educating Democracy, contact the Albert Shanker Institute, 555 New Jersey Avenue, NW; Washington, D. C. 20001; 202/879-4401.

18 P. Gibbon, *A call to heroism*. (New York: Atlantic Monthly Press, 2002).

19 Pike et al., 18.

20 Pike et al., 18.

21 R. Conquest, *Reflections on a ravaged country*. (New York: W. W. Norton, 2000), 20.

22 D. Schaub, quoted in Education for Democracy, 15.

23 R.L. Curwin, *Rediscovering hope*. (Bloomington,

IN: N.E.S., 1992).

24 http://learningindeed.org/

25 S. Billig, *Service-learning impacts on youth, schools and communities: Research on k-12 school-based service learning, 1990-1999.* (Denver, CO: RMC Research Corporation, 2000).

26 Cited at **http://learningindeed.org/research/slresearch/slrsrchsy.html**

27 Martin & Richardson, 35.

28 Martin & Richardson, 35.

29 P. Born & R.M. Kidder, *Report from Wingspread: Service-learning & character education.* (Camden, ME: Institute for Global Ethics, 1996).

30 C.C. Haynes, "Defending freedom in its hour of maximum danger: Renewing the civic mission of America's schools," *The Reporter.* Georgia ASCD (Summer/Fall 2002), 23.

31 Haynes, 27.

32 C. Power, A. Higgins, & L. Kohlberg, *Lawrence Kohlberg's approach to moral education.* (New York: Columbia University Press, 1989).

33 C. Power, "Democratic schools and the power of moral authority," in W.M. Kurtines & J.L. Gewirtz (Eds.), *Handbook of moral behavior and development*, Vol. 3 (Hillsdale, NJ: Erlbaum Associates, 1991).

優勢 8

用心追尋人生崇高目的的靈性者

用心追尋人生崇高目的的靈性者……

- ◆ 追尋崇高的人生目的
- ◆ 釐清並努力追尋人生中重要的使命
- ◆ 反思生存與生命的問題（例如，「什麼是快樂？」「什麼是生命的意義？」「什麼是我生命的目的？」）
- ◆ 培養對真、善、美等卓越價值的鑑別力
- ◆ 追求真正的幸福
- ◆ 擁有豐富的內在生命
- ◆ 追求與天、人、環境間深刻而有意義的連結。

我從未感覺死亡與我如此靠近，直到我們學校有兩個男生死於車禍，而我是他們倆的好朋友。我體認到我不可能再與他們在學校走廊上，相互打招呼或微笑。這個突如其來生命消失的事實，讓我感到震驚與害怕。這個經驗讓我如今努力追尋生命的目的，而我的目標就是盡力去關心周遭的人。

——一位高中女生

人類靈性的教育是什麼意思呢？1999 年《教育領導》（*Educational Leadership*）專刊曾針對這個問題進行討論，第一篇論文是 Parker Palmer 所寫的〈喚起公立學校的靈魂〉（Evoking the Spirit in Public Educa-

tion）。他在文章中提及：「我是貴格會的基督徒，我們的祖先因為信仰衝突而招致英國教會的迫害、囚禁。當貴格會信徒逃到美洲，尋求宗教上的自由時，他們卻在清教徒的手下遭受壓迫，就如同過去在英國的遭遇。」他接著描述：

我試著要去喚醒公立中小學重視此問題，因為我不想違反教會與國家分離的規定，也不是要鼓勵人們將自己的宗教信仰強加於別人身上。但同時，我很留心不要讓自己犯一些教育工作者時常做的事，那就是違抗人們心靈最深層的需要。

身為一位教師，長久以來，我發現我們害怕去談論關於心靈的事，這樣的教育方式終究會付出代價，而代價就是導致教育中缺乏對於生命真正議題的關注……結果我們教出一群疏離、遲鈍及沒有心靈導師的年輕人，沒有人可以跟學生一起討論心靈層次的問題，而這類的問題能帶給人活力，也可以帶來困擾[1]。

Palmer 說道：「靈性的問題（spiritual questions），是人們為了渴望與更深層的生命有所連結，而會問的問題，包括我們自己和學生皆然。」例如：

我的人生有意義與目的嗎？
我有這世界想要與需要的才幹嗎？
誰和什麼是我可以相信的？
我如何面對自己、家人與朋友的苦難？
人要如何保持希望？
死亡是什麼[2]？

Palmer 認為：「靈性的輔導（spiritual

mentoring）並不是直接解答深奧的生命問題。」而是……

幫助年輕人去尋找他們在生活中值得問自己的問題。當我們不看重生命中最深層的問題時，教育就只是拘泥於瑣碎技巧的學習，進而造成文化上的貧乏與極大的悲哀[3]。

當我們無法著重生命中最深層的問題時，教育就只是拘泥於瑣碎技巧的學習，進而造成文化上的貧乏與極大的悲哀。

□「靈性」的不同定義

為什麼公立中小學特別不願意和學生談「靈性的問題」？其中一個原因是，靈性有很多重的意義，所以討論起來可能會有很多困惑與爭論。

聖邁克爾學院（St. Michael's College）的教授 Aostre Johnson 所寫的文章〈瞭解與教導靈性的多元方法〉（Many Ways of Understanding and Educating Spirit）中，提供許多瞭解與教導靈性的方式，能幫助我們瞭解靈性的多重意義。過去幾年，她一直與幼稚園到 12 年級的教育工作者討論，如何瞭解靈性，以及信仰如何為教學帶來正向影響[4]。

渾渾噩噩的生活是不值得活的。
——蘇格拉底

在這項研究中，Johnson 教授指出八種瞭解與培養學生靈性的定義與方法。她指出，「這幾個觀點是相互交織的。有些人只針對其中一種觀點，另有些人則含括所有的觀點[5]。」在 Johnson 所提的八種觀點之下，我們多提出另一個觀點——靈性是對連結的一種尋求。下頁的方塊文章中，提供關於靈性九個不同、但相互補充的觀點。

這幾種定義幫助教育工作者，可以避免因不清楚的言語而帶來不具建設性的爭執。此定義幫助我們在向學生、同事和家長解釋我們希望幫助學生成為有「靈性的人」時，可以表達得清楚。

在優勢 8 的概念中，我們所強調的靈性是指「尋求意義」及「自我省思」，這二者皆是用心追尋人生崇高目的，及永恆快樂的重要核心。這九項觀點中的部分內容，我們在其它優勢中已強調過〔例如，靈性是「德行的深思者」（優勢 4）所反映的道德部分；靈性是「處事圓融且具備情緒管理能力者」（優勢 3）所反映的情感〕。談到成為有靈性的人時，我們將焦點放在第八個觀點，來深化且活出一個人的信仰（此信仰廣義的包括有神論與其它人生觀），並且學習去瞭解和尊重與自己信仰不同的觀點。

□為什麼設定追尋人生的目的很重要？

曾是集中營的生還者，也是 20 世紀極具影響力的作者 Viktor Frankl，在其 1959 年的經典著作《活出意義來》（*Man's Search for Meaning*）（譯註 1）寫道：

譯註 1：中譯本《活出意義來》，光啟文化出版社出版。

1. **靈性是意義的尋求**。尋求人生的意義是人類跨越文化、歷史以及生命階段的一種活動。教師可以邀請學生提出有關自己、大自然、生命的意義，以及周遭世界等有深度的問題。

2. **靈性是一種自我省思**。教師能幫助學生成為比較有自省能力的人，透過學習的方式，讓學生思考自己在世上的目的與方向，以及這些思考結果如何影響他們學習的選擇與生命目標的追求。

3. **靈性是一種對奧祕事的求知**。靈性被視為無法眼見，但卻十分真實的能量和力量，它無法為科學全然理解，但在人類歷史及不同宗教之中，其實奧祕性是被瞭解的。對奧祕事的求知是奠基在一種深入的自省，是一種沉思型態的思考。對奧祕事的求知能力又被稱作靈性智能（spiritual intelligence），意指一種心智的能量，也是所有智能的基礎。

4. **靈性是一種情感**。這樣的定義承認人類心靈深層感受在人生命中所扮演的角色。這些感受包括正向情感，如愛、喜悅與敬畏；同時也包括負面情感，如生氣、悲傷與絕望。教育工作者可以大量使用經典作品，去教導學生關於具有智慧及影響力的情感課程。這樣的課程能幫助學生關心情感的議題，並且能讓教師在靈性議題的探討上，以及與學生情感關係的建立上，扮演關鍵性的角色。

5. **靈性是一種道德**。道德被視為靈性的基礎，因為它指引人類應如何與他人和世界建立關係。培養道德的教學方法包括：認識品格典範人物和品格運動、討論道德議題、建立民主社區和推動學生學習服務。

6. **靈性是一種創造力**。這一種靈性的觀點，強調人類所具有的創造力，是上天所賜予的禮物。教師透過鼓勵每位學生發揮獨特的能力，去培養學生的靈性，也就是透過戲劇、舞蹈、音樂、視覺藝術作品，或是其它領域的活動，去激發學生的創意。

7. **靈性是一種相互依賴的生態觀**。這種觀點強調靈性在生態系統中的整體概念，也就是人與環境之間相互依賴及相互欣賞。教育方式可以強調整體性的思考，以及在繁複生命網絡中的責任。

8. **靈性是一種宗教活動**。特定宗教中的信仰活動是基於靈性，是尋求在生活中融入信仰的精神和尋求豐碩的生命。其中一種追尋的方式，對個人而言，在公立學校中可能是默默進行，在私立宗教學校中，則是公開的。另一種追尋方式，可以是第一個方式的補充，透過研讀宗教書籍或宗教領袖傳記等，去探索歷史、價值觀、世界中不同宗教的重要性[6]。

9. **靈性是追求關係的連結**。這個觀點主張人類渴望自己與他人、社區、自然、歷史、真理及超自然的連結。當代作家 Parker Palmer、Rachael Kessler 與其他人提出這種觀點，指出學術和教育應提供機會，去滿足人們在這方面的需要。

人類在生命中尋找意義，是生命重要的驅動力，人都具有一種意志去追尋意義。人甚至可以為了自己的理想與價值而死[7]。

尋找生命的意義，可以幫助個體的生命找到目的。史丹佛大學心理學家 William Damon 和他的同事在他們 2003 年所發表的論文〈青少年時期目的感的發展〉（The Development of Purpose During Adolescence）中提到：「心理學領域已逐漸體悟設定人生目的對青少年正向發展的重要性。」他們指出，直到最近，尋找人生目的才被視為「良好行為的激發因素，以及有助品格發展的電鍍器[8]」。

學校是否看重與幫助學生追尋生命的目的感？我們相信這種目的感能引領學生發展出所有其它良好品格的優勢能力。或者我們將學生遺棄在未經檢視的價值體系中？例如抱持享樂主義，或是狂熱追求成就，而這些行為都不會為他們帶來幸福，或者讓他們成為對別人的生命有所貢獻的家人、員工和公民。

幾年前，美聯社報導了一個關於 17 歲高三學生的故事，這位學生曾在美國大學入學申請參考之 SAT 測驗中得到滿分；兩項都拿 800 分。她被學校的同學視為一個不可思議的女強人。只是在一次的訪問中，記者問道：「請問你人生的意義是什麼呢？」她說：「我不知道[9]。」

一位剛畢業的高中生聽到這個故事有以下的反應：

我不想在 60 歲或甚至 40 歲時，當有人問起我生命的意義，我卻無言以對。我看到許多人所經歷的變動，包括進入好的高中，所以可以進入好的大學，找到比較好的工作，他們生活富裕，然後就走到人生終點。我不想只是獲得學識，我想要智慧，不要只是存在，我要真正有意義地活著[10]。

悲哀的是，現在大多數的學校「不」幫助學生思考與人生意義及目的有關的問題，一位老師這麼說：「我們將學生制約；讓他們相信分數與考試成績是最重要的教育目標，而非對生命的反思。」一位女學生在我們舉辦的學生代表座談會中提到自己的經驗：

從 9 年級開始，我就想到我參與的行動與所修的課程，都會影響未來進入頂尖大學的機會，所以我和我的朋友都不修我們真正有興趣的課。因為只有那樣做，才能讓我們通向成功、超越他人、比別人更聰明、更強，而事實上，我們通常也都贏過他人；似乎沒有人會因為學習有挑戰與有趣而感到快樂，只認為所謂「好」工作的定義，是能賺取優渥的薪水。

我們將學生制約；讓他們相信分數與考試成績是最重要的教育目標，而非對生命的反思。

現代的年輕人，比起他們的祖父母擁有更豐富的資源，但卻更容易得到憂鬱症，以及因人際互動問題所帶來的疾病。

——David Myers[11]

☐ 過一個有意義的人生

如果我們未能省思人生的意義與目的，那麼我們就缺少了道德和靈性上的方向。我們也許會發現，我們所做的事，並無法真切的展現最好的自己，而且損毀了我們品格的發展以及獲得幸福的希望。在《活出你的價值》（*Living a Life that Matters*）（譯註 2）一書中，猶太教的律法專家 Harold Kushner 描述了這樣的人生：

很多時候我們很容易放棄誠實正直的原則。我們做一些自己其實並不認同的事，只是為了達到我們認為重要的目標，結果帶來以下其中之一的懊悔——我們或者得到想要的，但卻發現它其實並不值得去擁有；或者至終我們不但並未得到想要的，而且也失去了誠信。

誠實正直的原則是完整而不可切割的；它能整合人格的不同面向，因此不會造成靈魂的撕裂 12。

美國波士頓羅克斯伯里拉丁學校的神父 F. Washington Jarvis 在其《愛與禱告：一位校長給下一代的建言》（*With Love and Prayers: A Headmaster Speaks to the Next Generation*）一書中，提到一位孩提時代的朋友缺乏堅定的道德原則，或者說缺乏整全意義的生命故事如下：

這個人要什麼有什麼，外貌帥氣、聰明及好勝。他是學校運動場上的風雲人物，就讀最好的大學，娶到一位美麗善良的妻子，

在工作上也很快地升遷到高階職位，賺進數不清的財富，在市郊買了一幢豪宅，有三個小孩、一隻狗、一隻貓、有人來幫他的院子割草，他擁有三台汽車。他真的堪稱他人眼中成功的模範。然而，我姐姐最近在高中同學會上遇到他，才知道他近日失去了他的房子、妻子和家人，而且也打算辭掉工作。

他說：「你記得當我還是小孩時的模樣，那時我們家人沒有什麼錢，我知道自己想要的是什麼——我要成功，我要飛黃騰達，而且深信只要達到此夢想，我必然會幸福快樂。但是當我真的得到後，轉眼間一切卻又化為塵土，我真的對那樣的生活感到十分厭倦 13。」

失去誠實正直，我們的靈魂就被撕裂了。

人們若對生命意義缺乏長遠思考的願景，就無可避免地會在尋找生命意義與目的中掙扎。在我們拜訪美國各州中學，以及和研究參與對象無數的對話中，有一個最令人難忘的經驗，那就是我們訪問了一位才剛辭去股票金融界的工作，而來教書的教師，他說：

我在華爾街工作了 20 年，發覺自己需要轉換跑道。在前一個工作中，我看見許多朋友，或他們的丈夫、妻子和父母自殺。當股票市場崩盤，他們的生命頓時支離破碎，因為他們是用賺多少錢來衡量自己的價值。

當我們的高中畢業生進入成人階段時，他們會如何衡量自己生命的價值呢？他們現

譯註 2：中譯本《活出你的價值》，基督教文藝出版社出版。

在又是如何衡量呢？我們是否有教導他們，認真地思考什麼是人生最重要的事？什麼是快樂？生命中什麼事是真的值得追尋的？那樣的追尋能帶來真實的幸福嗎？我們應當把追求幸福當成人生的目標嗎？還是當我們追尋更深層的事物時，幸福是自然而然的副產品？

我們的高中畢業生如何衡量自己生命的價值呢？

避免靈魂分裂

我們以八項品格優勢能力來定義成就品格和道德品格。其中第八項優勢能力「用心追尋人生崇高目的的靈性者」，是比其它優勢能力來得更重要的能力，因為它挑戰我們去整合成就品格與道德品格。是那樣的能力使我們能擁有平衡的生活，以及完整的生命。在那樣的生活中，我們將會經歷整全與和諧，而非靈魂分裂。

我們已經描述過成就品格「以精進及熟練為導向」，而道德品格是「以關係為導向」。這兩個導向可用一個球形來呈現，這兩種品格在球形內的兩邊，中間是其交集處。我們視此交集為一種正向的張力，能夠將這兩種品格在整合下維持良好的運作。

我們認為，整合兩種品格的張力或能量，來自於看重自己可以成為一個用心追尋人生崇高目的的靈性者。假如我們投入生命崇高目的的追尋，我們就不會以犧牲他人為代價，去達到自己想要的成就表現。我們會尋求在把工作做好，以及與他人建立良好人際關係之間，取得平衡，如此，我們不至於

變成那種讓家庭與婚姻陷入支離破碎的工作狂。我們不會讓壓力影響個人靈性的發展，例如：追尋我們與上帝之間關係的連結，或者是追求在生命經驗中，最崇高與最深處力量的來源。

尋求這樣平衡與滿足而豐盛的生命，是人成為萬物之靈的一種藝術。為了要使這項藝術可以與日有所精進，不管是年輕人或是年長者，都需抱持謙卑的心、堅定的意念，樂意持續自我反思，不斷調整生命焦點，對自己承諾，要過一個有崇高目的的人生。

追求平衡的生活是成為萬物之靈的一種藝術。

成為用心追尋人生崇高目的的靈性者的五項有效策略

1. 引領學生省思現今社會與生活中所存在的問題。
2. 邀請學生書寫自己的生命故事，包括自己所依循的生命準則。
3. 讓學生思考及建構個人的使命宣言。
4. 讓學生形塑及追求有意義的人生目的。
5. 引領學生探究宗教信仰，並發展出不靠自己，仰望上天的信心。

優勢 8：用心追尋人生崇高目的的靈性者

▶ 有效策略 1：
引領學生省思現今社會與生活中所存在的問題。

美國北卡羅來納大學教堂山（Chapel

Hill）分校人文與人類價值中心主任 Warren Nord，在其所著的《宗教與美國教育：再思國家困境》（*Religion and American Education: Rethinking a National Dilemma*）一書中，認為目前社會在培養靈性者的工作上有些差錯。書中提到：

現代美國人有心靈上的問題，也就是在我們的文化中，存在一些根本的錯誤。我們在經濟、科學與科技上，雖然有十分卓越的成就，但是在心靈與精神上的成長是不理想的。這樣的情形很明顯地反映在我們的娛樂與政治上；其中充斥著性與暴力；它同時也反映在我們工作的態度以及人際關係的破碎上，這種情形也存在於所有物質富裕，但心靈貧乏與不快樂的社會中 [14]。

Nord補充說道，在心靈與精神問題的探討上，家庭與宗教機構負有重要的責任。不過，在《教育的精神》（*The Soul of Education*）一書中，作者 Rachael Kessler 卻主張學校在學生靈性的發展上，扮演重要的角色，尤其是要幫助學生在周遭相關的人、事、物上，建立起相互之間的連結。

Kessler說：「任何年紀的學生都帶著他們的靈魂來到學校，靈魂若得不到滋養，就會受苦 [15]」。

Kessler指出「靈魂」的意思是「內在生命——人類經驗的深層面向 [16]」。她相信藉由讓學生深切地省思現況，例如探究現況的意義、目的、生命中複雜的問題等，我們能幫助學生建構豐盛的內在生命。她發現，青少年階段是影響生命方向的最重要時期，面對人生最重要問題的歷程，可以讓青少年或

陷入孤寂之中，或者因著得到支持而被激勵邁向尋求智慧與美好連結之旅 [17]。

> 我們每個人都在尋找活著的意義。
> ——F. Washington Jarvis

「個人的迷思」

Kessler說：「為了瞭解學生在想什麼，我們必須做一些特別的事——就是直接問他們。」Kessler 曾在課堂上與一群學生經過 4-6 個星期建立信任感及群體意識後，邀請學生以匿名的方式寫下一些「個人的迷思」。

請你寫下自己在半夜睡不著時、走路去搭校車時、或者在慢跑時，會想些什麼？你煩惱什麼事嗎？對哪些事感到好奇、害怕或興奮？對自己、他人或人生，有些什麼問題嗎 [18]？

Kessler說：「我們從來不會要求學生以口頭的方式分享他們個人的迷思，因為只有當這個活動的過程是完全匿名，才會讓學生有安全感，我們也才得以瞭解他們真正的狀況 [19]。」在這之後的課程中，學生可以把他們所寫的問題唸出來。

我們用一種帶著尊敬與榮耀的方式，正式地將這些問題讀出來。當所有問題念完之後，學生往往感到震驚……他們總是表達有如釋重負之感，因為瞭解到原來不只是自己一個人有那些疑惑 [20]。

從內地城市、小鎮和富裕的郊區，Kessler 蒐集了成千上萬個 7-12 年級學生的困

惑，以下是其中的一些問題：

為什麼我會如此的憤怒？

為什麼我對於邁入成年階段感到如此恐懼與困惑？

去接受這是我的生活，以及我要對它負責任，究竟是什麼意思？

為什麼有些人討厭別人？

為什麼有些人會吸毒？

我們人生的目的是什麼？

為什麼世界上有這麼多的苦難？

所有事發生的背後都有原因嗎？

為什麼有時狀況看起來很不錯，但有人會選擇自殺？

是什麼引領人們凝聚在一起？

我有可能找到真愛嗎？

在一門邁向 12 年級之途的課程中，老師要求學生一起探索以下的問題，例如：

你瞭解多少生命的目的與方向？是什麼引領了你？如果你不知道，你有何感覺？

你如何定義靈性？告訴我們一個關於你的靈性曾被滋養的故事。

我們如何瞭解自己對親密的渴望，例如與家庭、朋友、情人之間的關係？我們的文化如何把性與親密混為一談？我們如何設定目的與界線，以開創那些真正能滋養我們的事物 [21]？

要進行這樣的討論，很明顯地需要一位有能力的領導者，以及具高度安全感與信任感的氛圍。有些人在課堂中營造，有些人在輔導的關係中，有些人透過特別場合，例如成長營，去營造這種氛圍。有些老師不採用

團體分享的方式，而是讓學生用較為隱私的方法，去對所存在的問題進行省思，例如撰寫日記或短文。不管用什麼方式或在什麼地點，我們需要讓學生有機會省思與討論重要的經歷。

> 假如你不能問核心的問題，就彷彿在建造一個沒有根基的物件。
>
> ——一位中學男生

Kessler 總結說：「青少年在生活中，由於缺乏靈性上的引領與滿足，因而常常導致絕望與疏離感的產生。一直到最近，決策者與社會科學家才開始意識到這種缺少生命意義的現象，將導致年輕人暴力與自我傷害的行為 [22]。」「當年輕人被引導去發掘如何建設性地表達靈性上的渴望時，他們就能找到生命的目的，在學校有較好的表現，和家人與朋友建立良好的關係，以及具有活力與遠見，去面對未來成人的生活 [23]。」

當年輕人被引導去發掘如何建設性地表達他們靈性上的渴望時，他們能找到生命的目的，以及具有活力與遠見，去面對未來成人的生活。

優勢 8：用心追尋人生崇高目的的靈性者

▶ **有效策略 2：**
邀請學生書寫自己的生命故事，包括自己所依循的生命準則。

高中教師 John Perricone 在其所寫的《公立學校教學的禪與藝術》（*Zen and the Art of Public School Teaching*）一書中，分享自己

與 11 年級和 12 年級學生，在課堂中的一段對話 [24]：

「請問在這間教室內有多少人超過16歲了？（有人舉手。）從法律上來說，你可以不用在這裡的，我可以知道你為何在這裡嗎？你為何要接受教育呢？」

「因為這樣有一天才能找到好工作。」

「那你為什麼想找到好工作？」

「這樣我才能賺錢。」

「那你為什麼要賺錢？」

「拜託～這樣我才能過活！」

「我們總是在這樣的問題中結束。現在我要問問大家，那你為何而活？你不用大聲說出來。」（教室中一片安靜）

終於有人說：「我猜我跟其他人一樣，是為了……我猜我只想要擁有幸福。」

「那不就是全體人類所追尋的嗎？我已經 45 歲了，在我的一生中，我還沒有聽過有人說：『人生中我想要的很多，但我肯定不想要擁有幸福。』」

Perricone 老師接著問學生：「一個人會如何能擁有幸福呢？」他念了《當你擁有一切，仍然會覺得不足》（*When All You've Ever Wanted Isn't Enough*）這本書其中的一段，並做了如下的結論：

你不會因為追求幸福而得到幸福，而是經由過著有意義的生活而感到幸福 [25]。

Perricone 老師接著說：「你不需要同意作者的說法，但是不妨試著去想，你要如何過一個有意義的生活？」然後他出了一個作業給學生：「我的人生分析報告」（請見下面的方塊內容）。

大部分的學生都未曾有過被要求依據這些問題去省思的經驗。這個活動的目的，很顯然是要讓學生去理解他們在人生中已經做

我的人生分析報告

1. 大致上來說，你對目前所做的事感到滿意嗎？請解釋。

2. 你目前在人生中已完成的事，比你的理想多或是少？

3. 你是否感覺到有阻擋你個人成長的困難？如果有，它們是什麼？假如可能，你覺得自己能克服這些困難嗎？

4. 過去是哪個人，或什麼事，對你成為今日的你有極大的影響？

5. 假如你可以從過去的生命中，讓一件事消失，那會是什麼？

6. 假如你可以從過去的生命中，增加一件事，那會是什麼？

7. 至目前為止，什麼是你人生中最有價值的一課或學到最大的智慧？

8. 假如有一件事是你在生命結束前一定要完成的，那會是什麼？

9. 看看那些你已規劃的未來目標，你目前正在積極地往那個方向前進嗎？請解釋。

10. 你有人生的座右銘或哲學觀嗎？假如有，請你分享。

11. 你死後希望人們如何記住你？你希望你的墓誌文上寫什麼？

12. 在這個經驗之後，你學到了……

—— John Perricone
《公立學校教學的禪與藝術》[26]

的事，以及往後人生中希望去做的事。Perricone老師發現，這個練習雖然對很多學生來說是甚具挑戰性的，不過一般說來，學生能從這個作業的挑戰中得到樂趣，並且促使他們去思考自己的生命。

□ 生命準則論文比賽

當學生回答「人生分析報告」中的那些問題時，尤其是在寫到人生的哲學觀時，他們會開始去釐清引領他們個人生命的準則以及信仰系統。Nancy Sizer 在其所寫的《跨越階段：重新設計你的高年級生活》（Crossing the Stage: Redesigning Senior Year）[27] 一書中，說明這些準則對青少年是極具重要性的[28]。當缺少清楚說明的準則，青少年很容易被同儕團體或當代流行文化所影響。為了要減少這樣的影響，年輕人必須建立明確的準則或價值觀，也就是生命依循的準則。

John Templeton 於 1987 年所發起的「生命準則論文比賽」（Laws of Life Essay Contest）提供了一個具體的方法，讓年輕人敘述他們的道德標準，以及他們形塑這些標準的經驗[29]（請見下面的方塊內容）。

生命準則論文比賽

1. 選擇一個「生命準則」，也就是你認為擁有成功人生，必須具備的品格特質、價值觀或原則。
2. 不限字數，寫一篇關於那項準則的論文。
3. 你的論文是依據感動讀者的程度來做評比。請選擇最適合的例子、慣用語或文字，來描述這一個生命準則在營造成功生命的重要性。

一位來自紐約市 17 歲的學生說到他生命準則的經驗如下：

在參加這個比賽前，我從未真正想過我會捍衛什麼原則。撰寫這篇論文，對我來說是非常具挑戰性的，因為我必須很誠實，沒有藉口地將我的價值觀，以白紙黑字寫出來，這麼做讓我好好仔細地檢視了我自己。這是我一生都會珍惜的一個經驗[30]。

一個男學生說：「將我的價值觀以白紙黑字寫出來，讓我好好仔細地檢視了我自己。」

這個活動的舉行，已經遍及全美與全球五十多個國家。這項比賽是由支持學校的廠商或社區機構所贊助，例如：樂觀主義俱樂部（Optimists Club）、國際扶輪社，及男童軍團。另外，品格算數聯盟（Character Counts! Coalition）這個提倡好品格的組織，

與其它幾個組織聯合起來，提供一個關於此活動的修改版本：「生命的基石」（Foundations For Life）[31]。這個版本要求學生利用學校課程（例如閱讀課、思辨課，與作文課），針對一項特別的格言或諺語，寫一篇論文。支持此項活動的學校，不論它們是採用哪個版本，都發現此活動本身不但引起社會大眾的肯定，而且也能激發學生看重寫作，而寫作能力的培養也吻合了中學教育所要達到的標準。

Maurice Elias 與他的同事開始探究這樣的省思式寫作，對艱困市區、高風險、有語文障礙之青少年的正向影響。Elias 並持續探究如何提升年輕人運用生命準則論文的可能性[32]。

在下一頁的方塊文章中提供了一位 17 歲男學生生命準則論文比賽的得獎作品（我們做了些微的修改）。他描寫有關生命自我探索的旅程，以及他如何開始努力去經營一個豐碩生命的故事。當他講述他的故事時，聽的人可以感受到，這位男孩也許是生平第一次，很勇敢地面對真實的自我，以及未來自己想要成為的人。

依據一個原則，「生命準則論文比賽」可能是幫助孩子從內心省思品格的一個很棒的策略。

☐ 挑戰男生檢視內在：成為一個男人的意義為何？

不論男生或女生都可參加生命準則論文比賽，但贊助機構發現，超過 2/3 的冠軍得主都是女生[33]。這樣的結果可能顯示，女生有較好的能力與意願，去發現與敘說她們的生命準則。不過顯然地，男生也需要去思考生命的準則。

美國普立茲新聞獎得主 Jeffrey Marx 在其《生命的球季》（*Season of Life*）（譯註3）一書中，講述 Joe Ehrmann 的故事。他在大學時為橄欖球員，之後進入職業球隊，後來在馬里蘭吉爾曼高中擔任助理教練時持續幫助學生培養品格。Ehrmann 省思到：成為一個男人就是要具有男子氣概這種被一般大眾所接受的錯誤見解，是受流行文化、媒體，還有通常來自他們的父親或兄弟的影響。Ehrmann 也提到另外三項持續被誤導，如何增加男子氣概的說法，那就是「從球場，到臥房，到皮夾子[34]。」他描述這三項錯誤的男子氣概的元素如下：

▶ 1. **運動能力（球場）**：男孩如果越早成為每項運動中的王牌運動員的話，就可以建立他在男性社會地位中的權勢。

▶ 2. **對性的征服（臥房）**：當體格健壯的優勢建立後，對性的征服，成為男人出色標記。那些可以隨自我需求與喜好來玩弄女性的人，才叫做男人。

▶ 3. **經濟上的成功（皮夾子）**：在人生後期，成為一個男人是由你賺了多少錢或在職場上的職稱所決定[35]。

Ehrmann 更進一步詳述：

當我年輕時，我就是要和他人比運動能力，以及在比賽中所獲得的注意力。當我逐

譯註3：中譯本《生命的球季》，聖經資源中心出版。

我的墓誌銘（修改版）　　作者：Arliss Feathergill

我曾經是一個笨蛋，世界中的一個超級大笨蛋。我討厭每一個人，不論種族或宗教或性別；只要你是人，你就會是我憎恨的對象。

我有少數朋友也曾經像我一樣。為了我們所感受到的被冒犯，便在人生中立定一個最大的志向：向全人類報復。

最糟糕的是，我竟然以此為傲；以仇恨為傲。我為贏得他人否定的回應，而引以為傲。

在 1998 年 6 月 11 日，我媽媽和我到美國西岸西雅圖拜訪一位老朋友。儘管我當時是很高興在多年後可以見到好朋友史提，但我臉上卻是帶著很凶惡的怒容。媽媽後來去了西岸其它州，留下我和史提相處十天。

在那十天中，我看見史提簡樸地過著他的生活。他有朋友、財富和常掛在臉上的笑容。那也是我希望自己可以擁有的。

然後發生了一件事，改變了一切。我還記得那景象：當時我坐在史提公寓的陽台上，看到他和每台經過的車招手，而且在揮手後向我介紹他們。我突然體會到……我好空虛。

雖然那只是一瞬間的體會，但我的感覺卻像是永恆之久。在那一瞬間，我的一生改變了。我身旁所有的聲音，淹沒在我內心動盪不安的思慮中，而我也因為一種極深的羞愧感，而感到全身燒灼的疼痛。

當晚，當史提睡著後，我坐起來深思，到底之前發生什麼事。在過去三年之久折磨自己的日子裡，我錯過了什麼……我哭了。當我因羞愧與悲傷而流出眼淚時，我的身體如抽筋般地抖動，我一直哭到流不出眼淚為止。

當晚，我決定要埋葬過去的自己，活出一個嶄新的人生；一個走向美好生命的人生。在第二天早晨，我就展開了自我挽救之旅。

這趟旅程至今幾乎快兩年了，這不是一條好走的路。那晚之後的好幾個月，我花許多時間拋棄對物質的慾望，揮別不當的友誼，我逐漸脫去過去內心的舊我，重新開始。

雖然目前我仍不相信我是真如自己過去所期許的那樣好，但我比過去的自己好太多了，因為我不再憎恨他人。雖然我仍然有不喜歡的人，但我學會接受與尊敬那些也接受和尊敬我的人，以及別人和我擁有不同觀點的權利。我現在擁有朋友，也常保持笑容。現在的我很成功，因為我花很多時間帶給別人微笑與開心。

自我懺悔與挽救的道路是很艱辛的。但如果你發現你自己和過去的我相似，我要告訴你，這樣的改變歷程是值得的。我盼望我所寫的故事，能讓他人從我過去所犯的錯誤中學習[36]。

漸年長時，我就是要和他人比女朋友，看看是不是能和最漂亮、最酷、最棒的女孩在一起。當我成人後，我們就是比銀行的帳戶、工作職稱、房子與車子，還有比較這些所帶來的安全感，以及這些所帶來的權勢。我們甚至會比較彼此間孩子的成就[37]。

三項誤導男子氣概的說法：從球場，到臥房，到皮夾子。

這種對男子氣概直接評估的方式，也許不一定能代表每個年輕男性，但是多數的人，大概都會承認這種評估方式，與現今許多文化相符。而文化如何形塑男性的男子氣概，更突顯了幫助年輕男性思考生命準則的重要性。《生命的球季》一書的觀點強調：成為一個男人，是指他致力於建立良好的人際關係，並且能超越以自我為中心的理想。我們認為讓男孩在寫生命準則之前，不妨先閱讀這本書；能幫助他們更深入思考成為一個男人的真正意涵，以及思考自己想成為什麼樣的人。

優勢 8：用心追尋人生崇高目的的靈性者

▶ **有效策略 3：**
讓學生思考及建構個人的使命宣言。

Stephen Covey 在他的暢銷書《與成功有約》（*The 7 Habits of Highly Effective People*）（譯註 4）中寫道：「勞記在心最有效的

方法，便是從發展個人使命宣言開始，它聚焦在你想成為具有什麼品格的人，以及你想做什麼（貢獻與成就）。它也聚焦在你以什麼價值觀或原則來做人做事。」研究顯示，成功的組織也有其使命宣言，而且此宣言會影響其組織文化和組織內的成員[38]。個人的使命宣言能幫助我們每個人更有意義地過一生。

研究顯示，成功的組織都擁有使命宣言。

📗 生活管理

在我們所訪問的一所學校中，我們有機會看到一位老師如何幫助學生建構使命宣言。這門「生活管理」課是 10 年級與 11 年級的選修課。

艾老師要求學生，在課程的第六個星期，開始撰寫他們的個人使命宣言。為了預備此活動的進行，她先讓學生看一部由湯姆克魯斯所主演的電影《征服情海》（*Jerry Maguire*）。Maguire 是一位運動員經紀人，他做了一個在水中快要滅頂的噩夢，於是開始懷疑自己的誠實，以及在專業領域上的廉正。他醒來之後問自己：「我是誰？是另一個穿著西裝的鯊魚嗎？」

隔天早上，他坐下來開始寫自己的使命宣言，誓言要去關懷周遭的人。他把自己要成為一個新人的宣言，放在公司同事的信箱中。剛開始，Maguire 對自己的原則與立場感到十分滿意，但沒多久，他因為公開自己內心最深處的信念，而開始感到恐慌。同事

譯註 4：中譯本《與成功有約》，天下文化出版公司出版。

們雖然公開稱讚他的原則與立場，但私底下卻冷嘲熱諷地挖苦他。最後，Maguire 因同事們用他的宣言暗中破壞他的信譽，而使他失去了工作。

艾老師複習影片中的重點，以確認學生是否瞭解其中的關鍵：「你們當中的任何人，曾經感覺到自己快被水淹沒嗎？就算你們並沒有在水中。那是什麼樣的情景？當我們為了對的事情採取立場時，世界如何回應我們？」然後她發下個人使命宣言的作業，並說明指引（請見以下方塊內容）。

撰寫你的使命宣言

1. 我想成為什麼樣的人（關於品格，而非職業）？
2. 我想做什麼事（關於貢獻與成就，而非職業）？
3. 基於什麼恆久的價值觀或原則，促使我成為這樣的人，做這樣的事？
4. 想像自己在自己的葬禮中，你會希望人們如何描述你？
5. 列出一張你深信且會一生遵從的戒律，在使命宣言中，將之具體呈現。

接下來，她分享三個使命宣言的範例，其中一份是一位 11 年級學生的宣言（請見右邊的方塊內容）。

最後，為了要設立卓越的典範，艾老師讀了 Covey 書中的一小節：

使命宣言不是一夕之間寫出來的。為了完成任務宣言，需要深切地內省，小心地分析及細心地表達，且通常需要花好幾個星期去修改，才能完成最後版本。甚至會花上好

我的使命宣言（17 歲男生）

◆ 對別人與自己有信心。
◆ 對所有人表現和善、謙恭與尊重。
◆ 設立可達到的目標；不模糊焦點，並持續達成之。
◆ 絕不將生命中的平常事，視為理所當然。
◆ 欣賞他人的不同。
◆ 經常提問。
◆ 記得當你要改變別人前，必須先改變自己。
◆ 言行一致。
◆ 花時間幫助失去財富和有困難的人。
◆ 每天讀自己的使命宣言 [39]。

幾個星期，甚至好幾個月來完成，才能完整和確切地表達你內心的價值與方向 [40]。

「一份使命宣言須來自深切地內省，和好幾次的修改或重寫，才能完成最後的版本。」

為了與 Covey 的勸誡一致，艾老師的學生先交一份個人使命宣言的草稿，然後由老師與同儕給予回饋意見後，有一個學期的時間去修改。

優勢 8：用心追尋人生崇高目的的靈性者

▶ 有效策略 4：
讓學生形塑及追求有意義的人生目的。

Tony Devine 與同事在《培養心靈和品格》（*Cultivating Heart and Character*）的研

究報告中指出，處在這世界的文化中，要確認以下三個人生的目標，而這些目標能為生命帶來真實的幸福：

1. 成熟的品格——不斷朝向成為一個最好的自己邁進。
2. 愛的關係，如婚姻、家庭和好友。
3. 對社會的回饋——對別人的生命有正向的影響 **41**。

我們應該與學生分享這個研究，然後挑戰學生依據這三個大方向的目標，去規劃和追尋其中的某個目標；這個目標會帶給個人生命的意義與方向。

Lewis Terman 的研究發現，瞭解這些目標，並朝目標努力之資賦優異的中學生，比那些同樣資賦優異，但沒有學會設定目標的學生，能達到更高層次的成就 **42**。一位歷史老師說：「假如我被賜予一個可以改進這個國家教育的願望，那就是每個學校的教學要包括對人生目標的設定 **43**。」這位老師為了在他的班級教導目標設定，他給學生一個稱為「100 個目標」（請見下一頁的方塊內容）的作業。

這位歷史老師以前的一位學生，現在是美國聖塔芭芭拉醫學院預科（U.C. Santa Barbara）的學生說道：

我現在仍然把這些目標貼起來，然後每天看著它們，就好像是于老師以前對我們的鼓勵。之前，我其中的一個目標是在 18 秒內完成 100 公尺跨欄。當時我真的以為我辦不到，但于老師每天鼓勵我，並關心我的進步。最終我達成了這個目標。

這位老師繼續說：「一位已經畢業 10 或 15 年的學生寫信給我，信中列出以前他們所寫的 100 個目標的檢核表，有完成的便打勾。他們說：『如果當初不是你讓我們做這個作業，我們可能不會去想到這些目標，更不用說獨立去達成目標。』」

> 為何大家都生於平凡，也死於平凡？
> ——Edward Young

優勢 8：用心追尋人生崇高目的的靈性者

▶ **有效策略 5：**
引領學生探究宗教信仰，並發展出不靠自己，仰望上天的信心。

宗教信仰是美國成人生活中一股很重要的力量，而且大部分人表示相信上帝 **44**。北卡羅來納大學宗教學者 Warren Nord 觀察到：

宗教信仰通常比種族、社會階層和性別，更為重要地代表一個人的立場與價值觀。宗教持續形塑我們對戰爭與和平、政治與正義、好和壞、倫理和慾望、世俗和人性等的觀點。但是我們將宗教信仰的聲音對上述觀點的討論自課程中抽離。這真是一件醜事 **45**。

「宗教信仰通常比種族、社會階層和性別更為重要地代表一個人的立場與價值觀。」

很多人以他們的宗教信仰，作為道德、工作和服務等面向抉擇的依據。在《獨自打

100 個目標

1. 至少寫出 100 個目標，如果想寫更多也可以。

2. 把這些目標分類，類別的選擇可依據你個人的興趣。以下有些類別，你可能會想採用，但我仍鼓勵你加上一些自己的類別：
   - 教育
   - 職業
   - 家庭
   - 學習
   - 服務他人
   - 遊樂／冒險
   - 創作／製造／建築
   - 自我改善
   - 自己想擁有的
   - 閱讀
   - 國內旅遊
   - 國外旅遊
   - 個人的改善

   - 心靈的成長
   - 主要的成就。

3. 在寫完 100 個目標後，選出對你最重要的十個，請依順序寫出來。然後在你的第一個目標下寫一段敘述文字，說明它為何如此重要。

4. 這份作業的重要性會佔全學期成績的一半。你可以有兩種選擇：
   - 視此份作業如另一份學校要求要完成的愚蠢作業；或者
   - 視此份作業為你正在為剩餘的人生撰寫的藍圖，當你寫出一個計畫後，此計畫能阻止你的未來變成那些只是已死去的普通人——這些人只是過完人生，但卻沒有真正活過。

5. 假如你決定慎重開始寫這個作業，請試著就可能性來想，而非就你的不足與限制來寫。

保齡》（*Bowling Alone*）（譯註 5）這本書中，哈佛大學公共政策教授 Robert Putnam 提到：「虔誠的宗教信仰與教育一樣，是一種對公民參與深具影響的力量，而且是投入社會志願服務和慈善事業，一個強而有力的預測因素 [46]。」

在《公民社會的呼喚：為何民主需要道德真理》（*A Call to Civil Society: Why Democracy Needs Moral Truths*）的報告中，

說道：「有信仰的社區和宗教組織」是國家最重要的「公民美德的溫床 [47]」。

☐ 宗教信仰在青少年品格發展中的角色

關於宗教信仰在青少年品格發展中所扮演的角色，這方面的研究顯示了什麼呢？宗教信仰對於利他行為，以及避免反社會及危險行為的貢獻為何呢？在《兒童趨勢研究概

譯註 5：中譯本《獨自打保齡》，北京大學出版社出版。

述》收錄的報告（Religious Involvement and Children's Well-Being: What Research Tells Us [and What It Doesn't]）中顯示，有虔誠宗教信仰的青少年，展現下列的特質：

◆ 有較多利他態度與行為
◆ 較少偷竊、破壞與暴力行為
◆ 較少藥物和酒精濫用
◆ 較少性活動 [48]。

有虔誠宗教信仰的青少年，有較多的利他行為和較少的反社會與危險行為。

▢ 青少年篤信宗教的情況

既然宗教信仰被認為對公民美德與個人品格有正向的貢獻，那麼青少年篤信宗教的情況如何呢？在2005年出版的《尋找靈魂：美國青少年的宗教信仰以及靈性生活》（*Soul Searching: The Religious and Spiritual Lives of American Teenagers*）一書中，說明了研究發現：

◆ 大多數的美國青少年認為，信仰對他們的生命是很重要的；它對日常生活的影響，以及人生的重大決定，都有同樣的重要性。有一半的人指出，信仰在他們生命中是非常或極度重要（只有8%的人說信仰一點也不重要）。

◆ 40%的美國青少年，每星期至少參加一次或更多次宗教儀式，每個月參加1-3次的有19%，在一年中參加一些或許多次的有22%的人，有18%的人則從未參加過。

◆ 36%的美國青少年表示，他們感受到自己

非常或極度親近神，35%的人感到某種程度的親近，25%的人感到與神有點距離，3%的人不相信任何神，或不感覺到與神親近，或對祂有距離。

◆ 對於問題：「假如讓你自己決定參加宗教儀式的頻率，你會多常參加呢？」美國一群青少年的回答是：希望參加的次數能超過現在的情況 [49]。

▢ 學校在宗教信仰上的角色？

在私立的宗教學校中，宗教的角色可以是核心的、明確和直接的，是引導學校行事的依據。在我們的研究中，訪問四所具有宗教特色的中學後發現，學校中部分的文化是由諸多特色形成，例如全校性的敬拜、不同程度的禱告、平日談話中關於上帝的討論、看重信仰的價值、神聖標誌與文字的展示，與對宗教傳統的學習等。

例如，一所艱困市區內的天主教學校，一群長期被政府忽視的學生，每天參與全校性的宗教聚會，聚會中會有一小段校長或教師的短講。在我們訪問當天，一位教師正在演講，講題中他挑戰學生，要尋求上帝要他們做的事，而不是自己想要做的事。

你也許會想：「我想要成為一位律師，要賺很多錢。」但也許那不是上帝要你做的事。你必須打開你的心，注意聆聽你需要的是什麼。幸福和金錢並不能劃上等號。幸福也不等於得到很好的學業成績，或是擁有姣好的外貌。當你回應上帝的呼召而行事，你會感到幸福。

之後，我們在與學生交談時，一位男生

說道：

在我尚未來到這所學校前，我從未想過關於上帝的事，也未曾禱告。現在，基本上我相信人需要上帝，你可以隨時走向他，祂永遠在那裡。這信念讓我成為一個更堅強的人，當你是青少年，你會面對許多問題……好像所有事都針對你而來。當你禱告，你的問題也許不會得到解決，或照你所要的成就，但你會得到上帝的幫助。

另一位男生說：

我喜歡在這個學校。我是一半的猶太人，也是基督徒，但我過去從來沒去過教會或聖殿，但現在我會去，且睡前會禱告。在學校，我隨時禱告，許多人也這麼做。

聽到如上面學生的心聲，我們能理解，為什麼如同研究所顯示的，宗教通常能為青少年的生命帶來正向的力量。

但公立學校的情況如何呢？在世俗和多元論的背景中，宗教信仰有時會成為一個爭議性的議題，宗教的正統角色為何呢？在此問題中，有什麼是大家可以認同的價值與基本方針，而且可以讓公立學校教師瞭解且有效地運用？

在 1999 年，由憲法第一修正案中心所出版的《公立學校教師宗教信仰教學手冊》（*A Teacher's Guide to Religion in the Public Schools*），得到許多美國宗教與教育協會的支持，作者 Charles Haynes 寫道：

在我們的歷史中，極端的觀點造成在公立學校中，許多關於宗教信仰教學的辯論。

其中一方提倡宗教信仰應成為學校中的課程，另一方則視公立學校為與宗教無關的場所。這兩方的觀點都不符合憲法第一修正案中，宗教信仰條款的指導原則 [50]。

> 現在的問題不再是我們是否應該教宗教，而是我們該如何教？
> ——Charles Haynes

Haynes 繼續說：「很慶幸我們有另一個選擇，而這個選擇是和憲法第一修正案的精神相一致，而且廣泛地受到許多教育與宗教團體的支持。」他指出這個選擇的主要精神，在《信仰自由、公立教育、與美國未來民主》（*Religious Liberty, Public Education, and the Future of American Democracy*）一書中有說明。書中提及有 24 個國家組織所發起的原則聲明，其中原則四描述如下：

公立學校不可以灌輸或禁止宗教信仰。公立學校必須是尊重且公平對待宗教與宗教信仰的地方。公立學校應遵守憲法第一修正案，以保護學生擁有各種宗教信仰或沒有信仰的自由。當學校確保課程中包含宗教的學習，就是展現公正、合宜與完整的教育 [51]。

《公立學校教師宗教信仰教學手冊》中，提出老師和學生在公立學校進行宗教教學常見的 18 個問題，在下一頁的方塊文章中，我們提供了簡略版的資料，並回答其中七個問題。

1. 教導宗教真的符合憲法嗎？

是的，在 1960 年代，雖然學校禱告案例促使社會制定法律規定，州立學校不准禱告和閱讀聖經，然而美國最高法院卻表明公立學校的教學中可以包含宗教課程。

2. 為什麼要在課程中包含宗教信仰的學習？

由美國 17 個主要的宗教與教育團體聯合發行的《公立學校的宗教課程》（*Religion in the Public School Curriculum*）中宣稱，因為宗教在歷史與社會上扮演顯著的角色，能幫助我們瞭解國家和世界，因此學習宗教是必需的。省略宗教存在的事實，會讓學生有錯誤的印象，認為人類的宗教信仰生活是沒有意義的。

3. 我應該如何進行教學？

《公立學校的宗教課程》提出的教學指引如下：

◆ 學校有關宗教的教學方式是學術性的，而不僅是信仰。

◆ 學校支持宗教的學習，而不是宗教的行為。

◆ 學校可以讓學生接觸不同宗教的觀點，但不要強迫學生接受某特定觀點。

◆ 教師必須營造一種自由的情境，以進行宗教的討論。學生應該被允許表達他們的宗教觀點，只要他們的發言與所討論的是相關的。

4. 應該教哪種宗教？應該教多少呢？

社會科、語文科或藝術科都能提供融合宗教學習的機會。舉例來說。有些宗教學校在介紹美國歷史課程中，會花比他人多的時間去討論宗教，因為宗教對美國歷史的發展具有很重要的影響。在介紹世界歷史的課程中，則會讓學生學習不同地區的不同信仰，為的是瞭解宗教及文化在不同國家的開化過程中，如何形塑歷史和社會。

更進一步關於公正和均衡的宗教教學，則應對歷史事件自行思辨，因為宗教理念長久以來，成為人類某些正當或錯誤歷史發展的關鍵。完整的宗教歷史性紀錄（包括對歷史不同的解釋）可用來分析與討論。

5. 我可以邀請演講者來幫助學生對於宗教的探究嗎？

如果要邀請嘉賓演講，應尋找具有學術背景、能客觀進行學術討論的人，社區中的宗教領袖可能是一個資源。但是，任何講者都要瞭解，憲法第一修正案對於在公立學校中教授宗教信仰的方針。

6. 如果學生詢問我的宗教信仰，我應如何回應呢？

教師可簡短地回答個人的信仰，但不要把問題形成一個想改變他人或反對他人信仰的機會。

7. 學生可在作業中表達其宗教見解嗎？

美國教育部明文規定：「公立學校的學生可以表達自己的宗教信仰，凡是以作業、藝術品和其它書面或口頭報告的形式，表達自己的信仰，都不應受歧視。這

種家庭作業和課堂作業，與一般學業的要求是一樣的 52。」

● 宗教教學資源

Council for Spiritual and Ethical Education, www.csee.org

First Amendment Center Online, www.first amendmentcenter.org

Haynes, C. (1990). *Religion in American history: What to teach and how*. Nashville, TN: First Amendment Center.

Haynes, C. & Thomas, O. (1994). *Finding common ground: A First Amendment guide to religion and public education.* Nashville, TN: First Amendment Center.

Nord, W. & Haynes, C. (1998). *Taking religion seriously across the curriculum.* Alexandria, VA: ASCD.

Religious Studies in Secondary Schools, www.rsiss.net

信仰可以帶給世界明亮的光輝或灼熱的火焰，然而對於信仰的瞭解，學生在教育過程中，所得到的資訊是非常不足的。在美國，大學生對這個社會的信仰，其認識通常非常有限，更不用說世界上其它地方的宗教了。在美國的軍隊中，十分高比例的軍人只有高中教育程度，他們對於自己不相信的伊斯蘭教、印度教、猶太教，或基督教不同教派等，幾乎毫無所知。但是，從軍後他們會被派遣到南斯拉夫、阿富汗、伊拉克等地方作戰，而這些地區過去15年中所發生的各種衝突，宗教幾乎都是焦點的核心。

——Jon Butler

🗋 我們可以做的五件事情

我們相信公立以及宗教學校可以做以下五件事情，以幫助年輕人瞭解宗教對我們文化和品格發展上的貢獻，同時也能符合美國憲法第一修正案的精神：

1. 幫助學生認識——宗教是我們國家道德的基礎（例如美國獨立宣言中表示，我們是「被創造且被賦予某些不可分割的權利」）。

2. 幫助學生認識——我們國家主要的社會改革運動，例如廢除奴隸制的民權運動，都是來自宗教對於生命是神聖的一種理想，每個人在上帝眼中都是平等的，也就是說我們是同一位造物主的孩子，他要我們和諧共處，活出正義。

3. 幫助學生認識——尋求宗教的動機，在個人生活中的角色，不管過去或現在皆然。在許多文章所談到最具宗教動機的代表性人物，無庸置疑的就是德蕾莎修女。

4. 鼓勵學生建構生命的願景，瞭解有關人類生活與方向等根本意義的問題，例如，什麼是智慧？思想家、宗教和非宗教家對生命的解釋為何？

5. 鼓勵學生考慮社會問題（例如，我們對貧困者的義務，請見下一頁的方塊內文），和做出個人德行決定（如，是否要有婚前

「這些事你們既做在我這弟兄中一個最小的身上，就是做在我身上了。」

——〈馬太福音〉25：40

所有人都是互相負責的。

——《塔木德經》

全世界 60 億人口中，有將近一半是窮人，且有三種不同程度的貧困：「極端貧窮」（赤貧）：世界銀行（World Bank）將之定義為一天獲取不到 1 美元的人，這意味著家庭不能滿足基本生存的需求。也許由於缺乏最基本的住處和溫衣足食的基本需求，他們長期處於挨餓，得不到健康的醫療，缺乏安全飲水和衛生設施，無法擔負教育子女的責任。我們可以把極端貧窮視為害死人的貧窮。

「中度貧窮」：定義為每天獲得 1-2 美元生活費者，指基本需求條件得到滿足，但只是很勉強。「相對貧窮」：定義

為家庭收入水平低於全國平均，亦即缺乏中產階級視為理所當然的物資。沒有重大危難，中產階級也屬此類。

世界銀行估計，生活在極端貧窮中的總人數有 11 億。其中 1/6 的人生活在遭受破壞、愛滋病、乾旱、孤立和內戰的極端貧困環境中，深陷面臨死亡與長期被剝奪的惡性循環中。

不過，到了我們這一代，美國和其它國家可以選擇在 2025 年，結束世界的極端貧窮現象⋯⋯結束極端貧窮，需要全球性的合作網絡⋯⋯採取行動的成本遠低於不行動的成本⋯⋯最富有和最強大的國，需要能反映民主理想的領導者。可惜我們目前極少參與全球努力結束極端貧窮（赤貧）的行動⋯⋯此時，已刻不容緩，美國應承諾將 0.7% 的國家收入，投入「結束貧窮」的重要目標之上。

——Jeffery Sachs，經濟學家，《終結貧窮[53]》（*The End of Poverty*）

性行為）時，能利用其所擁有的知識和文化資源，包括個人的信仰。

☐ 公平對待沒有宗教信仰的人

Mynga Futrell 說：「無神論者是所有人中最不一樣的人」。她是一名宗教教學組織的發言人，也是 2003 年「宗教在公立學校何去何從」（*Teaching About Religion in Public Schools: Where Do We Go From Here?*）[54] 論壇的參與人。她曾說：「很多人覺得對無

神論者存有偏見是沒關係的。」

Futrell 指出，沒有宗教信仰的人，比一般人所認為的數目還多。最近「美國宗教身份認同調查」（The American Religious Identification Survey）要求受訪者回答：「你有什麼宗教傾向嗎？如果有，是什麼宗教？」那些自稱是「無神論」或「不可知論」的人數，超過了印度教徒和佛教徒的總人數，也就是排在天主教和基督教的人數之後，名列第三。Futrell 提出問題：

我們是否要教孩子們，世界上有很好的無神論者呢？如果不是，是否我們間接暗示他們，為了成為有道德的人，我們必須要有宗教信仰。我認為教育工作者有責任保持中立。

很顯然地，在教導宗教及其對品格發展的貢獻時，我們必須清楚明白：一個沒有宗教信仰的人也有德行，我們也不能保證每個有宗教信仰的人，都是有德行的人。正如那些有宗教信仰的人，想要他們的意見被理解，那些沒有宗教信仰的人，也同樣希望自己的觀點可以公平地被理解。一個真正民主的承諾是能公平對待每個人的觀點。

不論年輕人的宗教信仰為何，我們都希望他們能倚靠比自己更大、更高的力量。

不論年輕人的宗教信仰為何，我們都希望他們能夠倚靠比自己更大、更高的力量。幾乎所有的宗教思想，都認同一件事——要獲得幸福，人們需要超越自己，去追尋比自己更大、更高的力量。

> 不要將貧窮怪罪於上帝。有人貧窮是因為其他人不願分享。
>
> ——德蕾莎修女

◻ 分享我們所追求的生命目的

在挑戰學生用心追尋人生崇高的目的時，我們應該記住要去分享我們的故事。在說明第八項優勢能力的最後，我們分享了一個關於一位校長和學校、社區和其他教育工作者的故事（見下頁的方塊文章）。這個故事提醒我們，擁有一個崇高的人生目的並不需要運氣，而是要克服逆境，它也提醒我們，當我們擁有崇高目的的人生時，我們就可以留給他人永恆的遺產。

> 藉由某些原因去服務別人或去愛人，我們才能更多忘記自我，也才能更像人且更能自我實現。
>
> ——Viktor Frankl

我們想透過家庭、社區和學校，傳承什麼給孩子呢？Jeff Eben 坐著輪椅進入會場，在面對超過 3,000 名教師和行政人員演講「心靈財富問題」時，他手拿著麥克風，會場的聽眾充滿了期待。Jeff 如此開場：

我在高中時有很好的表現，16 歲時我是學校足球隊的四分衛，也是班代，我的學業成績平均（GPA）3.8，我的生命是那般美好。但在 1977 年 10 月 2 日，我的生命卻永遠地改變了。

當我第一次上滑水課時，我看到其他學員展現花式的技巧，心裡也很想跟著那樣做。因此，當我再一次去滑水時，我學著單腳滑水，當時牽引我的船加速至 40 哩，結果我全然失去了控制。

我往前撲倒，湖水很淺，我的頭撞上了在下方的岩石，一次接一次，結果我的脖子斷成三截，從此我自腰部以下癱瘓，我覺得我的人生結束了。

躺在醫院裡，Jeff 跌入憂鬱的深淵，直到有一天，他的足球教練 Bohan 來看他時，狀況有了改變。

Bohan 教練除了教足球和高中英文外，也要照顧家庭，雖然他非常繁忙，但他每天都來看我，感恩節、聖誕節和復活節都不例外，每次他來，都會問我同一個問題：「你今天有多少斬獲？」

第一次他問我時，我說：「好，讓我們來看看，有金屬螺釘在我頭的兩側，48 條線縫在我的頭上，醫生說我永遠都不能走路，我無法相信我還有明天。」

他說：「那是因為他們不瞭解你。你不會壓根想讓絕望贏過你吧？」

我不知道他的意思，我甚至不知道那是正向的詞句，但每當他來看我時，他都問同樣的問題。

他說：「今天有多少斬獲？」

我說：「沒有。」

他說：「你錯了！想想看：你的父母今天在這裡，我也在這裡。你沒有死。這些都是斬獲，都是你贏得的勝利。」

後來我開始對他開玩笑。一天，我對他說：「我沒有尿在褲子上，我想這是我今天的一個勝利。」

他說：「好。你沒有尿在褲子上，這是一個勝利！」但我認為他瘋了。

但漸漸地，我有話想要跟他分享，我開始尋找勝利，每天努力地尋找勝利，我告訴自己：「這是一個勝利！那是一個勝利！」當我把每天找到的勝利告訴教練時，他總是為我歡呼，大大的鼓勵我。

六個月後，我離開醫院時，心中想到的都是勝利。我下定決心去追尋我的夢想。

最近，我在 Bohan 教練的退休餐會上演說：「你如何感謝一個幫助你找回生命的人呢？無論你身處在多麼可怕的困境中，你仍然可以有希望，那是別人無法拿走的。希望能帶給你滿足，希望能給予你支持。這是 Bohan 教練留給我的財富。」

Jeff 結束他的分享，會場中沒有一個

人不流淚的，他留給聽眾一個問題：

　　你想留給你的孩子什麼財富？當我成為高中校長的前幾年，我經常用那個問題問自己。什麼是幫助學生建造他們生命的重要基石？他們會永遠銘刻於心的，是些什麼？

　　我決定提出這樣的基石——如同我們的校訓所寫的——「去感受愛」。同事告訴我，「你是在開玩笑吧？這在高中是行不通的。」不過那真的是我們的校訓。如今，我們學校的學生在畢業典禮致詞，他們所講的內容都是關於在學校所感受到的愛。

　　身為一個教育工作者，我們有很重要的責任，學校有很多優秀的教師和行政人員，但你是否願意成為一個有愛的人？要做到這一點，你需要在情感上，與學生連結——給學生一部分的你，那樣的心靈財富，讓他們受用一生。

附註

1 P. Palmer, "Evoking the spirit in public education," *Educational Leadership*, 1999, 56, 4, 6-11.

2 Palmer, 6, 8.

3 Palmer, 8.

4 A. Johnson, "Many ways of understanding and educating spirit," *Classroom Leadership*, ASCD online, **www.ascd.org** (December 1998/January 1999), 1-5.

5 Johnson, 1.

6 Johnson, 1-4.

7 V. Frankl, *Man's search for meaning*. (Boston: Beacon, 1959), 121.

8 W. Damon, J. Memon, & K.C. Bronk, "The development of purpose during adolescence," *Applied Developmental Science*, 2003, 7, 3, 119-123.

9 Quoted in F. Washington Jarvis, *With love and prayers: A headmaster speaks to the next generation*. (Boston: David R. Godine, Publisher, 2000), 4.

10 Jarvis, 4-5.

11 Reported in T. DeAngelis, "Consumerism and its discontents," *APA Monitor on Psychology* (June 2004).

12 H.S. Kushner, *Living a life that matters*. (New York: Anchor Books, 2001).

13 Jarvis, 44-45.

14 W. Nord, *Religion and American education: Rethinking a national dilemma*. (Chapel Hill, NC: University of North Carolina, 1995), 380.

15 R. Kessler, *The soul of education: Helping students find connection, compassion, and character at school*. (Alexandria, VA: Association for Supervision and Curriculum Development, 2000), ix-x.

16 Kessler, x.

17 Kessler, 5.

18 Kessler, 11.

19 Kessler, 11.

20 Kessler, 13.

21 Kessler, 142.

22 Kessler, xi.

23 Kessler, x.

24 J. Perricone, *Zen and the art of public school teaching*. (Baltimore: PublishAmerica, 2005), 44-46.

25 H. Kushner, *When all you've ever wanted isn't enough: The search for a life that matters*. (New York: Fireside, 2002), 22.

26 Perricone, 76-77.

27 N.F. Sizer, *Crossing the stage: Redesigning senior year*. (Portsmouth, NH: Heinemann, 2002). ✽

28 Personal correspondence.

29 The Laws of Life Essay Contest is a program of the John Templeton Foundation, which provides the major financial support of the Smart & Good High Schools research.

30 *Teachers guide: Laws of life essay contest*, John Templeton Foundation, **www.lawsoflife.org**, 6.

31 **www.ffl-essays.org**

32 For more information contact the John Templeton Foundation, **http://templeton.org/**

33 A. Schwartz, "Why don't more boys write?" *Laws of Life Essay Contest Newsletter* (Spring 2002).

34 J. Marx, *Season of life: A football star, a boy, a journey to manhood*. (New York: Simon & Schuster, 2003).

35 Marx, 71-73.

36 P. Veljkovic, & A. Schwartz (Eds.), *Writing from the heart: Young people share their wisdom*. (Philadelphia: Templeton Foundation Press, 2001).

37 Marx, 73.

38 Stephen Covey, *The 7 habits of highly effective people* (New York: Fireside, 1990).

39 Sean Covey, *The 7 habits of highly effective teens*. (New York: Fireside, 1998), 82.

40 Stephen Covey, 129.

41 T. Devine, J.H. Seuk, & A. Wilson (Eds.), *Cultivating heart and character: Educating for life's most essential goals*. (Chapel Hill, NC: Character Development Publishing, 2000).

42 L. Terman et al., "The gifted genius in mid-life," *Genetic studies of genius*, 4. (Stanford, CA: Stanford University Press, 1959).

43 H. Urban, *Life's Greatest Lessons*. (New York: Fireside, 2003).

44 See, for example, U.S. News/PBS's Religion & Ethics Newsweekly Poll, as reported by J.L. Sheler, "Faith in America," *U.S. News & World Report* (May 6, 2002), 40-49.

45 W. Nord, quoted in *Teaching about religion in public schools: Where do we go from here?* Pew Forum on Religion & Public Life and the First Amendment Center, **www.pewforum.org** (2003), 10.

46 R.D. Putnam, *Bowling alone: The collapse and revival of American community*. (New York: Simon & Schuster, 2000), 67.

47 The Council on a Civil Society, *A call to civil society: Why democracy needs moral truths*. (New York: Institute for American Values, 1998).

48 L.J. Bridges & K. Anderson Moore, "Religious involvement and children's well-being: What research tells us (and what it doesn't)," *Child Trends Research Brief* (September 2002).

49 C. Smith, *Soul searching: The religious and spiritual lives of American teenagers*. (New York: Oxford University Press, 2005).

50 C. Haynes, *A teacher's guide to religion in the public schools*. (Nashville, TN: First Amendment Center, 1999), 1, **www.freedomforum.org**

51 Quoted in Haynes, 1.

52 Haynes, 7.

53 J. Sachs, *The end of poverty: Economic possibilities for our time*. (New York: The Penguin Press, 2005).

54 *Teaching about religion in public schools.*

第六章 常見問題
關於品學兼優標竿學校

品學兼優標竿學校模式如何幫助我們面對「沒有孩子落後」（No Child Left Behind）方案之挑戰呢？

有以下幾種方式：第一，如果你希望孩子可以成功，他們自己本身必須擁有想要成功的動機。正如同 Ron Berger 所說：「你可以一直給孩子考試，但其實你不會看到什麼真正的效果，除非你能讓他們自己在乎學習」。

是什麼機制能促使學生關心與學習相關的人、事、物呢？我們相信是老師和同儕對他們的關心，並且藉由鼓勵他們盡力而為所表現的一份關心，其中包括幫助他們經歷卓越。一旦學生發現原來自己是可以的，便會想要改變。這樣的過程幫助他們建構了一個新的自我形象，而且會想要再次體嘗卓越的滋味。

第二，研究告訴我們，成就是一個人努力的結果，而不只是天賦。在學校是這樣，一生也都是如此。不妨看一看你身邊，誰是成功者呢？你會發現很多人都有能力，但是，一個人成功與否，取決於個體如何運用他的能力。亦即，我們的成功是由我們的成就品格來決定——面對工作時，我們所展現的工作倫理。資優青少年的研究報告指出，擁有強烈工作倫理的資優青少年，較之具同樣資質、但卻缺乏強烈工作倫理的同儕，可以把潛能發揮到更高的層次。如果我們可以教給孩子們良好的工作態度和習慣、如何發揮潛能，我們將看到孩子投入更有意義的學習、獲得更好的成績，以及擁有更充實、具有活力的生命。

成功是一個人的努力，而不是天賦。努力來自成就品格的運作。

第三，可以從運作良好的學校取經，這些學校的學生，不論其社經背景如何，都能有高品質的學習表現、考試得到好成績、高中畢業後繼續上大學、大學畢業後找到一份好的工作。基本上，把「品學兼優標竿學校」之所以卓越的原則，認真付諸落實的學校，具有以下這些特質——擁有堅強的專業德行學習社群，教職員能密切地相互合作，會幫助學生獲得最佳的學習成果，也協助學生在生活各面向活出最精彩的自我。

最後一點，有些已發表的研究顯示，落實高品質品格教育的學校與其學業成就的提升是有關聯的。2003 年秋季發行的《品格教育研究期刊》（*Journal of Research in Character Education*, www.infoagepub.com），包含一個由 Jack Benninga 和同事所做的完整的文獻回顧，羅列出有關學術表現和落實高品質品格教育之關係的研究。在每個發展階段——小學、初中、高中——學生若有歷經高品質品格教育方案，不管在社會行為或在學業成就方面都表現的很優異。因此這些日益增多的確鑿證據都說明：當我們把品格的發展視為卓越與德行的基石時，我們會在學生學業成就上得到正面的回報。

研究顯示，落實高品質的品格教育，和學生學業表現之間具有正向關係。

☑️ 我是一所高中的校長。如果我想要實施你們的模式，你會建議我要做的第一件事是什麼？

有兩件事我們認為有助於入門：閱讀和逐步調整。你可以閱讀本書內容，並且試著邊做邊調整改善學校的措施。思考如何將本書中的大方向和諸多有效策略，應用在你已發現的問題和需求上，再進而延伸到已經在進行中的學校改善計畫。

在閱讀和調整過程中，最理想的狀況是，德行學習社群的四個組成要素可以一起參與：教職員、學生、家長和校外社群。正如我們所強調的：如果我們想讓學生發展八項品格優勢能力，我們需要上述四個群體一起努力，來促進學生這些優勢能力的培養。

但，這一切都要先從教職員著手。有許多不同的方式去啟動教職員，以下是其中一種方式：第一步，和你的行政團隊分享這本書的內容，問問他們，可以如何應用在你們學校的改善計畫中？

第二步，集合有心行動的教師，包括教師會主席，讓他們成為一個積極的助力，而非影響改變的阻力。也可以讓老師們手中都有這本書，為他們進行本書的重點摘要，並凸顯其中你認為可能是你們學校最感興趣和相關的。邀請這個行動小組與行政單位合作，一起向所有教職員提出重要的想法。

在那樣的聚集討論中，繼續把重點放在如何調整：學校當前需要改善的優先次序是什麼？本書可以如何幫助我們呢？要蒐集這些問題的答案，你可以把四人分成一組，每組給他們兩張工作表，一張請他們總結本書的想法和做法；另一張工作表分為兩欄：一欄填寫「學校當前的需要和可能的措施」，第二欄為「針對當前的需要及措施，提出可以幫助我們成為品學兼優學校的想法和做法」。

其後成立一個品學兼優學校讀書會，包

括跨學科部門的教職員。爾後的幾個月一起深入閱讀本書，並確認如何進行進一步的調整。另一方面，充分利用教職員會議中 15-20 分鐘的時間，進行本書不同章節的報告，就像在行動小組中進行的方式；在教職員的討論過程中，釐清學校現階段的需求和學校改善措施之間的關聯。

一開始，可以先閱讀本書，並依學校當前的需要和改進措施來修改和調整方向。

接下來，找出本學年需要改變的優先次序，例如，先聚焦於提升 1 年級新生的學業成績，或者成立諍友團體，去強化教職員之間的合作，以及一起討論並擬訂建議事項之行動步驟清單及優先順序。然後與學生代表、家長代表、社區代表等之間持續連結，並重複以上的調整過程。

學校如果以強加的方式，試圖在校內推動品學兼優模式或其它任何教改模式，我們認為那是不可能奏效的，或者即便你想要把它強行推銷給別人，也是行不通的。因為對於改變，一般人通常有兩種感覺：如果他們認同改變的想法，他們會喜歡改變；如果那只是某人硬要把自己的想法，強加在別人身上，那他們就會抗拒。面對所有的挑戰，真正重要的是去形塑對問題主權的共識，因為長遠來說，那是可以讓改變得以持續的重要因素。前面我們所列舉的方法，是學校可以嘗試去獲得共識的途徑之一。

> 千里之路始於足下。
>
> ——老子

如果還沒有得到校長在背後支持呢？

有好的領導者明顯是有差別的，不僅研究證實這一點，經驗亦然。如果你的學校還沒有校長或主管走在前面領導學校的改革，選擇不輕易放棄的情況下，還有什麼辦法呢？

第一個選擇是，與你學校的校長分享本書內容，請問他，在即將召開的教職員會議中，是否有時間讓你分享本書部分的內容，讓大家有機會可以做些討論，像是如何改善我們的學校生活和幫助學生有更好的表現？書中有什麼內容，符合目前學校的需要和正在進行的活動？

第二個選擇是，至少找到一個可能成為你支持者的同事，一個可以在休息閒聊時，一起討論這些想法的人，或是找願意嘗試一些可能性，然後比較這些做法和經驗的人。

第三個選擇是，和學生代表討論本書的部分內容，或許針對本書中關於如何增加學生在學校發聲的部分。問一問他們，是否需要你的幫助，一起向學校提出一些建議，並與校長討論。

第四個選擇的情況可以是：「好吧，或許在這個學校裡，除了我之外，沒有人有興趣、有時間，去嘗試一些需要改變的想法。但是，沒關係，我決定在自己可行的範圍內，去成為一個影響學生的老師、教練或輔導老師」。一個老師，可以讓一個學生、一個班級、一個團隊帶來改變！我們都清楚明白：從關鍵個體所獲得的第一手經驗，其威力是強大的；因為在我們的生命中，都曾經有人帶給我們不可輕忽的影響。

☑ 品學兼優標竿學校和其它改革模式的差別為何？

我們認為彼此間有相似性也有差異性。例如在《打破排名 II》（*Breaking Ranks II*）報告中所強調的許多重點──合作式的領導、小型學習社區、個別化的學習環境、嚴謹的課程、評量等，你也會在品學兼優標竿學校中看到這些實例。

不同的是，我們認為品學兼優標竿學校是將重點放在品格及其對品格的定義──它包括成就品格和道德品格。大多數學校改革模式強調卓越，但隻字不提在實現卓越過程中，成就品格所扮演的角色。此外，很少有改革模式看重道德品格。就我們所知，至目前為止，沒有任何其它改革模式，在回應與統整學校所面臨的諸多問題時，能以包含成就品格及道德品格的全面性觀點去思考品格。

在此模式中，我們清楚表達學校應該將成就品格和道德品格作為教育的根本基石。為什麼呢？因為它們是衡量人生一切所作所為的視窗。

> 我們必須以成就品格和道德品格作為教育的根本基石，因為它們是衡量人生一切所作所為的視窗。

我們認為一個人無法將卓越與德行切割，我們不想要孩子畢業後成為平庸的教師、不稱職的外科醫生、懶散的技工、不誠實的總裁、會服禁藥的運動員或不投票的公民。我們需要給予學生更多對卓越與德行兼備的具體行動，而不只是光說不練。卓越與德行必須是我們人生雙重的試金石，透過它們，檢視我們一生的所作所為。

☑ 所以你認為此一模式可以取代其它方法的選擇嗎？

我們的模式比較像是一個選擇性的補充；正如 BASF 化學公司有一個口號這麼說：「我們不製造更多的產品，我們是讓很多你正在使用的產品更好。」這口號描述了其產品所具備的催化特性。若沒有 BASF 公司的化學產品，許多其它產品不會像現在那樣好。而若沒有其它產品，對許多消費者而言，BASF 化學產品不會如此有價值。

這與我們的模式相似，我們認為它有可能讓任何學校或任何班級變得更好。舉例來說，我們認為優良的數學教學方式，如果加上品學兼優標竿學校的願景，會使尤其在困難中掙扎的學生獲益更多（較之單靠優良的數學法來說）。

> 品學兼優標竿學校能輔助其它改革模式。

為什麼會這樣呢？因為外在的訊息如何被吸收是根據接收者之特質而定。你的數學教學內容的訊息，是不會被不想以勤奮、堅韌不拔精神、積極態度去學習和表現的學生接收到的。你可能有很好的數學教學方法，但卻沒有一個可以讓學生互相鼓勵，盡其所能去學習的教室文化。你可能有很好的數學教學技巧，但卻沒有良好的課堂紀律。如果缺乏課堂紀律和卓越文化，再好的數學教學，其有效度都會大打折扣。

無論你是否為基本學校聯盟（Coalition of Essential Schools）、天才發展學校（Talent Development School）、優先學校（First Things First school）或任何其它現行改革模式的成員，你都可能成為品學兼優的學校。你不必勉強只選擇其中一個；我們相信我們的做法可以加強其它改革的方式。

☑ 你對導師制度有何看法？是否需要呢？

導師制度是一個可以使學校更加緊密連結的方法。許多研究顯示了學校連結的重要性，例如，成人與學生的關係、學生彼此間的關係。當孩子們感受到在各方面的緊密連結時，他們在學校會更加努力，而且比較不會中途輟學，也不會從事諸多危險的行為，如性行為、吸毒和酗酒。

導師是唯一開啟連結的途徑嗎？當然不！你可以藉著建立具卓越與德行的社群，開啟各科目課堂之間的連結。你也可以使用傳統的「班級導師」的輔導活動，或課外活動和聯課活動。研究顯示，這些活動對學生的成就和道德品格、生命改變等，具有超越課業經驗的影響。

所有的班級導師制度都會成功嗎？不一定。坦白說，我們的確看過一些導師制度的結構，並未能提供校內強而有力的連結，或是並未能幫助學校達成其中一些重要的目標。任何學校的導師制度結構或做法，需要透過像我們前面所說的，以研究為基礎的行動與反思（Re-BAR）。學校需要蒐集數據，從調查、訪問、學生成績，使他們能夠回答以下的問題，例如：「哪些方法有用？」「哪些方法更有用？」和「如何才能使我們善用這種做法，發揮更大的功能呢？」

我們認為班級導師對於學生發展八項品格優勢極具影響的潛力。我們認為他們會有更好的機會來達成此影響，如果他們能十分慎重地聚焦於培養思辨者、勤奮又有能力的表現者、德行的深思者、民主公民和靈性者等。這意味著學校可以去建立一個導師制度，實現以上述目標為輔導課程的內容。有另一個方法也是不錯的，有一些學校已經這樣做了，就是培訓高年級的學生，使其成為班級輔導系統中的一員。這也是減輕教師沉重負擔的方法之一，也可以為學生提供另一個培養領導能力的機會。

☑ 關於學校改革有一個 3R 口號：嚴謹（rigor）、相關性（relevance）、關係（relationships）。品學兼優標竿學校如何回應這 3R 呢？

我們認為品學兼優模式的核心就是上述這三個概念。讓我們先從「關係」談起。對很多學生來說，他們的中學經驗是不被人瞭解的。我們不能期待提高學生成績、減少紀律問題，或增加對學生的掌握，除非我們能改善與學生之間關係的品質。品學兼優標竿學校透過六個原則，去營造德行學習社群，去幫助學生覺得自己被瞭解、被需要、被支持、被關懷，以及被挑戰去竭盡所能。

關於「嚴謹」呢？當談到成就品格時，我們關注「用心追尋的良知」——像是堅持不懈的精神、積極的態度、勤奮、井然有序，這都是至關重要的嚴謹力。

品學兼優標竿學校也透過營造一個「批判的文化」，來達到學習的嚴謹度，讓學生

透過互相幫助和彼此挑戰的方式，去追求卓越的成績。以學生寫一篇文章為例，他們會和全班同學分享，同學也會對文章提出評論。接著老師會帶領大家討論，並給予回饋，這是此活動進行中重要的指導部分。一個批判的文化為卓越帶來檢視、多次修正的機會，並幫助學生盡力去滿足現實世界的工作標準。這是真正的嚴謹。

事實上，如果我們在追求嚴謹和卓越的途中剔除了品格，那麼我們就僅剩「大鐵鎚告誡」——為了讓學生表現得更好，使用各種方法，或苦苦哀求，或威脅利誘。反之，如果我們用心去幫助他們建立成就品格，他們會將之視為一個重要的個人目標。在一個有同儕幫助和彼此挑戰的教室文化下，我們有較大的機會讓學生達到高品質的成就表現。

如果學生用心追求成就品格的建立，他們的學業成績大有可能得到改善。

最後，那麼「相關性」呢？成就品格和道德品格的品質，以及透過協同合作去達到卓越等的過程，不僅和學生在學校的成功有關，同時也和未來職場的成功有絕對的相關性。

☑ 學校真的有時間投入學生道德品格的發展嗎？

學校沒有時間不投入學生道德品格的發展。我們並不是要針對這一點做辯解；我們知道學校都面臨著龐大的學業壓力。但我們認為，如果你想要營造學校最佳的學習氛圍，他們就必須先處理與品格相關的一些議題。首先，你需要一個安全、有次序和有成效的學習環境。在此書中，我們介紹了以研究為基礎、對實務工作者易懂的策略，瞭解如何營造這類型的學校和教室環境。

另一個我們關注道德品格的原因，當然是因為我們希望我們的畢業生是具有德行的人，也能是民主公民。我們的社會已經有夠多的人只管自己，為達目的，盡其所能地說謊、欺騙、偷竊，以獲取成功。我們需要更多人願意為他人犧牲，願意如此定義成功：建立健全的家庭、過誠實的生活，並在公眾的利益上，貢獻一己之力。

我們需要更多的人對成功的定義是——過誠實的生活和對他人福祉貢獻一己之力。

我們認為學校沒有時間去推展道德品格的真正原因是，花太多時間在一些無法有助於學校緊密連結的活動上；老師因著無法產生真正重要成果的諸多事，過度負荷。我們相信，惟有能幫助年輕孩子邁向豐盛人生的事，才是學校教育真正需要看重的。

推展品學兼優學校的模式，並將卓越與德行融入在各階段的學校教育中，是很花時間的嗎？當然。但我們認為投資在這項任務所花的時間，將有助於頂尖學校在教育改革中，實現最重要的辦學目標和全人教育的理想。

> 一盎司的品格與一磅的聰明是等價的。
> ——諺語

✓ 專注在品格和整合德行與卓越表現，對學校或教師所做的事有什麼不同呢？

無論你是教學生微積分、寫一篇很有說服力的作文、瞭解歷史，或彈奏樂器，你應該永遠存記兩個基本問題於心：第一，品格對這個學習挑戰的貢獻是什麼？想想：學生不交功課，是因為他們不知道如何做時間管理嗎？不知如何做到堅毅嗎？學生之間相互看不順眼、排擠和霸凌的情形，是因為我們沒有投入時間去培養學生的品格（諸如尊重和關懷）嗎？

第二，如果以品格為焦點來面對問題，可以如何幫助學生和社區的現在及未來呢？舉例來說，如果學校建構強而有力的共同責任文化常模，我們的學生會成為更好的球員與未來職場更好的雇員嗎？如果我們透過榮譽制度培養誠實，將有助於我們的年輕人在未來有更誠實的人際關係嗎？總是記得：當你把重點放在品格，不論你進行的是哪一種教學，都會有短期和長期的效益。

✓ 請問品學兼優的教育願景如何呼應勞動市場的需求：包括高科技的全球經濟需要？

在這一點，商業和工業所進行的研究提供了相當清楚的答案：他們希望和需要有強烈成就品格的人——關切細節、有時間概念、工作倫理、勤奮和具獨創性。

他們還希望和需要具有道德品格的人——具有優秀的人際技巧、誠信，和具社會責任。

這是我們從 Jim Collins 的書《從 A 到 A+》（*Good to Great*）（譯註 1）中學到的重要功課。從表現優秀的公司躍升為表現傑出的公司，雖然員工的教育程度很重要，但品格特質更加重要。這對不管是要進入大學的學生，或是畢業後帶著希望成為藍領或白領階層工作的學生而言，都是十分真實的。

學校顯然也需要為學生進入高科技產業工作做好準備，因為他們將處在全球化的經濟中。品格的優勢造就了過去許多偉大的科學家、政治家、發明家和企業家，它也將對今日進入職場的人帶來貢獻。在競爭激烈的全球經濟中，很需要我們先前提過的成就品格：勤奮、毅力、獨創性等等。他們會需要協同合作；需要能相互激盪最佳表現的好隊友；他們需要對新點子和新思維，保持開放的心態。以上這些品質都和品格有關。

在科技迅速成長的世界，有一個更迫切的需要，便是高度發展的德行思考和道德品格的發展。我們需要的學生不僅僅是能預備進入全球經濟的競爭中，而且也要能處理這個時代在德行方面的挑戰。我們如何避免破壞所有生命賴以維生的環境呢？什麼是生而為人的尊嚴？什麼是合理的工資？什麼是生命的價值？如何促進和平，避免戰爭？如何促進正義，解決日益擴大的貧富懸殊？

✓ 本書中列舉了很多的做法；哪些做法是最重要的呢？

它取決於你特定的挑戰和有利的條件是

譯註 1：中譯本《從 A 到 A+》，遠流出版社出版。

什麼而定，你可以思考品學兼優標竿學校願景的重要精神和做法。在這些做法中找出可以填補目前學校所缺乏的，加強原來不理想的部分，或取代一些不合適的方式。

例如，你們學校可能沒有榮譽考試制度，你可以建立這樣一個制度以填補此缺失。或者，你學校可能有學生自治會，但調整後可以允許學生有更多全校性的參與，使它的運作更有效能。或者你學校可能有一個紀律處分系統，但是你覺得它對學生的道德品格和避免他們重複犯錯上毫無作用，那麼你可以嘗試一個非常不同的做法。

☑ **你說了很多關於「專業德行學習社群」的發展。如果學生的學習成效才是真正的底線，為何要如此強調呢？**

研究顯示，協同合作能區分出豐富學習與貧瘠學習環境的差異。這是什麼意思呢？意即，你不能期待教師能展現最佳的教學，除非他們能夠一起合作。研究顯示，如果學校擁有專業德行學習社群——教師們彼此分享教學和尋求建設性批評；分享學生的考試成績狀況，共同尋找教學的優勢和弱點；在追求卓越上，同事成為彼此的「諍友」——則學生的學習成就將會改善。

除非社群具有尊重、謙和、誠信、集體責任感等特質，並且願意花時間去推動持續的協同合作，否則以上這種合作將不會或不可能存在。這就是所謂的專業德行學習社群。

☑ **如果學校還沒有這種專業學習社群，要如何發展呢？從哪裡開始呢？**

從你已經知道如何做的事開始。舉例來說，如何進行教職員會議呢？如果有人覺得會議的效率不佳，那會議該如何進行才會不一樣呢？是分享為培養理想之畢業生的有效做法，並尋求如何改變的方式嗎？你能找到至少一個「諍友團體」，並定期聚會嗎？研究顯示，參加諍友團體的教師都反映其教學每一年都進步了。有一個網站（www.nsrfharmony.org）專門討論如何進行諍友團體。如果你要做一件事情來啟動專業德行學習社群，我們認為這個網站是一個重要的參考。

> 卓越的學習和超優的能力都沒有什麼價值，除非加上榮譽、真理和誠信。
>
> ——Abigail Adams

☑ **但是如果在學校中，真的沒有能夠開始對話的同事或行政主管呢？**

那就退回到關鍵的個人影響力上。首先從你和你能影響的範圍開始。作為一個教師、輔導者、教練、父母或行政人員，你可以開始讓品格成為通往卓越與德行的途徑。幫助學生看到努力和成果之間的關聯，與至少一位教職人員分享你幫助學生的結果。

☑ **這本書中的想法是否適用於學生已經有好成績和好行為的學校呢？**

絕對是的。正如古語所云「多給誰，就向誰多取」。我們希望良善的孩子都是傑出的孩子——藉由發揮他們在德行以及智能上

的潛能。有關欺騙的全國研究顯示，有 2/3 至 3/4 的學生，包括「最好和最聰明的學生」，承認在過去一年中在考試或作業上作弊。在一個沒有榮譽制度的學校，75%的學生進入大學後仍會作弊，成年後他們也會有欺騙行為，從逃稅到欺騙配偶等。

我們想要有什麼樣的領導人呢？想想，高成就的孩子在未來將領導我們的社區、企業、學校和國家。我們希望他們是有道德的領袖嗎？如果是的話，那麼在學校的教學上，我們做了什麼有助於達成那個目標的事呢？

偉大的教育家是「能激勵學生充分發揮潛能的人」。

此外，我們認為有很多優秀的孩子，並沒有發揮自己真正的潛力，因為他們沒有具備成就品格。在面對困難時，他們並不會堅持，只做自己擅長的事，與人的相處不佳。他們停留在舒適圈，逃避真正的挑戰。考試成績未必能告訴我們，我們所做的事是否幫助這些學生成為一個他們有能力成為的人。

我們對一個偉大教育家的定義是——能激勵學生充分發揮潛力的人。對學習有困難的學生，我們絕對有責任，但是對很優秀的學生，我們也是有相同程度的責任。

☑ **關於那些總是得 A，且不斷努力，凡事追求盡善盡美，但對自己總是不滿意的孩子呢？**

這顯然是我們必須關注的，那也是為什麼優勢 8「成為一位用心追尋人生崇高目的的靈性者」如此重要的原因。孩子們就像成年人一樣，需要一個較遠大的生命觀，去看到事情不同的角度。

坦白地說，我們認為那是一個更大的危險，就是學生只專注在學業表現，而將人際關係、情緒管理、思辨、民主公民和追求靈性等的學習，都排除在外。如果學校不談品格，不看重全人發展，就會形成 Denise Pope 和其他人所描述的「盲目學習」症候群的溫床。

這就是為什麼我們認為融合品格優勢能力如此重要的原因，例如靈性者和勤奮又有能力之表現者的融合。我們認為平衡十分重要，正如亞理斯多德說：「美德是過多與不足之間的平均。」當孩子能將潛能發揮得淋漓盡致、在人際關係中展現德行，並開始追尋人生的崇高目的，他們應可經歷平衡和成就感，而不是精疲力竭。

☑ **為了落實在本書中所提及的事，學校需要考慮什麼規劃及調度的問題嗎？**

規劃是拼圖中重要的一塊。是否能落實品學兼優學校的願景，取決於學校能否有時間去規劃、推展和檢核實現這一理想的各種做法。不過，我們也認為這一願景能依學校不同的行事曆來規劃。

許多學校已經瞭解建立專業德行學習社群是至關重要的一件事，它提供教師們一個共同的規劃時間。而不少學校透過富有創意的方式，去挪出教師們所需的時間，因為那對社群成員之間的集體對話是很重要的，它能帶來學校文化真正的改變，並將之維持下去。

> 如果我們要重建世界，我們必須先問一問：「我們如何妥善重建我們的靈魂？」
>
> ——Russell Kirk

☑ 為了做到本書中的事，何種訓練是必要的呢？

和上面那個問題一樣，仍然是視情況而定。這本書提供了不同難度的做法。例如一些像在教室門口握手的做法，不必透過訓練就可以實施。其它做法，例如要發起一個民主式的學生自治會，或推動優質的服務學習方案，則需要訓練。如果想要建立有效的榮譽制度，學校可以查閱相關個案研究的資料；使用指導綱要，例如教育精神和德行委員會（Council for Spirituality and Ethics in Education, www.csee.org）的出版品；並向已有實施榮譽制度的學校請教。

訓練有兩個重要方向有助於實現本書所介紹的願景。第一，著重在以研究為基礎的行動與反思（Re-BAR）。一切發生在學校的事，都可能有助於或有損於成就品格和道德品格的發展。因此，正如我們在書中介紹了專業德行學習社群的重要性，我們認為教育工作者需要成為一個具有省思能力的人——對於所有行動的結果，去蒐集如何達成目標的資料，憑藉資料去決定是否繼續、改善、重新出發或停止行動等，都是德行學習社群重要的活動與關切。

另一個重要的訓練方向，是幫助教職員不再單打獨鬥，而是共同合作，去改善自己的品格，和建立一個集體合作的教職員文化——即專業德行學習社群。在這樣的文化中，每個人都願意承諾兩件事：(1)盡力追求卓越與德行，讓自己成為表現優異且有德行的人；(2)支持和相互挑戰，去追求卓越與德行。

這意味著學校所有人都必須參與其中，以培養我們希望學生培養的八項品格優勢，因為我們不可能給別人我們自己還沒學會的東西。歸根究柢，人與方案是無法切割的，人對了，事情就會對了！

☑ 在發展成就品格、道德品格和八項品格優勢能力時，學校如何評估其有效性？

下一階段，我們的研究工作是要去建置一個機構評估系統，讓學校可以嚴謹地檢核品格優勢和德行學習社群的發展。請至我們中心的網站（www2.cortland.edu/centers/character）查看這方面的進展，目前上面已經有一些評估工具可供大家免費使用。

在關注如何評估有效性的同時，你可以開始進行 Re-BAR 的歷程。在優勢 6，我們介紹了某個學校在新生輔導方案的建置上，如何運用這一過程（見第 234 頁）。

這所學校有兩個目標：減少新生第一學期在修課上不及格的百分比，並提升學生參加課外活動的百分比。他們蒐集這兩方面的資料，後來發現都得到改善，雖然其中仍有改善的空間。他們本來也打算進行問卷調查和晤談，至少透過一些新生去瞭解，輔導方案如何提升他們的學習和收穫。這是一個以研究為基礎的行動與反思（Re-BAR）的例

子，我們建議學校可以使用各種不同的做法。

關切學生考試作弊嗎？建議學校可使用Don McCabe 的學業誠信問卷（Academic Integrity Survey, dmccabe@andromeda.rutgers.edu），去得到基線數據，然後去建立榮譽制度，以及在課堂上討論誠實的議題之後，再調查一次，或許再加上訪談一些學生和教師。看看新的調查數據，然後在方案中做進一步的改善，保持此運作模式的循環。

關心運動精神和期許運動教練也能成為品格教育工作者嗎？請參考我們網站的教練檢核表（Coach's Checklist）。

☑ 關於品學兼優標竿學校，你們下一步有什麼規劃嗎？

想瞭解品學兼優標竿學校推展狀況的最新消息，可查看網址：www2.cortland.edu/centers/character。

> 注意你的想法，
> 因為你的想法會成為你的話。
> 注意你說的話，
> 因為這些話會成為你的行為。
> 注意你的行為，
> 因為你的行為會成為你的習慣。
> 注意你的習慣，
> 因為你的習慣會成為你的品格。
> 注意你的品格，因為你的品格將成為你的命運。
>
> ——佚名

附 錄

- 致謝
- 與本研究相關的兩個品格機構
- 參與本研究的學校
- 參與本研究的全國性專家小組
- 參與本研究座談的學生代表名單
- 研究方法與有效策略評定的標準

致謝

感謝所有參與此研究過程的團體和個人。特別是 John Templeton 基金會，因著他們慷慨的支持，使得「品學兼優標竿學校」研究計畫成為可能。

感謝品格教育聯盟（CEP）與我們一起出版這份研究成果。

感謝 Jim McGowan，他極具創意的藝術天分和開朗的特質，充分展現在本書的編排與設計上，不僅掌握了正確與清晰度，更讓讀者在閱讀時感到平易親切。

感謝兩個委員會——全國性專家小組與學生代表，在整個研究與寫作過程中提供我們非常重要的指引。

感謝我們在研究過程中拜訪的學校和許許多多的教育工作者，包括校長、教師、輔導老師、教練、家長及其他個體，他們所提供的卓越與德行兼備的有效策略，大大的豐富了本研究成果的撰寫。

感謝「品學兼優標竿學校」計畫中所有學區的教育行政單位，謝謝他們高度支持參與這項研究計畫的學校。

感謝紐約州立大學寇特蘭校區，特別是贊助我們的相關課程、研究基金會、幼兒教育系、教育學院，謝謝他們對本研究計畫及本中心長期以來的支持。

感謝本研究計畫的行政助理 Deb Finn，在協調計畫的執行過程和堆積如山的研究資料上，展現了極佳的能力。

感謝「尊重與責任品格教育中心」的行政助理 Marthe Seales，謝謝她在本書的編輯和設計上，提供了十分寶貴的建議。

感謝中心網站的設計者 Steve Marstall，謝謝他高超的網路設計技術。

感謝本研究計畫的三位研究助理，Kathleen Davidson、Meg Paige 及 Zack Becker，謝謝他們輸入、轉譯研究資料，以及整理超過 1,400 筆參考文獻資料的辛勞。

最後，感謝我們摯愛的妻子，Judith Lickona 和 Suzanne Davidson，謝謝她們在此研究進行的每一個階段，提供我們寶貴的建議和持續的支持。

與本研究相關的兩個品格機構

「尊重與責任品格教育中心」（Center for the 4th & 5th Rs [Respect and Responsibility]），位於紐約州立大學寇特蘭校區（School of Education at the State University of New York College at Cortland），創設於 1994 年。我們以全面性的策略，推動品格教育；意即，學校生活中每一個面向，都是協助學生培養品格的機會。這個中心已經培訓了超過 5,000 位幼稚園到 12 年級的老師，橫跨美國 35 州及 15 個國家。透過每年舉辦的品學兼優標竿學校暑期工作坊、在職教師專業發展研習、「卓越與德行」（*excellence & ethics: the education letter of the Smart & Good Schools Initiative*）電子刊物等方式，我們提供教學評量及品格教育相關研究的資訊。由本中心出版的書籍包括《品格教育：學校如何教導學生尊重與責任》（*Educating for Character: How Our Schools Can Teach Respect and Responsibility*）、《教養美善的孩子》（*Raising Good Children*）、《品格教育的評量工具》（*Character Education Evaluation Toolkit*）、《人格培養白皮書》（*Character Matters*）（譯註），以及《品格語錄》（*Character Quotations*）。《品學兼優標竿學校》的出版，反映了我們對中等學校的品格教育越來越關切。Thomas Lickona 博士負責本中心的運作，Matthew Davidson 博士是本中心前主任，現在他是

「卓越與德行中心」（Institute for Excellence and Ethics, Inc., IEE）的執行長；這也是一個非營利組織，與本中心合作，一起執行「品學兼優標竿學校」的研究計畫。

品格教育聯盟（**Character Education Partnership, CEP**）創設於 1993 年，位於華盛頓特區，是一個全國性的聯盟，由教育工作者、家長、機構、社群團體、公司等組成，致力於品格教育的推動，來營造更具公民性、正義性、悲憫心的社會。這個聯盟的夥伴包括美國學校組織協會（American Association of School Administrators）、課程發展與管理協會（Association for Supervision and Curriculum Development）、全國社會科教學協調會（National Council for the Social Studies）、全國學校委員會組織（National School Boards Association）、全國家長教師協會（National PTA）等。CEP 每年都會針對幼稚園到 12 年級的教育，舉辦全國性的國際研討會，內容包括公開表揚當年獲獎的全國品格典範學校（National Schools of Character, NSOC）、提供教師培訓工作坊、教師專業發展等，以利品格教育的推動。CEP 也出版品格相關資源，例如，《品格教育研究期刊》（*Journal of Research in Character Education*）、《11 項品格有效原則資源手冊：從幼稚園到 12 年級，高品質品格教育的途徑》（*Eleven Principles Sou-*

譯註：中譯本《人格培養白皮書》，高富出版社出版。

rcebook: How to Achieve Quality Character Education in K-12 Schools），以及最近出版的《品格教育如何奏效：以研究為基礎的指引》（*What Works in Character Education: A Research-Driven Guide for Educators*）。

這項研究計畫主要由 **John Templeton** 基金會提供研究經費。

我們也由衷感謝以下團體及個人的協助：

The Abraham Lincoln Center for Character Development

Albany International Corporation

Casillas Foundation

Carrollwood Day School

Center for the Advancement of Ethics and Character

Character Education Partnership

Character Development Group

Josephson Institute of Ethics/Character Counts! Coalition

Fred Sarkis

Hal Urban

Hyde Schools

International Educational Foundation

Learning for Life

New Hampton School

Sanford and Priscilla McDonnell Foundation

在這個研究計畫中，我們走訪了 24 所中學，這些學校分布在美國的北部、南部、東部、西部、中西部等，有的在郊區，有的在市區。這些學校大小不一，學生從 300 人到 4,300 人皆有之，包含公立、私立、獨立學校、教會學校，它們的性質雖然有許多不同，但都在所處的地區得過一些獎項的肯定。我們十分感謝所有參與「品學兼優標竿學校」研究計畫的學校學生、家長、教職員。我們也要感謝一些教師或教育工作者，雖然他們並不在我們所拜訪的 24 所學校當中；但是，透過其它交流管道或相關文獻，我們從他們身上也學到一些有效的品格教育策略。

以下是這 24 所學校的名單：

Academy of Our Lady of Peace, San Diego, California.

Adlai Stevenson High School, Lincolnshire, Illinois.

Brighton High School, Brighton, Massachusetts.

Community of Peace Academy, St. Paul, Minnesota.

Eleanor Roosevelt High School, Greenbelt, Maryland.

Fenway High School, Boston, Massachusetts.

Francis W. Parker Charter Essential School, Devens, Massachusetts.

Hudson High School, Hudson, Massachusetts.

Hyde School, Bath, Maine.

Hyde Leadership Public Charter School, Washington, D.C.

James Logan High School, Union City, California.

Montclair Kimberley Academy, Montclair, New Jersey.

New Hampton School, New Hampton, New Hampshire.

Oakland Technical High School, Oakland, California.

Palatine High School, Palatine, Illinois.

Quest High School, Humble, Texas.

St. Benedict's Preparatory School, Newark, New Jersey.

St. Genevieve Catholic School, Panorama City, California.

Shalhevet High School, Los Angeles, California.

Skaneateles High School, Skaneateles, New York.

Souhegan High School, Amherst, New Hampshire.

South Carroll High School, Sykesville, Maryland.

Terry Sanford Senior High School, Fayetteville, North Carolina.

Troup High School, LaGrange, Georgia.

Patrick Bassett, president, National Association of Independent Schools.

Jeffrey Beedy, former headmaster, New Hampton School.

Ron Berger, educational consultant and teacher.

Marvin Berkowitz, co-editor, *Journal of Research in Character Education.*

Sheldon Berman, superintendent, Hudson School District.

Karen Bohlin, head of school, Montrose School.

Bill Bond, former principal, Paduka High School; resident practitioner, Safe and Orderly Schools, National Association of Secondary School Principals.

Geoff Cramer, founder/executive director, Futures for Kids.

John Diggs, physician; Co-Chair, Massachusetts Physicians Resource Council.

Kristin Danielson Fink, executive director, Community of Caring.

Robert Foor-Hogue, science teacher, South Carroll High School.

James Garbarino, professor of human development, Cornell University.

Malcolm Gauld, president, Hyde Schools.

Joanne Goubourn, director, Hyde Leadership Public Charter School.

Charles Haynes, Senior Scholar, First Amendment Center.

F. Washington Jarvis, former head, Roxbury Latin School.

Michael Josephson, president, Josephson Institute of Ethics and Character Counts! Coalition.

Rachael Kessler, executive director, PassageWays Institute.

Lawrence Kohn, principal, Quest High School.

Meg Korpi, president, Character Research Institute.

Daniel Lapsley, chair of educational psychology, Ball State University.

James Leming, Carl A. Gerstacker Chair in Education, Saginaw Valley State University.

Donald McCabe, founder, Center for Academic Integrity.

Sanford N. McDonnell, chairman emeritus, McDonnell Douglas Corporation; chairman of the board, Character Education Partnership.

Theresa Monteiro, English teacher, Brighton High School.

Clark Power, professor, program of liberal studies, University of Notre Dame.

Kevin Ryan, founder/director emeritus, Center for the Advancement of Ethics and Character, Boston University.

Nancy Faust Sizer, lecturer, Harvard Graduate

School of Education.

Ted Sizer, founder, Coalition of Essential Schools.

Darrick Smith, drop-out prevention coordinator, Oakland Technical High School.

Jim Thompson, founder and executive director, Positive Coaching Alliance.

Hal Urban, former history and psychology teacher, Woodside High School.

Maryann Wolfe, Paideia Program teacher, Oakland Technical High School.

Keesha Brooks, Hyde Leadership Public Charter School.

Megan Brown, Adlai Stevenson High School.

Tremain Caesar, St. Benedict's Preparatory School.

Erin Capistrano, Academy of Our Lady of Peace.

Tina Cassidy, Quest High School.

Alyssa Cimabue, South Carroll High School.

Abigail Cohen, Montclair Kimberley Academy.

Lanaya Cribbs, Community of Peace School.

Nick David, Montclair Kimberley Academy.

Doug Denison, South Carroll High School.

Adrianna Espinoza, Palatine High School.

Djamila Evora, Fenway High School.

Norrell Fogle, Hyde Leadership Public Charter School.

Corey Friedman, Adlai Stevenson High School.

Kathrina Galang, St. Genevieve High School.

Sarah Gordon, Francis W. Parker Charter Essential School.

Phil Hannam, Eleanor Roosevelt High School.

Lear Hackel, Shalhevet High School.

Sarah Honig, Shalhevet High School.

Casey Horn, Quest High School.

Jill Kahane, Francis W. Parker Charter Essential School.

Mudit Kaushal, Eleanor Roosevelt High School.

Sarah Krongard, Hudson High School.

Chayee Lee, Community of Peace School.

David Lee, James Logan High School.

Michael Linares, St. Genevieve High School.

Daisy Lopez, James Logan High School.

Thomas McKenney, Souhegan High School.

Danielle Murphy, Skaneateles High School.

Kathleen Nishimoto, Souhegan High School.

Rita Paulino, Hudson High School.

Heather Richardson, Palatine High School.

Apocalipsis Rosario, Fenway High School.

Daniel Ruhlman, Skaneateles High School.

Jim Sheldon, Hyde School.

Anne Shiraishi, Academy of Our Lady of Peace.

Ashley Smith, Troup High School.

Emerson Tronchin, St. Benedict's Preparatory School.

Johanna Young, Terry Sanford Senior High School.

Christine Zanetti, Hyde School.

研究方法與有效策略評定的標準

🔲 三個研究目標

在這項為期兩年的研究歷程中，以下三個目標是我們前進的指引：

1. 綜觀老師們在教育過程中所使用的方法，從其中找出足以被合理地認定為：能「有效地」幫助青少年建立成就品格與道德品格的策略。當我們把品格的定義擴充為包含追求卓越與德行時，在研究歷程中我們很廣泛地搜尋這樣的策略；它們不但有助於學生的學習與成就，也幫助學生培養誠實、尊重，以及道德成熟度等相關能力。
2. 盡可能具體而詳盡地介紹這些有效策略，使教育工作者容易瞭解及參考。
3. 建立一個可落實於學校的品格教育理論模式，幫助學生成為卓越與德行兼備之人。

🔲 三個重要的知識來源

在尋找有效的品格教育策略的歷程中，我們參考了三個重要的知識來源：(1)相關理論；(2)實證研究；(3)從實務中得來的洞見——學校教職員、家長、學生的經驗與心聲。

🔲 紮根理論的思維

在探討什麼是品格教育的有效策略上，我們運用了「紮根理論」（grounded theory）的研究方法。所謂紮根理論，是一種「從研究資料中去發展與建立理論的研究方法[1]」，不過此種方法並不是從毫無理論根據開始，反之，基本上它是根據局部性的概念或原則出發。在此項研究中，我們是從 16 個類型的教學方法，開始去思考及觀察（例如，管教的方法、課程統整的方法、建立健康生活的方法等）。在進入這些學校進行研究和退出後，我們經由反覆閱讀所蒐集到的資料，試著從中找尋浮現的類別，或者令我們感到好奇的主題，例如，究竟對實現卓越有所幫助的品格是些什麼？這樣探究的歷程，引導我們去建立新的理論類別，例如我們提出了「成就品格」這樣的概念，以及特定的品格發展成效，例如成為「勤奮又有能力的表現者」等，這些概念都可以從我們觀察和訪談資料中獲得支持的證據。接著我們根據額外蒐集的田野資料，再把這些逐步浮現的類別，進一步延伸、釐清與精鍊。另外，我們也將研究發現所得的結果，與持續不斷閱讀的相關文獻、理論、實證研究、實務報導等，進行對照與比較。

🔲 使用的研究方法

這份研究歷經兩年之久，所使用的研究方法包括：(1)蒐集及統整相關文獻；(2)訪問 24 所性質不同的學校；(3)兩個組織的代表組成本研究的顧問團；(4)補充性的訪談。

▶ 1. 蒐集及統整相關文獻

我們蒐集及檢視了許多與青少年相關的研究文獻，諸如青少年發展、中等學校的教改、品格教育等，總計超過 1,400 份的各式

資料（例如書籍、研究計畫、研究報告、論文等）。

▶ 2. 訪問 24 所性質不同的學校

我們實地走訪了 24 所學校，規模有大、有小，有公立、有私立，有在都會區、有在郊區，有一般性的學校、有教會學校。這些學校是如何挑選出來的呢？基本上，它們都曾獲得一些獎項的肯定（例如，全國品格典範學校、教育部藍絲帶學校、改革聯盟領先學校、全國服務學習領先學校等）。在這些不同類型的學校名單中，我們再依地區、學校大小、學校性質等進行分層取樣，希望能瞭解及觀察到更多更廣泛的教學策略。在每一所學校的訪問行程中，我們設計了以下幾個蒐集資料的方法：

◆ 焦點團體訪談：針對不同角色（如教師、學生，以及時間許可的家長）
◆ 課堂觀察：通常觀察後與該教師進行訪談
◆ 與學校行政領導者訪談：包括校長、主任等
◆ 特定的觀察：針對該校被推崇的優勢或特殊教學法
◆ 與學生訪談：透過由學校所推薦的學生領袖代表，以個別方式或兩人一組的方式，進行訪談
◆ 書面資料：該校相關書面資料、文件等的蒐集和分析。

▶ 3. 本研究的顧問團——兩個組織

其一為全國性專家小組，組成人士包括對青少年發展、中等教育、品格教育等，學有專精的學者及實務工作者。在研究進行前、研究進行歷程中，以及研究報告完成撰寫初稿後等，在理論及方法上提供我們一些回饋及建議。其二為全國學生代表座談會，當我們拜訪這 24 所學校時，他們接受在地的訪談、填寫問卷調查，並針對我們完成的研究報告初稿給予意見[2]。

▶ 4. 補充性訪談

除了在實地訪問學校時，進行面對面的訪談外，我們也透過電話或者後續面對面的訪談。這些補充性的訪談對象包括實務工作者、家長、方案設計者，或者推展有效教學法的人士等。

☐ 評定有效策略的三個準則

在許多不同的品格教學策略中，哪些可以被雀屏中選為所謂的「有效策略」呢？透過全國性專家小組的協助，我們建立了三個準則（及次準則）作為篩選的標準：(1)實證研究的驗證：意即，該策略具有實證的支持，而不只是因為它看起來好像有效；(2)相關性與表面效度；(3)可靠來源的見證、口碑。在下一頁的方塊文章中，我們將列出評定何為有效策略的三個準則和次準則。

研究效度需要有足夠證據的支持；滿足多重標準要求的策略（例如，實證研究的支持、現場老師的佐證），一定比只符應單一標準要求的，來得更令人信服。不過，以下的情況是有可能存在的：現場老師認為「有效」、學生認為對他們具有重大意義的策略，但實證研究的結果並未顯示如現場老師所說的有效性；或是它們對學生學習成就的影響，並未呼應原先所提出的研究假設。在

有效策略的評定標準

● 1. 實證研究的驗證

◆ 實驗提供的效度

實驗性研究顯示此一教育策略的有效性；透過此一策略學習的學生，在一些成就品格或道德品格的測量上，比那些沒有使用此一策略的學生表現更佳。

◆ 前後測的差異

學生在使用此一策略前後，其表現有明顯的不同，雖然並沒有對照組的比較。

◆ 其它教育階段的實證支持

此一策略雖然尚未在高中獲得實證研究的支持，但是在小學、國中等階段已經證實它的有效性。

◆ 相關性研究的支持

研究發現，此一策略的運用，在學生的一些品格表現上產生了正相關。

◆ 與某一中介變數有正向關聯

此一策略幫助了某一變數的正向提升，研究證實它對品格的培養有調節作用，例如群體意識。

● 2. 相關性與表面效度（通常與其它標準結合）

◆ 與青少年重要發展結果相關，具有表面效度

此一策略與八項品格優勢能力其中一項或多項相關（如勤奮又有能力的表現者、尊重且負責任的道德實踐者、對社區和民主發展有所貢獻者等），或者根據我們直接觀察資料的專業判斷（根據過去 45 年在品格教育及道德教育領域的研究經驗），具有表面效度。我們如何判斷某一策略具有表面效度呢？例如，當我們發現，它激發了學生的思考、引發學生奮力追求卓越、提升了學生的道德行動等之證據。

◆ 與學校重要的表現相關，具有表面效度

此一策略與學校重要的表現相關，例如學生的學業成就和畢業率提升了，學生之間的霸凌、行為問題、性相關問題等比率降低了，我們就視之為具有表面效度。

● 3. 可靠來源的見證、口碑（通常與其它標準結合）

◆ 外在的認可

此一策略或方案，曾經得到美國具公信力的相關組織頒給獎項。例如：全國品格典範學校獎（National School of Character Award）、教育部藍絲帶學校獎（U. S. Department of Education Blue Ribbon Schools Award）、全國服務學習獎（National Service Learning Award）。

◆ 老師的見證

老師、校長或其他實務工作者作證，指出根據他們實際的經驗，此一策略確實有效。

◆ 學生的見證

學生現身說法，指出這個策略對他們的成就品格／道德品格，具有正向影響。

本研究中，我們是刻意從較廣的來源，去評定有效策略的標準，希望透過這樣的途徑，去尋得更多有潛在價值的有效策略，即便其中有些終究未能獲得實證研究的支持。

本書所介紹的有效策略，至少都有間接性研究提供支持的證據，雖然有些策略尚未被用來進行研究。例如，每天早上，老師站在教室門口跟學生握手，可以強化師生關係，這項策略，根據我們瞭解，尚未有研究證實它的有效性；但是，它在提升「學校的連結性」——預防青少年不良行為上，的確有實際的成效。

按照質性研究的傳統，我們通常會盡可能地針對這些策略，提供「豐厚而深入的描述 3」，以利讀者瞭解它的細微之處，以及它如何落實為有效的策略。在文章中，我們

盡可能加入教師和學生的心聲，如此詳細的描述，是希望可以幫助讀者經由自己的經驗和判斷，去思考及決定哪一種策略或許可以用在自己的教室中。

最後，「確認哪些是有效策略」的過程，不只是一項科學，也是一門藝術。最終，我們是根據研究結果怎麼說，來作為評斷和確認的標準。我們誠摯希望，所提出的這些策略，在未來能有進一步的研究來驗證它們的有效性。

> 品格就是力量！
> ——Booker T. Washington

附註

1 See B.G. Glaser & A.L. Strauss, *The discovery of grounded theory: Strategies for qualitative research*. (New York: Aldine De Gruyter, 1967). Also, A.L. Strauss & J. Corbin, "Grounded theory methodology: An overview," in N.K. Denzin & Y. S. Lincoln (Eds.), *Handbook of qualitative research*. (Thousand Oaks, CA: Sage Publications, 1994).

2 The student panel included a male and female student from 92% of participating schools.

3 C. Geertz, *The interpretation of cultures: Selected essays*. (New York: Basic Books, 1973).

國家圖書館出版品預行編目（CIP）資料

品學兼優標竿學校：成就卓越的品格教育 / Thomas Lickona,
Matthew Davidson 作；劉慈惠等譯. -- 初版. -- 臺北市：
心理, 2013.07
　　面；　公分. --（教育現場系列；41147）
　　譯自：Smart & good high schools : integrating excellence
and ethics for success in school, work, and beyond
　　ISBN 978-986-191-547-0（平裝）

　　1.德育　2.品格

528.5　　　　　　　　　　　　　　　　102010014

教育現場系列 41147

品學兼優標竿學校：成就卓越的品格教育

作　　　者：Thomas Lickona & Matthew Davidson
總 校 閱：劉慈惠
譯　　　者：劉慈惠、林麗卿、陳文玲、王莉玲、謝明芳、林育瑋、蘇育令
執 行 編 輯：陳文玲
總 編 輯：林敬堯
發 行 人：洪有義
出 版 者：心理出版社股份有限公司
地　　　址：231 新北市新店區光明街 288 號 7 樓
電　　　話：(02) 29150566
傳　　　真：(02) 29152928
郵撥帳號：19293172　心理出版社股份有限公司
網　　　址：http://www.psy.com.tw
電子信箱：psychoco@ms15.hinet.net
駐美代表：Lisa Wu（lisawu99@optonline.net）
排 版 者：龍虎電腦排版股份有限公司
印 刷 者：正恒實業有限公司
初版一刷：2013 年 7 月
初版二刷：2015 年 8 月
I S B N：978-986-191-547-0
定　　　價：新台幣 400 元